复旦卓越·金融学系列

资源总码

金融学基础与应用

向 群 主编

Fundamentals and Applications of Finance

复旦大学出版社

内容简介

本书贴合互联网、区块链和大数据与金融业务深度融合的趋势，贯彻"项目引领、任务驱动、做学合一"的理念，体现"理论够用、实践为重、突出应用"的特征，全景式地介绍金融学的基础理论和最新实践。

全书以学习者的应用能力培养为主线，系统介绍了货币与货币制度、信用和金融工具、利息与利率、金融机构体系、金融市场、货币供求、货币政策、金融科技、区块链与智能金融等基本知识，其中金融科技和智能金融等相关内容是本书的一大亮点。

本书既可作为应用型本科和高职高专院校金融学专业的教材，也可作为金融学机构的培训读本。

前　言

金融是实体经济的命脉,是国家重要的核心竞争力,金融在经济生活中扮演着十分重要的角色。伴随着我国市场经济的高速发展,互联网、区块链、大数据、人工智能和金融的深度融合,对培养有知识、会操作、能顶岗、知前沿的实务型金融专业人才提出了新要求,这也迫切需要配套立足通识教育,突出时效性和应用性的新型高职教材。

这本《金融学基础与应用》教材,面向高职财经类专业学生,依据高职高专学生的特点和教学目标,"基础理论的编写以应用为目标,以必需、精华为原则",我们认真合理地处理金融基础理论和应用理论。在编排方式上采用"项目驱动、任务导向",充分体现"理论够用、实践为重、突出应用、体现前沿"的特征,融合金融行业从业要求,对于纷繁复杂的金融基础理论进行了全面的梳理和总结。全书一共划分为九个项目,系统介绍了金融概述、货币与货币制度、信用和金融工具、利息和利息率、金融机构体系、金融市场、货币供求与均衡、货币政策、金融科技等基础知识。每个项目均由导入案例、若干学习任务和知识自测模块组成,既全景式介绍了金融学的基础理论,又借助于技能实训模拟最新金融实践。让学生在完成学习任务的过程中,熟悉金融知识,掌握在工作和生活中应用金融的能力。

为突出应用性,全书九个板块,采用项目任务模式,每个项目均设置:

（1）学习目标:学生在学习本项目后应该达到的各项知识和技能目标,把握学习的重点和难点。前者注重基础知识的传递,包括"了解""熟悉""掌握"三个层次;后者注重培养基本技能,包括"比较""判断""解释""分析"等不同的要求。

（2）导入案例:每个项目会设计一个贴近现实又兼具趣味性的导入案例,可以作为预习的阅读材料和问题情境的创设材料,激发学生的学习兴趣,丰富师生的互动。

（3）知识链接:阐述相应的基础理论,展现更深层次的理论探讨、史实拓展、政策法规,以及国内外金融领域最新成果。帮助学生夯实基础,开阔视野。

（4）能力拓展:与金融行业最新实践相结合的运用型案例、关键技能点提示以及与提升技能相匹配的小任务。在案例选择和任务设计上充分体现时效性,教师在教学环节可引导学生在实际情境中进行运用和讨论。

（5）项目小结:该项目核心知识和能力要求的总结,学生可在完成项目学习后对照补缺。

（6）知识自测:学生在完成各项目的全部学习任务后,可通过练习具有较强针对性的知识自测题,巩固所学内容。

值得一提的是,以大数据、云计算、人工智能、区块链以及移动互联网为引领的新的工业革命与科技革命,导致金融行业的发展模式不断被打破和重构。科技深刻地改变了金融业态,并成为未来金融发展的制高点。为探讨金融科技浪潮下,金融领域已经发生的深刻变化和未来发展的趋势,本教材在现有教学框架下新增金融科技项目。借助教材,带领学生普及金融科技知识,学会辨析互联网金融、金融科技的概念差异,探讨金融科技的底层技术和赋能作用,展望金融科技的发展前景。能够在"把握当下"的同时,具备"展望未来"的基本能力。

本书为校企深度合作教材,在多次讨论的基础上,拟定了写作大纲。由苏州市职业大学向群担任主编,负责总纂和定稿。吴文英、徐峰、杨颜名担任副主编。各章的编写分工具体如下:苏州市职业大学徐峰和苏州国际发展集团有限公司资产管理部孙权编写项目一,苏州市职业大学吴文英和苏州银行信用卡及消费金融事业部娄大鹏编写项目二,苏州市职业大学陶泽荣和华林证券苏州分公司杨颜名编写项目三,苏州市职业大学向群编写项目四,苏州市职业大学沈琳和友邦保险江苏分公司刘章美编写项目五,苏州市职业大学陶泽荣和华林证券苏州分公司杨颜名编写项目六,苏州市职业大学向群和苏州银保监分局陆燕芬编写项目七,苏州市职业大学黄丹荔编写项目八,苏州市职业大学周雷和苏州银行赵嘉贤编写项目九。感谢复旦大学出版社的关心和大力支持,感谢教材编辑细心、严谨的工作和有益的建议。

当然由于编者水平有限,书中不足和疏漏之处在所难免,恳请广大读者、同仁批评指正,不胜感激。电子邮箱 xq@jssvc.edu.cn。

向　群
2021 年 6 月

目　录

项目一　金融概述 ·· 001
　　学习目标 ·· 001
　　任务一　认识金融 ·· 002
　　任务二　为什么要学习金融学 ·· 010
　　项目小结 ·· 013
　　知识自测 ·· 014

项目二　货币与货币制度 ·· 016
　　学习目标 ·· 016
　　任务一　认识货币 ·· 017
　　任务二　货币的本质和职能 ··· 025
　　任务三　熟悉货币制度 ··· 030
　　项目小结 ·· 043
　　知识自测 ·· 044

项目三　信用和金融工具 ·· 047
　　学习目标 ·· 047
　　任务一　认识信用及其形式 ··· 048
　　任务二　探知金融工具 ··· 056
　　项目小结 ·· 067
　　知识自测 ·· 067

项目四　利息和利息率 ·· 069
　　学习目标 ·· 069
　　任务一　认识利息 ·· 071
　　任务二　与利率相关的计算及其种类 ·· 073
　　任务三　探究利率的决定和变动 ·· 089

项目小结 ·· 099
　　　知识自测 ·· 099

项目五　金融机构体系 ··· 102
　　　学习目标 ·· 102
　　　任务一　了解金融机构体系 ·· 104
　　　任务二　熟悉商业银行 ·· 115
　　　任务三　走进中央银行 ·· 135
　　　任务四　其他金融机构 ·· 147
　　　项目小结 ·· 160
　　　知识自测 ·· 163

项目六　金融市场 ··· 165
　　　学习目标 ·· 165
　　　任务一　认识金融市场 ·· 167
　　　任务二　货币市场及其业务 ·· 175
　　　任务三　资本市场及其业务 ·· 187
　　　任务四　外汇市场和黄金市场 ·· 204
　　　项目小结 ·· 208
　　　知识自测 ·· 209

项目七　货币供求与均衡 ··· 211
　　　学习目标 ·· 211
　　　任务一　货币供给 ··· 214
　　　任务二　货币需求 ··· 224
　　　任务三　货币供求均衡 ·· 228
　　　任务四　通货膨胀及其治理 ·· 232
　　　任务五　通货紧缩及其治理 ·· 245
　　　项目小结 ·· 251
　　　知识自测 ·· 253

项目八　货币政策 ··· 257
　　　学习目标 ·· 257
　　　任务一　认识货币政策及其最终目标 ·· 258
　　　任务二　货币政策工具的运用 ·· 265

任务三　货币政策的传导和效应 …………………………………… 274
　　项目小结 …………………………………………………………… 281
　　知识自测 …………………………………………………………… 283

项目九　金融科技 ……………………………………………………… 286
　　学习目标 …………………………………………………………… 286
　　任务一　金融科技的起源、概念与发展 …………………………… 289
　　任务二　金融科技的底层技术和赋能作用 ………………………… 302
　　任务三　金融科技服务实体经济高质量发展 ……………………… 315
　　项目小结 …………………………………………………………… 322
　　知识自测 …………………………………………………………… 324

参考文献 ………………………………………………………………… 330

项目一 金融概述

学习目标

知识目标：

1. 掌握金融的概念
2. 掌握金融的构成要素和主要分类
3. 了解金融的产生与发展
4. 熟悉金融学的主要研究内容
5. 了解金融学的学科体系

技能目标：

能够建立正确的金融理念，逐步形成分析经济、金融问题的能力

 导入案例

当居民的收入有结余时，他可以把钱存入银行，也可以用来购买债券、股票和基金等金融产品，还可以购买远期、期货、掉期和期权等金融衍生产品，这样既可以获得利息、股息、分红、价差收益等收入，还能够实现规避风险、套期保值或风险补偿等目的。

当企业想要扩大生产规模而自有资金不足时，它可以通过银行贷款、发行债券或股票来获取资金。

以上这些投融资活动都是金融的种种表现。金融业是现代经济中最具魅力和变化无穷的重要行业，金融业归根结底是具有中介服务性质的现代服务业，不管是怎样的金融机构和金融产品，都是为资金盈余者或资金短缺者提供了投资或融资的渠道。

人们的生活一刻也离不开金融，金融影响着我们生活的方方面面。随着"互联网＋"时代的全面到来，各种金融创新层出不穷，比如消费金融。人们的消费理念和消费习惯从传统的"花今天的钱办今天的事"开始转变为"花明天的钱办今天的事"，消费金融在提高消费者生活水平、支持经济增长等方面发挥着积极的推动作用,这一金融服务方式目前在成熟市场和新兴市场均已得到广泛使用。

正如邓小平同志1991年在视察上海时指出:"金融很重要,是现代经济的核心。金融搞好了,一招棋活,全盘皆活。"经过数十年的改革发展,中国的金融结构日益丰富,金融在国民经济中的地位越来越重要。因此,学习金融具有十分重要的意义。

本项目作为金融学的开篇,就是要勾勒出一幅清晰的金融框架,让我们理解金融的内涵和基本范畴,了解金融的产生和发展,明确金融学的研究内容和学科体系,为深入学习金融知识打好基础。

任务一 认 识 金 融

一、金融的含义

在现代经济生活中,人们每天都离不开金融,并频繁地使用"金融"这个词。"金融"一词由"金"和"融"两个汉字组成,"金"是指货币资金,"融"是指信贷融通,金融即资金融通,是与货币、信用、银行与非银行金融机构直接相关的经济活动的总称。具体来说,资金融通的主要对象是货币和货币资金,融通的主要方式是有借有还的信用方式,融通的主要渠道是银行和非银行金融机构,具体的活动包括:货币的发行、流通和回笼;货币资金的借贷;资金的汇兑与结算;票据的承兑与贴现;有价证券的发行与流通;保险基金的筹集与运用;信贷与租赁;等等。

"金融"这个词真正出现在中国始于20世纪初期,专业术语"金融"(Finance)这个词在西方和中国使用时的口径不太相同。西方的辞书和百科全书对finance的诠释,大致可归纳为三种口径:(1)最宽泛的是诠释为货币的事务、货币的管理、与金钱有关的财源等。具体包括政府的货币资财及其管理、工商企业的货币资财及其管理和个人的货币资财及其管理等三个方面。(2)最狭窄的诠释是把这个词仅用来概括与资本市场有关的运作机制及股市和其他金融资产行情的形成。(3)介于两者之间的口径是把这个词诠释为货币的流通、信用的授予、投资的运作、银行的服务等。

事实上,伴随着各国经济发展变化的过程,中文的"金融"和英文的"Finance"所包含的内容都在不断演进。目前,中文的"金融"采用宽口径和窄口径并存的用法,宽口径和窄口径在涵盖范围并不是完全排斥的关系。需要说明的是,本教材的"金融"是采用"宽口径"来定义的。我们把中文的"金融"与英文的"Finance"相比较,可绘图如下(图1-1):

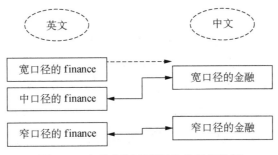

图 1-1　中英文"金融"词义的口径比较

 知识链接 1-1

关于"金融"的由来

"金融"这个词并非古已有之。古有"金",有"融",但未见"金融"连在一起的词。《康熙字典》以及在它之前的工具书均无"金"与"融"连用的词。连起来的"金融"始于何时,无确切考证。是否直译自英文"Finance"无任何证明。最大可能是来自明治维新时期的日本。

最早列入"金融"条目的工具书是 1908 年开始编纂、1915 年出版的《辞源》和 1905 年即已酝酿编纂、1937 年开始刊行的《辞海》。《辞源》(1937 年普及本第 11 版)金融条的释文是:"今谓金钱之融通状态曰金融。旧称银根。各种银行、票号、钱庄,曰金融机构。《续资治通鉴长编》:'凡公家之费,有敷于民间者,谓之圆融。'义于金融为近。"1949 年后的《辞源》(修订版)删去了这一词条。

《辞海》1936 年版本金融条的释文是:"(Monetary Circulation)谓资金融通之形态也,旧称银根。金融市场利率之升降,与普通市场物价之涨落同一原理,俱视供求之关系而定。即供给少需要多,则利率上腾,此种形态谓之金融紧迫,亦曰银根短绌;供给多需要少,则利率下降,此种形态谓之金融缓慢,亦曰银根松动。"经过一百多年,其内涵和外延长期不明晰。

二、金融的构成要素

在金融发展的过程中,最早出现的是货币和货币收付活动。随着商品交易的进一步发展,各种形式的信用活动相继产生,并出现了各种形式的金融机构,金融市场不断发展完善,金融工具不断创新。这样,就形成了货币流通、金融机构、金融市场、金融工具以及制度和调控机制这一极其庞大的金融系统。具体来说,金融的构成要素包括以下几种:

(一) 货币流通

货币是金融系统的血液，货币流通是金融活动的基本形式并贯穿于整个金融系统之中。货币流通是商品流通的实现形式和表现形式。由货币制度所规范的货币流通具有垫支性、周转性和增值性。货币流通形式包括五个方面的内容，即以个人为中心的货币收支、以公司或企业等经营单位为中心的货币收支、以财政及机关团体为中心的货币收支、以银行等金融机构为中心的货币收支和对外的货币收支。

(二) 金融机构

金融机构是经营货币或货币资本的企业，在金融活动中充当信用中介、媒介，并提供各种金融服务。金融机构一般可分为银行和非银行金融机构两大类。其中，银行类金融机构包括中央银行和银行企业两大类，非银行金融机构包括保险公司、证券公司、信托投资公司等。

(三) 金融市场

金融市场是金融活动开展的场所，它对经济活动的各个方面都有着直接的深刻影响，如个人财富、企业的经营、经济运行的效率，都直接取决于金融市场的活动。金融市场是一个庞大的系统，从不同角度对金融市场进行分类，通常可分为货币市场、资本市场、保险市场、外汇市场、金融衍生品市场等。

(四) 金融工具

金融工具一般指信用关系的书面证明、债权债务的契约文书等，是金融机构中和金融市场上交易的对象，是金融活动的载体。在我国，金融工具通常指传统的商业票据、银行票据、存款单、保单、债券、股票以及期权、期货等金融衍生产品。

(五) 制度和调控机制

金融是现代经济的核心，这一地位决定了国家必须对金融运动加以管理和在金融领域进行政策性的调节和控制。国家对金融运动的管理由一系列制度构成，如货币制度、汇率制度、信用制度、利率制度、金融机构制度、金融市场制度、支付清算制度以及金融监管制度等。这个制度系统，涉及金融活动的各个方面和各个环节，具体体现为国家法律、政府法规、规章、条例和行业公约和惯例等。同时，国家通过制定和实施货币政策以及各种金融政策对金融进行宏观调控，以实现政府对经济进行干预的目的。

 知识链接 1-2

金融的本质

说到金融的本质，归纳起来，就是三句话：

第一句话，为有钱人理财，为缺钱人融资。金融归根到底是中介服务，不管什么金融机构、金融产品，只有从这个原点出发，才能实现自身价值。比如银行，一头揽储、一头放贷，赚取的是利差，分散的是风险，充当的是桥梁。再如保险，人在健康、安全时购买，遇到意外时救急，实际是构筑了一种财务平衡，保险公司则运用保险资金为企业提供融资。又如证券，上市公司发行股票筹集资金，广大股民购买股票博取收益，即使自负盈亏、没有刚性兑付，也是为资金供需双方搭建通道。

第二句话，信用、杠杆、风险。信用是金融的立身之本，是金融的生命线。金融机构本身要有信用，向金融机构融资的企业也要有信用，没有信用就没有金融。信用是杠杆的基础，一旦有信用，就有透支，透支就是杠杆。银行存贷比、期货交易、股票市场融资融券等，都是一种杠杆比。一切金融创新的本质都是放大杠杆比，但杠杆比过高就会产生风险，甚至导致金融危机，而防范金融风险、解决金融危机就要"去杠杆"。信用、杠杆、风险三者之间相互作用、相互影响，信用高的风险就低，杠杆比一般也不会太高；杠杆比高的信用就低，风险也会相应较高。金融的精髓就是把握好三者的"度"，设计一个信用可靠、风险较小、不容易坏账的杠杆比。

第三句话，为实体经济服务。这是所有金融工作的出发点和落脚点。实体经济是金融发展的"母体"，金融在现代经济中的核心地位，只能在服务实体经济的过程中体现出来。如果不为实体经济服务，金融就会变成以自我为中心，就会异化为自弹自唱、空中楼阁，最终成为无源之水、无本之木。所谓"百业兴，则金融兴；百业稳，则金融稳"，讲的就是这个道理。

资料来源：中国新闻网，《黄奇帆三句话归纳金融本质》，http://www.sh.chinanews.com.cn/jinrong/2018-07-09/41768.shtml。

三、金融的产生与发展

金融是商品货币关系发展的产物。只要存在商品货币关系，就必然会在商品货币关系发展到一定程度时产生金融活动。与此相应，金融也是伴随着商品货币关系的发展而发展的。

在原始社会末期，尤其是奴隶社会，商品交换得到了一定程度的发展，货币的支付手段职能也相应地得到了发展。贫困的人找富裕的人借物或钱，并在约定期限内归还本金，还必须支付一定的利息，这时就产生了实物形式的高利贷。如在我国的春秋时期，就有"券契值"的议论，可见那时的高利贷活动就已经十分普遍了。

到了资本主义社会，随着资本主义生产关系的不断深入发展，出现了有的资本家的资本暂时闲置，而有的资本家又急需补充资本的情况，这样就形成了借贷关系，并产生了借贷资本。伴随着商品经济和信用的进一步发展，货币兑换、保管和汇兑业务也相继出现,金融机构如银行就逐渐产生和发展起来。

国家之间商品交换的不断发展,要求不同国家的商品生产者只有将本国货币兑换为他国货币,才能使国家之间的商品交换持续发展下去,由此产生了货币之间的国际汇兑业务。商品交换过程中交换规模的扩大和交换地域的扩大,又促使货币的汇兑、保管等业务的发展,从而进一步促进了商品生产和交换的发展。

20世纪80年代以来,世界金融业发生了巨大而深刻的变化,出现了金融产品多样化、金融服务扩大化、金融体系多元化、金融信息化、金融全球化和金融自由化等新的发展趋势。特别是随着互联网的发展,数字货币和互联网金融的出现使世界金融业发展到了前所未有的高度。与此同时,由金融创新引发的全球性金融风险也越来越大,金融危机和金融动荡不断发生,如1995年的墨西哥金融危机、1997年的东南亚金融危机、2001年的阿根廷金融危机、2007年的美国次债危机、2010年的欧洲主权债务危机等对国际经济的发展带来很大的影响。因此,各国在经济发展中,需要对金融活动进行必要的调控和监管,防范和化解金融风险,同时协调国际金融关系,以促进经济社会的健康可持续发展。

 知识链接 1-3

我国金融业发展中出现的重大事件

1978年是一个起点,那个时候,全国只有中国人民银行一家银行。我们如今兴旺发达的金融体系,就是从这一家银行分蘖出来的。

1983年很重要,这一年,人民银行开始行使中央银行职能,同时它的工商业务被剥离给了一个新设立的商业银行,于是我们有了如今被称为"宇宙第一大行"的中国工商银行。

1990年,中国有了两个证券交易所,标志着资本和资本市场在中国社会主义经济中,登堂入室。

1992年的重要事件是,小平同志南方谈话和中共十四大的召开,正是这次会议,明确了中国的改革目标,是建立社会主义市场经济体制。

1993年,发生了一件对金融发展是一个里程碑式的事件——国务院公布了《关于金融体制改革的决定》。诸如分业经营、分业监管的原则,国开行等三家政策性金融机构设立,国有专业银行实行市场化改革、改造成为商业银行等关乎中国金融业"四梁八柱"建设的大格局,都是在那个时候确定的。

1994年,人民币汇率并轨、并且实行有管理的浮动,是当年最重大的事件。同时,我们实行了财政分税制改革,在漫长的中国历史上,第一次承认地方政府有着与中央政府并不完全相同的利益,基于这一思路形成的中央与地方的财政关系,在当时被世界银行称作"财政联邦制",产生了极大的影响。

1995年的重大事件应当大书特书,因为,在此前后,规范和保护中国金融业发展的一系列法律得以颁行。从此,中国的金融发展进入了法治轨道。

1996年,中国人民银行宣布接受IMF第八条款,中国经常项目对外开放。

1997年,召开了第一次全国金融工作会议,从此,每五年召开一次全国金融工作会议,成为制度。

1998年,中国宣布废止信贷分配制度,行之多年的计划经济的信贷计划和现金发行计划"寿终正寝"。从那时开始,我们正式实施以货币供给和利率为主要调控对象的货币政策。

2001年,中国加入WTO,我国的经济也走上了超高速发展的路径。

2003年,中国银监会正式成立,连同此前便已存在的证监会和保监会,中国分业经营、分业监管的金融体制正式确立。

2003—2011年,中国花了大量资金,进行了具有历史意义的国有金融机构的"再资本化"改革。在20世纪末,国际社会普遍认为,中国的金融体系,在技术上已经全面破产,我们这次的"再资本化",针对的就是这样一些问题。经过长达8年的努力,我国大量在技术上已经"破产"多次的金融机构都变成了好银行,今天,世界上按一级资本排名的前十家银行里面就有五家是中国的。这一成果,是十余年前那次"再资本化"改革留下的硕果。

2015年,以人民币正式加入"特别提款权"篮子为标志,人民币国际化迈出重要步伐。

2017年,成立国务院金融稳定发展委员会。2018年,合并成立银保监会,中国金融监管体系进行了进一步改革。

资料来源:李扬,《中国金融业对中国经济高速增长的贡献》,http://www.ciotimes.com。

四、金融的分类

金融是随着商品货币关系的发展而产生和发展的,从简单的货币经营业到银行、证券等,金融已发展成一个极其庞大而复杂的系统,并在现代经济中发挥着极其重要的作用。金融按照不同标准进行分类,主要有以下几种分类方法。

(一)按金融活动的方式划分

按照金融活动的方式进行划分,金融可分为直接金融和间接金融。

直接金融是指不通过银行等中间媒介,货币资金短缺者在金融市场上从资金盈余者那里进行直接的融通资金的活动。它主要是通过发行股票或债券的方式来完成的。即资金短缺者出售股票、债券,取得货币资金;资金盈余者购得股票、债券,付出了货币资金,这样,双方就直接建立了债权债务关系。

间接金融则是指以银行等金融机构为媒介而进行的融资活动。它主要是通过银行等金融机构吸收资金与发放资金贷款的方式来完成的。直接金融与间接金融存在着十分密切的关系,并且相互影响。在银行信用中,银行等金融机构是信用活动的中间环节,是媒介。从募集资金角度来看,它们是货币资金盈余者的债务人;从贷放资金角度来看,它们是货币资金短缺者的债权人。货币资金的盈余者和货币资金的短缺者之间并不发生直接的债权债务关系。所以,这种资金筹集方式称为间接融资或间接金融。

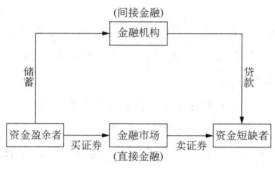

图 1-2 资金融通方式

(二) 按金融活动的目的划分

按照金融活动的目的进行划分,金融可分为政策性金融、商业性金融和合作性金融。

政策性金融是指在一国政府支持下,以国家信用为基础,运用各种特殊的融资手段,严格按照国家法规限定的业务范围、经营对象,以优惠性存贷利率,直接或间接为贯彻、配合国家特定的经济和社会发展政策而进行的一种特殊性资金融通行为,它不以营利为目的。它是一切规范意义上的政策性贷款,一切带有特定政策性意向的存款、投资、担保、贴现、信用保险、存款保险、利息补贴等一系列特殊性资金融通行为的总称。

商业性金融是指在国家产业政策指导下,运用市场法则,引导资源合理配置和货币资金合理流动等经济行为而产生的一系列货币商业性金融活动的总称,它以利润最大化为目的。

合作性金融是互助合作组织在社员之间进行的金融活动,它不以营利为目的,主要是为了解决社员的融资需求。

(三) 按金融活动的性质和功能划分

按照金融活动的性质和功能进行划分,金融可分为银行业、证券业、保险业、信托业和租赁业等。

银行业是经营货币和信用业务的金融机构，通过发行信用货币、管理货币流通、调剂资金供求、办理货币存贷与结算，充当信用的中介人。银行业是现代金融业的主体，是国民经济运转的枢纽。

证券业是为证券投资活动服务的专门行业，即是通过债券或股票的发行和流通来实现资金在不同社会经济部门之间进行重新配置的行业。

保险业是指保险业务机构将通过契约形式集中起来的资金，用以补偿被保险人的经济利益业务的行业。在现代经济中，保险已渗透到社会经济的各个领域，成为社会的"稳定器"。

信托业是信托业务机构接受委托，代为管理、经营和处理经济事务的金融服务行业。

租赁业是以租赁业务机构通过金融信贷或物资信贷为企业提供信贷服务的金融服务行业。

（四）按金融活动的运行机制划分

按照金融活动的运行机制进行划分，金融可分为微观金融和宏观金融。

微观金融是指金融市场主体（如工商企业、政府、金融机构或个人）的投融资行为以及金融市场价格的决定等微观层次的金融活动。

宏观金融是指金融系统各构成部分作为整体的行为及其相互影响以及金融与经济的相互作用，包括货币供求、物价变动、财政货币政策等。

（五）按金融活动的地理范围划分

按照金融活动的地理范围进行划分，金融可分为国内金融和国际金融。

国内金融是由一国之内的资金供求双方直接或间接进行的投融资活动，其参与对象是本国的政府、金融机构、企业和个人，交易的对象是本国货币。

国际金融是跨越国界的货币流通和资金融通活动，其参与者属于不同国家的政府、金融机构、企业、个人和国际金融机构，交易的对象既可以是本国货币，也可以是境外货币。

能力拓展 1-1

金融与我们的日常生活息息相关，结合自己生活中所见到的金融活动，思考下面的问题：假设你经过几年的工作，各项收入在扣除日常开支后结余有 10 万元钱，并且目前没有开公司进行经营的计划。那么，这笔"闲"钱你打算如何打理？请想出至少 6 种与金融相联系的理财途径，并分析各种理财途径的特点。

具体步骤：

这笔资金可考虑如下使用方法（也可以是这些方法的组合），如表 1-1 所示。

表 1-1 投资理财方式

序号	理财方式	部门	特点
1	储蓄	银行	收益稳定,收益率低,基本无风险
2	购买国债	证券	收益稳定,收益率低,基本无风险
3	购买企业债券	证券	收益稳定,收益率较高,有一定的风险
4	购买基金	证券	收益不太稳定,风险较大
5	购买股票	证券	收益不稳定,风险大
6	购买期货	证券	收益极不稳定,风险极大
7	购买保险	保险	收益稳定,收益率较高
8	购买信托产品	信托	收益不稳定,收益率较高,有一定风险

任务二 为什么要学习金融学

一、金融学的定义

如前面所述,无论是我国还是西方国家,对金融涵盖范围的口径有宽窄之分。因此,以金融为研究对象的金融学也必然相应的有宽窄之别。美国经济学家兹维·博迪和罗伯特·莫顿在他们合著的《金融学》一书中将金融学定义为:金融学是研究人们在不确定的环境中如何进行资源的时间配置的学科。它实际上是研究微观金融主体个体的金融决策行为及其运行规律,因此可以称为"微观金融学"。显然,这是"窄口径"的金融学概念,也是目前西方使用较多的金融学的概念。在我国,按照通常理解的金融口径,金融学是以"宽口径"来界定的,即金融学不仅研究微观金融运行,也研究宏观金融运行。

因此,如果使用"宽口径"来定义金融学,金融学就是研究资金融通活动,包括金融主体的个体行为和金融系统整体行为及其相互关系和运行规律的科学。它既包括以微观金融主体行为及其运行规律为研究对象的微观金融学的内容,又包括以金融系统整体的运行规律及其各构成部分的相互关系为研究对象的宏观金融学的内容。

二、金融学的研究内容

金融学作为经济学的一个重要分支,其研究对象是社会金融现象,即研究货币、信用、利率、金融机构、金融市场、金融宏观调控、金融监管等金融活动规律及其所反映的社会经济关系。金融学研究的基本内容包括以下三个方面:

（1）金融范畴的理论分析：包括对货币、信用、利息与利率等金融基本范畴的基本理论及其运动规律的分析。

（2）金融的微观分析：包括对银行和非银行金融机构运作机制和发展趋势的分析；对金融市场运作机制的分析；对金融机构与金融市场相互作用的分析等。

（3）金融的宏观分析：包括货币需求与货币供给；货币均衡与市场均衡；利率的形成；通货膨胀与通货紧缩；金融体系与金融制度；货币政策与金融宏观调控；国际金融体系与金融宏观政策的协调等。

 知识链接 1-4

金融学在中国的形成和发展

金融学在中国古代不是独立的学科，一些金融理论观点散见在论述"财货"问题的各种典籍中。它作为一门独立的学科，最早形成于西方，叫"货币银行学"（Money and Banking）。近代中国的金融学，是从西方介绍来的，包含从古典经济学到现代经济学的各派货币银行学说。马克思创立的金融理论，在1949年前已有所传播，一是通过《资本论》等马克思主义著作的翻译；二是把苏联的教材加以改编（如李达的《货币学概论》）。1949年后，在马克思主义的金融理论的指导下，并参照苏联的学科体系，我国分别就资本主义和社会主义两种社会制度的金融问题，相应地建立了"资本主义国家货币流通与信用"和"社会主义国家货币流通与信用"两门金融理论学科。20世纪50年代末期以后，"货币信用学"的名称逐渐被广泛采用。这时，金融界开始注意对资本主义和社会主义两种社会制度下的金融问题进行综合分析，并结合中国实际提出一些理论问题加以探讨，如人民币的性质问题，货币流通规律问题，社会主义银行的作用问题，财政收支、信贷收支和物资供求平衡问题等。不过，总的来说，在这期间，金融学没有受到重视。自20世纪70年代末以来，金融学的建设进入了新阶段，一方面结合实际重新研究和阐明了马克思主义的金融学说，另一方面则扭转了完全排斥西方当代金融学的倾向并展开了对它们的研究和评价。同时，随着经济生活中金融活动作用的日益增强，金融学学科受到了广泛的重视，这就为以中国实际为背景的金融学的迅速发展创造了有利条件。

资料来源：盖锐等，《金融学概论》（第二版），高等教育出版社，2013年。

三、金融学的学科体系

金融学的研究对象相对比较广泛，研究对象主要包括企业的发展前景、个人的发展、政府机构的发展，通过这些研究对象在进行资金投资与风险评估做出一系列的分析。金融学的发展,可以使得研究领域和研究对象具体化,另外侧重于分析经济发展过程中的各个经济影响因素。金融学的学科体系是由从不同角度研究金融系统的各个方面的活动及其规律的各个分支学科综合构成的有机体系。黄达教授认为:"按通常理解的口径,金融学学科体系应大体分为:宏观金融分析和微观金融分析;微观金融分析有两个分支:金融市场分析和金融中介分析;在金融市场与金融中介分析之下是技术层面和管理层面的学科。"

(一) 微观金融学

微观金融学以微观金融领域为研究对象。微观金融分析是从金融市场主体个体的角度研究金融运行的规律。

1. 金融市场分析

金融市场分析主要研究金融市场主体的投融资决策行为及金融资产的价格决定等内容。这样的金融决策理论是个人理财、公司理财乃至一切有理财要求的部门共同需要的。该领域的分支学科包括金融市场学、证券投资学、公司财务学、金融工程学、金融风险管理、金融资产定价等。

2. 金融中介分析

金融中介分析主要研究金融中介机构的组织、管理和经营。它包括对金融机构的职能和作用及其存在形态的演进趋势的分析,对金融机构的组织形式、经济效率、混业与分业、脆弱性、风险转移和控制的分析等。主要的分支学科包括商业银行学、投资银行学、保险学、微观银行学等。20世纪中叶以来,与迅速发展的金融决策学相比,金融机构学的发展则相对滞后,远不能适应世界金融业飞速发展的需要。

(二) 宏观金融学

宏观金融学是微观金融学的自然延伸,它是从整体角度讨论金融系统的运行规律,重点讨论货币供求均衡、金融经济关系、通货膨胀与通货紧缩、金融危机、金融体系与金融制度、货币政策与金融宏观调控、国际金融体系等问题。主要的分支学科包括中央银行学、货币政策分析、金融监管学和国际金融学等。

知识链接 1-5

金融学发展理论的历程及演变

金融学发展理论划分为三个阶段,即早期金融学、现代金融学和新金融经济学。

1. 早期金融学阶段

这一阶段以形成中央银行调控货币供给机制为显著代表,这一体制的形成为宏观政策尤其是利率的分析提供了基本框架,同时也展示了人们对金融的研究从货币和信用角度转变为银行与利率视角的过程。这一时期,最初的研究紧紧围绕商品、货币、数量与价格展开,其代表成果有古典学派的"货币数量论"以及马克思提出的货币必要量。随着新的范畴——金融学的逐步形成,人们关注的焦点继而从价格转向了利率。其中,研究的核心焦点在于信用货币的创造机制,通过建立IS-LM模型探索货币供给与需求的均衡,并指出中央银行能够利用此机制进行货币的宏观调控。

2. 现代金融学阶段

这一阶段,学者们将资本市场因素纳入影响范围,也指出资本市场的发展促进了现代金融学的演进。20世纪50年代之后,资本市场开始蓬勃发展,金融市场不断发生变革,经济学家们开始将研究视角转向资本市场。资本市场将经济运行纳入新基础之上,经济主体则需要随着新平台规则的变化而调整,这就决定了金融理论的根本性变化。在资本市场及金融结构发展的基础上,现代金融学应运而生,以马柯维茨的《证券选择组合》为代表。此后,越来越多的学者围绕资本市场资本定价进行了研究,先后提出了资本资产定价模型、有效市场假说理论等,这些理论不仅推动金融实践的重大发展,在促进金融全球化的过程中仍发挥显著作用,在当今仍然为金融市场参与者提供必要的参考价值。

3. 新金融经济学的探索

现代金融学虽然对金融实践的探索产生了重要的影响,但仍然存在不足之处,现代金融理论在指导实践的过程中出现过失败的教训也证明这一点。究其原因,在于现代金融学理论建立于完美的理论假设基础上,而金融实践面临着不可控因素,出现一系列现代金融理论无力解释的金融异象,如日历效应、市场过度反应等等。面对挑战,新制度金融学在现代金融学理论基础上对制度因素产生的影响进行了探索;而行为金融学则侧重于投资者的非理性因素。然而,无论是新制度金融学还是行为金融学,都没有完全脱离现代金融学理论制度框架,也没有建立独立完整的理论框架。

由此可知,新制度经济学以及行为金融学都是对新金融经济学的一种探索,现代金融理论体系仍将长时期存在并发挥作用。在金融理论体系稳定的大背景下,我国金融理论研究更应与金融改革与发展实践相结合。

资料来源:赵聪等,《新时代金融理论发展趋势研究》,《全国流通经济》,2019年第32期。

项目小结

1. 金融的含义和构成要素

金融即资金融通,是与货币、信用、银行和非银行金融机构直接相关的经济活动的总称。我国和西方对金融的界定范围都有不同的口径。金融构成的要素包括货币流通、金融机构、金融市场、金融工具及制度和调控机制。

2. 金融的产生与发展

金融是商品货币关系发展的必然产物,伴随着商品货币关系的发展而发展。最初的资金融通方式是原始的直接金融方式——高利贷。随着社会经济的发展,金融机构应运而生,出现了间接金融方式。随着社会经济的进一步发展,又出现了资金供求双方通过金融市场直接融资的现代直接金融形式,金融市场不断发展完善,各国中央银行和其他金融监管机构逐步建立和发展起来。20世纪80年代以来,世界金融业出现了新的发展趋势,金融风险日益加大,金融调控和监管显得尤为重要。

3. 金融的分类

金融按金融活动的方式划分可分为直接金融和间接金融;按金融活动的性质和功能划分可分为银行、证券、保险、信托和租赁等;按金融活动的地理范围划分可分为国内金融和国际金融。

4. 金融学的定义和研究内容

金融学是从经济学中分化出来的应用经济学科,是一门研究货币、信用、金融机构、金融市场等基本范畴及其运作机制的学科。金融学研究的基本内容包括金融范畴的理论分析、金融的微观分析、金融的宏观分析三个方面。

5. 金融学的学科体系

金融学的学科体系大致分为微观金融学和宏观金融学两个层面。

 知识自测

一、单项选择题

1. 金融活动的中介是( )。
   A. 金融机构　　　B. 金融市场　　　C. 金融制度　　　D. 金融工具
2. 金融市场上的交易对象是( )。
   A. 金融机构　　　B. 金融市场　　　C. 金融制度　　　D. 金融工具
3. 金融活动开展的场所是( )。
   A. 金融机构　　　B. 金融市场　　　C. 金融制度　　　D. 金融工具
4. 在现代经济中,( )是社会的"稳定器"。
   A. 银行　　　　　B. 证券　　　　　C. 保险　　　　　D. 信托和租赁
5. 下列哪一项不是金融学的研究对象?( )
   A. 货币、信用和利率　　　　　　　B. 金融机构和金融市场
   C. 金融宏观调控和监管　　　　　　D. 国家税收和财政预算

二、判断题

1. 在市场经济条件下，政策性金融和商业性金融都是以营利为目的的。（ ）
2. 国际金融活动中运作的对象既可以是本国货币，也可以是境外货币。（ ）
3. 资金供求双方通过金融市场融资的形式是间接金融形式。（ ）
4. 最初的资金融通方式是高利贷，它是一种间接金融形式。（ ）
5. 按照金融活动的性质和功能划分，金融可分为直接金融和间接金融。（ ）

三、综合训练题

结合所学知识，简要分析以下金融活动是属于直接金融还是间接金融。

1. 购买股票。
2. 银行贴现。
3. 私人借款。
4. 贷款购房。
5. 企业发行债券。
6. 在"人人贷"平台投资。

项目二 货币与货币制度

学习目标

知识目标：

1. 了解货币的起源和货币形态
2. 掌握货币的本质和职能
3. 理解货币制度的基本内容和类型
4. 了解国际货币制度及其演变
5. 熟悉我国的货币制度构成

技能目标：

1. 能够运用货币的各项职能处理现实经济事务
2. 能够区分不同的货币制度
3. 能够熟悉并严格遵守人民币制度的主要内容与有关规定

 **导入案例**

歌唱家的报酬

19世纪的英国经济学家威廉·斯坦利·文杰斯讲述了这样一个故事。巴黎利里克剧院的马德姆·泽利在社会群岛进行的一场演出中演唱了5首歌，她可以获得总收入的三分之一，但由于社会群岛货币十分稀缺，所以只能用实物支付报酬。结果，给马德姆·泽利的报酬是3头猪、23只火鸡、44只家鸡、500个可可果子，另外还有大量的香蕉、柠檬和橘子。在巴黎，这些牲畜和水果蔬菜大约值4 000法郎，对于唱5首歌曲来说，这份报酬可谓十分丰厚。但是，这些东西的绝大部分马德姆自己一个人是不可能全部消费掉的，最后只能用水果来喂这些牲畜和家禽。

——《大银行家》马丁·迈耶

在现实经济生活中,我们处处都会遇到"钱",天天都在和钱打交道,正所谓无钱寸步难行。家庭和个人从各种来源取得货币收入,如工资、奖金、津贴、酬金、劳务费、销售款、利润、离退休金、养老金、保险金、福利金、救济金、助学金、奖学金,等等,这些货币收入保证了家庭和个人维持衣、食、住、行等基本生活和改善生活的需要;公司和企业的投资、生产、流通和运转都伴随着货币的收付;机关团体和事业单位的运转和职能的发挥都离不开货币;政府履行国家职能和社会公共职能需要以货币收付来实现财政收支;国际间的政治、经济、文化、体育、卫生等交流都需要以货币的收付来实现。货币的存在解决了经济生活中的种种难题,没有货币,交换将非常困难,也很难做到等价交换,而没有等价交换原则,整个社会经济将一片混乱。但钱也带来了很多问题:我们经常看到因为钱引发的尔虞我诈、偷盗抢劫、贪污腐败、矛盾冲突甚至谋财害命;我们会不时地发现物价上涨,自己手中的钱会贬值,这就是通货膨胀;当出现物价下跌时,收入下降和失业增加又困扰着我们,这就是通货紧缩。货币以其特有的渗透力,影响着我们生活的方方面面。本章阐述了货币和货币制度的基本知识,主要包括货币的概念和发展历史;货币的本质与职能;货币形式的演变过程;货币制度的含义、内容及其类型;国际货币制度和我国货币制度等内容。

任务一 认识货币

一、货币的定义

货币的存在已有几千年的历史,人们在日常生活中时时刻刻离不开货币,对货币的存在也早已习以为常,然而,给货币下一个准确的定义却是十分复杂的问题。而且,经济学意义上的"货币"并不等同于生活中的"钱",不同经济学家对货币的定义也有所不同。

1. 日常生活中的货币概念

在日常生活中,货币就是我们平常所说的"钱"。但在不同情况下,人们对货币有不同的用法,主要有三种情况:一是将货币等同于通货或现金。通货(Currency)是指人们通常使用的钞票和硬币。比如我们说:你带钱了吗?你能借点钱给我吗?这里即将货币视为通货。但通货只是货币中的一小部分,它并不能代表人们所进行的所有购买活动,比如银行信用卡和存款与现金一样,也可用来购买商品和劳务。二是将货币视为收入。比如我们说:小张每个月能挣3 000元,小李做生意赚了很多钱,这里即将货币视为收入。但收入与货币有区别,收入是流量概念,是在某一时期内的流量;而货币是存量概念，是指某一时点的货币余额。三是将货币等同于财富。比如我们说：小王很有钱，老陈有钱有势，这里即将货币视为财富。财富包括实物资产和金融资产，金融资产又包括货币、有价证券、保单等。货币是财富的一般代表，但并不是财富本身，它只是个人财富的一部分，这样货币的范围被扩大化了。

2. 经济学意义上的货币概念

在经济学中，不同流派对货币本质有不同的认识，他们从不同角度来定义货币，因而形成了多种观点。一是从货币职能的角度来定义货币。很多西方经济学家从货币的支付手段职能来定义货币。马歇尔认为货币是在一定时间或地点购买商品或劳务，或支付开支时能毫不迟疑地为人们所普遍接受的东西。凯恩斯认为货币是具有一般购买力的，能被用来结清债务合同价格的东西。弗里德曼认为货币是购买力的"暂栖所"，具有为一般人能接受的交换媒介的职能。马克思从职能的角度对货币作了简明而完整的界定，认为价值尺度与流通手段的统一就是货币。二是从法律的角度来定义货币。英国的哈托依在《货币与信用》中，认为货币就是法律规定的支付债务的手段。斯密认为货币是"选票"，消费者对某一商品买不买就是投不投选票，愿意支付的价格就是投多少选票。有人认为货币就是法律规定的具有无限偿付能力的东西，是对财富的要求权。三是从一般等价物的角度来定义货币。马克思在分析了货币起源的基础上，对货币下了一个理论性的定义，认为货币是从商品中分离出来的，固定地充当一般等价物的特殊商品。这说明货币在商品世界中，是可以与所有商品处于等价地位的事物。

3. 货币的定义

一般认为，货币是指在购买商品和劳务或清偿债务时，具有普遍接受性而作为支付手段的任何东西。这种定义是人们现在对货币的一般理解，是建立在现实经济基础上的，有两个方面的含义。第一，货币是用作商品交换的媒介和支付债务的工具，这是货币的两个最基本的功能。第二，货币发挥作用的一个基本前提是具有"普遍可接受性"。这种普遍可接受性在金属货币流通条件下，是由于货币是在长期的商品交换中从商品世界中分离出来的，一种扮演一般等价物的特殊商品的性质所决定的；而在信用货币流通的条件下，货币的普遍可接受性主要是由国家的强制力量、货币发行主体的信誉等因素决定的。

二、货币的产生和发展

1. 货币的产生

货币不是从来就有的，它是在商品交换发展的漫长历史过程中自发产生的，是商品内在矛盾发展的必然结果。货币的产生有两个基础，即社会分工和私有制。在人类社会产生初期的原始社会中，既不存在商品也不存在货币。随着社会的发展，出现了社会分工和私有制,劳动产品也转化成了专门为交换而生产的商品。在原始社会末期,最初的交换是一种直接的物物交换,当时交换还是一种偶然的经济现象,并不需要货币。但随着社会生产力的发展,进行交换的物品数量和种类日益增多,这就造成了交换效率低、成本高,物物交换的矛盾和局限性就显露出来了。要想使交换顺利实现,必须满足需求的双重偶合和时间的双重偶合的两个基本条件,即商品买卖双方必须正好同时需要对方的产品,否则交换出现困难。于是,交换中自发产生了一种充当商品交换媒介的商品,即货币。货币的出现使商品交换分为买和卖两个过程,大大提高了交换的成功率和效率。

 知识链接 2-1

货币起源的学说

关于货币起源的学说,古今中外有多种,中国古代的货币起源说主要有先王制币说和交换起源说两种观点,先王制币说认为货币是圣王先贤为解决民间交换困难而创造出来的,见《管子·国蓄》:"玉起于禺氏,金起于汝汉,珠起于赤野。东西南北,距周七千八百里,水绝壤断,舟车不能通。先王为其途之远,其至之难,故托用于其重,以珠玉为上币,以黄金为中币,以刀布为下币,三币握之……先王以守财物,以御民事,而平天下也。"交换起源说认为货币产生于交换的发展之中,是用来沟通产品交换的手段,见司马迁《史记·平准书》:"农工商交易之路通,而龟贝金钱刀布之币兴焉。所从来久远,自高辛氏之前尚矣,靡得而记云。"西方货币起源说主要有创造发明说、便于交换说、保存财富说等。创造发明说认为货币是由国家或先哲创造出来的;便于交换说认为货币是为解决直接物物交换的困难而产生的;保存财富说认为货币是为保存财富而产生的,它们或认为货币是圣贤的创造,或认为货币是保存财富的手段,许多法学家则认为货币是法律的产物,凡此种种,不一而足,但无一能科学揭示货币的起源。马克思的劳动价值论从辩证唯物主义和历史唯物主义的观点出发,阐明了货币产生的客观必然性,认为货币是在长期的商品生产和商品交换的过程中,逐渐从商品世界中分离出来的、固定充当一般等价物的特殊商品,是价值形式发展的必然产物,科学地揭示了货币的起源与本质,破解了货币之谜。

商品交换以价值为基础,遵循等价交换原则,但价值是抽象的,看不见摸不着,一种商品的价值只能通过交换才能表现出来。通过交换,价值找到了看得见摸得着的外衣——价值形式。价值形式即价值表现形式,是以一种商品的价值来表现另一种商品价值的方式。价值形式的发展过程就是货币产生的过程,大致经历了如下阶段。

（1）简单的或偶然的价值形式。原始社会末期，由于生产力的发展，出现了少量剩余产品和商品交换，但商品交换只是个别的、偶然的，表现为以物易物的简单直接交换。在交换过程中，一种商品的价值简单地、偶然地通过另一种商品表现出来。这就是简单的或偶然的价值形式。例如：

$$1 只绵羊 = 2 把石斧$$

这里，绵羊主动地要求石斧表现自己的价值，而石斧则被动地成为表现绵羊价值的材料，即等价物，绵羊的价值个别地、偶然地表现在石斧上。

（2）扩大的价值形式。随着生产力的发展，特别是第一次社会大分工出现后，劳动生产力相应提高，剩余产品逐渐增多，人们之间交换的种类、数量和规模也在不断扩大，一种商品已不是偶然地与另一种商品相交换，而是经常地与许多商品相交换，其价值也不是偶然地表现在某一商品上，而是表现在一系列商品上，于是出现了扩大的价值形式。例如：

$$1 只绵羊 = \begin{cases} 2 把石斧 \\ 1 袋小麦 \\ 2 斤茶叶 \\ 20 尺棉布 \\ \cdots\cdots \end{cases}$$

这里，绵羊的价值不仅可以通过与2把石斧相交换而用石斧表现出来，也可通过与1袋小麦、2斤茶叶、20尺棉布相交换而用小麦、茶叶、棉布表现出来。这两种价值形式都是直接的物物交换形式，两者没有质的变化。物物交换有极大的局限性，必须是双方同时需要对方的产品，且要有足够的可用于交换的数量，这使交换发生非常困难。

（3）一般价值形式。随着生产力的进一步发展，社会分工越来越细，用于交换的产品越来越多，在长期的交换过程中，在一定范围内出现了一种大家都乐于接受的商品，其他商品的价值都可通过它表现出来，这种特殊商品从普通商品中分离出来充当的是一般等价物的角色，一切商品的价值就共同表现在充当一般等价物的商品上，这时，扩大的价值形式就过渡到了一般价值形式。例如：

$$\begin{rcases} 2 把石斧 \\ 1 袋小麦 \\ 2 斤茶叶 \\ 20 尺棉布 \\ \cdots\cdots \end{rcases} = 1 只绵羊$$

一般价值形式的出现，是商品价值形式演变过程中的质的飞跃，商品交换分解成了两个过程,即先用自己的产品换成一般等价物,再用一般等价物换取自己所需产品。作为一般等价物的商品具有了与所有商品直接交换的能力,实际上起着货币的作用。但在一般价值形式阶段,一般等价物是不固定的,在不同时期、不同地区充当一般等价物的商品都不一样。一般等价物的不唯一阻碍了商品交换的进一步发展和扩大,商品交换的发展需要一般等价物的统一。

(4)货币价值形式。第二次社会大分工出现后,商品生产成为社会生产,商品交换范围更加广泛,从充当一般等价物的众多商品中逐渐分离出一种固定充当一般等价物的特殊商品——货币。货币商品出现后,社会商品就分为两极,即一般商品和货币商品,物物交换就转变为以货币为媒介的商品流通,极大地促进了商品交换和生产力的发展。例如:

$$
\left.\begin{array}{l}
1 \text{ 只绵羊} \\
1 \text{ 袋小麦} \\
2 \text{ 斤茶叶} \\
20 \text{ 尺棉布} \\
\cdots\cdots
\end{array}\right\} = 1 \text{ 克黄金}
$$

从货币的产生过程可看出,货币是一个历史的经济范畴,是商品生产和商品交换发展到一定阶段的必然产物,同时也是商品经济内在矛盾发展的必然结果,而不是发明、人们协商或法律规定的结果。历史上,不同的国家和地区、不同的时期,处于等价形式的货币材料是不完全相同的,最初是牲畜和矿物,如牛、羊、贝壳、铜、铁等,后来逐渐固定在贵重金属黄金和白银上。因为金银具有质地均匀、体积小价值大、便于分割的优点。因此,货币最终必然以金银为代表,成为理想的货币材料。正如马克思所说的:"金银天然不是货币,但货币天然是金银。"

2. 货币形式的发展演变

货币形式又称货币形态,是指以什么货币材料来充当货币。充当货币材料的物体必须具备以下几个特性:一是普遍接受性。货币用作交易媒介、价值储藏和延期支付等手段,必须为人们普遍接受,这是货币的典型特征。二是价值稳定性。货币执行着衡量价值量的功能,这就要求其本身的价值是相对稳定的,比如牲畜(牛、羊)曾作为货币来使用,但因其价值不稳定而失去了充当货币的资格。三是稀缺性。货币材料只有稀缺性较大而且不易生产,才能保证较高的相对价值,从而可以少量货币服务于大量的商品交易,比如铁、铜曾充当货币,后来由于其大量生产而使稀缺性减弱,因而被贵重金属金、银所取代。四是便于携带和易于分割。货币材料只有轻便易于携带才能满足货币越来越高的流动性要求,只有均质、易于分割的材料才能实现价值高低不等和不同规模的交易。五是供给富有弹性。只有供给富有弹性才能随时满足商品交换和经济发展的需要,金银货币之所以退出,就是因为其供给弹性不足。

在货币产生的几千年中,随着商品交换和信用制度的发展,货币形式也不断发展演进。不同货币形态适应了不同社会生产阶段和历史阶段的需要。从历史上看,货币形式从具体的商品逐渐变成抽象的符号,经历了一个由低级向高级不断演变的过程。

(1) 实物货币。实物货币又称商品货币,是以自然界存在的某种物品或人们生产的某种物品来充当货币。它是人类历史上最古老的货币,是货币形态发展的最原始形式。中外历史上有许多实物商品充当过货币。古希腊曾以牛、羊等为货币;非洲和印度等曾以象牙为货币;埃塞俄比亚曾用盐为货币;印第安人曾以可可豆作为货币。在我国古代,龟壳、海贝、蚌珠、皮革、米粟、布帛、农具等都曾充当过货币。这些实物货币在当时既是作为交换媒介的货币商品,又是用于直接消费的普通商品。由于实物货币体积大,价值小,不易计量与分割,不便携带、不易保存,所以随着商品交换的发展,实物货币逐渐被金属货币所取代。

 知识链接 2-2

货币的起源

现在很多与金钱有关的词来源于古代所使用的货币。据记载,我国最早的货币是贝,此外还有多种实物货币形式。"货币"一词在古汉语中包括"货"和"币"两部分,"货"指珠、贝、金、玉等,"币"指皮、帛、布等,直到唐朝两者才合为一个概念。汉语中很多与财富有关的字用"贝"为偏旁,如货、财、贸、贷、贱、贫、账、赠等。而在古代欧洲的雅利安民族、意大利和古波斯、印度等地有用牛、羊作货币的记载,这样的历史在文字中也有反映,拉丁文的 pecūnia(金钱)来源于 pecus(牲畜);印度货币名称 rupee(卢比)来源于牲畜的古文 rupye;英语中 fee(费)来源于德语中的同音词 vieh(牲畜);美国口语 buck(元)的原意是"雄鹿",北美早期居民曾用鹿皮来进行交易;英语中 salary(薪水)来源于拉丁文的 salarium(盐),因为古罗马士兵的工资曾用盐来支付。美洲的土著居民曾以贝壳为货币,这样就产生了短语 shell out(支付)。1519 年捷克斯洛伐克一个小镇铸造了一种硬币叫 talergroschen,逐渐被简写成 taler,后来这些硬币传到了欧洲大陆,现在很多国家以 taler 的某些变体来命名货币,包括美国的 Dollar(美元)。

(2) 金属货币。金属货币是以铜、银、金等金属作为币材的货币。严格地说,金属货币也是一种实物货币。金属冶炼技术的出现与发展是金属货币广泛使用的物质前提。金属货币具有价值含量高且稳定、易于计量、便于储藏和携带等优点,这种自然属性使其比一般商品更适宜于充当货币材料,所以,世界上几乎所有国家都采用过金属作为货币。金属货币经历了从贱金属到贵金属、从金属称量制到金属铸币制的发展过程。货币金属最初是贱金属铜和铁,多数国家和地区用的是铜,铁由于冶炼技术发展而价值较低,用于交易过于笨重,且易锈蚀不便保存,因此流通范围有限。随着经济的发展和财富的增长,需要用价值量大的贵重金属充当货币,币材向银和金过渡。19世纪上半叶,金、银代替了贱金属铜、铁,成为主要的货币。

金属称量制是直接以金属的自然形状流通,并以重量单位为流通计价单位的货币制度。如流通中的金锭、银锭,金元宝、银元宝等均以斤、两、钱等重量单位为流通标准。金属铸币制是指将金属货币铸成一定形状,具有一定重量、一定成色的铸造货币,并标明计量单位的货币制度。最早的金属货币采用金属条块的形式,每次交易时都要鉴定成色、称量和分割,这非常麻烦。随着商品交换的发展,金属货币由条块形式发展为铸币形式。铸币的出现是货币形式发展的一大进步,奠定了近代货币制度的基础。但是金属货币也有自身的缺陷和不足,其流通费用高,无法适应大宗交易的需要量,同时,社会经济的发展对金属货币需要的无限性与金属货币本身供应的有限性产生了巨大的矛盾。于是随着商品流通的发展,渐渐出现了代用货币。

(3) 代用货币。代用货币是指在贵金属流通制度下,由政府或银行发行的代替金属货币流通的纸质货币符号。早期的铸币面值与其实际价值是基本一致的,铸币使用频繁,容易磨损而成为不足值货币,但人们只关心铸币上标明的购买力而并不关注其实际的重量,仍按足值货币去使用,从而使铸币有了可用其他材料制成符号或象征来代替的可能性。后来,国家就发行了没有什么实际价值的纸质货币来代替金属货币。代用货币产生的可能性包含在货币作为流通手段的特性之中,它作为金属货币的替代物在市场上流通,充当商品交换的媒介,不但有足值的金属货币作为准备,而且可与所代表的金属货币自由兑换,因而被人们所普遍接受。典型的代用货币是可兑换的银行券,它是在欧洲资本主义银行发展中出现的一种用纸印制的货币。最初,一般的商业银行均可发行银行券,它们要保证按面额随时兑换金币和银币。到19世纪,各国逐渐禁止商业银行发行银行券,而把发行权集中在中央银行。代用货币节省了金、银等币材的使用,携带方便,易于保管和计量,成本低廉,因而在近代货币史上持续了很长时间。但由于代用货币的发行须以足量的金银为保证,其发行量受到金属准备的限制,不能满足社会经济发展的需要。在第一次世界大战中,各银行券普遍停止兑换金银,到20世纪30年代银行券完全不可兑换,代用货币基本退出了历史舞台,信用货币取代代用货币而成为现代的最主要货币。

(4) 信用货币。信用货币是以信用为保证,通过一定信用程序发行和流通的货币。它是代用货币进一步发展的产物,其形态与代用货币一样也是纸质货币。信用货币自身没有价值,且不代表任何金属货币,它只是一种价值符号或信用凭证,通过国家强制力赋予它名义价值来进行流通,依靠政府信用和银行信用来发挥一般等价物的作用。目前，世界各国都采用这一货币形态。信用货币是通过银行信贷方式投入流通的，其主要形式是现金和存款货币。现金包括纸币和金属辅币，由中央银行经国家授权发行，是中央银行的负债。存款货币是指能够发挥货币作用的银行存款，包括支票存款、活期存款、定期存款等，由商业银行创造，是商业银行的负债。而广义货币还包括其他能充当支付手段和流通的各种信用凭证，如银行汇票、商业票据及其他短期证券等。信用货币在现代经济中发挥着十分重要的作用，尤其是银行信用创造的存款货币，已经成为现代经济中主要的货币形式。信用货币的发行完全摆脱了黄金准备的限制，政府掌握了发行货币的权力，可控制货币发行量的规模，如果发行货币过多，就会导致通货膨胀，过少又会导致通货紧缩，对国民经济带来冲击和危害。

（5）电子货币。电子货币是指通过计算机系统储存和处理的电子存款和信用支付工具。随着现代电子技术的迅速发展，电子计算机和互联网在金融业中得到普遍应用，各种形式的信用卡或银行卡正逐步取代现金和支票，成为经济生活广泛运用的支付工具。目前，以信用卡为代表的电子货币已经深入人们的日常生活，许多交易结算都利用银行系统的计算机网络进行电子化转账支付或货币资金转移。电子货币的出现是市场经济高度发展和信息技术革命的产物，但存款货币的性质并没有改变，电子货币仍然发挥一般等价物的作用，仍具有货币的职能。在不久的将来，现钞和支票的使用会逐渐减少甚至消失，但货币将以新的形式存在，去执行货币的各项职能。电子货币是金融创新的一项重要成就，具有使用简便、安全、迅速、可靠、节约费用等优点，是货币作为流通手段不断进化的表现，是信用货币发展的必然趋势，代表了货币未来的发展方向。

（6）央行数字货币。央行数字货币是指中央银行发行的数字货币，属于央行负债，具有国家信用，与法定货币等值。简单来说，央行数字货币是纸钞的数字化替代，它有一个英文名：DC/EP（Digital Currency Electronic Payment），即数字货币和电子支付工具，它的功能属性与纸钞完全一样，只不过是数字化形态。它具备以下特征：

一是替代 M0：DC/EP 是对 M0 的替代，也就是对现金的替代，而不是对 M1（M0＋活期存款）、M2（M1＋定期存款）的干涉。央行数字货币是法定货币，具有法偿性，也就是说，不能拒绝接受数字货币。从法权性讲，其效力和安全性是最高的。

二是双层运营：第一层是央行对接商业银行，第二层是商业银行对接老百姓。商业银行向央行交付 100% 准备金，然后央行给予商业银行等额的 DC/EP，接下来用户通过现金或者存款等向商业银行兑换 DC/EP。

三是防止双花：采用类似 UTXO 结构的货币模型，同时从技术上保证发币和转账的安全性。传统电子支付在没有信号的环境中无用武之地，而 DC/EP 不需要网络就能支付，因此也被称为收支双方"双离线支付"。极端条件下如天灾、地震等情况没有网络，网银和第三方机构的使用会陷入瘫痪状态，而 DC/EP 的双离线技术可保证在极端情况下和纸币一样使用。

目前,我国的数字人民币只是处于试点测试阶段,还没有正式落地发行。

知识链接 2-3

网络虚拟货币

广义上说,网络虚拟货币是指由一定的发行主体以公用信息网为基础,以计算机技术和通信技术为手段,以数字化的形式存储在网络或有关电子设备中,并通过网络系统(包括智能卡)以数据传输方式实现流通和支付功能的网上等价物;狭义上说,虚拟货币是指有别于有形货币的一种新型货币形式,它由一些大公司发行,通常出现在网络游戏中,因其具有一定的价值尺度,常被作为进行虚拟交易的支付货币。

网络虚拟货币大致可以分为:

第一类是大家熟悉的游戏币。在单机游戏时代,主角靠打倒敌人、进赌馆赢钱等方式积累货币,用这些购买草药和装备,但只能在自己的游戏机里使用。那时,玩家之间没有"市场"。自从互联网建立起门户和社区、实现游戏联网以来,虚拟货币便有了"金融市场",玩家之间可以交易游戏币。

第二类是门户网站或者即时通信工具服务商发行的专用货币,用于购买本网站内的服务。使用最广泛的当属腾讯公司的 Q 币,可用来购买会员资格、QQ 秀等增值服务。

第三类互联网上的虚拟货币,如比特币、莱特货币等,比特币是一种由开源的 P2P 软件产生的电子货币,也有人将比特币意译为"比特金",是一种网络虚拟货币,主要用于互联网金融投资,也可以作为新式货币直接在生活中使用。

虚拟货币作为电子商务的产物,开始扮演越来越重要的角色,而且,越来越和现实世界交汇,然而它的现实风险不容忽视。

任务二 货币的本质和职能

一、货币的本质

货币产生以后,人们对其本质的探索一直没有中断过,不同经济学派对此有不同的理论和看法,形成了不同的学说。它们虽有其合理之处,但都没能科学、全面地概括货币的本质,从而导致在经济生活中长期存在着"货币拜物教"。我们经常听到这样的话,"有钱能使鬼推磨"、"金钱不是万能的,但是没有钱是万万不能的"。马克思曾引用当时英国议员格莱斯顿的话说:"因恋爱而愚弄的人,甚至还没有因钻研货币本质而受愚弄的人多。"当然,货币在人们社会生活中有着十分重要的作用,但它也不是解决所有问题的万能钥匙,所谓"金钱乃身外之物",我国古代也有"珠玉金银,饥不可食,寒不可衣"的精辟论述。

1. 货币金属论

货币金属论是一种古老的货币理论,可追溯到古希腊的亚里士多德和重商主义者,其后的古典经济学家亚当·斯密和大卫·李嘉图等也是该理论的倡导者。他们认为,货币是一种商品,必须具有十足的价值,因而货币等同于贵金属;金银是一国真正的财富,国家和个人要想富强,就必须得到越来越多的金属货币。货币金属论虽然强调了货币是一种商品,但它只看到了货币必须具有十足价值这一面,而忽视了货币也可以作为价值符号来履行流通手段和支付工具的职能。

2. 货币名目论

货币名目论则完全否定货币的商品性和货币的实质价值,而仅从观念形态上分析货币的本质,认为货币是计量商品价值的符号是观念的计算单位。这种理论又包括四种观点。货币国定论从国家法律和行政力量的角度来认识货币的本质,认为货币的价值是由国家权威或国家法律赋予决定的,即把货币这一经济范畴理解成法律范畴。货币职能论从货币在商品交换中的职能的角度来认识货币的本质,认为货币不具有内在价值,其价值来自流通手段和支付手段。货币符号论认为货币只是代表商品价值的一种符号,代表人物有孟德斯鸠、休谟、熊彼特等。货币观念论从观念的角度来认识货币的本质,认为货币不是任何实体,而是一种观念上的计量单位。货币名目论的几种主张都是不科学的,它们的错误在于否认商品的商品性和内在价值,或只强调货币的一部分职能而忽视其他职能,或把货币的本质看成是一种符号。

3. 马克思对货币本质的论证

马克思从劳动价值论入手,通过分析商品交换的发展和货币的起源,科学地抽象出货币的本质,认为货币是从商品中分离出来的,固定地充当一般等价物的特殊商品,反映一定的社会生产关系。马克思的货币本质论包括以下方面的内容。首先,货币作为一种特殊商品,具有商品的共性,是价值和使用价值的统一体。其次,货币作为一般等价物,具有两个基本特征:一是货币是表现一切商品价值的材料;二是货币具有直接同所有商品相交换的能力。最后,货币体现一定的社会生产关系,它作为一般等价物,是商品交换的媒介和手段,体现着产品归不同所有者占有,并通过等价交换来实现它们之间社会联系的生产关系。"货币是隐藏在物后面的人与人之间的关系。"

马克思关于货币本质的理论深刻地揭示了货币和商品世界的对应关系。但货币毕竟是不断发展的,在当代不兑现的信用货币制度下,流通中的货币本身不是商品,不具有价值,但不断变化的只是货币的外在形式,并不改变货币与商品之间的对立均衡关系。

二、货币的职能

货币的本质规定性决定了货币的职能。货币的职能是指货币本身所具有的作用与功能,它是货币本质的具体体现。马克思的货币理论认为,货币在与商品交换的过程中,逐渐形成了价值尺度、流通手段、支付手段、储藏手段和世界货币五个职能,其中,价值尺度和流通手段是货币的两个基本职能,也是货币历史上最先出现的职能,其他职能都不过是在货币基本职能基础上派生出来的职能。

1. 价值尺度

价值尺度是指货币具有表现商品和劳务的价值,并能衡量其价值量大小的职能。这是货币最基本、最重要的职能。货币之所以成为价值尺度,是因为各种商品和劳务本身都包含有价值,具有可比性,而货币本身也具有价值或代表价值。商品价值的大小是由凝结在该商品中的社会必要劳动时间来决定的,所以社会必要劳动时间是商品的内在价值尺度,但它不能自己表现出来,必须借助货币外化出来,货币是商品价值的外在尺度。在金属货币时代,货币是用自身的实际价值来衡量商品价值的;而在现代信用货币时代,货币是由国家强制赋予的名义价值来衡量商品价值的。货币作为价值尺度,并不需要现实的货币,而可以是观念上的货币。所以,几乎没有价值的纸币成为我们现在使用的货币。

货币在执行价值尺度职能时,商品的价值形式就转化为价格形式,价值是价格的基础,价格是商品价值的货币表现。商品价值大小不同,用货币表现的价格也不同。为了便于比较,就需要规定一个货币的计量单位,称为价格标准。价格标准最初是以金属重量单位的名称命名的,如中国过去长期使用"两"为货币单位,1两=1两重的白银;英国的货币单位是"镑",1英镑=1磅重的白银。后来,由于国家以较贱金属代替贵金属作币材,使货币单位的名称和金属重量单位名称相分离。如我国的银两制改成银币制后,每一银元含重库平银7钱2分,货币单位名称也改为"圆";1821年,英国正式实行金本位制后,沿用"镑"为货币单位,其含金量规定为7.32238 g纯金。同时为了便于计算,对每一货币单位还要再分成若干等份。如我国人民币以"元"为货币单位,等分为角、分,1元=10角,1角=10分;英国的英镑等分为先令、便士,1英镑=20先令,1先令=10便士等。有了价格标准,商品的价格就可直接用一定数量的货币单位来表示。

能力拓展 2-1

价值、货币、价格三者之间的关系如何？

【分析提示】

货币具有价值尺度的职能，即为商品世界提供表现、衡量价值的材料，而价格正是借助这种材料来度量价值的大小。价值、货币、价格之间的关系就像布、尺子和尺寸三者的关系。

2. 流通手段

流通手段是指货币在商品交换过程中充当交易媒介的职能，这也是货币的最基本、最重要的职能之一。货币作为交换媒介执行流通手段的职能，将直接的物物交换变成以货币为媒介的交换，将商品交换分为卖和买两个环节，打破了直接物物交换在时间上和空间上的局限性，扩大商品交换的品种、数量和地域范围，大大地促进商品交换和商品生产的发展。同时，买卖在时空上的分离也使商品经济的内在矛盾更加复杂化，从而孕育着经济危机的可能性。充当流通手段职能的货币有两个特点：一是必须是现实的货币，而不能是观念上的货币；二是可以是足值的也可以是不足值的，因此就产生了不足值的铸币以及仅是货币符号的纸币，来代替贵金属充当流通手段。

货币在执行流通手段职能时，就涉及商品流通和货币流通的问题。货币流通是指在商品交换中，货币作为购买手段，从一个所有者手中转移到另一个所有者手中的不断运动。货币流通服务于商品流通，没有商品流通就不可能有货币流通，商品流通是货币流通的基础，而货币流通是商品流通的表现形式。根据马克思的理论，作为流通手段的货币需要量取决于一定时期待实现的商品数量、商品价格水平及货币流通速度。这是商品经济社会中不以人的意志为转移的客观经济规律，凡是有商品货币的地方，这一规律就必然存在并发生作用。用公式表示就是：

$$\text{流通中的货币需要量} = \frac{\text{商品价格总额}}{\text{货币流通速度}} = \frac{\text{商品价格} \times \text{待流通的商品数量}}{\text{货币流通速度}}$$

3. 储藏手段

储藏手段是指货币退出流通领域，被人们当作独立的价值形态和社会财富的一般代表保存起来的职能。人们之所以愿意储藏货币，是因为货币是一般等价物，是一般财富的代表，拥有货币就拥有财富。货币的储藏手段职能有如下特点：一是作为储藏的货币必须是现实的货币，而不能是观念上的货币；二是作为储藏的货币必须是十足货币，而不能是不足值货币或货币符号；三是作为储藏的货币必须退出流通领域，处于静止状态。在金属货币流通条件下,金银是典型的价值储藏形式;在现代信用货币流通条件下,货币储藏的形式也在变化,人们除了以金银、珠宝等储藏价值外,更为普遍地利用银行存款或直接储藏纸币。纸币作为价值符号,本身没有价值,是否具有价值储藏功能呢?只要币值保持相对稳定,纸币在一定程度上也能发挥储藏手段的作用,它是一种一般购买力的储藏。

在金属货币流通条件下,货币作为储藏手段具有自发调节货币流通的作用:当流通中的货币量大于商品流通所需要的货币量时,多余的货币会退出流通领域成为储藏货币;当流通中所需要的货币量不足时,储藏货币会重新加入流通。这样,储藏货币就像蓄水池一样,自发地调节流通中的货币量,并以此调节物价水平。因此,在金属货币流通条件下,货币流通量自动保持均衡状态,而不会发生通货膨胀现象。在当今信用货币流通的条件下,储藏手段无法调节流通中的货币量和物价,一是通货膨胀影响到纸币的实际购买力;二是信用货币的储藏方式主要是存款,存款货币并没有退出流通领域,持有者只是暂时让渡了货币使用权,银行等机构可通过贷款等方式将它重新投入流通领域。因此,信用货币也就不能进行自我调节和实现自动均衡,这就要求宏观调控机制发挥作用。

4. 支付手段

支付手段是指货币作为价值的独立形态进行单方面转移,以用作清偿债务或付款手段的职能。货币的流通手段表现的是商品或劳务与货币的价值的互换,是即期购买,不存在债权债务关系;而支付手段表现的是延期购买或支付,商品或劳务的让渡在先,货币的支付在后,是货币作为价值的单方面转移。在流通中,货币的流通手段和支付手段职能交替发挥作用。执行支付手段职能的货币有两个特点:一是必须是现实的货币;二是可以是不足值的货币或货币符号。货币作为支付手段起因于赊卖赊买的商品交换中,最初主要用于商品生产者之间清偿债务,后来扩展到支付工资、佣金,缴纳税金、房租,及财政收支、信贷收支等领域。

货币的支付手段职能可以扩大商品流通,节约现金流通,极大地促进了商品交换的发展。在现代市场经济中,支付手段发挥的作用越来越大,但同时也可能产生消极影响。它使商品货币关系进一步复杂化,可能引起商品世界整个支付链条的中断,从而给货币流通和商品流通带来严重的后果,甚至可能造成经济危机。

5. 世界货币

世界货币是指货币超越国界,在国际市场上发挥一般等价物作用所具有的职能。马克思对世界货币的论述是在金属货币流通条件下进行的。世界货币并不是货币一个单独的职能,它只是商品生产和交换超出国界,导致货币的其他各职能在国际市场上延伸和发展的结果,货币的职能并没有发生根本的变化。世界货币职能主要表现为三个方面：一是作为国际支付手段用以平衡国际收支差额；二是作为国际购买手段用以购买外国商品；三是作为国际间财富转移的一种手段。

货币执行世界货币职能时具有的特点是：不能是没有十足价值的铸币或以某国家名义发行的纸币，而必须是有十足价值的金块或银块，以其实际重量直接计算。金属货币因具有充足的价值而自动取得世界货币职能。所以，黄金尽管实行非货币化后已不是固定的货币形态，但仍然是国际支付的最后手段。而现代信用货币没有内在价值，其名义价值是国家强制力赋予的，越过国境强制力就不存在了，理论上是不能够执行世界货币职能的。但在当代，一些西方发达国家的信用货币，如美元、欧元、英镑等，成为世界上普遍接受的硬通货，实际上发挥着世界货币的职能，并广泛地被用作国际储备和国际间的支付手段。

货币的这五大职能之间并不是孤立的，而是具有内在联系的。它们伴随商品流通及其内在矛盾的发展逐渐形成，同时也反映了商品生产和商品流通的历史进程。

 能力拓展 2-2

货币职能的运用

我国在 2008 年发行的面值 10 元的奥运纪念钞受到各界人士的普遍关注，被收藏人士炒到 1 500 多元一张，李某花了 1 500 元买了一张该纪念钞。这里的 1 500 元执行的是货币的什么职能？

【分析提示】

纪念钞作为一种收藏物品，可升值或贬值，收藏行为本身是货币的储藏手段。但李某花 1 500 元只是买卖行为，所以这里的 1 500 元执行的是流通手段职能。

任务三　熟悉货币制度

一、货币制度的含义及内容

1. 货币制度的含义与形成

货币制度简称币制，是一个国家以法律形式确定的该国货币流通的结构、体系及组织形式。其宗旨是加强对货币发行和流通的管理，维持货币币值的稳定，管理国家的经济金融秩序，促进经济稳定健康发展。在现代市场经济条件下，货币制度是社会经济和金融活动赖以存在的基础。

货币制度的发展并不完全与货币本身的发展同步。远古的实物货币流通时期几乎没有成形的货币制度,金属货币时期开始有了对货币铸造与流通的一些具体规定。但在前资本主义社会,自然经济占统治地位,商品经济不发达,货币制度是分散而混乱的。系统完整的货币制度是在资本主义经济制度产生之后才形成的。在前资本主义社会,货币制度的一些要素陆续产生,世界各国先后出现了铸币流通,铸币的出现标志着货币制度的形成。铸币是经过国家证明,具有一定形状、重量和成色,并标明面值的金属货币。这一时期,货币的发行权分散,各种货币的适用区域狭小,充当货币的材料种类繁多,铸币的成色、重量下降,货币流通十分混乱。这种混乱的货币体系不利于正确计算成本、价格和利润,不利于广泛而稳定的信用关系的建立,也不利于商品流通的扩展以及大市场的形成,成为商品经济顺利发展的一大阻碍。资本主义生产方式确立后,为创造统一、稳定的货币流通体系,以适应资本主义经济的发展要求,各国先后颁布法令和条例,对货币流通做出种种规定,从而形成了严格、统一、规范的货币制度。

2. 货币制度的主要内容

在现代信用货币流通条件下,货币制度的宗旨和要求没有变化,但内容有了较大改变,一些传统的要素不再是重点。典型的货币制度包括以下方面的内容。

(1) 规定货币材料。货币材料简称"币材",是指用来充当货币的物质。确定货币材料是建立货币制度的首要步骤,也是建立整个货币制度的基础。不同币材构成不同的货币本位制度,例如:用白银作为本位货币材料就是银本位制度,用黄金作为本位货币材料就是金本位制度,用纸张作为主要货币材料就是纸币制度。使用何种货币材料不是任意规定的,而是受客观经济条件制约的。在资本主义初期,商品经济不发达,商品交换规模不大,以白银作为货币金属材料就能满足流通需要。随着商品经济的发展,商品交换规模不断扩大,由于白银价值量低且价值不稳定,不能适应流通的需要,因此,黄金逐渐取代白银在币材中占了统治地位。20世纪初,随着商品经济的进一步发展,黄金存量规模已不能满足商品交换和经济的需要,黄金已不适宜作货币材料,纸币制度便取而代之。在当今信用货币流通条件下,货币都是由没有实际价值的纸质材料做成的,各国法令中没有关于货币材料的规定,传统货币制的一项重要内容消失了。这是因为信用货币不具有实际价值,由国家强制力赋予名义价值进行流通,且由中央银行垄断发行,币材的规定已没实际意义。

(2) 规定货币单位。货币单位是指货币制度中规定的货币计量单位。货币材料确定后,就要规定货币单位,包括规定货币单位的名称和货币单位的价值量。金属称量制下的货币单位与重量单位完全一致,其后的金属铸币制中的货币单位名称开始与重量单位名称相分离了。货币单位的价值量就是货币的含金量,仍以重量单位为标准。例如,1816年英国的金本位法案规定货币单位为"英镑",1英镑含纯金7.97克;

1934年美国的法案规定货币单位为"美元",1美元含纯金0.88671克;我国1914年颁布的《国币条例》中规定流通银元,货币单位定名为"圆",1圆含纯银23.977克。在现代信用货币制度下,币值与金属完全分离,流通中只有不可兑换的信用货币,货币发行管理以经济发行为原则,以商品物资为基础,通过多种措施保证币值的稳定。

(3) 规定货币种类。确定一国流通中的货币种类是一国货币制度的重要内容。流通中的货币即通货,一般包括本位币和辅币两种,本位币又称主币,是一国货币制度规定的标准货币,是一个国家法定的计价、结算货币。在金属货币流通条件下,本位币是指用货币金属按照国家规定的货币单位所铸成的铸币;在现代信用货币时期,本位币表现为不可兑换银行券和纸币。辅币是本位币的等分,是本位币单位以下小面额的、供日常零星交易与找零用的货币。辅币因为流通速度快,流通磨损大,储藏能力弱,一般都是由贱金属制造的不足值货币,铸造收益归国家。主币和辅币同时在市场上流通,两者的兑换比例通过法律形式固定下来,辅币面值一般为本位币面值的十分之一或百分之一。

(4) 规定货币的法定支付偿还能力。规定货币的法定支付偿还能力,是指通过法律对货币的支付偿还能力做出规定,即规定货币是无限法偿还是有限法偿。无限法偿是指无论支付数额多大,无论属于何种形式的支付,对方都不能拒绝接受。有限法偿是指在一次支付中若超过规定的数额,收款人有权拒收。本位币具有无限法偿能力,即国家规定本位币有无限支付的能力,是最后的支付手段,债权人不得拒绝接受。有限法偿则主要是针对辅币而言的。无限法偿是国家赋予本位币的绝对权力,确保了本位币的权威,有利于金融市场的统一与稳定。

(5) 规定货币的铸造、发行和流通程序。在金属本位制下,货币的发行与流通表现为本位币与辅币的铸造与管理。本位币是足值货币,可以自由铸造、自行熔化,并且流通中磨损超过重量公差的本位币,不准投入流通使用,可向政府指定的单位兑换新币,即超差兑换。辅币一般用较贱金属铸造,是不足值货币,在一定限额内可与主币自由兑换。辅币不能自由铸造,只准国家铸造,除了金属铸币外,流通中的货币还有银行券和纸币。银行券是一种信用货币,是代表金币充当支付手段和流通手段的信用证券。银行券规定了含金量,其发行必须有黄金准备,在银行可兑换成足额黄金。19世纪中叶后,银行券只规定含金量,而不可兑换黄金。纸币是中央银行和政府发行的,并依靠其信誉和国家权力强制流通的价值符号。在现代信用货币制度下,货币与黄金无直接联系,主币和辅币的发行与偿付规定有了很大变化。大多数国家的主币是纸币或少量硬币,均为无限法偿,由中央银行统一发行。而辅币多为不足值的硬币,大都由财政部委托中央银行发行,一般也是无限法偿,并发行一些辅币钞票,与硬币同时流通。现代信用货币制度一般只规定实行信用货币本位制,货币由中央银行垄断发行,国家承担维护币值的义务。货币发行由于不需要黄金准备,因此可能导致通货膨胀。

（6）规定准备制度。在金属货币流通条件下，准备制度主要是指黄金准备制度。黄金准备是指国家所拥有的金块和金币的总额。它是货币制度的一项重要内容，也是一国货币稳定的基础。大多数国家的黄金准备都集中由中央银行或国家财政部门负责管理。在金属货币制度下，黄金准备有三项用途：一是作为兑付银行券的准备金，二是作为调节货币流通量的准备金，三是作为国际支付的准备金。在现代信用货币流通条件下，各国的准备制度由黄金准备和外汇准备制度构成，黄金和外汇由中央银行统一保管，用作国际支付的准备金，但黄金准备的前两项用途已经消失，黄金只是形成国家储备中的黄金储备，为国际支付的最后手段。

二、货币制度的发展与演变

货币制度的发展经历了一个从金属货币制度到不兑现信用货币制度的历史演变过程，其中，金属货币制度包含银本位制、金银复本位制、金本位制三个阶段。各个国家都有不同的货币制度，同一个国家在不同时期也有不同的货币制度。货币制度的演变见图2-1：

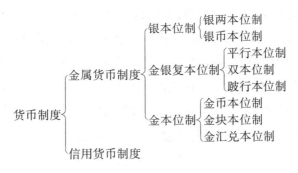

图 2-1 货币制度的演变

1. 银本位制

银本位制是指以白银为本位货币的一种货币制度。在银本位制下，白银为本位币币材，银币是无限法偿货币，可自由兑换、自由铸造，白银可自由输出入。银本位制分为银两本位制与银币本位制。银两本位制是以白银的重量单位两作为价格标准，实行银块流通的货币制度。银币本位制是以一定重量和成色的白银铸成一定形状的本位币，实行银币流通的货币制度。银本位制是历史上最早的货币制度，产生于货币制度萌芽的中世纪，16世纪后开始盛行。银本位制作为一种独立的货币制度存在时间并不长，范围也较小，主要是印度、墨西哥、日本等国。我国古代长期实行的是金银称量制和铜铸币制并行的货币制度，1910年清政府宣布实行银本位，到1935年法币改革就废除了。银本位的缺点是，白银价值低，不能适应大宗商品交易的需要，并且价格不稳定。自19世纪中期以后，黄金需求大幅增加而供给不足，白银的需求减少而产量增加。黄金作为价值高且稳定的贵金属,便取代了白银的统治地位。于是,许多国家纷纷放弃银本位制,相继采用了金银复本位制或直接进入金本位制。

2. 金银复本位制

金银复本位制是指金币和银币被同时法定为本位货币的货币制度。在这种制度下,金银两种铸币都是本位币,都是无限法偿货币,均可自由铸造,并可以自由兑换。复本位制盛行于资本主义原始积累时期(16—18世纪),在这一时期,商品生产进一步扩大,对银和金的需求量都大幅增加。银价值含量小,适合于小额交易;金价值含量大,适合于大额交易,这就大大便利了商品流通,促进了商品经济的发展。

但是,由于货币自身的独占性和排他性,两种本位币同时流通必然会造成混乱。最初金币和银币按其自身包含的价值流通,金银之间的交换比率由市场决定,称为平行本位制。由于金银两种铸币所含的价值不同,流通中商品的价格要以金银分别标价,而且这两种价格会随着金银的市场比价的变化而变化,造成流通中的混乱状态。于是,国家用法律规定金币与银币的比价,金、银按照它们的法定比价流通,称为双本位制。但在双本位制中,当一个国家同时流通两种实际价值不同但法定比价不变的货币时,实际价值高的货币(良币)必然被人们熔化、收藏或输出而退出流通,而实际价值低的货币(劣币)反而充斥市场,造成"劣币驱逐良币"现象。最早发现这一现象的是英国伊丽莎白女王一世的财政顾问汤姆斯·格雷欣爵士,于是这一规律就称为"格雷欣法则",又称"劣币驱逐良币规律"。在这种情况下,国家规定作为良币的金币可以自由铸造,银币则不允许自由铸造,称为跛行本位制。到19世纪70年代,世界白银过剩,银价暴跌,各主要资本主义国家都先后放弃了复本位制,货币制度就过渡到金本位制。

能力拓展 2-3

"格雷欣法则"的应用

金银复本位制是金币和银币被同时法定为本位币的货币制度,在这种制度下,两种本位币同时流通必然会造成混乱,特别是在双本位制阶段,出现了"劣币驱逐良币"的现象。1792年,美国规定金和银的比价为1:15,即每盎司金价为19.395美元,每盎司银币为1.293美元。若市场比价为1:16,则哪种货币是良币?哪种货币是劣币?哪种货币占据市场?若市场比价为1:14,则哪种货币是良币?哪种货币是劣币?哪种货币将占据市场?

具体步骤:

(1)金币和银币的市场比价为1:16时。当金币和银币的市场比价为1:16时,金和银的市场比价高于其法定比价(1:15),说明在市场上,金币对银币的兑换比例高,等量金币可兑换更多银币。因此,金币成了良币,银币成了劣币,人们会把金币熔铸成金块,拿到市场上按市场价换回更多的白银,再把白银铸成银币,按法定价换成金币,然后又把金币熔铸成金块……如此周而复始,人们就可获得丰厚利润。结果,金币被大量熔化,在市场上消失,而银币大量在市场出现。

（2）金币和银币的市场比价为1∶14时。当金币和银币的市场比价为1∶14时,金和银的市场比价低于其法定比价,说明在市场上,银币对金币的兑换比例高,等量银币可兑换更多金币。因此,银币成了良币,金币成了劣币,其结果是银币收敛,金币充斥市场。

3. 金本位制

金本位制是指以黄金作为本位币的货币制度。它主要有金币本位制、金块本位制和金汇兑本位制三种形式。金币本位制是指以金币为本位币,推行以金币流通为主的一种货币制度。其特点是:金币可以自由铸造;辅币和银行券可自由兑换成金币;黄金可以自由输出入国境。金币本位制是最典型的金本位制,是一种比较稳定的货币制度,它可以自动调节流通中的货币量,从而保证物价稳定和经济的平稳运行,在资本主义发展过程中起到了促进作用。

金块本位制是指没有金币的铸造和流通,而由中央银行发行以金块为准备的纸币来进行流通的货币制度。其特点是:金币不再铸造、流通;纸币或银行券为流通货币,规定含金量,在限定数额内方可兑换金块;黄金由政府集中储存。金汇兑本位制是指以银行券作为流通货币,银行券不能直接兑换黄金,只能通过外汇间接兑换黄金的货币制度。其特点是:货币单位规定含金量;国内流通银行券;银行券不能兑换黄金,可换取外汇。金块本位制和金汇兑本位制是残缺不全的、不稳定的货币制度,由于没有金币的流通,货币失去了自动调节机制,币值稳定机制也不复存在。这种脆弱的金本位制,经过1929—1933年的世界性经济危机后,就被不兑现的信用货币制度所代替,从而为国家干预、调节经济提供了一个非常有效的机制。

知识链接2-4

金本位制的演变

金币本位制最早在1816年由英国率先推行,之后欧洲其他国家纷纷效仿,美国到1900年才实行金币本位制。在20世纪初,西方主要资本主义国家大多实行了金币本位制。但随着资本主义社会固有矛盾的加深和世界市场的进一步形成,金币本位制的基础受到了严重的威胁,并最终导致了金币本位制的终结,代之而起的是金块本位制和金汇兑本位制。1944年在美国的布雷顿森林召开的国际货币金融会议确立了布雷顿森林体系,它是一种全球范围的金汇兑本位制度,规定:各国货币与美元挂钩,美元与黄金挂钩,以美元为中心的货币制度,把各国货币作为依附货币。1973年美国宣布美元与黄金脱钩,金汇兑本位制解体。

4. 不兑现的信用货币制度

不兑现的信用货币制度又称纸币本位制,是指以政府或中央银行发行的不兑换黄金的信用货币(纸币或银行券)为法偿货币的货币制度。它是20世纪70年代布雷顿森林体系解体以来各国普遍实行的一种货币制度。信用货币制度的特点是:①以政府或中央银行发行的纸币为本位货币,由国家强制力赋予无限法偿能力;②纸币不规定含金量,也不可兑换黄金,黄金退出流通领域,货币发行不以金银作准备;③中央银行垄断货币发行,货币发行通过银行信用程序投放到经济流通领域;④国家对货币发行和流通进行管理和调节。

信用货币制度取代金本位制是货币制度演进中的一次重大飞跃,它突破了货币商品形态的桎梏,适应了商品生产和流通的发展,大大节约了社会流通费用,显示出较大的优越性。但是,这种货币制度也有一定的缺陷,具有很大的危机性,主要表现为:现代信用货币为不兑现货币,货币发行没有一定的发行准备,由中央银行根据国内的经济需要来控制货币不具备自发调节货币流通量的能力,并且商业银行活动具有创造信用的功能。因此,中央银行的信用控制对经济的稳定运行有重要影响,如果货币投放过多,就可能出现纸币贬值、通货膨胀;如果货币投放过少,就可能出现物价下跌、通货紧缩。可见,在信用货币制度下,政府可以利用纸币发行来调节经济,调节得当,则币值稳定,经济繁荣。目前,世界各国对货币流通的管理和调节日益增强,并将货币政策作为实现宏观经济目标的重要手段。

三、国际货币制度

1. 国际货币制度的含义及其内容

国际货币制度又称国际货币体系,是指各国政府为适应国际贸易与国际支付的需要,对货币在国际范围内发挥世界货币职能以及有关国际货币金融问题所确定的原则、采取的措施、建立的组织形式等方面所作的制度性安排。它产生的主要原因是:各国在政治上是独立的,而在经济贸易上则是相互依赖的,因此就需要一种货币体系来协调各国的经济活动。国际货币制度一般包括以下三方面的内容。

(1) 国际货币或国际储备资产的确定。确定国际本位货币,即确定何种货币作为国际支付货币和储备资产,如黄金、纸币、各国共同创设的合成货币等。国际储备的供应和管理是国际支付中要解决的重要问题。为应付国际支付的需要,一国必须保存一定数量的、为世界各国所普遍接受的国际储备资产。第一次世界大战以前,资本主义国家的主要国际储备资产是黄金;第一次世界大战以后,黄金与外汇储备起着同等重要的作用;后来,一国在国际货币基金分得的特别提款权(SDRs)也与黄金、外汇并列,构成一国的国际储备资产。目前,充当外汇储备的国际货币主要有美元、英镑、欧元、瑞士法郎、加拿大元、澳大利亚元、日元、港元等。国际储备资产是国际货币制度的基础。

(2) 国际支付原则和汇率制度的确定。要使货币满足国际交往与国际支付的需要,发挥世界货币的职能,就要规定各国货币之间的支付原则及汇率制度,包括:货币在国际间流通是否受到限制;货币间是否可自由兑换;国际结算方式;汇率如何确定、调整和维护等。汇率制度规定的基本内容是:货币比价确定的依据,货币比价波动的界限,货币比价的调整,维持货币比价所采取的措施等。汇率制度是国际货币制度的核心。

(3) 国际收支的调节机制。保持各国国际收支的基本平衡是国际货币制度建立的目的,是国际货币制度稳定的必要条件。国际收支不平衡及官方储备变动直接导致汇率波动,进而影响到整个国际货币体系的稳定,而有效的国际收支调节机制能降低交易成本,促进国际贸易和世界经济的发展。因此,国际收支的调节方式也是国际货币制度的基本内容。

2. 国际货币制度的演变过程

在国际货币制度的发展史中,国际货币体系的建立一般有两种方式:一种是在国际经济往来中自发产生一些约定俗成、共同遵守的规则和秩序,是逐渐演进而成的,如历史上的国际金本位制度;另一种是由各国政府通过广泛的国际协商建立起来的,如"二战"后建立的布雷顿森林体系。国际货币制度一般是以货币本位和汇率制度两个重要的标准来划分的。国际货币制度在历史演变过程中,大体经历了国际金本位制、布雷顿森林体系、牙买加体系三个时期。

知识链接 2-5

国际货币体系的演变

从19世纪初到"一战"前,资本主义国家相继实行金本位制,这样就形成了国际金本位制。19世纪初英国实行金本位制,19世纪中叶到"一战"前是其全盛时期。通常以1880年作为国际金本位制的起始年,因为这一年欧美主要国家都已实行金本位制。1914年"一战"爆发后,各国纷纷停止黄金的兑换,采取浮动汇率制,国际货币制度陷于混乱。1925年主要工业国开始重建金本位制度(金汇兑本位制),1929—1933年世界经济大危机使之垮台,国际货币制度又陷于混乱,西方国家普遍实行纸币流通制度。

"二战"末期的1944年,西方盟国着手重建国际货币制度,实行的是可兑换美元本位下的可调整的固定汇率制——布雷顿森林体系。布雷顿森林体系在国际货币制度的发展史上占有重要地位,它因1971—1973年的美元危机而正式解体。1976年1月国际货币基金组织(IMF)临时委员会订立牙买加协定,规定了国际货币制度的主要框架,世界开始进入有管理的浮动汇率制——牙买加体系时期。

(1) 金本位制下的国际货币制度——国际金本位制(1880—1914年)。国际金本位制是在各主要资本主义国家普遍实行金本位制的基础上自发形成的一种国际货币制度。它是人类历史上最早出现的国际货币制度,主要存在于19世纪下半叶到第一次世界大战前,在资本主义大危机的冲击下最终瓦解。国际金本位制就是金本位制的国际化,其主要内容如下。

① 黄金充当国际货币,是主要的国际储备资产。在国际金本位制下,黄金是货币体系的基础,是最终的国际清偿手段。由于当时英国在世界贸易和金融体系中的地位,伦敦是世界金融中心,国际贸易普遍用英镑计价,实际上是英镑代替黄金执行国际货币的各种职能,但黄金是最终的国际支付手段。国际金本位制的典型特征是:金币可自由铸造、自由兑换和自由输出入。自由铸造使金币面值可与其所含的黄金价值保持一致,金币数量可自发地满足流通中的需要,从而保证黄金在货币制度中的主导地位。自由兑换使各种价值符号能稳定地代表一定数量的黄金进行流通从而保持币值的稳定,不致发生通货膨胀。自由输出入可保证各国货币间汇率的稳定和国际金融市场的统一。可见,国际金本位制是一种比较稳定、比较健全的货币制度。

② 各国货币之间的汇率由它们各自的含金量比例决定。各国货币间的法定含金量之比称为铸币平价。由于金币可自由铸造、自由兑换,黄金可以在各国间自由输出入,外汇市场上的汇率就维持在由铸币平价和黄金运输费用所决定的黄金输送点以内。所以,国际金本位制是一种严格的固定汇率制,各国货币汇率固定,价格水平长期稳定。

③ 国际金本位制具有自动调节国际收支的能力。黄金自由输出入可自动调节国际收支,并保证外汇行市的稳定和国际金融市场的统一。国际收支的调节机制如下:一国国际收支逆差→黄金输出→货币供应量减少→物价和成本下跌→出口竞争力增强→出口扩大进口减少→黄金输入→国际收支平衡;反之,一国国际收支顺差→黄金输入→货币供应量增加→物价和成本上升→出口竞争力减弱→出口减少进口扩大→黄金输出→国际收支平衡。

(2) 以美元为中心的国际货币制度——布雷顿森林体系(1945—1973年)。1944年7月,在美国新罕布什尔州的布雷顿森林镇召开由44国参加的国际货币金融会议,通过了《国际货币基金组织协定》和《国际复兴开发银行协定》,统称《布雷顿森林协定》,确立了战后国际货币体系的框架。布雷顿森林协定的达成,标志着战后以美元为中心的固定汇率制度——布雷顿森林体系的正式建成。布雷顿森林体系实质上是美元的金块本位制和其他国家货币的金汇兑本位制相结合的国际货币体系。其核心内容是"双挂钩",即美元与黄金挂钩,其他国家货币与美元挂钩。

① 确立黄金和美元并重的国际储备体系。布雷顿森林体系以黄金为基础,以美元作为主要的国际储备货币。美元直接与黄金挂钩,美国政府承诺,各国中央银行可用美元向美国中央银行按 35 美元＝1 盎司的固定价格兑换黄金。

② 实行可调整的固定汇率制。其他国家政府规定各自货币的含金量,并以此确定同美元的汇率,从而确定了其他货币通过美元与黄金间接挂钩的关系。各国实行固定汇率制,成员国有义务对外汇市场进行干预,以维持汇率的稳定。一般只能在平价±1%幅度内波动,只有在国际收支发生"根本不平衡"时,才容许调整货币平价,且须经国际货币基金组织(IMF)同意。

③ 建立国际收支调节机制。布雷顿森林体系建立了国际货币基金组织(IMF)。IMF 会员国份额的 25% 以黄金或可兑换成黄金的货币缴纳,75% 以本国货币缴纳。会员国发生国际收支逆差时,可用本国货币向 IMF 购买一定数额的外汇,并在规定时间内以购回本国货币方式偿还借款。借款数额取决于会员国在基金组织的份额多少,贷款只限于会员国用于弥补国际收支赤字,即用于经常项目的支付。取消外汇管制,各会员国不得限制经常项目的支付,不得采用歧视性的货币政策,并要求在兑换性的基础上实行多边支付,但容许对资本移动实施外汇管制。

知识链接 2-6

布雷顿森林体系的建立和瓦解

第二次世界大战使英美的实力对比发生了根本性改变,英国遭受了巨大的创伤,而美国大发战争财,在政治、经济、军事各方面取得了压倒优势,成为世界最大的债权国和经济实力最强的国家,这为美国建立战后以美元为中心的国际货币体系提供了良好的基础。"二战"结束前夕,西方盟国即着手建立统一、稳定的国际货币制度。由于英镑仍然是主要国际储备货币,英国仍竭力保持英镑的地位,美国则积极策划取代英镑而建立一个以美元为中心的国际货币制度。1943 年 4 月,英美两国从本国的利益出发,分别在伦敦和华盛顿同时抛出了新国际货币体系的方案,即英国的"凯恩斯计划"和美国的"怀特计划"。两国政府在双边谈判中展开了激烈的争论,英国因实力不济被迫接受美国提出的方案。1944 年 7 月的国际货币金融会议通过了以"怀特计划"为基础的《布雷顿森林协定》,建立了布雷顿森林体系。20 世纪 50 年代后美国因受朝鲜战争和国内的两次经济危机的拖累,加之欧洲和日本经济的恢复,使美元的霸权地位开始削弱。1960年和1968年爆发了两次美元危机,从根本上动摇了布雷顿森林体系。1971年8月15日,尼克松政府宣布实行"新经济政策",停止用美元兑换黄金。1973年3月后,各国放弃了以美元为中心的固定汇率制度,开始实行浮动汇率制度,布雷顿森林体系彻底瓦解。

(3) 当代的国际货币制度——牙买加体系(1976年至今)。布雷顿森林体系崩溃之后,国际货币金融关系一直处于动荡之中,世界各国都希望建立一种新的国际货币制度。1976年1月,IMF"国际货币体系改革委员会"在牙买加首都金斯敦召开会议,达成了"牙买加协定",从而形成了新的国际货币制度——牙买加体系。牙买加体系是以美元为主导的多元化国际储备体系和浮动汇率体系,它并未从根本上改革国际货币制度,在很大程度上只是对事实的追认,许多问题并没有得到反映或解决,因此,它又被称为"无体系的体系"。其主要内容如下。

① 浮动汇率合法化。各会员国可自由选择汇率制度,可以采取自由浮动或其他形式的固定汇率制,但会员国应与IMF合作,并接受IMF的监督,不允许采取损人利己的汇率政策。实行浮动汇率制的国家根据经济条件应逐步恢复固定汇率制度,将来经济稳定后,经IMF的85%多数票通过,可恢复稳定的但可调整的汇率制度。

② 黄金非货币化。黄金与货币完全脱离联系,成为一种单纯的商品,不再作为各国货币币值法定的基础。废除黄金条款,取消黄金官价,会员国中央银行可按市价自由进行黄金交易活动,取消会员国相互之间及会员国与IMF之间须用黄金清偿债权债务的义务,IMF持有的黄金应逐步进行处理。

③ 提高特别提款权(SDRs)的国际储备地位,扩大会员国的份额。确定在未来的货币体系中,应逐步以SDRs作为最主要的储备资产,即把美元本位改为SDRs本位。参加SDRs账户的国家可以用SDRs来偿还IMF的借款,各会员国也可以用SDRs来进行借贷。同时,根据当时各国经济发展的状况重新修订份额,由原来的292亿SDRs扩大到380亿SDRs。各国应缴份额比例也有所调整。

④ 增加向发展中国家的资金融通。IMF以出售黄金所得收入成立"信托基金",以优惠条件向最贫穷的发展中国家提供援助,以解决它们的国际收支困难。同时,扩大IMF信用贷款部分的总额,由占会员国份额的100%增加到145%,并放宽"出口波动补偿贷款"额度,由50%提高到75%。

进入21世纪,国际经济形势发生了重大变化,中国、印度、俄罗斯、巴西等"金砖四国"保持了经济的快速发展,传统西方经济强国则受到金融危机、经济衰退的困扰,国际经济金融格局发生了较大变化,国际货币制度也随之发展演进。

四、我国的货币制度

1. 我国的人民币制度

我国的货币制度是人民币制度,人民币制度属于不兑现的信用货币制度。人民币制度开始于解放战争即将胜利之时,1948年12月1日,中国人民银行在石家庄正式成立,同时发行人民银行券,即人民币。1955年3月1日起发行了新版人民币,规定以新币1元兑换旧币1万元,提高了人民币单位"元"所代表的价值量。人民币制度包括以下基本内容。

(1) 人民币是我国的法定货币,具有无限法偿能力。

(2) 人民币的单位为"元",元为主币,辅币的名称为"角"和"分",1元=10角,1角=10分。人民币以"¥"为符号。

(3) 人民币是一种不兑现的信用货币,采用不兑换银行券的形式。人民币没有含金量的规定,不能自由兑换黄金,也不与任何外币确定正式联系。

(4) 人民币是中国唯一的合法通货。任何金银和外币不得在国内市场上计价、结算与流通;严禁伪造、变造人民币;禁止出售和购买伪造、变造的人民币;禁止故意损毁人民币;禁止在宣传品、出版物或其他商品上非法使用人民币图案。

(5) 国家指定中国人民银行为唯一的货币发行机关,并对人民币流通进行管理。任何单位和个人不得印制、发售代币票券以代替人民币在市场上流通。

(6) 残缺、污损的人民币,按照中国人民银行的规定进行兑换,并由中国人民银行负责收回、销毁。

(7) 人民币是信用货币。人民币的发行有三个层次的发行保证:一是以商品物资为基础,即根据商品生产的发展和流通的扩大对货币的实际需要而发行;二是信用保证,包括政府债券、商业票据等;三是黄金、外汇储备。

(8) 中国人民银行设立人民币发行库,在其分支机构设立分支库。分支库调拨人民币发行基金,应当按照上级库的调拨命令办理。任何单位和个人不得违反规定动用发行基金。

(9) 人民币实行有管理的货币制度。中国人民银行可根据国民经济动态变化和客观需要,通过调控货币发行、货币流通及利率等手段对货币供应量进行调整。同时对汇率进行管理,设立外汇储备基金,实行以市场供求为导向的、单一的有管理的浮动汇率制度。

(10) 人民币在国际收支经常项目下可自由兑换,人民币出入国境实行限额管理。

2. "一国两制"下的地区货币制度

1997年7月和1999年12月,香港和澳门相继回归祖国。香港和澳门作为中华人民共和国的特别行政区，享有高度自治权。根据"一国两制"的总体精神，《中华人民共和国香港特别行政区基本法》和《中华人民共和国澳门特别行政区基本法》对香港和澳门的金融事务作了明确规定，港元和澳门元分别是其法定货币。同时，由于大陆和台湾尚未统一，台湾保持着与大陆不同的货币和货币管理制度。这样，在一个主权国家内，形成了"一国多币"的特殊的货币制度。

在"一国多币"的格局下，各种货币均仅限于本地区流通，不同的货币有不同的法定地位和不同的货币主管当局。大陆（内地）实行人民币制度，人民币是法定货币，中国人民银行为中央银行，负责人民币发行。在香港特别行政区，港元是唯一流通的货币，香港金融管理局为金融管理机构，港元由汇丰银行、渣打银行和中国银行三家银行来发行。在澳门特别行政区，澳门元是唯一流通的货币，澳门金融管理局为金融监管机构，澳门元由大西洋银行和中国银行（澳门分行）来发行。在台湾地区，新台币是唯一流通的货币，台湾地区货币政策主管机关负责台币发行，并实施金融政策。港元、澳门元在内地视同外币处理，人民币在香港和澳门也视同外币形式处理，人民币与港元、澳门元之间按以市场供求为基础决定的汇价进行兑换，而澳元与港元直接挂钩。

知识链接 2-7

我国货币制度的演变

我国使用货币的历史非常悠久。公元前5世纪，我国开始使用一种刀状或其他工具形状的货币，这种金属刀片在一端有一个圆孔，因此可串在一根棒或绳上。这些工具货币逐渐按固定形式制作，并且越来越小，最后只剩下带孔的圆形端留下来了，这种圆形、穿孔的铸币一直到19世纪都没有实质变化。我国最早的货币是起源于商朝的贝币。贝币单位是朋，每朋10贝。春秋战国时期开始使用铜铸币，主要有刀贝、布币和环钱，同时流通着金属称量制的金和银，此后铜币在我国流通了两千多年。秦始皇统一全国后，规定全国使用统一的货币，分黄金和铜钱两种：黄金为上币，以镒为单位；铜钱为下币，按枚使用，币面铸有"半两"二字，禁止其他财物作为货币流通。这是中国货币史上第一个货币立法。汉朝至唐朝时期主要使用的货币是五铢钱。汉武帝时期改革币制，确立了中央政府的货币铸造权和货币发行权，禁止私铸。唐朝至清朝主要使用铜钱。唐高祖改革币制，货币名称为"开元通宝"，使钱币名称与钱币重量完全分离，我国是最早使用纸币的国家，北宋开始发明并使用纸币，元朝的纸币管理制度是我国历史上第一个纸币条例。明清时期主要使用银两，清末实行的是银两本位制。1933年4月，国民政府进行"废两改元"的货币改革，1935年又废止银币本位制，实行法币制度。

 项目小结

1. 货币的定义及其产生过程

货币是指在购买商品和劳务或清偿债务时,具有普遍接受性而作为支付手段的任何东西。货币是在商品交换发展的漫长历史过程中自发产生的,是商品内在矛盾发展的必然结果,其产生的基础是社会分工和私有制。价值形式的发展过程就是货币产生的过程,大致经历了简单的或偶然价值形式、扩大的价值形式、一般价值形式、货币价值形式四个阶段。

2. 货币形式的演变过程

货币形式又称货币形态,是指以什么货币材料来充当货币。充当货币材料的物体必须具备普遍接受性、价值稳定性、稀缺性、便于携带和易于分割、供给富有弹性等特性。货币形式经历了由实物货币、金属货币、代用货币到信用货币、电子货币的演变过程。

3. 货币的本质和职能

马克思从劳动价值论入手,科学地抽象出货币的本质,认为货币是从商品中分离出来的,固定地充当一般等价物的特殊商品,反映一定的社会生产关系。货币的本质决定了货币的职能。货币的职能是指货币本身所具有的作用与功能,它具体体现在与商品交换的过程中,货币逐渐形成了价值尺度、流通手段、支付手段、储藏手段和世界货币五个职能,其中价值尺度和流通手段是货币的两个基本职能,其他职能是在货币基本职能基础上派生出来的职能。

4. 货币制度的内容及其历史演变

货币制度简称币制,是一个国家以法律形式确定的该国货币流通的结构、体系及组织形式。典型的货币制度包括以下内容:规定货币材料;规定货币单位;规定货币种类;规定货币的法定支付偿还能力;规定货币的铸造、发行和流通程序;规定准备制度。货币制度经历了一个从金属货币制度到不兑现信用货币制度的历史演变过程。其中,金属货币制度包含银本位制、金银复本位制、金本位制三个阶段。

5. 国际货币制度的内容及其历史演变

国际货币制度是指各国政府为适应国际贸易与国际支付的需要,对货币在国际范围内发挥世界货币职能以及有关国际货币金融问题所作的制度性安排。其主要内容包括国际货币或国际储备资产的确定、国际支付原则和汇率制度的确定、国际收支的调节机制等。国际货币制度大体经历了国际金本位制、布雷顿森林体系、牙买加体系三个时期。

6. 我国的货币制度

我国的货币制度是人民币制度,它属于不兑现的信用货币制度。人民币是我国的

法定货币,具有无限法偿能力。中国人民银行为唯一的货币发行机关,并对人民币流通进行管理。由于在香港和澳门实行"一国两制",海峡两岸尚未统一,在一个主权国家内,形成了"一国多币"的特殊的货币制度。

 **知识自测**

一、单项选择题

1. 经济学意义上的货币就是(　　)。
   A. 通货或现金　　　　　　　　　　B. 收入
   C. 金融资产　　　　　　　　　　　D. 具有普遍接受性的支付手段
2. "劣币驱逐良币现象"产生的货币制度背景是(　)
   A. 银本位　　　B. 平行本位　　　C. 双本位　　　D. 金本位
3. 货币的形态经历了从低级向高级不断演变的过程,依次是(　　)。
   A. 实物货币→金属货币→信用货币→代用货币
   B. 实物货币→代用货币→金属货币→信用货币
   C. 实物货币→金属货币→代用货币→信用货币
   D. 金属货币→实物货币→代用货币→信用货币
4. 科学的货币本质观是(　　)。
   A. 货币金属说　　　　　　　　　　B. 货币名目说
   C. 创造发明说　　　　　　　　　　D. 马克思的劳动价值说
5. 执行价值单方向转移的货币职能是(　　)。
   A. 价值尺度　　B. 流通手段　　C. 支付手段　　D. 储藏手段
6. 货币可以观念形态执行的职能是(　　)。
   A. 价值尺度　　B. 流通手段　　C. 支付手段　　D. 储藏手段
7. 货币流通手段职能具有(　　)的特征。
   A. 足值性　　　B. 观念性　　　C. 地域性　　　D. 现实性
8. 历史上最早的货币制度是(　　)。
   A. 金本位制　　B. 银本位制　　C. 复本位制　　D. 信用本位制
9. (　　)是最典型的金本位制,它是一种比较稳定的货币制度。
   A. 金币本位制　　　　　　　　　　B. 金块本位制
   C. 金汇兑本位制　　　　　　　　　D. 复本位制
10. 当代的国际货币制度是(　　)。
    A. 国际金本位制　　　　　　　　　B. 布雷顿森林体系
    C. 牙买加体系　　　　　　　　　　D. 美元本位制

二、判断题

1. 经济学意义上的"货币"就是生活中的"钱"。（   ）
2. 通货只是货币中的一小部分，它并不是代表人们所进行的所有购买活动。（   ）
3. 在货币的产生过程中，一般价值形式与扩大价值形式有着本质的区别。（   ）
4. 从货币发展的历史看，最早的货币形式是铸币。（   ）
5. 社会必要劳动时间是商品的内在价值尺度，货币是商品的外在价值尺度。（   ）
6. 执行流通手段的货币，可是观念上的货币，也可是现实的货币。（   ）
7. 目前，世界的各国货币都是信用货币。（   ）
8. 货币制度的发展与货币本身的发展是同步的。（   ）
9. 复本位制即金银复本位制，是指以金和银同时作为本位币的货币制度。（   ）
10. 布雷顿森林体系是以英镑为中心的国际货币体系。（   ）

三、综合训练题

数字人民币"空降"苏州

2020年，央行数字人民币稳步推进。

12月11日晚8点，苏州中签市民的数字人民币消费红包正式生效。

仅仅2秒后，全国首单电商平台数字人民币红包消费诞生——一位90后用户在京东商城下单，并通过数字人民币支付，支付过程耗时仅0.5 s。

1分23秒后，苏州市相城区高铁吾悦广场京东之家门店，迎来了首位数字人民币消费红包中签的消费顾客。该门店负责人沈静茹告诉记者，这名消费者在店内买了三件物品、消费总额495元，其中200元来自数字人民币红包支付、另外295元由微信支付补齐。

"体验感挺好，手机'碰一碰'，和之前差不多，付款就完成了！"12月11—12日，在记者实地探访苏州数字人民币钱包试点时，多个商户、消费者均分享了自己消费付款流畅的体验惊喜和高接受度。

借势今年"双12苏州购物节"，苏州市成为继深圳之后，开展数字人民币试点的第二个城市。苏州此次数字人民币消费红包发放总个数较深圳的5万个增至10万个、线下消费场景较深圳的3 000多个增至1万余个，并引入京东商城作为数字人民币线上支付创新场景；在实地探访中，记者也看到，此次试点中，大部分线下商户支持NFC（近身支付）"碰一碰"付款，部分手机机型的"双离线"支付为首次亮相。

央行的数字货币不需要网络就能支付，我们叫作"双离线支付"，指收支双方都离线也能进行支付。央行数字货币研究所所长穆长春此前介绍称，未来在比如地下商超没有手机信号，或者乘坐航班需要付费吃饭、购买机上免税品、高铁无信号时，在这些场景下都可以用央行的数字货币支付。

备受业界关注的是，相比之前，此次试点首次结合线上+线下，引入京东商城试水线上交易、数字人民币付款的方式,吸引了更多用户尝鲜:数据显示,从 12 月 11 日 20 时—12 月 12 日 20 时的 24 小时,在京东场景有近 20 000 笔订单通过数字人民币支付,其中最大单笔线上支付金额超过 1 万元。

资料来源:券商中国网站,《实探丨数字人民币"降落"苏州,2 万市民京东尝鲜!手机没网咋办?不耽误买单结账》,https://baijiahao.baidu.com/s?id=1686052907329433419&wfr=spider&for=pc。

阅读上述报道,回答下列问题:

(1) 文中所提到的数字人民币和中央银行发行的纸质人民币有何区别?你认为未来数字人民币会取代纸质人民币吗?

(2) 数字人民币和现在支付宝、微信支付在本质上是一回事儿吗?

(3) 根据你的认知,谈谈你认为数字人民币的推行,可能给你的生活带来的优缺点。

项目三 信用和金融工具

学习目标

知识目标：
1. 掌握信用的含义及本质
2. 掌握信用的形式
3. 掌握金融工具的概念与特征
4. 掌握主要的几种金融工具的特点

技能目标：
1. 能够分析现代信用的作用
2. 能够分析不同信用工具的使用场景

导入案例

　　负面信用记录会存在5年，对于大学生而言，一旦形成污点，迈进社会的第一步便会处处受阻。在我国的"信用记录关爱日"，人民银行武汉分行联合中国工商银行湖北省分行开展针对大学生的"人生启航　征信相伴"主题征信宣传校园行活动，教大学生远离陷阱，珍爱信用。

　　武汉共有89所高校、超过百万名在校大学生，规模居全国首位。

　　当代大学生几乎都是"95后""00后"，在互联网时代长大，热爱新鲜事物，近年来崛起的互联网金融就是其中之一。然而，一些不法分子利用大学生群体涉世未深，对个人信息安全警惕不足的特点，进行非法"校园贷"，通过违法渠道窃取学生信息并实施电信欺诈、恐吓威胁等违法行为，给大学生群体造成财产损失甚至人身伤害。

　　人民银行武汉分行在征信管理工作中发现，一些大学毕业生在求学期间办理了国家助学贷款、信用卡，因为缺乏信用意识，没有按时还款，出现了逾期记录，有些还连续逾期多次,给后来买房、买车、办理信用卡,甚至出国、报考公务员等带来了障碍。

人民银行武汉分行提醒广大学生们:同学们必须要对自身的信息安全保持足够的警惕。在生活中,同学们对于不明意图的借取重要身份证件、询问个人隐私信息等要求要提高警惕;个人信息资料使用后要注意及时销毁;向他人提供身份证复印件时,最好在复印件有文字的地方标明用途,附上"他用无效,再复印无效"。与此同时,人行武汉分行副巡视员江成会提醒到场学子要提高自己的信用管理能力,管理好日常收支,理性衡量自身能力,不过度消费、超前消费,不能只图一时挥霍,因小失大。

目前,我国个人征信系统共收录9亿多人的信用信息,占全国总人口的2/3,未来个人信用在生活中扮演的角色将越来越重要。随着个人征信系统不断完善,如今,除了贷款、银行卡、担保等银行信贷信息,法院判决执行情况、公积金欠缴、社保甚至水电费等欠缴信息,也会纳入报告。

资料来源:中国青年网,《"信用污点"将影响人生关键5年》,http://news.youth.cn/jsxw/201706/t20170615_10073853.htm。

同学们,你们还能说说不良信用对个人有什么影响吗?

任务一 认识信用及其形式

一、信用的概述

"信用"是当今中国社会使用频率极高的词。书刊、报纸、电视、互联网等媒体频繁出现诸如"信用缺失""信用危机""信用制度"等词语,虽然都使用"信用"一词,但是讨论的却是不同的问题。大体而言,可以把信用划分为两个范畴:一个是道德范畴的信用,另一个是经济范畴的信用,这两个信用既有各自独立的含义,同时也存在着密切的联系。

道德范畴的信用主要是指通过诚实履行自己的承诺而取得他人的信任,自古以来中国一直崇尚诚信的品德,古人强调"仁、义、礼、智、信"。诚信是社会存在和发展所应具备的最基本的道德范畴,良好的信用不仅是人与人之间正常交往的基础,也是个人与组织之间,组织与组织之间,国家与个人之间,乃至国与国之间交往都不可缺失的,如果一个社会信用缺失,那么这个社会就会受到极大的危害。

而在现代市场经济中,信用也是广泛存在的经济现象。对信用的研究不但具有理论价值,而且具有深刻的现实意义。信用是一种价值运动的特殊形式,从属于商品货币经济的范畴。信用最初产生于商品交换之中,私有制的出现是借贷关系存在的前提条件。本课程涉及的信用主要是指经济范畴的信用。

(一) 信用的定义

信用是指经济活动中的借贷行为,是以偿还本金和支付利息为条件,暂时让渡商品或货币的一种独特价值运动形式。信用有债权人和债务人两个关系人。债权人为授信者,提供一定的有价物(货币、债券、商品、劳务等)给债务人,并约定偿还时间及利息;债务人是受信者,按约定时间偿还并支付一定的利息。

知识链接 3-1

信用的产生

最初的信用关系产生于原始社会末期,社会大分工的产生,加速了私有制的产生和剩余产品的出现,促进了商品生产和交换的发展。同时,私有制的产生造成财富占有的不均,产生了贫富分化。富裕的家族拥有较多可用于交换的商品或货币,而贫穷的家族由于缺少生活或生产资料,生活困难。为了维持生活和继续从事生产,穷人就不得不向富裕家族借贷,于是最早的信用活动随之产生。

随着商品生产和交换的日益扩大,商品流通过程中便会产生一些矛盾。例如,一些商品生产者出售商品时,购买者可能因自己的商品尚未卖出而无钱购买,"一手交钱、一手交货"的方式由于受到客观条件的限制经常发生困难。为了使社会再生产继续进行,在不能进行现金交易的前提下,赊销即延期支付的方式便应运而生。赊销意味着买方对卖方有未来付款的义务,以及卖方对买方未来付款承诺的信任。商品的让渡和货币的取得在时间上出现分离,买卖双方除了商品交换关系之外,又形成了一种债权债务关系,即信用关系。当赊销到期,债务人支付货款时,货币不再是充当交易中的流通手段,而只是作为支付手段,这种支付是价值的单方面转移。正是由于货币作为支付手段的职能,使得货币能在商品交易后独立完成价值的实现,从而完成交易,确保信用的兑现。整个过程实质上就是一种区别于实物交易和现金交易的交易形式,即信用交易。

信用产生之后经历了一个长期的发展变化过程,早期的信用是实物借贷,货币出现以后逐渐发展成为货币借贷。在奴隶制和封建制社会中,信用的形式是高利贷,当代社会的信用主要发展为借贷资本的运动。

(二) 信用的构成要素

1. 信用的主体

信用的主体是指信用行为发生的当事双方,即具有民事行为能力的经济主体(包括自然人和法人)。其中转移资产方(即贷方、债权人、授信者)将商品或货币借出,具有要求将来偿付商品或货币的权利,而接受资产一方(即借方、债务人、受信者)接受商品或货币,将来有偿还的义务。

2. 信用的客体

信用是通过一定的交易行为来实现的,因此有被交易的对象,就是信用的客体。这种被交易的对象可以是有形产品、货币形式,也可以是无形服务形式。没有交易对象,就不会有经济交易行为的发生,也不会有信用行为的发生。

3. 信用的内容

在信用活动中,债权人以自身的财产为依据授予债务人信用,债务人以自身承诺为保证取得信用。债权人承担的是信任风险并享有到期收回本息的权利,债务人承担的是还本付息的责任与义务。没有权利与义务关系的承诺就没有信用,所以具有权利和义务关系是信用的重要内容。

(三)信用的本质

信用的本质就是一种债权债务关系。借贷行为发生后,借方是债务人,有付款的法定义务;贷方是债权人,有要求付款的权利。所以借贷关系反映债权债务关系,信用关系是债权债务关系的统一。

1. 信用是以偿还和支付利息为条件的借贷行为

人们互相不计息的借贷行为和借贷关系不是信用和信用关系,只有有条件的借贷行为即必须偿还和支付利息才是信用。现实生活中有时也有无利息的借贷,但这是出于政治目的或某种经济目的而采取的免除利息的优惠,是一般情况中的特殊情况。

2. 信用是价值运动的特殊形式

信用是资金或者商品使用权暂时让渡,所有权并没有发生转移,一般的买卖活动中卖方出售商品取得货币,买方付出货币就取得商品,商品和货币的所有权在同一时间发生了转让。在信用过程中,债权人只是将一定数量商品或者货币转让给债务人,在一段时间之后还要收回商品或者货币,因此在信用过程中仅仅转让商品或者货币的使用权利而保留了所有权,所以信用方式引起价值变动仅仅是价值单方面的转移,是价值运动的特殊形式。

二、信用的形式

信用产生以后,随着时间和商品经济的不断发展,在今天经济社会生活中,我们使用的信用形式主要有四种:消费信用、商业信用、银行信用、国家信用。

(一)消费信用

消费信用是指对消费者个人提供的信用,满足消费者在个人消费上的货币需求。由工商企业、银行或其他金融机构向消费者提供的,主要用于生活消费的一种信用形式。

消费信用出现的时间比较早,最早是商人将商品赊销给消费者,但规模一直不是很大,一直到20世纪60年代消费信用才得到迅速发展,随着人们收入提高,增加了对消费信用的需求。消费信用主要有以下四种形式:①商品赊销,也就是厂商直接以延期付款的方式,向消费者提供的短期消费信用,即先购物后付款。②分期付款,消费者在购买商品的时候,先支付一部分货款,其他的金额和利息按照厂商约定的期限、利率等条件进行分期支付,比如在购买汽车、家用电器等耐用消费品时,人们往往选择的是分期付款。分期付款是一种中长期的消费信用。③信用卡,信用卡是一种典型的消费信用,银行以消费者信用优劣程度及财富为依据,发放给消费者的一种信用凭证,它具有一定的透支限额和期限,消费者可以凭借信用卡在接受信用卡消费的商家进行消费,然后再由银行定期向消费者和单位进行结算。信用卡现在已经在人们的生活中得到广泛的使用。④消费贷款,消费贷款是由银行等金融机构提供给消费者的货币信用形式,通常让消费者购买汽车、家用电器等耐用消费品,也属于长期消费信用形式。

知识链接 3-2

消费信用的代表——蚂蚁花呗

蚂蚁花呗是蚂蚁集团推出的一款消费信贷产品,申请开通后,将获得500—50 000元不等的消费额度。用户在消费时,可以预支蚂蚁花呗的额度,享受"先消费,后付款"的购物体验。

蚂蚁花呗支持多场景购物使用,此前的主要应用场景是淘宝和天猫,淘宝和天猫内的大部分商户均可使用其支付。目前,蚂蚁花呗已经走出阿里系电商平台,接入外部消费平台:大部分电商购物平台,比如苏宁易购等;本地生活服务类网站,比如美团等;以及海外购物的部分网站。蚂蚁花呗已经渗透到人们日常生活的各方面。

1. 用户反馈

蚂蚁花呗刚一上线,就受到网购族的大力追捧。数据统计显示,花呗的用户33%是"90后","80后"用户则占48.5%,而"70后"用户是14.3%。可见相对其他支付方式,蚂蚁花呗吸引了更多的新生代消费群体。

对年轻用户而言,蚂蚁花呗的吸引力在于可凭信用额度购物,而且免息期最高可达41天。蚂蚁花呗用户中,潮女、吃货成为主力军。数据显示,使用蚂蚁花呗购买的商品中,女装、饰品、美妆护肤、女包、女鞋等潮流女性商品占比超过20%;零食、特产、饮料等食品类商品以10%的占比排第二;其后是数码、母婴用品等。

数据同时显示,用户使用蚂蚁花呗更多通过手机完成,其移动交易占比达到六成。

目前,包括功能开通、账单查询、还款等,蚂蚁花呗已全部实现移动应用操作,在移动支付日益流行的今天,蚂蚁花呗已经成为杀手级移动支付应用。

2. 发展历程

蚂蚁花呗自2015年4月正式上线,主要用于在天猫、淘宝上购物,受到了广大消费者,尤其是80后、90后消费者的喜爱。为了更好地服务消费者,蚂蚁花呗开始打破购物平台的限制,将服务扩展至更多的线上线下消费领域。

蚂蚁花呗上线仅半个月,天猫和淘宝已有超过150万户商户开通花呗。不少反应更快的商户,已经开始修改宝贝描述,直接加入"支持花呗"的字样,以期能更加精准地吸引消费者。杜蕾斯天猫旗舰店的负责人告诉记者,针对蚂蚁花呗新用户,特意推出的一款商品,一天热销过万份,把一周存货抢光。

数据显示,商户接入蚂蚁花呗分期后,成交转化提升了40%。

3. 社会价值

蚂蚁花呗所覆盖的线上消费者有不少是传统金融机构没有触及的人群,在蚂蚁花呗的用户中,就有超过60%的用户此前没有使用过传统金融机构提供的金融服务。

用户在使用蚂蚁花呗后,消费能力较此前有10%左右的提升,对消费拉动起到积极作用。蚂蚁花呗对于中低消费人群的刺激作用更为明显,在蚂蚁花呗的拉动下,月均消费1 000元以下的人群,消费力提升了50%。

资料来源:根据互联网资料整理。

能力拓展 3-1

基于知识链接3-2,请同学们做一个调研,看看蚂蚁花呗、京东白条等互联网消费信贷产品是否影响了周围同学的消费支出。

(二) 商业信用

商业信用是指企业之间进行商品或劳务交易时以赊销商品、委托代销、分期付款、预付定金等形式形成的信用,是与商品交易直接联系的一种古老的信用形式。

1. 商业信用的特点

(1) 商业信用的主体是企业,商业信用是企业之间相互提供的信用,债权债务人都是企业,这个过程没有中介机构参与。

(2) 商业信用对象是在生产过程中的商品资本,在企业的商业信用过程中,企业把商品卖给对方,商品的买卖过程就完成了,使用权由卖者转移给了买者,但是货款并没有进行结算,而是双方约定在未来某一个时间进行支付,这就产生了双方之间的借贷行为,在这个过程中并没有利用到社会闲散的资本,而是利用了在生产过程中的商品资本。

(3) 商业信用是解决买方企业流通手段不足的最便利的购买方式,在交易的过程中,作为买方企业如果缺少资金或其他必要的流通手段,为了购买生产所需要的原材料或其他生产资料,在卖方企业可以接受买方企业债务时,通过商业信用的形式实现了买卖双方之间的交易,这对买方来说是最有利的手段。

(4) 在产业周期的各个阶段上,商业信用的动态是与产业资本的动态平行的,在经济繁荣阶段生产增长,流通范围扩大,需要以信用方式出售的商品增多,这就增加了商业信用;反之当经济出现危机时,生产能力下降,流通受到限制,需要以信用出售的商品就会减少,商业信用也随之减少。

2. 商业信用的不足

商业信用是直接以商品生产和商品流通为基础,并为商品生产和流通服务的,所以商业信用对加速资本循环和周转,最大限度地利用产业资本和节约商业资本,促进资本主义生产和流通的发展具有重要的推动作用,但是由于商业资本受到本身特点的制约,又具有一定的局限性。

(1) 对于商业信用的规模和数量的限制,商业信用是指工商企业之间以商品资本为对象的信用,因此商业信用的规模要受到企业所拥有商品资本总额的限制,它不可能使工商企业现有的资本量得到增长。

(2) 商业信用的范围和期限受到严格的限制,商业信用只适合于有商品交易关系的企业,这就限定了商业信用的活动领域,而且由于工商企业暂时闲置的资金时间很短,不能持续较长的时间,因此商业信用只能是短期信用。

(3) 商业信用受到企业信用能力有限性的限制,如果买方的企业信用能力不能被卖方企业所信任接受,工商企业之间的信用能力不能为社会所承认和了解,那么商业信用就难以成立,其商业信用工具的流通空间也十分有限。

(4) 商业信用具有连锁效应,在整个社会经济环境中,各个企业在经济关系上是相互影响、相互关联、相互制约的,如果经济中大量采用商业信用就会把许多企业的债权债务关系联系在一起,从而形成债权债务的链条,如果某一个环节出现问题就会对整个债务链条产生冲击,使整个社会出现信用危机。

由于商业信用自身局限性的存在,它不能够从根本上改变社会资金和资源的配置与布局,虽然它是商品经济的信用基础,但它不能够成为现代市场经济信用的主导。

(三) 银行信用

银行信用是指各种金融机构,特别是银行通过存款、放贷等业务形式向企业、个人提供货币形态的信用。银行信用是在商业信用的基础之上发展起来的,克服了商业信用的局限性,是一种更高层次的信用形式。

1. 银行信用的主体是银行

银行信用也包括其他金融机构,对象主要是从事商品生产、流通的工商企业和个人。银行和其他的金融机构作为投融资的中介,可以把分散的社会闲置资金集中起来,统一进行借贷,克服了受制于产业资本规模的商业信用的局限性。

2. 银行信用所提供的借贷资金是从产业循环中独立出来的货币资金

银行可以不受个别企业资金数量的限制,以及小额的可贷资金规模,满足大额资金借贷的需求,同时可以把短期的借贷资金转化为长期的借贷资本,满足对较长时期的货币需求不再受短期资金的约束。同时可以根据工商企业的不同需求提供期限、数量不同类型的信用,银行信用在灵活性上大大超过了商业信用,可以在更大程度上满足经济发展的需要。

3. 银行信用是一种间接信用

在银行信用中,银行是中介机构,它们并不是以其自有的资本提供信用,而是吸收储蓄等方式筹集资金,通过放贷的形式提供信用。银行能够有效地聚集资金,运用规模不受自身资本的限制,另一方面银行具有较强的信息收集以及风险管控能力,可以根据市场信息调整借贷结构,减少借贷双方的信息不对称,以及由此产生的逆向选择和道德风险问题,从而保证了授信活动的安全。

4. 银行信用具有自身创造信用的功能

任何经济实体只有在先获得货币的前提下才能提供信用,而现代银行具备货币创造功能,由于创造货币的成本很小,通过创造货币提供的信用毕竟是无本之金,所以银行信用在竞争中处于非常有利的地位。历史上正是银行利用货币发行的特权击败了高利贷系统,成为信用的主要形式。

(四)国家信用

国家信用是以国家或政府作为债务人,以借债的方式向国内的企事业单位、团体、个人等筹集资金的一种信用形式,国家信用是以国家或政府为主体所取得或提供的信用,直接影响着国家的财政收支。

国家信用的产生与国家财政收支有着直接联系,当政府的财政预算有时因为支出大于收入而出现赤字时,政府就会采取国家信用的形式来解决资金问题,使政府可以弥补额外的支出,国家信用是政府调节财政年度收支不平衡的重要手段。

1. 国家信用的特点

(1)国家信用的信誉度最高,可以在特殊条件下强制性地发行公债。动用其他信用形式动用不了的资源,扩大可融资金总量。

(2)国家信用的安全性最高,国家信用是以政府作为后盾,以财政收入作为偿还担保，因此几乎不存在违约可能性。由于其较高的安全性在金融市场上也是最受欢迎的品种之一。

（3）国家信用的利息是由纳税人承担，而其他信用的形式是由借款人承担，所以国债利息是财政的支出，其他形式的利息有可能成为财政的收入之一。

2. 国家信用形式

（1）发行国家公债。

（2）发行国库券。

（3）专项债券。

（4）透支或借款。

（5）向国外借款或在国外发行债券。

在现代生活中国家信用是促进经济发展的有效措施，它有利于弥补政府财政赤字，调节货币流通，稳定经济发展。

知识链接 3-3

中国 2019 年社会融资情况

中国人民银行发布：初步统计，2019 年末社会融资规模存量为 251.31 万亿元，同比增长 10.7%。其中，对实体经济发放的人民币贷款余额为 151.57 万亿元，同比增长 12.5%；对实体经济发放的外币贷款折合人民币余额为 2.11 万亿元，同比下降 4.6%；委托贷款余额为 11.44 万亿元，同比下降 7.6%；信托贷款余额为 7.45 万亿元，同比下降 4.4%；未贴现的银行承兑汇票余额为 3.33 万亿元，同比下降 12.5%；企业债券余额为 23.47 万亿元，同比增长 13.4%；政府债券余额为 37.73 万亿元，同比增长 14.3%；非金融企业境内股票余额为 7.36 万亿元，同比增长 5%。

从结构看，2019 年末对实体经济发放的人民币贷款余额占同期社会融资规模存量的 60.3%，同比高 1 个百分点；对实体经济发放的外币贷款折合人民币余额占比 0.8%，同比低 0.2 个百分点；委托贷款余额占比 4.6%，同比低 0.9 个百分点；信托贷款余额占比 3%，同比低 0.4 个百分点；未贴现的银行承兑汇票余额占比 1.3%，同比低 0.4 个百分点；企业债券余额占比 9.3%，同比高 0.2 个百分点；政府债券余额占比 15%，同比高 0.5 个百分点；非金融企业境内股票余额占比 2.9%，同比低 0.2 个百分点。

资料来源：中国人民银行官网，《中国 2019 年社会融资情况》，http://www.pbc.gov.cn/goutongjiaoliu/113456/113469/3960229/index.html。

能力拓展 3-2

请上网检索过去 10—20 年中国社会融资规模的数据,从中能够发现什么特点及问题。

任务二　探知金融工具

一、金融工具概念

金融工具也是信用工具,是金融市场上交易的金融资产,也是金融市场的客体,在金融市场上资金的需求者与供给者之间进行资金的融通必须有合法凭证或合约以证明债权债务关系或所有权关系,这种凭证就是金融工具。金融工具的功能在于将资金盈余单位的闲置资金转移给资金短缺单位使用,把社会闲置资金吸引到生产投资上去。

金融工具的特征有三个,分别是收益性、流动性和风险性。金融工具的收益性、流动性和风险性之间存在着复杂的关系,一般情况下流动性高,收益性和风险性就低,流动性弱,则收益性强,但风险性也相应提高。

(一) 收益性

购买或者持有金融工具不仅要求还本,还希望带来收益,这是购买金融工具的基本要求。金融工具的收益是由资本利得和资本增值这两部分组成,前者是指持有金融工具期间所获得的利息收入,后者是指金融工具买入与卖出价格之间的差额,金融工具的收益通过收益率来表示。

(二) 流动性

流动性是指金融工具的变现能力及转换成货币时的难易程度。金融工具可以通过金融市场转让和赎回两种方式变现,通常流动性强的金融工具变现能力强,流动性弱的金融工具变现能力弱。不同的金融资产在流动性方面差别比较大,有的金融工具完全接近现金,比如活期存款;有的金融工具比较容易转换成现金,如国库券;有的金融工具有很好的流动性,可随时出手,但卖出价格可能和买入价格之间有比较大的差异,比如二级市场交易的股票;有的金融工具没有交易市场,但可以要求发行者赎回,赎回价格可能要打折,如开放式基金份额;有的金融工具既没有公开市场也不能赎回,只能采取协议转让的方式变现,如居民持有的实物黄金等。

(三) 风险性

风险性是指金融工具所产生的现金流以及资产价格本身发生变动,而给投资者造成损失的可能性。金融工具所包含的风险分别为资本风险、收益风险和市场风险。资本风险是指金融工具本金无法收回或部分无法收回的可能性。收益风险是指无法获得利息或者无法按期足额得到利息的可能性,如债务人违约,不能按期还本付息的风险。市场风险是指由于市场价格波动导致资产按照现价计算,账面价值发生变化的可能性,如市场利率、汇率变动导致金融工具价格下跌的风险。

二、金融工具种类

金融工具可以按照不同的标准进行分类。按时间可以分为短期金融工具和长期金融工具,前者如商业票据、国库券等,后者如政府债券、公司债券、股票等。按照发行者性质可以分为直接金融工具和间接金融工具,前者主要是工商企业、政府及个人发行或签署的商业票据、股票、债券,后者主要包括金融机构发行的银行本票、银行汇票、可转让存单等。金融工具还可以分为原生金融工具和金融衍生工具,原生金融工具是指各种货币、债券、股票等,其价值直接依附于实物资产;金融衍生工具是指价值依赖于原生金融工具的金融资产,如远期合约、期货合约、期权合约和互换合约等,它们的价值变化主要取决于金融原生工具的变化,具有依附、衍生的特征。

三、几种主要的金融工具

金融市场上金融工具的种类很多,下面介绍几种较为典型的金融工具。

(一) 商业票据

商业票据是指以信用形式出售商品的债权人,为了保证自己的债权能够实现所使用的一种书面凭证,是债务人按规定期限无条件支付一定款项的义务的书面凭证。

商业票据分为商业本票和商业汇票两种。商业本票又称商业期票,是债务人对债权人签发一定时间之内支付款项的债务凭证。商业汇票是指债权人签发给债务人,命令后者支付一定款项给第三者或持票人的支付命令书,经过"承兑""背书"后,可以转让、贴现,是金融市场短期工具之一。商业承兑汇票的具体样式见图3-1。

(二) 银行票据

银行票据主要有银行本票、银行汇票和支票。银行本票是申请人将款项交给银行,由银行签发给申请人,在同城范围内办理转账结算或支取现金的票据,银行本票具有签发银行承诺自己见票即付的特点。银行汇票是申请人将款项交存当地银行,由银行签发给申请人往异地办理转账结算或支取现金的票据。支票是银行的存款人签发的委托凭证,存款银行在见票时无条件支付一定的金额给收款人或持票人的票据。银行支票的具体样式见图3-2。

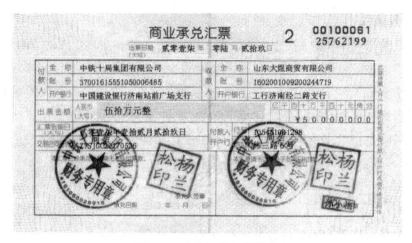

图 3-1 商业承兑汇票样式

图 3-2 银行支票样式

(三) 股票

1. 股票概述

股票是股份公司签发的,证明股东按其所持有的股份享有权利和承担义务的所有权凭证,是资本市场上重要的长期投资工具。股票可以作为买卖对象和抵押物品,是金融市场上主要的长期信用工具之一,股票持有者不能向股份公司退股,进而要求抽回自己的投资,只能在股份公司盈利的条件下,定期取得一定的股息收入。

2. 股票的分类

股票可以按照不同划分标准进行分类。

(1) 按股东的权益不同,可以划分为普通股股票和优先股股票。

普通股是在公司经营管理、盈利及剩余财产分配上享有普通权利的股份,是发行量最大、最基本的一种股票形式。普通股股东按其持股比例享有的基本权利:第一,公司重大决策参与权;第二,利润分配权和剩余财产分配权;第三,其他权利,比如公司增发新股时原有股东可以优先认购股权。

优先股是相对于普通股而言，是具有某些特定优先权的股票。优先权主要体现在公司利润分配和剩余财产分配，优先股股东优先于普通股股东。和普通股相比，优先股具有以下的几个特征：第一，优先股通常在发行时就已经确定了股息率，一般不随公司经营状况发生变化，风险小；第二，在股息分派和剩余财产分配时具有优先权；第三，优先股股东一般没有表决权，没有选举权和被选举权，对公司的重大决策无表决权。

（2）按照持有主体划分可以分为国家股、法人股和个人股。

国家股是指有权代表国家投资的政府部门或机构，以国有资产投入公司形成的股份。

法人股是指企业法人以其依法可支配的资产投入公司形成的股份，或具有法人资格的事业单位和社会团体，以国家允许用于经营的资产向公司投资形成的股份。

个人股是社会个人或本公司内部职工以个人合法收入投入公司形成的股份。

（3）按照股票有无记名划分，可以将股票分为记名股和不记名股。

记名股是在股票票面载明了股东姓名或名称的股票，并将其列入公司股东名册，除股东外其他人不得行使股东权利，这种股票不能私自转让，必须背书转让，而且按相关规定办理过户手续，记名股的优点在于挂失方便且相对安全。

不记名股票是指在股票票面上和公司股东名册上均不记载股东姓名或名称，这种股票转让简单，无需办理过户。

我国上市公司发行的股票是记名股。

（4）按照票面上是否标明金额划分，可以将股票分为有面额股票和无面额股票。

有面额股票是在票面上载明一定金额的股票，这一金额也叫股票面值，票面金额一般以本国本位币为单位，根据票面金额可以确定每一股所代表的股权比例，股东享有的权利。无面额股份不在票面上标明金额，仅标明每股占公司股本的比例。

我国《公司法》规定，股票应该载明面额，而且发行价格不得低于票面金额。股票的具体样式见图 3-3。

图 3-3　股票样式

(四) 债券

1. 债券概述

债券是一种有价证券,是社会各类经济主体为筹措资金,而向债券投资者出具的,承诺按一定利率定期支付利息和到期偿还本金的债权债务凭证。

债券包含了四个方面的含义:第一,债券的发行人是借入资金的主体,是债务人;第二,债券的投资者是提供资金的经济主体,是债权人;第三,发行人需要定期支付利息,到期还本;第四,债券反映了发行人和投资者之间的债权债务关系。

债券的票面要素包括面值、到期期限、票面利率和发行人等。债券的面值是债券发行人承诺在债券到期日偿还给债券持有人的金额,面值可大可小,没有统一规定。债券的到期期限是从债券的计息日起,至本息偿还完毕之日止的时间期限,有长有短,一年以上的债券称为中长期债券。票面利率是年利息与债券面值相除的百分比,票面利率的高低直接影响发行人的筹资成本和投资人的投资收益。债券发行人的名称表明债券的债务主体是政府、企业或者金融机构。具体样式见图3-4、图3-5。

图3-4　国库券样式　　　　　　　图3-5　企业债券样式

2. 债券的分类

(1) 按发行主体不同,可将债券分为政府债券、公司债券和金融债券。

政府债券的发行主体是政府,是政府财政部门或其他代理机构为筹集资金,以政府名义发行的债券。中央政府发行的债券称为国债,主要用于弥补国家财政赤字,解决公共事业和重点建设项目的资金需要。地方政府发行的债券称为地方政府债券,所筹集资金一般用于弥补地方财政赤字、新建地方基础设施或大型项目。

公司债券是公司为了筹措资金,以法定程序发行,约定在一定期限还本付息的有价证券,其风险高于政府。公司债券是企业筹集长期资金的重要工具,公司债券的种类很多,包括信用公司债券、抵押公司债券、可转换公司债券等。

金融债券的发行主体是银行或非银行金融机构,金融机构一般实力雄厚,信用度高,所以金融债券的安全性较好,介于政府债券和公司债券之间。

(2) 按付息方式不同,可将债券分为零息债券、付息债券。

零息债券是指低于面值的价格发行的不付息债券,在到期日按面值一次性还本付息的债券,债券面值和发行价格之间的差额即为利息。

付息债券是指债券偿还期内,发行人定期向债券持有人支付利息,到期偿还本金的债券。

(3) 按利率在偿还期内能否调整,可将债券分为固定利率债券、浮动利率债券。

固定利率债券是指发行时就规定在偿还期内不改变利息的债券,对于发行人来说筹资成本固定,对投资者来说可获得稳定的投资收益,但是发行人和投资人要承担市场利率波动的风险。

浮动利率债券是指发行时规定债券利率随市场利率的变化可定期调整的债券,这种债券通常以市场基准利率为参考,在基准利率基础上加上一定利差来确定支付的利率。

知识链接 3-4

通过表 3-1,可以知道 2019 年中国债券市场发行的债券的品种及金额。

表 3-1 2019 年中国债券市场债券发行一览表

	2019 年 12 月		2019 年累计	
	面额(亿元)	同比(%)	面额(亿元)	同比(%)
合计	16 563.89	8.63	40 577.07	14.11
1. 政府债券	7 575.23	−2.19	23 455.08	24.32
1.1 记账式国债	3 700.00	146.67	7 350.00	53.13
1.2 储蓄国债(电子式)	0.00	—	0.00	—
1.3 地方政府债	3 875.23	−37.95	16 105.08	14.49
2. 央行票据	0.00	—	0.00	—
3. 政策性银行债	4 664.00	26.29	11 268.50	4.41
3.1 国家开发银行	2 241.10	35.17	5 363.80	−3.47
3.2 中国进出口银行	1 227.40	66.97	3 172.20	58.94
3.3 中国农业发展银行	1 195.50	−8.04	2 732.50	−15.66
4. 政府支持机构债券	0.00	—	0.00	—
5. 商业银行债券	2 470.30	24.20	3 119.30	0.23
5.1 普通债	1 408.00	90.53	1 673.00	59.79
5.2 次级债	0.00	—	0.00	—
5.3 混合资本债	0.00	—	0.00	—

(续表)

	2019年12月		2019年累计	
	面额（亿元）	同比（%）	面额（亿元）	同比（%）
5.4 二级资本工具	20.30	98.38	34.30	−97.94
5.5 其他一级资本工具	1 042.00	—	1 412.00	253.00
6. 非银行金融机构债券	786.50	18.63	816.50	11.70
6.1 普通债	786.50	19.53	816.50	12.47
6.2 二级资本工具	0.00	−100.00	0.00	−100.00
7. 企业债券	562.70	51.80	836.00	1.90
7.1 中央企业债券	20.00	100.00	20.00	0.00
7.2 地方企业债券	542.70	50.46	816.00	1.95
7.2.1 普通企业债	538.70	52.31	812.00	8.10
7.2.2 集合企业债	0.00	—	0.00	—
7.2.3 项目收益债	4.00	−42.86	4.00	−91.87
8. 资产支持证券	505.16	−35.82	1 081.68	−12.66
9. 中期票据	0.00	—	0.00	—
10. 外国债券	0.00	—	0.00	—
10.1 国际机构债券	0.00	—	0.00	—
11. 其他债券	0.00	—	0.00	—

资料来源：中国债券信息网。

能力拓展 3-3

基于知识链接 3-4 的资料来源，同学们可以去网络搜集中国近些年来国债发行的金额，你能从中得到哪些结论。

（五）衍生金融工具

衍生金融工具是由原生金融工具派生出来的，是一种根据事先约定的事项进行支付的金融合约，其合约价值取决于原生金融工具价格的变化。衍生金融工具主要有远期合约、期货合约、期权合约和互换合约。

1. 远期合约

远期合约是指交易双方达成的，在未来某一个日期按照约定的价格进行某种资产交易的协议。其中双方约定交易的资产为标的资产，双方约定的价格是协议价格。以约定价格卖出标的资产的一方称为空头，以约定价格买入标的资产的一方称为多头。

2. 期货合约

期货合约是指由期货交易所统一制定，在将来某个特定时间和地点交割一定数量标的物的标准化合约，期货合约是一种特殊的远期合约，是标准化的远期合约。通常分为商品合约和金融期货合约，前者以实物为标的物，后者以金融工具为标的物。

期货合约是一种利用保证金进行的高度杠杆交易，交易过程中如果保证金出现不足，会有强行平仓的风险。

知识链接 3-5

中国交易的期货合约的品种

表 3-2 2019 年中国期货交易数据

交易所名称	品种名称	累计成交总额（亿元）	去年同期成交总额（亿元）	同比增减（%）	累计成交总额占全国份额（%）
上海期货交易所	铜	87 250.76	129 771.94	−32.77	3.00
	铜期权	113.55	88.61	28.14	0.00
	铝	22 746.05	33 556.71	−32.22	0.78
	锌	72 001.40	104 116.65	−30.85	2.48
	铅	6 358.73	9 605.47	−33.80	0.22
	锡	4 541.48	4 043.73	12.31	0.16
	镍	183 878.90	119 696.29	53.62	6.33
	黄金	149 962.34	44 248.00	238.91	5.16
	黄金期权	3.20	0.00	—	0.00
	白银	89 385.28	23 232.43	284.74	3.08
	天然橡胶（天胶）	64 482.89	73 625.11	−12.42	2.22
	天胶期权	22.38	0.00	—	0.00
	纸浆	17 867.81	4 606.30	287.90	0.61
	燃料油	42 709.89	12 048.20	254.49	1.47
	石油沥青	32 733.31	21 963.91	49.03	1.13
	螺纹钢	169 469.55	201 709.80	−15.98	5.83

(续表)

交易所名称	品种名称	累计成交总额(亿元)	去年同期成交总额(亿元)	同比增减(%)	累计成交总额占全国份额(%)
上海期货交易所	线材	68.34	58.04	17.75	0.00
	热轧卷板	25 440.30	33 055.64	−23.04	0.88
	不锈钢	439.38	0.00	—	0.02
	总额	969 475.55	815 426.84	18.89	33.36
上海国际能源交易中心	原油	154 760.15	127 383.47	21.49	5.33
	20号胶	997.30	0.00	—	0.03
	总额	155 757.44	127 383.47	22.27	5.36
郑州商品交易所	一号棉	43 616.42	49 271.71	−11.48	1.50
	棉花期权	40.37	0.00	—	0.00
	棉纱	1 810.38	2 016.31	−10.21	0.06
	早籼稻	1.41	19.61	−92.83	0.00
	甲醇	61 001.50	46 842.36	30.23	2.10
	甲醇期权	0.94	0.00	—	0.00
	菜籽油	26 958.04	23 262.07	15.89	0.93
	油菜籽	25.43	0.73	3 383.56	0.00
	菜籽粕	32 013.33	25 418.61	25.94	1.10
	白糖	59 494.29	33 193.50	79.23	2.05
	白糖期权	53.37	34.61	54.20	0.00
	PTA	88 820.21	55 861.95	59.00	3.06
	PTA期权	0.86	0.00	—	0.00
	普麦	0.09	0.36	−76.06	0.00
	强麦	6.03	55.33	−89.11	0.00
	玻璃	8 830.10	7 069.45	24.91	0.30
	动力煤	15 956.72	30 197.57	−47.16	0.55
	粳稻	1.58	7.69	−79.44	0.00
	晚籼稻	10.04	307.84	−96.74	0.00
	硅铁	2 768.00	7 093.55	−60.98	0.10
	锰硅	3 941.38	7 537.40	−47.71	0.14
	苹果	33 654.87	94 013.15	−64.20	1.16

(续表)

交易所名称	品种名称	累计成交总额(亿元)	去年同期成交总额(亿元)	同比增减(%)	累计成交总额占全国份额(%)
郑州商品交易所	红枣	14 245.68	0.00	—	0.49
	尿素	1 630.46	0.00	—	0.06
	纯碱	507.66	0.00	—	0.02
	总额	395 389.11	382 203.75	3.45	13.61
大连商品交易所	黄大豆一号	6 422.06	8 078.74	−20.51	0.22
	黄大豆二号	5 499.39	8 337.06	−34.04	0.19
	胶合板	0.29	0.48	−39.97	0.00
	玉米	18 841.46	12 323.20	52.89	0.65
	玉米期权	16.62	—	—	0.00
	玉米淀粉	3 808.21	5 102.69	−25.37	0.13
	苯乙烯	1 441.65	—	—	0.05
	乙二醇	34 736.26	1 266.19	2 643.36	1.20
	纤维板	234.56	13.02	1 701.00	0.01
	铁矿石	198 731.40	115 280.73	72.39	6.84
	铁矿石期权	8.83	—	—	0.00
	焦炭	111 372.18	149 675.47	−25.59	3.83
	鸡蛋	15 673.15	7 846.56	99.75	0.54
	焦煤	17 763.06	35 478.22	−49.93	0.61
	聚乙烯	24 492.19	17 105.07	43.19	0.84
	豆粕	76 030.12	73 500.23	3.44	2.62
	豆粕期权	73.15	92.66	−21.05	0.00
	棕榈油	71 298.20	21 635.13	229.55	2.45
	聚丙烯	38 902.25	23 008.76	69.08	1.34
	粳米	149.78	—	—	0.01
	聚氯乙烯	11 246.44	12 192.10	−7.76	0.39
	豆油	52 511.92	31 020.30	69.28	1.81
	总额	689 253.16	521 956.61	32.05	23.72
中国金融期货交易所	10年期国债期货	90 403.39	85 175.79	6.14	3.11
	2年期国债期货	39 847.11	678.35	5 774.13	1.37
	5年期国债期货	17 907.74	17 965.14	−0.32	0.62
	沪深300股指期货	267 071.61	78 277.77	241.18	9.19

(续表)

交易所名称	品种名称	累计成交总额(亿元)	去年同期成交总额(亿元)	同比增减(%)	累计成交总额占全国份额(%)
中国金融期货交易所	沪深300股指期权	13.02	—	—	0.00
	上证50股指期货	82 176.45	35 243.28	133.17	2.83
	中证500股指期货	198 790.84	43 882.65	353.01	6.84
	总额	696 210.17	261 222.97	166.52	23.96
全国期货市场交易总额		2 906 085.43	2 108 193.64	37.85	100.00

资料来源：中国期货业协会。

3. 期权合约

期权合约是指在未来某个特定的时间，以特定价格买入或卖出一定数量某种特定商品的权利的合约，也是一种标准化合约。合约中特定的价格是执行价格，购买期权的价格是权利金，特定时间是到期日，和期货相比期权仅仅是一种权利。和期货到期必须交割或对冲不同，期权到期可以放弃执行，因此期权是一种权利和义务不对等的合约，即期权的买方支付权利金可以获得某种权利，但不承担任何义务。期权的卖方收取了权利金，只有履约义务，没有选择的权利。按照期权合约的权利内容划分，期权合约可以分为看涨期权和看跌期权，买入看涨期权，期权买方拥有在未来的规定时间，以执行价格从期权卖方买入一定数量标的物的权利；买入看跌期权，期权买方拥有在未来的规定时间，以执行价格向期权卖方卖出一定数量标的物的权利。

4. 互换合约

互换合约是指双方利用各自筹资成本的相对优势，以商定的条件，在不同货币或不同利率的资产和债务之间进行交换，以避免将来由汇率或利率变动而引起风险的一种合约。互换合约有两类，一类是利率互换，一类是货币互换。利率互换是指持有同种货币和债务的双方以一定本金为基础，互为对方支付利息，其中一方以固定利率交换浮动利率，另外一方以浮动利率交换固定利率，通过互换达到降低成本或规避风险的目的。货币互换是指交易双方按照协议汇率交换等值的两种货币，并约定在将来一定期限内按照该汇率协议，相互换回原来的货币。货币互换中，期初交换货币，期中相互支付利息，期末换回货币。因此货币互换，本金和利息都存在交换，通过货币互换可以降低融资成本，规避汇率风险和规避外汇管制。

 项目小结

1. 信用的含义和本质

信用是指经济活动中的借贷行为,是以偿还和付息为条件的暂时让渡商品或货币的一种独特的价值运动形式。它的构成要素是信用的主体、信用的客体和信用的内容。信用的本质是一种债权债务关系,反映债权人和债务人之间的权利与义务,信用关系是债权债务关系的统一。

2. 信用的形式

信用的主要形式是消费信用、商业信用、银行信用和国家信用。

3. 金融工具的含义和特征

金融工具也是信用工具,是金融市场上交易的金融资产,也是金融市场的客体。金融工具的功能在于将资金盈余单位的剩余资金转移给资金缺乏单位使用,把社会剩余资金吸引到生产投资上去。金融工具的特征有三个,分别是收益性、流动性和风险性。

4. 典型的金融工具种类

市场上主要的金融工具有:商业票据、银行票据、股票、债券、衍生金融工具等。

 知识自测

一、单项选择题

1. 哪一项不是信用的要素(　　)。
   A. 信用的主体　　　　　　　　B. 信用的客体
   C. 信用的内容　　　　　　　　D. 信用的对象
2. 具有存款创造功能的是(　　)。
   A. 消费信用　　B. 商业信用　　C. 银行信用　　D. 国家信用
3. 被认为代表无风险利率的债券是(　　)。
   A. 国债　　　　B. 公司债券　　C. 金融债券　　D. 央企债券
4. 信用的基本特征是(　　)。
   A. 平等的价值交换　　　　　　B. 无条件的价值单方面让渡
   C. 以偿还为条件的价值单方面转移　　D. 无偿的赠予或援助
5. 下列金融工具中属于间接融资工具的是(　　)。
   A. 可转让大额定期存单　　　　B. 公司债券
   C. 股票　　　　　　　　　　　D. 政府债券

二、判断题

1. 某企业将自己的产品赊销给消费者,则企业与消费者之间产生了商业信用关系。（　　）
2. 银行信用是当代各国最基本的信用形式。（　　）
3. 政府公债的特点是:信誉高,安全性好,流动性高。（　　）
4. 信用过程发生了资金所有权转移。（　　）
5. 衍生金融工具作为独立的金融产品,价格和原生金融工具没有关系。（　　）

三、综合训练题

中国银行"原油宝"事件

2018年初推出原油宝时,中国银行未曾预料到有一天国际油价会跌成负值。

2020年4月21日夜盘,美原油期货05合约就跌成了负值,甚至国内的期货交易软件都已经无法显示负值了。当天中行原油宝以"联络CME确认结算价格的有效性和相关结算安排"为理由,暂停交易一天。

22日,中行补充公告,暂停原油宝新开仓交易,不过其给出的22日合约结算价格为-37.63美元/桶,这也是当日美油05合约的结算价。这次,中行原油宝面临的是百年不遇的极端行情。即便是不带杠杆,-37.63美元/桶的结算价也足以让投资者亏掉本金,同时"倒欠"中行保证金。

对中行原油宝这个产品来说,它具有T+0、双向交易、保证金交易这些期货具备的三大交易特点,但它又不提供杠杆交易,也非场内市场集中交易的标准化远期合约,只不过是挂钩境内外原油期货合约的交易产品。

资料来源:根据互联网资料整理。

请分析:

通过网络搜集原油宝事件的更多资料,谈谈对金融产品交易风险的看法。

项目四 利息和利息率

学习目标

知识目标：

1. 掌握利息的含义及其本质
2. 掌握利率的基本分类
3. 掌握利率的基本计算公式
4. 理解利率决定的理论，熟悉影响利率变动的主要因素
5. 理解利率在宏观和微观经济活动中的作用

技能目标：

1. 能够正确解答和应用和利率相关的计算
2. 能够区分名义利率和实际利率
3. 能够分析利率变动对不同经济主体的影响

 导入案例

小金是一位金融专业的三年级学生，在校期间学习了有关金融理财的基础知识。寒假期间，和父母闲聊时得知有一笔资金想要进行投资，小金就主动请缨进行市场调研。小金先走访了部分商业银行，查看了它们的储蓄存款利率，汇总之后得到表4-1。

表4-1 部分商业银行2019年存款利率一览表

银行	活期 （年利率%）	定期存款（年利率%）				
		3个月	6个月	1年	2年	3年
工商银行	0.3	1.35	1.55	1.75	2.25	2.75
上海浦东发展银行	0.3	1.4	1.65	1.95	2.4	2.8

(续表)

银行	活期（年利率%）	定期存款(年利率%)				
		3个月	6个月	1年	2年	3年
兴业银行	0.3	1.4	1.65	1.95	2.7	3.2
恒丰银行	0.35	1.43	1.69	1.95	2.5	3.1
邮政储蓄银行	0.3	1.35	1.56	1.78	2.25	2.75
徽商银行	0.3	1.4	1.65	1.95	2.5	3.25
宁波银行	0.3	1.4	1.65	1.95	2.4	3.1
厦门银行	0.385	1.35	1.55	1.8	2.52	4.015
前海微众银行	0.35	1.32	1.56	1.8	3.12	4.1
温州民商银行	0.35	1.43	1.69	2.1	2.856	3.52

不难看出，各家商业银行的储蓄存款利率稍有差异，但总体偏低，已经和不少互联网宝宝类理财的收益率差不多了，还不具备"宝宝"类理财的超强流动性。相比之下，银行理财产品的平均预期年化收益率始终维持在4%这个相对较高的水平。父母年事已高，是热衷于银行投资渠道的投资者，于是，小金又利用互联网对银行理财产品展开了研究，努力寻找高收益又稳健的产品，来丰富自家的"钱袋子"。

1. 私人银行产品收益高但名额有限

小金首先查看了银行对于私人银行客户推出的理财产品，一般而言，这种理财产品的收益率相对较高。例如：交通银行推出的"得利宝·私银慧享"产品，虽然是短期产品，但预期收益率能够达到9.7%。城商行郑州银行推出的"首创证券创玺1号集合资产管理计划"预期收益率为5.25%。除了外资银行和城商行之外，中国农业银行近期推出的"农银私行·安心得利·灵珑2019年第15期公募净值型"人民币理财产品预期收益率也达到5%。

小金在研究中发现这些只针对私人银行客户推出的高收益率产品，大多集中在外资银行和城市商业银行中。大多数国有银行的私人银行专享产品预期收益率仍在4%—4.5%徘徊。私人银行专享理财产品收益率较高，手续费也比较优惠。不过，这些产品往往数量有限，如城商行郑州银行推出的"首创证券创玺1号集合资产管理计划"仅限200个名额。同时，私人银行专享产品往往起购门槛较高，多数为50万元起购。

2. 长期储蓄类产品收益稳健

相比之下，深受稳健型投资者青睐的储蓄类产品的收益如何呢？小金梳理了京东金融银行服务精选推荐的51款在售产品，其中有34款是储蓄类存款产品，截至2019年9月中旬，收益率排在第一的是亿联银行的5年期存款产品，利率为5.68%；排名第二的是蓝海银行 5 年期存款产品,利率为 5.45%;排名第三的是客商银行,5 年期存款利率为 5.35%。综合来看,34 款储蓄存款产品中只有 3 款产品的利率在 4% 以下,其他的都在 4%—5.68%。不过,这类产品起购门槛也比较高,多数 20 万元起购,同时期限往往较长,需要合理安排好资金的使用。

3. 结构性理财产品收益虽高但有风险

小金梳理了运用互联网查询的资料发现,银行发行的结构性理财产品预期收益率普遍较高,例如,花旗银行(中国)发行的 1 款理财产品预期收益率达 6%,东亚银行(中国)发行的 5 款理财产品平均预期收益率为 5.2%,交通银行发行的 134 款理财产品平均预期收益率为 5.05%,这些高收益产品几乎都是结构性理财产品。截至 2019 年 10 月上旬,结构性理财产品公开发行 85 只,平均预期最高收益率为 6.65%。不过,结构性理财产品预期收益率虽高,但是未必能够达到。因为小金知道在实际投资中,结构性理财产品的预期收益率上限并没有参考意义,很少有产品能够达到。所以,在购买结构性理财产品时一定要认真查看产品说明书,尤其是收益规则的说明。

面对着银行琳琅满目的理财产品和高低不同的预期利率水平,小金该给父母怎样的投资建议呢?小金陷入了沉思之中……

资料来源:根据互联网资料整理。

在生活中,你有没有和小金类似的困惑呢?不同的投资理财项目期限不同,利率高低不同,不同的计息方式下,如何计算利息?又如何判断利率是否合理可靠?让我们一起来认识利息。

任务一 认识利息

一、利息的含义

利息是指在借贷活动中,债务人支付给债权人超越借贷本金的那部分货币资金,是债务人为取得货币使用权所付出的代价,或者说,它是资金所有者(债权人)因借出货币、让渡货币使用权而从借款人(债务人)处所获得的报酬,即信贷资金的增值额。

二、利息的本质

利息的存在,使得人们对于货币产生了一种神秘的感觉:似乎货币可以自行增值。这涉及利息的来源或者说利息的实质问题。对于这个问题,不同时代,不同观点的西方经济学家们给出了不同的解释,形成了不同的利息本质理论。

古典学派的利息理论坚持从生产领域对利息的职能进行探讨,威廉·配第明确将利息称为"货币的租金",提出利息是暂时放弃货币的使用权而获得的报酬。此外,他还从地租的合法性中推论出利息的合法性,指出货币所有者可以用货币购买土地或是将货币贷出,出租土地可以获得地租,那么贷放货币也应该获得利息。借出的货币如果得不到利息,他就会用这些货币去购买土地而获得地租,所以,利息和地租一样是公道的、合理的,符合自然的要求。

凯恩斯在批判古典经济学的利息理论基础上,提出利息纯粹是一种货币现象,是使用货币支付的报酬,是在一定时期内放弃流动偏好的报酬。他认为人们总是偏好将一定量的货币保持在手中,以应付日常的、临时的和投机的需求。因为,相对于其他财富持有方式而言,货币的流动性是最强的。如果要让人们放弃这种流动性偏好,就应该给予一定的报酬,以货币形式表示就是利息。

马克思认为利息实质上是利润的一部分,是剩余价值的特殊转化形式。利息不是产生于货币的自行增值,而是产生于它作为资本的使用。当借贷资本家将手中的货币资本贷放给职能资本家之后,货币在职能资本家手中转化为资本,通过购买生产资料和劳动力,雇佣工人的劳动,创造出剩余价值。借贷资本家凭借对资本的所有权,与职能资本家共同瓜分这部分剩余价值。因此,利息本质上是职能资本家为了取得货币资本能够带来利润的权利而支付给借贷资本家的报酬,是平均利润的一部分,它体现了借贷资本家和职能资本家共同剥削雇佣工人的关系。

知识链接 4-1

利息本质的其他代表性观点

(1)风险补偿说:坎蒂隆认为利息来源于贷出者要承担贷出货币的风险,是对贷出者承担风险的补偿。

(2)利润构成说:约瑟夫·马西在经济学史上第一次提出利息直接来源于利润,并且只是利润的一部分。利息的降低是由资本积累及由此引起的利润下降造成的。

(3)节欲等待说:英国经济学家西尼尔认为利息是由资本所有者对目前享乐和满足的牺牲,放弃自己的消费欲望,节制消费的报酬。

(4)时差利息说:奥地利庸俗经济学家庞巴维克认为利息是由于人们对不同时期的商品的价值评价不同而产生的,"现在物品比同一种类和同一数量的未来物品更有价值",两者之间的差别是资本利息的来源。

(5)人性不耐说:费雪完全从人的主观因素来分析利息的产生,他认为在存在借贷市场的情况下,不耐程度低的人具有较低的时间偏好,倾向于放款;而不耐程度高的人具有较高的时间偏好,倾向于借款,这些时间偏好会一直持续到某一中间地带为止,因此,"利率是不耐的指标"。

三、利息转化为收益的一般形式

在现实生活中,利息已经被人们看作是收益的一般形式,无论贷出资金与否,利息都被看作是资金所有者理所当然的收入——可能取得的或者将会取得的收入;与此相对应,无论借入资金与否,经营者也总是把自己的利润分为利息和企业主收入两部分,似乎只有扣除利息所余下的利润才是经营的所得。于是利息就变成一个尺度:如果投资回报不能弥补利息支出则根本不需要投资;如果扣除利息所余利润与投资的比例甚低,则说明经营效益不高。

任务二 与利率相关的计算及其种类

一、利率的含义和一般表示方法

(一) 利率的含义

利息率简称利率,是借贷期内所形成的利息额与本金的比例,它是衡量利息高低的指标。利率是资金的价格,用公式表示为:

$$利率 = \frac{利息额}{本金} \times 100\% \tag{4-1}$$

(二) 利息率的一般表示方法

利息率按照计算利息的期限单位划分,可以分为年利率、月利率和日利率。年利率是以年为时间单位计算利息时的利率,通常用%表示。例如:本金100元,借贷时间1年,获得5元利息,则年利率为5%。

月利率是以月为时间单位计算利息时的利率,通常用‰表示。例如:本金100元,借贷时间1个月,月末获得0.4元利息,则月利率为4‰。

日利率习惯叫拆息,是指以日为时间单位计算利息时的利率,通常用万分数来表示,记为‱,例如本金100元,每日利息0.03元,则日利率为3‱。

它们三者之间的换算关系如下:

$$月利率 = 年利率 \div 12$$
$$日利率 = 月利率 \div 30 = 年利率 \div 360$$

习惯上,我们将年利率、月利率和日利率统称为"厘",但是不同借贷时间限定下"厘"代表的含义不同,如年利率1厘代表1%,月利率1厘代表1‰,日利率1厘代表1‱。

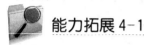能力拓展 4-1

认识年化收益率

"年化收益率"这个词对我们来讲并不陌生,随处可见。浏览网页时,某互金 P2P 广告 30 天年化收益率 15%;打开支付宝,余额宝 7 日年化收益率 2.13%;路过银行大门,滚动的大红字写着 90 天,年化收益率 5%。可就是这个我们生活每天随处可见的"年化收益率",很多人并不了解具体什么意思,也不清楚它意味着什么,如何利用它?

年化收益率是将当前收益率(日收益率、周收益率、月收益率)换算成年收益率来计算的,是一种理论收益率,并不是真正的已取得的收益率。主要适用于按日计算收益的投资型产品,比如各种短期理财和支付宝,因为它们每日的利率是变动的。由于每天利率不一样,利率就没有固定利率简单,所以,为了方便比较,一般将最近几日的或是某一长度日根据收益与本金的比率将按天计算的利率换算成年利率,就形成了年化收益率。

例如:按日计息的如日息万分之 5 的产品,其名义年利率,即年化收益率 = 0.05%×365=18.25%。

通常所说的月息 1 分,即月利率为 1%,年化收益率为 12%。那么,如果支付宝的 7 日年化收益率是 3%,折算为 7 天的利率是多少呢?

【分析提示】

支付宝经常所说的 7 日年化收益率 3%,意思是近 7 天的利率换算为年利率是 3%,实际上 7 天的利率=3%/365×7=0.058%,而 1 天的利率=3%/365=0.008%。

资料来源:根据互联网资料整理。

二、利息的计算

(一) 单利与复利

1. 单利法

在计算利息时,仅以本金计算利息,所生利息不再加入本金重复计算利息的方法。

利息的计算公式: $I = P \cdot i \cdot n$ (4-2)

本利和的计算公式: $S = P \cdot (1 + i \cdot n)$ (4-3)

其中:I 表示利息额;P 表示本金;i 表示利息率,n 表示借贷期限;S 表示本金和利息之和,简称本利和。

2. 复利法

是将上一个计息周期的利息转为下一期本金一并计算利息的方法。俗称"息上加息""利滚利"。如果按年计息,在第一年末按本金计息;第一年末所得利息并入本金,第二年则按照第一年末的本利和计息;第二年末的利息并入本金,第三年按照第二年末的本利和计息,以此类推,直至合同期满。具体计算方法如下:

本利和的计算公式: $$S = P \cdot (1+i)^n \tag{4-4}$$

利息的计算公式: $$I = S - P \tag{4-5}$$

或

$$I = P[(1+i)^n - 1] \tag{4-6}$$

3. 单利和复利在现实中的应用

例 4-1 单利计算

某人存入银行 10 000 元,存期 3 年,定期存款年利率为 2.75%,那么 3 年到期时他可以拿到多少钱?

解:$I = P \cdot i \cdot n = 10\ 000 \times 2.75\% \times 3 = 825$(元)

$S = P + P \cdot i \cdot n = 10\ 825$(元)

即到期该投资者可以获得本利和 10 825 元,其中单利利息 825 元。

例 4-2 复利计算

某人存入银行 10 000 元,存期 1 年,到期继续自动转存,假设 1 年期定期存款年利率为 2.75%,那么 3 年到期时他可以拿到多少钱?

解:$S = P \cdot (1+i)^n = 10\ 000 \times (1 + 2.75\%)^3 = 10847.90$(元)

其中利息 $I = 10\ 847.90 - 10\ 000 = 847.90$(元)

即 3 年到期该投资者可以获得本利和 10 847.90 元,其中复利利息 847.90 元。按照复利计息可以多得 22.9 元

需要指出的是,商业银行的活期、定期储蓄存款一般按照单利计息。而定期存款自动转存是指客户存款到期后,客户若不前往银行办理转存手续,银行可自动将到期的存款本息按相同存期一并转存,不受次数限制,续存期利息按前期到期日利率计算。因此,自动转存具有复利的性质。这也从一个侧面说明,复利范畴在经济生活中广泛存在的客观事实。

知识链接 4-2

如何利用复利思维来投资?

1900 年,由诺贝尔捐献 920 万美元的诺贝尔基金会在瑞典成立。随着每年奖金发放与运作开销,到 1953 年,基金会的资产只剩下 300 多万美元。而且因为通货膨

胀,300万美元只相当于1900年的30万美元。于是,基金会将原来存在银行的基金,请专业金融机构在全球范围内进行价值投资,扭转了基金的命运。在2005年之后,诺贝尔基金会总资产通过平均20%的年复利,达到近7亿美元,产生了取之不尽用之不竭、越发越多的效果。

这就是复利的力量。

爱因斯坦说过:"宇宙间最大的能量是复利,世界的第八大奇迹是复利。"

现实生活中,处处存在着复利现象。

巴菲特一生中99%的财富都是他50岁之后获得的。也就是说,50岁之前,他也是一个普通的中产阶级。从27岁,他投资的年复利是20.5%,50岁之后,进入财富爆炸期,靠的就是时间和复利的力量。

巴菲特说过:"人生就像滚雪球,关键是要找到足够湿的雪,和足够长的坡。"

这里的"雪"就是投资,"足够湿"就是投资收益,"长坡"就是投资的时间。

利用复利思维来投资,时间、投资收益率、72法则、稳健是最为重要的四大关键点。

1. 投资时间

给你100万元,每年投资可以实现20%的年化收益,请问第20年一共可以收获多少的本利和。

表 4-2 投资时间对复利投资的影响

年限	投资本利和(万元)	年限	投资本利和(万元)
第 1 年	120	第 11 年	743.01
第 2 年	144	第 12 年	891.61
第 3 年	172.8	第 13 年	1 069.93
第 4 年	207.36	第 14 年	1 283.92
第 5 年	248.83	第 15 年	1 540.7
第 6 年	298.6	第 16 年	1 848.84
第 7 年	358.31	第 17 年	2 218.61
第 8 年	429.98	第 18 年	2 662.33
第 9 年	515.98	第 19 年	3 194.8
第 10 年	619.17	第 20 年	3 833.76

从表4-2可以看出,时间在复利投资中的伟大力量,经过短短20年,100万元就变成了近四千万元。

据测算,假设20%的年化收益,10年变成6倍,20年变成38倍,45年变成3 657倍,50年将变成9 100倍,最后5年的收益,将近前面45年的2倍。

我们常常对一天的收益率抱有过高的期望,却对1年、3年、5年甚至更长的时间没有耐心等待。

2. 投资收益率

除了时间之外,其中对复利影响最大的就是投资收益率(R)了。

从表4-3可以看出,收益率差异对复利产生的巨大影响。需要注意的是:现实生活中,很多人容易忽视开始时的小收益而选择中途放弃。

举个例子,1万块,按照年化10%的投资收益率计算,一年下来也不过是1 000的投资收益。尤其是把这1 000块放到1年里来体现,每天也就2—3元的收益,对很多人来说都没有多大的吸引力。

表4-3 投资收益率对复利投资的影响

收益/年份	5%	10%	15%	20%	25%	30%
5	1.28	1.61	2.01	2.49	3.05	3.71
10	1.63	2.59	4.05	6.19	9.31	13.79
15	2.08	4.18	8.14	15.41	28.42	51.19
20	2.65	6.73	16.37	38.34	86.74	190.05
25	3.39	10.83	32.92	95.40	264.70	705.64
30	4.32	17.45	66.21	237.38	807.79	2 620.00
35	5.52	28.10	133.18	590.67	2 465.19	9 727.86
40	7.04	45.26	267.86	1 469.77	7 523.16	36 118.86
45	8.99	72.89	538.77	3 657.26	22 958.87	134 106.82
50	11.47	117.39	1 083.66	9 100.4	70 064.92	497 929.22

但做过投资的人知道,要保持10%的年化收益率其实已经非常不容易了。接受开始的进步很小这个事实,有助于对复利这个概念形成正确的期待,拥有足够的耐心等待复利效果的显现。等到你的价值增长到10倍,那么10%的增长,就相当于你现在的投资翻了倍。

但是没有现在微小的积累,就永远不能达到那个目的地。

所以,投资收益率对复利影响巨大,微小的投资收益率差异经过足够长的时间也能产生结果的巨大差异。因此,也应该保持足够的耐心走过这个阶段,等待复利神奇力量的显现。

3. 72法则

投资界有个著名的72法则,即用72除以你的年化复合收益率得到的结果就是你的资产翻番所需要的时间。

72法则:以1%的复利计息,72年后,本金翻倍。

例1：如果每年投资收益回报为12%，那么100万的本金在几年才能翻倍？

答：72÷12＝6年

例2：某股票账户在9年中翻了3倍，那么9年内的年平均收益率为多少？

答：72÷3＝24，9年翻了3倍，相当于3年翻了一倍，即股票账户平均年化收益率为24%。

如果年化复合收益率为12%，资产翻番需要6年，如果年化复合收益率为15%，资产翻番需要5年。

4. 稳健

复利最怕的是大额亏损，同时要尽量拒绝摩擦力的干扰。

表4-4 波动收益对复利投资的影响

方案一	第1年	第2年	第3年	第4年	第5年	第6年	第7年	第8年	第9年	第10年
收益率	40%	60%	−30%	20%	−40%	70%	50%	−60%	−30%	30%
本金100万	140	224	156.8	188.2	112.9	191.9	287.9	115.2	80.6	104.8

表4-5 稳定收益对复利投资的影响

方案二	第1年	第2年	第3年	第4年	第5年	第6年	第7年	第8年	第9年	第10年
收益率	3%	3%	3%	3%	3%	3%	3%	3%	3%	3%
本金100万	103	106.1	109.3	112.6	115.9	119.4	123.0	126.7	130.5	134.4

很明显，在开始时，方案一（表4-4）中的投资收益率远远大于方案二，但10年后，收益却没跑过方案二（表4-5）。

可悲的是，很多人总是被方案一开始的高收益所吸引，却没想到后面的高风险；同理，这部分人也总是看不起方案二中低收益，更加坚持不到最后时间产生的复利结果。

可以想象，无论前面50年积累到多高的程度，第51年亏损100%，一切将前功尽弃。

所以，复利的投资，稳健为先，不输就是赢。

最后，复利给我们投资带来的启发是：

(1) 投资者应该尽早进行投资，最好是在有了工资收入后，就进行必要的投资理财。

(2) 坚持是关键，要坚守住复利的过程。

(3) 不要小看小收益，重在累计，不积跬步，何以至千里。

(4) 要让雪球越滚越大，拒绝高风险高收益，稳健才能致远。

(5) 不要想着一夜暴富，往往欲速则不达。

资料来源：慢钱财商，《复利的人生究竟有多爽》，简书公众号。

能力拓展 4-2

结合知识链接 4-2,谈一谈你在生活中发现的复利投资,以及你对复利投资的看法。

(二) 现值和终值

现值又称本金,是指未来某一时点上的一定量资金折算到现在所对应的价值,通常记为 P。

终值又称将来值,是现在一定量的资金折算到未来某一时点所对应的价值,一般是指到期本利和,是投资期期末的价值,为了和上文的单利复利公式对应,下文记为 S。

1. 单利的现值和终值:

从表 4-6 中可以看出,单利现值是单利终值的逆运算,其中:i 表示利息率,n 表示计息期数。

表 4-6 单利现值和终值的计算公式

名称	计算公式
单利终值	$S = P \cdot (1 + i \cdot n)$
单利现值	$P = S/(1 + i \cdot n)$

例 4-3 单利现值的计算

某人拟存入银行一笔资金,打算在 3 年后获得 50 000 元进行投资,假设银行三年期定期存款的利率为 2.75%,当前该投资者需存入银行的资金是多少?

解:$P = S/(1 + i \cdot n) = 50\,000/(1 + 2.75\% \times 3) = 46\,189.38$

即该投资者现在只需在银行存入 46 189.38 元,3 年后可以获得 50 000 元。

2. 复利的现值和终值

用复利方法计算出来的投资期末的本利和就是复利终值。通过对终值的逆运算,知道终值和适用的利率的大小,就能算出复利现值,也就是说为了取得将来一定的本利和现在所需要的本金。因此,复利终值系数与复利现值系数互为倒数,如表 4-7 所示。

表 4-7 复利现值和复利终值的计算

名称	计算公式	系数公式	系数名称	系数符号
复利终值	$S = P \cdot (1 + i)^n$	$(1 + i)^n$	复利终值系数	$(S/P, i, n)$
复利现值	$P = S/(1 + i)^n$	$(1 + i)^{-n}$	复利现值系数	$(P/S, i, n)$

例 4-4 复利终值的计算

某人购买了 1 000 元的债券,期限 5 年,年利率 6%,每年计息一次,到期一次还本付息,求 5 年后该投资者的投资回报。

解: $S = P \cdot (1+i)^n = 1\,000 \cdot (1+6\%)^5 = 1\,000(S/P, 6\%, 5) = 1\,338.23(元)$

即 5 年后该投资者收回债券的本息和为 1 338.23 元。

例 4-5 复利现值的计算

某人现在存入银行一笔钱购买理财产品,想在 5 年后获得本息和 2 000 元,复利计算,在年利率为 6% 的情况下,请问当前应存入的金额。

解: $P = S/(1+i)^n = 2\,000/(1+6\%)^5 = (P/S, 6\%, 5) = 1\,494.54(元)$

即,现在存入 1 494.54 元,5 年后可获得 2 000 元。

3. 现值思想在现实生活中的运用

终值和现值的计算,尤其是计算现值的折现思想,不仅广泛应用于票据贴现、投资方式选择等类似业务,更是债券、股票乃至所有金融工具的一种基本价值评估工具。

(1) 票据贴现:票据贴现是企业筹措资金的一种方式,企业在应收票据到期之前,将票据背书后上交银行贴现,银行根据票据的到期价值,扣除按照贴现利率计算的自贴现日至到期日的利息后将剩余金额支付给持票人的行为。

假设票据面值为 P,票面年利率为 i,期限为 n,票据贴现期为 t,贴现年利率为 r

票据到期本息和 $\quad\quad\quad\quad S = P \times i \times n/360 \quad\quad\quad\quad\quad\quad (4-7)$

贴现利息 $\quad\quad\quad\quad\quad\quad R = S \times r \times (n-t)/360 \quad\quad\quad\quad (4-8)$

贴现净额 $\quad\quad\quad\quad\quad\quad F = S - R \quad\quad\quad\quad\quad\quad\quad\quad\quad (4-9)$

例 4-6 票据贴现的计算

某企业 2019 年 1 月 10 日持有一张票面金额为 100 000 元 6 个月后到期的银行承兑汇票,票面利息率为年利率 3%,企业于 2019 年 2 月 10 日将该银行承兑汇票提交银行请求贴现。若银行的年贴现率为 5.8%,那么银行应付给企业多少贴现款? 银行扣除了多少贴现息?

解: 票据到期本息额 $S = P \times i \times n/360 = 100\,000 \times (1+3\% \times 6/12) = 101\,500(元)$

贴现利息 $R = S \times r \times (n-t)/360 = 101\,500 \times 5.8\% \times 5/12 = 2\,452.92(元)$

贴现净额 $F = S - R = 101\,500 - 2\,452.92 = 99\,047.08(元)$

所以,银行应付给该企业 99 047.08 元,扣除了 2 452.92 元的贴现息。

(2) 投资方案的选择:在现实生活中,项目的投资很少是一次性的,大多数是连续多年投资。不同的投资方案不仅投资总额不同,而且投资在不同年度的分配比例也不相同。因此,可以采用现值的思想,把不同时间、不同金额的投资换算成统一时点的值,方便比较。

例 4-7 投资方案选择

现有一项工程需要四年建成,有 A、B 两个投资方案,具体逐年投资金额如表 4-8 所示,假定市场利率为 10%,请问,该选择哪个投资方案?

表 4-8 工程投资方案比较

方案	第一年年初	第二年年初	第三年年初	第四年年初
方案 A	500 万	200 万	200 万	
方案 B	100 万	300 万		600 万

解:

方案 A 的投资现值 $= 500 + \dfrac{200}{1+10\%} + \dfrac{200}{(1+10\%)^2} = 847$(万元)

方案 B 的投资现值 $= 100 + \dfrac{300}{1+10\%} + \dfrac{600}{(1+10\%)^3} = 823$(万元)

显然,采用 B 方案,投资成本可以减少 24 万元,如果其他条件类似,决策就有了明确的依据。

(3) 债券估值:债券估值是指计算债券的内在价值,债券的价值或内在价值是指债券未来现金流入量的现值,即债券各期利息收入的现值加上债券到期偿还本金的现值之和。债券价格则受到市场因素的影响,围绕债券的内在价值上下波动。只有当债券的内在价值大于购买价格时,债券才值得购买。因此,债券内在价值的大小是投资人决策的依据。

以固定利率债券为例来介绍一下它的估值方法:

固定利率债券是指按票面金额计算利息,利息可以按约定的支付方式定期支付,投资人未来收到的现金流包括定期支付的利息和到期支付的本金两部分,它的内在价值计算公式为:

$$V = \frac{C}{1+r} + \frac{C}{(1+r)^2} + \cdots + \frac{C}{(1+r)^n} + \frac{M}{(1+r)^n} \quad (4-10)$$

其中:V 表示固定利率债券的内在价值,C 表示每期支付的利息,M 表示债券面值,r 表示市场利率,n 表示债券到期时间。

例 4-8 假如某债券面值 1 000 元,每年付息一次,到期还本,期限 3 年,息票利率(票面利率)为 8%,市场利率为 9%,该债券的内在价值是多少?

$$V = \frac{80}{1+9\%} + \frac{80}{(1+9\%)^2} + \frac{80}{(1+9\%)^3} + \frac{1\,000}{(1+9\%)^3} = 974.71(元)$$

因此,只有当市场价格低于 974.71 元时,投资这种债券才有利可图。

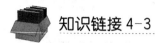

知识链接 4-3

等额本息和等额本金，该怎么选？

对于购房按揭贷款，银行一般提供等额本息还款法和等额本金还款法两种还款方式供借款者选择，究竟这两种方式有何区别，两者的还款方式以及每月还款额中的本金和利息各是多少，借款者该如何选择呢？

（1）等额本息还款法：借款人每期始终以相等的数额偿还贷款的本金和利息，直至期满还清。这种方式将按揭贷款的本金总额和利息总额相加，然后平摊到还款期限的每一期中，因此，每期的还款金额保持不变。

（2）等额本金还款法：借款人每期偿还相同数额的贷款本金，这种方法把按揭贷款的本金总额平摊到还款期限的每一期中，而应还利息会随着剩余本金的不断减小而减少，每期偿还的本息总和亦逐期递减。

假设有一笔贷款，本金余额为 100 万元，期限 10 年即 120 期，年利率为 4.9%，现在分别采取等额本息与等额本金两种还款方式来计算它们在全部期限内归还本息情况，如表 4-9 所示。需要注意的是不管是等额本息还款法还是等额本金还款法，其利息计算都是按照以下公式进行计算：当期归还的利息＝期初本金余额×日利率×天数，所以，这两种还款方式的第一期利息都是 1 000 000 元×4.9%×30/360＝4 083.33 元。

表 4-9　个人按揭贷款本息归还情况计算表

	等额本息还款法					等额本金还款法			
期数	应还本金	应付利息	月还款额	贷款余额	期数	应还本金	应付利息	月还款额	贷款余额
0				1 000 000.00	0				1 000 000.00
1	6 474.41	4 083.33	10 557.74	993 525.59	1	8 333.33	4 083.33	12 416.66	991 666.67
2	6 500.84	4 056.9	10 557.74	987 024.75	2	8 333.33	4 049.31	12 382.64	983 333.34
3	6 527.39	4 030.35	10 557.74	980 497.36	3	8 333.33	4 015.28	12 348.61	975 000.01
4	6 554.04	4 003.7	10 557.74	973 943.32	4	8 333.33	3 981.25	12 314.58	966 666.68
5	6 580.80	3 976.94	10 557.74	967 362.52	5	8 333.33	3 947.22	12 280.55	958 333.35
6	6 607.68	3 950.06	10 557.74	960 754.84	6	8 333.33	3 913.19	12 246.52	950 000.02
…	…	…	…	…	…	…	…	…	…
119	10 472.04	85.70	10 557.74	10 514.79	119	8 333.33	68.06	8 401.39	8 333.73
120	10 514.79	42.94	10 557.74	0.00	120	8 333.73	34.03	8 367.76	0.00
		266 928.79					247 041.76		

从表 4-9 我们可以得出如下结论：

（1）两种方式还本的比较：等额本息还款法首期还本最少，以后逐期增加；等额本金还款法各期支付的本金相同。

（2）两种方式各期支付利息的比较：等额本息还款法各期支付的利息非等额减少，前期利息差额较小，后期利息差额较大；而等额本金还款法各期支付的利息等额减少，其差额为月支付本金与月利率的乘积。

（3）各期支付本金与利息间关系比较：等额本息还款法各期支付本金与利息直接相关，利息减少多少，本金相应增加多少；等额本金还款法各期支付本金与利息间没有直接联系。

（4）月还本付息总额的比较：等额本息还款法月还款额各期相同，而等额本金还款法首月最高，以后逐期减少。

在贷款金额、利率和贷款期限相同的情况下，等额本息还款法因为在还贷初期占用银行资金相比等额本金还款法要多，因此需要多支付给金融机构 19 887.03 元。但这并不意味着借款者都应该选择等额本金还款方式节约利息。根据资金的时间价值，不同时点的现金流量并不等效，不能简单地相加减。因此，在进行贷款决策时应该综合考虑借款者的经济背景和早、晚期还款现金流分布可能对借款者产生的影响。比如：对于经济实力较好，极有可能提前还款的借款者可以选择等额本金还款法；而对于刚参加工作、想更多地依靠银行贷款来买房的购房者，最好选用等额本息还款法，因为这样可以在很大程度上减轻自己在还贷初期的压力。

资料来源：齐延艳，《个人住房按揭贷款还款方式的比较选择》，《会计师》，2011 年第 1 期。

能力拓展 4-3

结合知识链接 4-3，说一说你在面临购房按揭还款方式的选择时，可能会选择哪一种？为什么？

三、利率的种类

利率是一个复杂的经济变量，一方面是因为金融资产的多样化，另一方面是人们可以从不同的角度来考察利率，使其在金融市场上具有各种各样的表现形式。

1. 按照利率是否考虑通货膨胀因素分类

按照利率是否考虑通货膨胀的因素分类，可以分为名义利率和实际利率。

（1）名义利率：是由中央银行或者其他提供资金借贷的机构公布的未调整通货膨胀因素的利率，又称为挂牌利率。它是未剔除通货膨胀风险的利率，在现实生活中，市场上各种利率都是名义利率。

（2）实际利率：是指物价不变，从而货币购买力不变条件下的利率。在通货膨胀背景下，投资者所得货币的真实购买力会贬值，因此，剔除通货膨胀因素后的利率才是投资者的实际利率。实际利率是资金使用者的实际成本，同样也是资金提供者的实际收益，因此，它的变化势必会对货币资金的供求关系以及人们对金融资产的选择产生影响。

用公式表示两者的关系为：

实际利率＝名义利率－通货膨胀率，即

$$i = r - p \tag{4-11}$$

其中：i 表示实际利率，r 表示名义利率，p 表示通货膨胀率。

当通货膨胀率高于名义利率时，实际利率表现为负数，也就是说，金融资产所有者所持的金融资产随着时间的推移，真实购买力在不断地贬值和缩水。

知识链接 4-4

负利率到底是怎么回事？

2019 年 8 月 5 日，丹麦第三大银行日德兰银行推出了世界首例负利率按揭贷款，房贷利率为－0.5%。

2019 年 8 月 6 日，瑞士银行(UBS)宣布将对 50 万欧元以上的存款征收年费，也就是说存款也成为负利率。其实早在 2012 年 7 月，丹麦就开始对 7 天定期存单实施负利率了，但这是中央银行针对商业银行的，在此之前还没有商业银行对普通存款实施负利率。

2019 年 8 月 21 日，德国首次发行了零息票的 30 年期国债。如果投资者购买了 100 万欧元债券并持有到期，那么在持有期间没有任何利息收益，直到 30 年后收回 100 万欧元票面价值。在此之前，德国也发行了零息票国债，但期限只有 10 年。实际上，德国国债实际收益率已全部为负。2019 年 8 月 19 日，30 年期德国国债到期收益率是－0.146%，而 10 年期收益率更是只有－0.652%。全球市场上负收益率债券的规模已超过 16 万亿美元，意味着近 30%的债券的收益率是负的。从 2019 年 6 月开始，市场上还出现了负收益率垃圾债。

此次丹麦的贷款利率为负，是继存款利率为负、国债收益率为负之后，全球最新涌现的负利率形式。瑞典、丹麦、欧元区、瑞士和日本……在全球利率中枢不断下行的背景下，占到全球 GDP 总量接近三分之一的经济体实施负利率，一个全面的负利率时代来临。

需要注意的是，近期作为各国中央银行新宠的负利率政策并不是实际负利率而是名义负利率，但名义负利率也是对传统经济学"零利率下限"逻辑的颠覆，这意味着，存款者不仅不能获得利息，反而需要支付一定比例的保存费用。

以日德兰银行推出的世界首例负利率按揭贷款举例,利率−0.5%,意味着银行借钱给贷款人使用,贷款人还的钱比借的钱还少。一个贷款人在8月份还了3000丹麦克朗,而贷款余额减少3015克朗,多于他的还款金额。尽管名义利率是负的,日德兰银行的贷款者最后偿还的金额还是会比贷款金额高一些,因为要向银行支付交易服务费作为补偿。根据日德兰银行网站的介绍,一笔金额25万丹麦克朗、期限为10年的贷款,每季度还款一次、分40次还清,那么最终的还款总额是26.9127万克朗。贷款利率虽为负,但银行会收取手续费,最终支付的手续费金额大约是贷款金额的7.65%。

日德兰银行之所以能够给客户提供负利率按揭贷款是因为它能以负利率从货币市场和机构投资人那里借到钱,现在只不过是将这种负利率的借款方式也提供给了它的客户。

如果存款利率是负的,把钱存到银行是需要支付给银行一笔费用的,因此负利率的下限是资金的持有成本,比如金库建造成本、保险箱成本、运输成本。如果利率低于这个下限,那么人们会选择持有现金而非把钱存在银行。对于小额现金来说,持有成本是可以忽略不计的。因此,银行并不会轻易把超低利率贷款带来的成本转嫁到存款人身上,存款利率一般来说还是正的。然而,随着贷款利率越来越低,银行的盈利空间受到侵蚀,为了应对,有的银行准备对存款实施负利率了。

瑞士银行8月6日告诉它的超富客户,如果他们的存款超过50万欧元(约合392万元人民币),自11月份开始将收取0.6%的年费,一笔50万欧元的存款需要支付3000欧元的年费。对于200万瑞士法郎以上的存款,年费率将上升到0.75%,因而一笔200万瑞士法郎的存款将每年支付1.5万瑞士法郎(约合10.8万人民币)的年费。

我们知道,银行能够给客户提供负利率贷款,是因为它们能够以负利率从市场上融资,那么市场上的负利率是怎么来的呢?

从历史上来看,负利率是极其罕见的现象。负利率的大规模出现是从2012年开始的。欧债危机期间,丹麦央行于2012年7月将其7天定期存单利率下调至−0.2%,首次进入负利率时代。欧洲央行自2014年6月开始实行负利率,下调隔夜存款利率至−0.1%。2014年12月,瑞士央行将超过上限的隔夜活期存款利率下调至−0.25%。2015年2月,瑞典央行将7天回购利率下调至−0.1%。2016年2月,日本央行宣布对存放在央行的部分超额准备金实施−0.1%的利率,成为亚洲首个实施负利率的国家。除了日本外,其他国家后续又调整了主要利率。8月19日,丹麦、欧元区、瑞士、瑞典的主要利率分别是−0.65%、−0.40%、−0.75%、−0.25%。

在负利率政策的推动下,相应国家的国债也进入了负收益率时代。瑞士、德国、丹麦、荷兰和瑞典这五个国家从2年期到30年期所有期限国债的收益率都是负的。奥地利、芬兰、法国、比利时和日本等国,绝大部分期限国债的收益率是负的,只有30年期国债的收益率是正的。截至2019年8月19日,负收益率债券的规模已超过16万亿美元,超过了2016年6月的峰值12.2万亿美元,占所有债券规模的比例也达到了28.8%。

名义收益已经为负值了,为什么还会有大量机构投资者进行购买?这是因为机构投资者们预测通货紧缩会持续发生,根据实际利率＝名义利率－预期通货膨胀率,如果预期通货膨胀率也是负的,就会负负得正。结合过去的历史统计资料,数据显示,德国核心通胀在衰退期间会下跌330个基点,以德国目前的核心通胀率1.2%来看,未来经济衰退带来的通胀率会下调至－2.1%,因此,机构投资者们今天以－67个基点购买的德国10年期国债,未来将产生事实上预期的"事实"收益率为1.5%。

综上所述,名义负利率尽管并不意味着实际负利率,但是作为一个新生事物,值得我们做更多的思考和分析。

资料来源:欧阳辉、叶冬艳,《存贷款都是负利率　这个世界怎么了》,《第一财经日报》,2019年9月3日。

2. 按照利率在借贷期内是否可以调整分类

按照利率在借贷期内是否可以调整分类,可以分为固定利率和浮动利率。

(1) 固定利率:是指在整个借贷期限内按照事先约定的利率执行,不随市场利率的变化而变动的利率。它的特点是简便易行,便于借贷双方核算成本和收益。但在通货膨胀条件下,实行固定利率对于中长期放款的债权人会带来较大损失。

(2) 浮动利率:是指在整个借贷期限内,依据参照的市场利率变动情况而定期调整的利率。它的特点是避免了借贷期间由于市场利率的波动,给借贷双方带来的风险。

采用浮动利率时首先要确定好参照利率,例如,国际金融市场中大多数的浮动利率借贷参照伦敦同业拆借利率,即LIBOR利率;其次要确定调整的时间间隔,如约定每半年调整一次还是一年调整一次。借贷期限较长和国际金融市场借贷大多采用浮动利率。

知识链接4-5

我国房贷利率"重新定价"

根据中国人民银行公告〔2019〕第30号的要求,自2020年3月1日起,金融机构应与存量浮动利率贷款客户就定价基准转换条款进行协商,将原合同约定的利率定价方式转换为以LPR为定价基准加点形成(加点可为负值),加点数值在合同剩余期限内固定不变;也可转换为固定利率。

简而言之,央行给房贷族出了一道选择题——房贷是选固定利率还是"LPR＋加点"浮动利率?

选择一,固定利率。选择固定利率后,你的房贷就是维持当前利率水平不变,不受LPR利率变化影响。

选择二,"LPR＋加点"浮动利率。LPR是贷款市场报价利率,是央行2019年新推出的机制,LPR每月公布一次,可升可降。加点数值＝原合同当前的执行利率水平－2019年12月发布的LPR,加点数值确定后固定不变。

也就是说,选择"LPR＋加点"浮动利率,你以后的房贷利率会随着LPR变化,会影响月供多少。

需要强调的是,借款人只有一次选择权,转换之后不能再次转换。

怎么选比较划算?

固定利率和"LPR＋加点"浮动利率,选哪个比较划算?

由于加点是固定不变,所以就要看你个人对LPR趋势变化的判断了。

如果你认为LPR以后会降低,那么选择"LPR＋加点"浮动利率更划算,因为利息会变少;如果你认为LPR会上涨,那么选择固定利率更划算。

转为LPR,房贷利率市场化程度更高,在未来每个利率调整日,随市场利率水平变化而调整,如LPR降低,可以享受到降息带来的优惠;转为固定利率,利率水平将保持不变。

资料来源:新浪网,《房贷利率"重新定价"!3月起房贷族必须做一个选择》,http://jx.sina.com.cn/news/m/2020-03-01/detail-iimxyqvz6891858.shtml。

 能力拓展4-4

在面对固定利率和"LPR＋加点"浮动利率选择时,你怎么考虑呢?

3. 按照利率的形成方式分类

按照利率的形成方式分类,可以分为市场利率、法定利率和公定利率。

(1) 市场利率:是指在金融市场上,由借贷资金供求关系直接决定的利率。它能灵敏地反映资金供求状况,当借贷资金供大于求时利率作为资金的价格会下跌;借贷资金供小于求时,利率会上涨。

(2) 法定利率:又称为官定利率,是指一国中央银行所确定的利率,在一定程度上反映了非市场的强制力量对利率形成的干预,是国家实现宏观经济目标的重要政策手段。法定利率对市场利率起导向作用。

(3) 公定利率:是介于市场利率和官定利率之间的,由非政府部门的民间组织,如金融行业自律性组织(如银行公会)等,为了维护公平竞争所确定的属于行业自律性质的利率。公定利率对其会员银行有约束性。

4. 按照利率体系的地位和作用分类

按照利率体系的地位和作用分类,可以分为基准利率和非基准利率。

(1) 基准利率:是指在整个利率体系中起主导作用的基础利率,其他利率水平或金融资产价格均可根据这一基准利率水平来确定。英国、美国、日本均以同业拆借利率作为本国的基准利率,德国、法国、西班牙以回购利率作为本国基准利率。

在我国,中国人民银行对国家专业银行和其他金融机构规定的 1 年期存贷款利率具有基准利率的作用。

(2) 非基准利率:基准利率以外的利率被称为非基准利率。它会参照基准利率的变动而变动。

能力拓展 4-5

请登录中国人民银行官网,查询我国现行的基准利率,并结合表 4-1 进行比较。

5. 按照利率是否带有优惠性质分类

按照利率是否带有优惠性质分类,可以分为一般利率和优惠利率。

(1) 一般利率:是指金融机构按照市场的一般标准发放贷款和吸收存款所执行的利率。

(2) 优惠利率:是指低于市场一般标准的贷款利率和高于市场一般标准的存款利率。用优惠利率对于国家重点扶持和发展的贷款项目和贷款对象进行信贷支持是国家对于经济结构和产业结构调整的需要。

在国际金融市场上,人们普遍将低于伦敦同业拆借利率(LIBOR)的利率视为优惠利率。

6. 按照资金借贷期限长短的不同分类

按照资金借贷期限的长短,可以分为短期利率和长期利率。

(1) 短期利率:是指借贷期限在一年以内的利率。

(2) 长期利率:是指借贷期限在一年以上的利率。一般而言,资金借贷期限越长,资金的时间价值越高,同时风险越大,因此利率也越高。反之亦然。

能力拓展 4-6

计算循环利息

商业银行信用卡业务中到期未清偿的款项采用循环利息的方式计息,所谓循环利息是在借款者未能全额还款时产生的利息,每笔账款记账日起至该笔账款还清日止为计息天数,日息按照中国人民银行的统一规定万分之五计息。如借款者使用信用卡预借现金功能,也将产生循环利息,而且需从取现当天起至清偿日止,按日利率万分之五计收利息,按月计收复利,直至还清为止。

若小金的账单日为每月7日,在4月1日刷卡消费2 000元,4月2日该笔消费入账,4月7日的账单上会显示"本期应还金额"为2 000元,"最低还款额"为200元。若持卡人在到期还款日4月25日只偿还200元,则5月7日的账单上显示截至当日需支付的利息是多少?

【分析提示】

2 000元循环信用本金23天的利息和还款后剩余的1 800元本金13天的利息:
2 000元×0.05‰×23天(4月2日—4月24日)+1 800元×0.05‰×13天(4月25日—5月7日)=23元+11.7元=34.7元。

任务三　探究利率的决定和变动

一、决定和影响利率变动的因素

现代经济中,利率作为资金的价格,受到经济社会中众多因素的制约。

(一) 社会平均利润率

马克思揭示,利息是贷出资本的资本家从借入资本的资本家那里分割来的一部分剩余价值,而利润是剩余价值的转化形式。

利息的这种质的规定性决定了它的量的规定性,利息量的多少取决于利润总额,利息率取决于平均利润率。由于利息只是利润的一部分,所以利润本身就成为利息的最高界限,而平均利润率也构成利息率的最高界限。通常,利息率不会与平均利润率相等,更不会超过平均利润率。

至于利息率的最低界限,从理论上讲,是难以确定的,它取决于职能资本家与借贷资本家之间的竞争,但不管怎样总不会等于零,否则借贷资本家就不会把资本贷出。

因此，利息率的变化范围在平均利润率与零之间。

知识链接 4-6

我国民间借贷的利率红线

2020 年 8 月 20 日，最高人民法院发布了新修订的《关于审理民间借贷案件适用法律若干问题的规定》（以下简称《规定》），将原来民间借贷受法律保护的上限 24%，变更为合同成立时一年期贷款市场报价利率的四倍。以下所称的"一年期贷款利率"均为中国人民银行授权全国银行间同业拆借中心自 2019 年 8 月 20 日起每月发布的一年期贷款市场报价利率（以目前最新的 2020 年 8 月 20 日的 LPR 为例，利率为 15.4%）。

《规定》所称的民间借贷，是指自然人、法人和非法人组织之间进行资金融通的行为。从事贷款业务的金融机构及其分支机构，因房贷款等相关金融业务引发的纠纷不适用本规定。

资料来源：澎湃新闻，《高利贷噩梦，利息上限只有 15.4%？民间借贷新规定来了!》，https://www.thepaper.cn/newsDetail_forward_9225705。

知识链接 4-7

高息理财背后的秘密

庞氏骗局又称为击鼓传花、拆东墙补西墙，其实质是利用新投资人的钱向老投资者支付利息和短期回报，以制造赚钱的假象进而骗取更多的投资。它不需要对资金或实体产业的真实运作，只需要编一个故事，吹一个牛皮来吸引投资，是最不费吹灰之力的骗局，也是发展最为迅猛，形式最多变的一种金融骗局。

庞氏骗局的名称来源于查尔斯·庞兹，一位意大利裔的投资商，1903 年移民到美国，1919 年开始策划对 IRC（回邮代金券）的投资，并承诺投资者只要 45 天，可以获得 50% 的资金回报，如果投资 90 天，回报是 100%。事实上，庞兹仅仅是将新投资者的钱作为快速盈利偿还给旧的投资者，以维持其资金链条，仅仅 1 年左右时间，有 4 万人成为庞氏计划的投资者，1920 年 8 月《波士顿邮报》对他的调查引发了投资者挤兑和报案。庞兹被捕后发现，他实际只投资过 61 美元的 IRC，却欠投资者 700 万美元。

如果说庞氏骗局是穷人骗穷人的赚钱术，诱饵是超高的回报率；曾是华尔街传奇人物、担任过纳斯达克主席的伯纳德·麦道夫，则达到了富人骗富人的极致。

2009年6月29日，麦道夫因诈骗案在纽约被判处150年监禁。距今已11年。

麦道夫1938年出生于纽约皇后区一个犹太人家庭，1960年创立了一家证券公司，担任股票买卖中介。20世纪80年代初，麦道夫积极推动场外电子交易，推动交易从电话转到电脑上，闻名华尔街。20世纪90年代初，他成为纳斯达克董事会主席，领导纳斯达克和纽交所分庭抗礼。2000年麦道夫投资公司成为纳斯达克表现最积极的证券代理公司之一，坐拥3亿美元。

没有谁会想到，有钱有名有地位的麦道夫，竟然动了庞氏骗局的脑筋。他先是加入了一个只有300名会员的高端犹太人俱乐部——棕榈滩乡村俱乐部，刻意为自己的资产管理公司营造出一种"非请勿扰"的神秘感，公司门槛很高，对投资人也有严格的筛选，投资金额要超过100万美元，而且要有可靠的举荐人推荐才可以加入。钱能投给麦道夫，这成为一种身份象征。麦道夫许诺不管市场是牛市还是熊市，每年的投资回报为8%—12%，而同期美国股市的投资回报只有3%左右，在一长串投资者名单中有斯皮尔伯格、西班牙银行巨头桑坦德银行，日本野村控股公司和英国汇丰银行。到2008年1月，麦道夫的基金一共管理171亿美元的资金。2008年美国金融危机爆发，欧洲一家投资商希望尽快赎回70万美元的投资，麦道夫精心维护的资金链条断裂。2009年6月16日，麦道夫被判150年监禁。

近年来，我国的民间金融迅猛发展，e租宝、钱宝网、MMM金融互助社区等各类高息揽存案件屡见不鲜。但所有的金融骗局都有一个典型的特征，就是高息。而其背后的本质是人性的贪婪。对于投资者来说，高额利息永远像伊甸园中的苹果，充满致命诱惑。

最后还是用这句话来做总结：你贪的是人家的利息，人家要的是你的本金。谨记谨记！

资料来源：秦朔，《庞氏骗局一百年》，http://finance.sina.com.cn/zl/2019-10-14/zl-iicezzrr2025562.shtml。

（二）借贷资金的供求状况

在商品货币经济条件下，借贷资本是一种特殊商品，利率是借贷资本的价格，由借贷资本供求状况决定。借贷资本作为一种特殊商品，它同普通商品一样要受价值规律的支配，其价格也一样要受供求状况的影响。当借贷资本供不应求时，利率会提高；反之，当借贷资本供大于求时，利率则会下跌，借者可以支付较少的利息。所以，借贷资金供求状况是影响利率变动的一个重要因素，它决定某一时刻利率的高低。

当然，利率对借贷资金供求状况的反映程度，取决于供求决定机制的市场化程度，市场化程度越高，利率越能反映借贷资金供求的真实状况。

(三) 物价水平的变动

物价水平是制定利率时必须考虑的一个因素。物价上涨会表现为货币的贬值和实际购买能力的下降，以货币形式表现的借贷资金也体现着一定量的货币购买力水平，因此物价的涨跌引发货币购买力的变化，必然会影响借贷双方对资金价格，也就是利率的评价。如果物价上涨的速度超过了名义利率，也就是说实际利率为负，资金的贷出者会遭受本金和利息的双重损失。反之，借入者则可以用贬值了的货币偿还本金和利息而双重获益。因此，物价水平的高低实质改变了资金借贷的实际利率水平。如果借贷双方及时地充分预期到将来物价的变动方向和变动幅度，双方竞争的结果必然是在借贷合约达成时，对名义利率进行调整来弥补。

因此，利率水平和物价变动水平具有同步变动的趋势，物价水平的高低制约着利率水平。

(四) 国家经济政策

在现代经济运行中，国家为协调整体经济利益，会综合采用各种经济政策和经济手段来实现其目标。中央银行借助于对利率水平的调整、利率结构的设计，实现国家的经济增长、产业结构的调整等目标。利率这个金融变量，不仅仅是一个决定于某些经济因素的经济运行机制中的内生变量，同时也是中央银行货币政策可以影响的外生变量。利率不仅受到借贷资金供求的影响在确定的区间内波动，也会受到国家的干预和调节。这种调节基本表现为逆经济周期的性质。也就是经济高涨的时期，中央银行会收紧银根，提高利率水平；反之亦然。

1. 货币政策

借助于公开市场业务、再贴现等政策影响信用规模和货币供应量，进而调控基准利率水平，影响资金的供求状况和资金流向。

2. 财政政策

财政政策对利率的影响主要通过财政收支的变动来实现。从支出方面看，当政府财政支出增加时，通常借贷资金的需求上升，同时会引起投资需求增加和收入增加，导致利率上涨。从收入方面看，在既定的收入水平下，政府增加收入，就会直接降低家庭部门和企业部门的可支配收入水平，减少他们的储蓄和投资，引起国民收入下降，货币需求相应减少，在货币供给不变的情况下，利率水平会下降。

(五) 国际经济环境

在一个开放经济中，利率的变动会受到国际经济环境的影响，特别是在资本的国际流动日益频繁、流动规模愈来愈大的情况下，国际因素对利率的影响会愈来愈大。

1. 国际利率水平

国际市场利率对国内市场的影响，是通过资金在国际间的流动来体现的。在放松外汇管制、资金自由流动的条件下,若国内利率高于国际市场利率,国外货币资金在追求高额利息的驱动下流向本国,市场上的资金供给增加,利率下降;反之,则会引起货币资金的外流和利率的上涨。因此,政府在制定和调整本国利率时,必须考虑国际利率水平的影响。

2. 汇率水平

汇率变动对利率的影响是通过影响国内物价水平、影响短期资本流动而间接地对利率产生影响。如果外汇汇率上升,本币贬值,有利于促进出口、限制进口,进口商品成本上升,推动国内一般物价水平的上升,从而导致实际利率的下降。这种状况有利于债务人、不利于债权人,从而造成借贷资本供求失衡,最终导致名义利率的上升。如果外汇汇率下降,本币升值,对利率的影响恰好相反。此外,当一个国家的货币汇率下降之后,受心理因素的影响,往往使交易者产生该国货币汇率进一步下降的预期。那么,在本币贬值预期的背景之下,会引起短期的投资资本外逃,国内资金供应的减少,从而将推动本币利率的上升。

除以上因素之外,影响利率变化的因素,还有商业银行经营成本、利率管理体系、法律规定、传统习惯、国际协议等。这些因素交错在一起,综合影响着利率的变化。

知识链接 4-8

利率决定的代表性理论

1. 实际利率论——古典利率理论

19 世纪末至 20 世纪 30 年代,不论是费雪还是马歇尔,这些古典经济学家们都认为利率完全由实体经济中的储蓄和投资决定,货币因素对利率的影响,即使有也可以忽略不计。

2. 货币利率论——凯恩斯利率理论

凯恩斯认为利率与实物因素无关,而是单纯地由货币供给和货币需求决定,货币供给是外生变量,而货币需求取决于人们的三大动机——交易、预防和投机,交易和预防动机与收入有关,投机动机与利率有关。

3. 利率决定的一般均衡分析

新剑桥学派的可贷资金理论认为可贷资金的总需求和总供给都取决于实物市场和货币市场两个方面,总需求由当前投资和固定资产的重置更新所需的现金与净窖藏现金构成,总供给由储蓄和货币供给的增长构成,可贷资金的供给等于需求时决定均衡利率水平。新古典综合学派在利率决定中引入了国民收入这一变量,形成了货币供给和货币需求,储蓄和投资等因素相互作用下的利率与收入决定模型。

二、利率变动的经济影响

在市场经济条件下,利率及其变动直接关系到市场各个主体的经济利益,从而成为一个重要而有效的经济杠杆,在调节微观经济主体行为和宏观经济政策等方面都发挥着不可替代的作用。

(一) 利率变动对于微观经济主体的影响

1. 对于企业投资的影响

利息支出是企业的筹资成本,是对企业利润的扣除,也就是说,在投资收益不变的情况下,利息越高,企业的利率费用越大,企业的留利水平越低,必然导致一部分投资收益较低的企业自我发展后劲不足,退出投资。反之,利率下跌则投资成本下降,刺激投资。当然利率提高也可以促进企业加强自身经济核算,提高经济效益。

2. 对于个人消费的影响

个人消费分为当期消费和延期消费,当期消费是指人们将当期的一部分货币收入购买消费品,实现当期消费。延期消费是人们将当期的一部分货币收入用于储蓄和购买有价证券,将当期消费推迟到未来的某一时期。当利率变动时,当期消费和延期消费会相互转化。假如利率上升,消费者会减少当期消费,增加延期消费,一般而言,在延期消费中,占比例比较大的是储蓄。如果利率下降,消费者会相应增加当期消费。

利率变动对于延期消费中的储蓄和购买有价证券的比例也会产生影响,当利率较高时,人们往往选择储蓄,这样可以满足人们对于安全性、流动性和收益性的要求。而有价证券中的股票、债券投资将大幅减少,因为市场利率的高低通常与股票和债券价格反方向变动。

3. 对于政府筹资的影响

举债是政府筹资的主要渠道,利率的高低决定了政府筹资成本的大小。如果市场利率上升,投资者投资渠道增多,政府只能相应提高政府债券的收益,从而增加政府的举债成本。而当市场利率下跌时,政府的举债压力会相对减小。

(二) 利率变动对于宏观经济的影响

1. 对于资金供求的影响

利率作为重要的经济杠杆,对于调节社会资金供求发挥着重要的作用。对于资金需求者来说,利率是其要支付的资金成本,两者同方向变动,利率提高,融入方的成本增加,其借款需求和投资需求会下降,抑制了社会资金需求总水平。而对于资金供给方来说,利息是其借出资金获得的回报,利率提高,融出方获取的利息收入越多,刺激社会资金供给水平的增加。虽然,借贷双方要求利率波动的趋向是相反的,但是,现实生活中,利率波动的最终结果会使资金供求趋向一致。

2. 对于资源配置的影响

利率作为资金的使用价格,可以通过成本效应使资源在经济部门之间得到合理配置,把有限的社会资源分配给利润率较高的部门使用,这种调节从总量上看,是抑制社会对资源的总需求,提高资源的使用效率;从结构上看是合理配置资源,优化产业结构和行业结构,改善资源配置。国家可以通过差别利率,实行对利率的优惠与惩罚制度,用相对较低的优惠利率支持基础行业、重点项目和短线产品的生产,用相对较高的利率抑制某些需要限制发展的长线产品的生产。如果在地区间、行业间、企业间实行差别利率,还能促进资金在地区、行业和企业间的转移。但是利率调节作用的大小还往往取决于一国的经济环境和经济条件。

3. 对于币值稳定的影响

在市场经济条件下,利率是调节货币市场均衡的重要工具。提高利率,消费者会增加储蓄减少消费,企业投资兴趣下降,促使信贷规模收缩,货币需求相对减少;在通货膨胀或者预期通货膨胀的条件下,就能抑制社会总需求,对于实现币值稳定发挥重要的调节作用。如果是因为商品供求结构的失衡导致的物价上涨,差别利率的实施则能够促进供不应求的短线商品生产规模扩大,增加有效供给,迫使价格回落。

4. 对于国际收支的影响

利率政策的调整促进了资本的跨国流动,最终影响一国的国际收支状况。在资本账户开放、利率市场化的条件下,一方面,当本币利率上升时,本币金融资产的吸引力增强,会吸引国外短期资本流入,国际收支逆差得到改善。同时,本币利率的上升,还表现为本币贷款成本的增加,本币信贷数量下降,借用外债和外汇贷款的数量增加,这同样会带来国际收支逆差的减小。因此,从作用效果来看,利率上升会带来国际收支的改善。

知识链接 4-9

负利率政策实施的经济影响

2019年以来,受贸易保护主义、地缘政治风险加大等因素影响,全球经济增长面临更大的下行压力,为刺激经济增长而采用零利率和量化宽松等非传统货币政策,就当前来看,全球已有瑞典、丹麦、欧元区、瑞士、日本、匈牙利等六个经济体实施了负利率政策,如表4-10所示。

表 4-10　世界各经济体的负利率实践

目标		负利率标的	首次实施负利率时间	负利率水平	
				首次	当前 2019-09
瑞典央行	经济增长	7天回购利率	2009年7月	−0.25%	−0.25%
丹麦央行	防止本币升值	7天定期存单利率	2012年7月	−0.20%	−0.65%
欧洲央行	经济增长	隔夜存款利率	2014年6月	−0.10%	−0.50%
瑞士央行	经济增长，防止本币升值	3M同业拆借利率	2014年12月	−0.06%	−0.86%
日本央行	经济增长	部分超额准备金	2016年1月	−0.10%	−0.10%
匈牙利央行	经济增长，防止本币升值	隔夜存款利率	2016年3月	−0.05%	−0.10%

理论上，名义负利率可以鼓励居民减少储蓄扩大消费，激励企业和居民提升风险偏好增加投资，推动金融机构减少准备金储备增加贷款发放，引发本币贬值，改善本国贸易条件以扩大出口，通过扩大总需求的方式起到刺激经济增长的作用。与此同时也要认识到，名义负利率会降低银行业金融机构的盈利，让居民更多地持有现金，扭曲宏观经济结构，有利于房地产、耐用消费品等，刺激投资主体进行股票等高风险投资，形成资产价格泡沫，最终引发金融系统的不稳定。

从实施名义负利率后经济发展实际情况看，虽然各个国家或地区呈现不同的特点，但总体来看，短期内宏观经济增长有所起色，实施名义负利率后短期内以不变价衡量的国内生产总值（GDP）同比增速有所提高。欧元区、日本、瑞典、丹麦在实施名义负利率的次年不变价GDP同比增速均明显提高，瑞士在2014年末实施名义负利率，并且在2015年再次降低利率后2016年不变价GDP同比增速创新高。投资、消费同比增速也呈现类似的特点。

上述分析表明，负利率政策短期内，在提振需求和支撑物价稳定方面有正面作用，然而长期内的经济增长，更多地决定于劳动、资本和技术，因此，负利率政策并非是一个解决经济发展问题的关键钥匙。

资料来源：娄飞鹏，《名义负利率大行其道　救急不治本》，《证券时报》，2019年10月15日。

三、利率市场化及其本意

利率市场化是指中央银行放松对利率的管制，解除对银行存贷款利差的保护，靠市场决定资金的价格；实际上它就是将利率的决策权交给市场主体，在市场竞争较充分的情况下，任何单一的市场主体都不能成为利率的决定者。

利率市场化是由政府推进的改革,政府放开利率管制的过程就是市场主体通过竞争机制决定利率的过程,其目标是将利率的决定权交给金融机构,由金融机构根据自身的资金状况和对金融市场动向的判断来自主调节利率水平,最终形成以中央银行基准利率为基础,以货币市场利率为中介,由市场供求决定金融机构存贷款利率的市场利率体系和利率形成机制,具体包括利率的决定、利率的传导、利率的结构和利率管理的市场化。

利率能够充分反映资金供求,并通过价格机制达到资金的最佳配置和有效利用。当资金需求过小,资金市场供大于求时,供给方会降低利率,从而激发资金需求再度增加,投资和消费随之兴旺;当市场上资金供不应求时,利率上涨,储蓄收益增加,投资和消费收益减少,市场主体对资金的需求随之减少,经济过热就会缓解。

相反,从各国经济发展经验看,利率管制往往造成实际负利率,导致资金利用效率低下,抑制了经济增长。由于资金价格受到了行政性压低,一方面金融体系吸收国内储蓄的能力被削弱,造成了资金供给不足;另一方面,过低的利率又刺激企业对资金的过度需求,造成资金需求远远大于资金供给的局面。在这种情况下,容易形成资金分配的固化,弱势的中小企业很难获得资金,被排除在金融体系之外。利率市场化改革就是要减少人为因素对金融的影响,充分发挥金融市场在资金分配上的功能,消除金融抑制,以促进国民经济的发展。

知识链接 4-10

我国利率市场化进程

一直以来,利率市场化都是我国金融改革的重要内容之一。从 1996 年 6 月中国人民银行放开银行间同业拆借利率开始,到 2015 年彻底放开存款利率浮动上限为标志,我国利率市场化历时近 20 年才宣告初步完成。遵循"先外币,后本币;先贷款,后存款;先长期、大额,后短期、小额"的总体思路,我国的利率市场化进程主要可以分成四个阶段,即准备阶段、发展阶段、全面开放阶段和最终深化阶段。如表 4-11 所示。

表 4-11 我国利率市场化进程

区间	阶段	成果
1996—2003 年	准备阶段	先后实现货币市场利率、债券市场利率、外币存贷款利率的市场化、人民币存贷款仍未完全放开
2004—2013 年	发展阶段	贷款利率市场化,取消存款利率下浮管制
2013—2015 年	全面开放阶段	存款利率放松管制
2015 年至今	最终深化阶段	实现存款利率市场化,方向转变为加快市场化的利率调控机制,培育国债收益率曲线,形成定价基准、实现利率并轨

通过 1996—2015 年利率市场化的改革发展进程来看,我国基本形成了如图 4-1 所示的"央行货币政策利率—货币市场利率—存款利率(负债成本)—贷款利率"的传导机制:央行确定货币政策利率(如 MLF、SLF 等工具的利率)、货币政策利率影响货币市场利率(如 Shibor 等)、货币市场影响存款利率、决定商业银行的整体负债成本,最终形成相对公允的贷款利率。

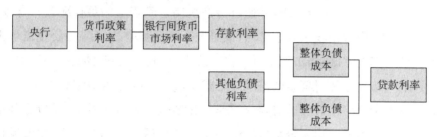

图 4-1　市场化国家的利率传导机制

虽然名义上在 2015 年我国已经基本完成利率市场化改革,但由于国内金融市场尚未发育成熟,货币市场利率(以上海银行间同业拆放利率 Shibor 为代表)与存贷款市场的利率(以贷款基准利率 LPR 为代表)两轨并行,利率"双轨"局面形成,理想的利率传导过程在我国并不顺畅,利率的市场化定价并未完全实现。

究其原因在于我国的银行间市场的利率(Shibor)已实现由金融机构组成的市场定价自律和协调机制制定,目前市场化程度较高,基本由供求关系决定。而银行存贷款利率的变动却并非基于货币市场利率,仍然高度依赖央行贷款基准利率(甚至少数银行会以贷款基准利率的一定倍数设定隐性下限),无法实现贷款利率对于负债端利率变化的有效反应。例如:自 2015 年以来,我国债券市场收益率已经经历了两轮"下降—上升—下降"周期,与此形成鲜明对比的是,商业银行的贷款基础利率却"非常稳定",2015 年以来的四年左右时间里,商业银行贷款基础利率一直保持在 4.31% 的水平。也就是说,即使银行间市场利率下行,这种变动也无法有效传导至银行资产端,实体企业"融资难""融资贵"的问题依然存在。

因此,2019 年 8 月 16 日,中国人民银行宣布改革贷款市场报价利率(LPR)形成机制,选取 1 年期 MLF 利率作为 LPR 的新"锚",采用 MLF 加点的方式,催生出"中央银行货币政策利率(MLF)—LPR—银行贷款利率"这条新的货币政策传导路径,使得央行成功打通银行间市场利率和信贷市场基准利率的传导,实现"两轨并一轨"。通过调控货币的投放"量"来间接影响利率,弱化了央行对利率价格的直接干预,标志着中国式利率市场化改革迈出了关键的一步。但这还不是最后一步,LPR 改革主要是从贷款利率着手推进,未来中国利率市场化仍需从存款利率继续发力。存款利率并轨还有很长的路要走,这也是未来央行改革的重要着力点,仍要加大力度推进利率市场化改革,中国利率市场化改革依旧任重而道远。

资料来源:根据互联网资料整理。

 项目小结

1. 利息的含义和本质

利息是指在借贷活动中,债务人支付给债权人超越借贷本金的那部分货币资金,是债务人为取得货币使用权所付出的代价。马克思认为利息实质上是利润的一部分,是剩余价值的特殊转化形式。

2. 利率的含义和一般表示方法

利息率简称利率,是借贷期内所形成的利息额与本金的比例,它是衡量利息高低的指标。利息率可以分为年利率、月利率和日利率,分别用百分数、千分数和万分数来表示。

3. 利息的计算

利息的计算方式有单利和复利两种,其现值和终值的运算在现实生活中有多种表现形式。

4. 利率的决定和变动

利率作为资金的价格,受到社会平均利润率、借贷资金的供求状况、物价水平、国家经济政策、国际经济环境等因素的影响和制约。利率作为市场经济条件下重要而有效的经济杠杆,其变动不论对于微观主体的消费、投资和筹资,还是对于宏观的资金需求、资源配置、币值稳定和国际收支平衡都发挥着重要的调节作用。

5. 利率市场化及我国的利率市场化改革

利率市场化是指中央银行放松对利率的管制,由市场主体自主决定利率。具体包括利率的决定、利率的传导、利率的结构和利率管理的市场化。我国的利率市场化改革正在向纵深迈进,依旧任重而道远。

 知识自测

一、单项选择题

1. 我国居民储蓄利率是(   )。
   A. 官定利率   B. 浮动利率   C. 市场利率   D. 优惠利率
2. 某人期望在 5 年后取得一笔 10 万元的货币,若年利率为 6%,按年计算,复利

计息,则现在他应该存入的本金数额是( )。

　　A. 74 727.24 元　　B. 79 207.9 元　　C. 76 923 元　　D. 83 963.1

3. 在物价下跌时,要保持实际利率不变,应把名义利率( )。

　　A. 保持不变　　　　　　　　　B. 与实际利率对应

　　C. 调高　　　　　　　　　　　D. 调低

4. 下列哪项因素变动会导致利率水平上升( )。

　　A. 投资需求减少　　　　　　　B. 居民储蓄增加

　　C. 中央银行收缩银根　　　　　D. 财政预算减少

5. 通常情况下,市场利率上升会导致证券市场行情( )。

　　A. 看涨　　　B. 看跌　　　C. 看平　　　D. 以上均有可能

6. 以下说法错误的是( )。

　　A. 利率是衡量利息高低的指标

　　B. 法定利率能体现国家的政策意图

　　C. 人们往往更关心名义利率

　　D. 基准利率是利率体系的关键利率

二、判断题

1. 1996 年我国零售物价上涨了 6.1%,8 月 23 日调整后的定期一年存款利率为 7.47%,则实际利率为 1.37%。( )

2. 实行浮动利率,借款人计算借款成本的难度要大一些,但是借贷双方承担的利率风险较小。因此,对于中长期贷款,一般都倾向于选择浮动利率。( )

3. 由于借贷资金供求关系的影响,利率水平有时甚至高于平均利润率。( )

4. 在经济周期的危机阶段,由于生产过剩,商品积压,利率也下降。( )

5. 利率市场化是中央银行完全放弃对利率的调控,利率完全由市场决定。( )

三、综合训练题

1. 实际利率能否为负?如果实际利率为负数,对投资会产生什么影响?

2. "想赚 100 万元吗?就这样做……从所有参加者中选出一个获胜者将获得 100 万元。"这就是最近在一项比赛中的广告。比赛规则详细描述了"百万元大奖"的事宜:"在 20 年中每年支付 50 000 元的奖金,第一笔将在一年后支付,此后款项将在接下来的每年同一时间支付,共计支付 100 万元。"若以年利率 8% 计算,这项"百万元奖项"的真实价值是多少?

3. 某人于 2018 年 1 月 5 日将 5 万元存入商业银行,选择了 2 年期的定期存款,将于 2020 年 1 月份到期。但在 2019 年 1 月 5 日由于急于购买住房,需要资金,鉴于定期存款未到期支取将视同活期存款,损失很多利息收入,因此,决定不将存款取出,而是先向商业银行申请 1 年期贷款,然后等存款到期时归还。上述决定是否合理?试阐述你的理由。(2018年1月份2年期定期存款利率为2.25%,2018年1月活期存款利率为0.3%,2018年1月份1年期贷款利率为5.58%)

4. 白领小红打算在明年结婚,在某大城市市区通过按揭贷款买了一套100平方米的住房,单价为每平方米3万元,房款总额为300万元,假设房贷利率为4.95%,首付3成,按揭年数20年。请通过房贷计算器查一查,按照等额本息还款法偿还,小红每月要还款多少?如果加息0.25%,每个月要多还多少钱?

项目五 金融机构体系

学习目标

知识目标：

1. 掌握现代金融机构体系的构成，熟悉我国的金融机构体系
2. 掌握中央银行的职能及主要业务
3. 掌握商业银行的职能及主要业务
4. 了解全球性金融机构

技能目标：

1. 能够认识和区分不同类型的金融机构
2. 能够阐述我国金融机构体系的基本构成

 导入案例

商业银行获得券商牌照，混业经营即将落地？

2020年6月27日，一则消息扰动了整个金融圈。根据《财新周刊》报道，证监会计划向商业银行发放券商牌照，或将从几大商业银行中选取至少两家试点设立券商。金融混业经营再度引发猜想。实际上早在5年前，监管层就研究过向银行发放券商牌照的问题。

在大众的眼中，银行的意思就俩字：有钱！想到券商也是俩字：炒股！

所以，看到银行＋券商的组合，会有这样的误会：中国最有钱的机构要来炒股了。

其实，炒股的是基金公司，券商只是负责开户。所以，银行拿下券商牌照，不是下场炒股的，这背后，是金融混业进一步推进的政策信号。

1. 国际市场银行经营证券业务纷争不断

从国际上来看，20世纪70年代以来，随着经济和金融一体化的发展，金融业发生了有史以来最为深刻的变革，各类金融机构开始向其他金融服务领域渗透。

以美英为代表的部分国家自20世纪30年代起盛行的分业经营体制开始土崩瓦解,转向混业经营;日本则是在1998年12月彻底放弃了分业经营,允许金融机构跨行业经营各种金融业务;1998年4月,美国花旗银行与旅行者集团合并组成了花旗集团是一个名副其实的全能化的金融集团,在混业经营的实践上迈出了一大步,而1999年《金融服务现代化法》的出台,从法律上确认了美国分业经营体制的结束,标志着新世纪混业经营已成为世界金融业的主导潮流。

2. 中国的金融混业道路

改革开放以前,中国属于计划经济体制,因而银行业务非常单纯,不存在分业、混业问题。改革开放以后市场经济成为主流,四大国有银行纷纷设立证券营业部,开始了混业经营。当时还没有完善的体制来防护风险,资金调度实质上是按照政府分配,不同业务之间缺乏防火墙,很快就产生了大量的问题:

从1992年下半年开始,社会上出现了房地产热和证券热,银行大量信贷资金流入证券市场和房地产市场。这不仅造成股市的剧烈波动和一系列违规事件的发生,而且使商业银行损失惨重,呆账、坏账激增,加大了金融领域的系统性风险。

在这种情况下,1995年颁布的《商业银行法》明确了严格的分业经营原则,要求商业银行不得从事证券经营业务,一直延续至今。

3. 金融混业的再度猜想

首先,分业格局下的商业银行在传统的规则范围内,已经走到了尽头,开始面临着前所未有的生存危机。在国内,新金融机构和资本市场的迅猛发展,抢走了商业银行大批客户和业务,导致银行传统的资产业务和负债业务面临严峻挑战。在国外,混业经营国家的商业银行具有向全球客户提供全方位金融服务的优势。

其次,在金融行业中,风险无疑是最大的话题。各类金融机构中,只有银行的抗风险能力最强,在央行的救助责任之下,银行几乎拥有"不死金身",而其他金融机构,很容易在时间的长河中落水退场。

以美国为例,次贷危机之前,高盛、摩根士丹利、美林、雷曼兄弟、贝尔斯登等五大独立投行叱咤华尔街,风头和影响力与花旗银行、美国银行等银行巨头相比不遑多让。2008年,在次贷危机冲击下,五大投行摇摇欲坠。贝尔斯登、雷曼兄弟相继破产倒闭,美林证券被美国银行并购,高盛、摩根士丹利于2008年9月21日被批准改组为银行控股公司,方才逃过一劫。

正因为此,有人讲2008年金融危机几乎消灭了独立投行,催生了全能银行主导金融体系时代的到来。此言不虚。就中国而言,商业银行一直是金融体系的压舱石。2019年,国内133家券商,总资产7.26万亿元,仅为银行业总资产的2.5%;净利润1 231亿元,也仅为商业银行净利润的6.2%。

银行获得券商牌照后,有能力涉足资本市场,还能反过来带动企业深度参与资本市场,有能力帮助企业在资本市场卖个好价钱,自然也会引导企业更多地参与资本市场,通过股权融资补充发展资金。

银行拿券商牌照,最终混业是历史的趋势,但这个趋势是一个渐进的长期的过程,不会一蹴而就。从长期一点的判断来看,行业的边界越来越模糊,群雄逐鹿,鹿死谁手,就得看"真功夫了",行业的经营者更加急迫地需要思考这样一个问题:我们各机构业务的核心竞争力和壁垒到底是什么?

资料来源:移投行,《金融混业,"中国最有钱的机构"不是来炒股的》。

同学们,你们能说一说,现实生活中会接触到哪些金融机构吗?案例中出现的商业银行和证券公司业务你能进行准确的区分吗?

任务一　了解金融机构体系

一、金融机构的含义

金融机构(Financial Institution)也叫金融中介或金融中介机构,是指主要以货币资金为经营对象,专门从事货币信用、资金融通、金融交易以及相关业务的专业化组织。

金融机构是金融体系的重要组成部分,在整个国民经济运行中起着举足轻重的作用。它们通过疏导、引导资金的流动,促进和实现了资源在社会经济运行中的合理配置,提高整个社会经济运行的效率。

二、金融机构的分类

从不同的角度和标准,金融机构的分类方法有多种。

(一) 按业务目标不同

1. 管理性金融机构

管理性金融机构是代表政府对金融业进行监督和管理的金融机构。例如,我国的中国人民银行、美国的联邦储备委员会等。

2. 商业性金融机构

商业性金融机构是按照现代企业制度改造和建立起来的,以营利为目的的金融机构。例如,商业银行、证券公司、商业性保险公司、投资银行等。

3. 政策性金融机构

政策性金融机构是指由政府发起并出资建立,不以利润最大化为其经营目标,专门为贯彻配合政府特定的社会经济政策和意图而进行金融活动的金融机构。例如，我国的国家开发银行、中国进出口银行、中国农业发展银行和中国出口信用保险公司等。

4. 合作性金融机构

合作性金融机构是按照国际通行的合作制原则，以股金为资本，以入股者为主要服务对象，以基本金融业务为经营内容而形成的金融合作组织。例如，信用合作社、储蓄信贷协会等。

（二）按是否吸收公众存款

1. 存款类金融机构

存款性金融机构以吸收个人和企业单位存款的形式来获取可利用的资金，并且将获取来的资金借贷给有资金需求的各经济主体，或者将获取的资金投资运作的金融机构。如商业银行、储蓄机构、信用合作社和合作储蓄银行等，是金融市场的重要中介机构，也是套期保值和套利的重要主体。

2. 非存款类金融机构

非存款性金融机构是通过发行证券或接受某些社会组织或社会公众的契约性缴款或投资等筹措资金并进行长期性投资的金融机构。一般包括保险公司、养老基金、共同基金、证券公司、财务公司等。

存款性金融机构和非存款性金融机构的主要区别在于存款性金融机构可吸收公众存款，而非存款性金融机构不可以吸收公众存款。

（三）按是否与融资对象直接发生债权债务关系

1. 间接融资

间接融资是指金融机构先作为资金融入者，从资金供给者那里融入货币资金，然后再作为资金融出者将融入的货币资金融通给资金需求者的融资方式。在这里，资金供给者和资金需求者不直接形成融资关系，而是以金融机构作为中介间接形成融资关系。为这种融资方式服务的金融机构称为间接融资性金融机构，主要包括商业银行、政策性银行、信用合作社、保险公司等。

2. 直接融资

直接融资是指资金需求者在金融市场上发行有价证券（如股票、债券）等筹资工具，由投资者（资金供给者）直接购买相应金融工具而实现资金转移的融资方式。由于在金融市场上资金的需求者从证券发行、销售直至转让都需要一系列的金融机构提供相关服务，因此，提供这种类型服务的金融机构称为直接融资性金融机构。直接融资性金融机构主要包括投资银行（证券公司）、基金管理公司、资产管理公司和风险投资公司等。

（四）按资产总额

采用一个完整会计年度中四个季度末法人并表口径的资产总额（信托公司为信托

资产)平均值作为划型指标,将金融业机构划分为大、中、小、微四个规模类型。由于各金融机构所从事业务不同,所以不同业务种类的金融企业划型指标也各不相同,例如同为中型金融机构,因为业务种类不一样,资产总额会有所不同。

知识链接 5-1

金融业企业划型标准规定

(1) 根据《中华人民共和国中小企业促进法》《国务院关于进一步促进中小企业发展的若干意见》(国发〔2009〕36号)和《国务院办公厅关于金融支持小微企业发展的实施意见》(国办发〔2013〕87号),制定本规定。

(2) 适用范围。本规定适用于从事《国民经济行业分类》(GB/T 4754—2011)中J门类(金融业)活动的企业。

(3) 行业分类。采用复合分类方法对金融业企业进行分类。首先,按《国民经济行业分类》将金融业企业分为货币金融服务、资本市场服务、保险业、其他金融业四大类。其次,将货币金融服务分为货币银行服务和非货币银行服务两类,将其他金融业分为金融信托与管理服务、控股公司服务和其他未包括的金融业三类。最后,按经济性质将货币银行服务类金融企业划为银行业存款类金融机构;将非货币银行服务类金融业企业分为银行业非存款类金融机构,贷款公司、小额贷款公司及典当行;将资本市场服务类金融业企业划为证券业金融机构;将保险业金融企业划为保险业金融机构;将其他金融业企业分为信托公司,金融控股公司和除贷款公司、小额贷款公司、典当行以外的其他金融机构。

(4) 划型标准指标。采用一个完整会计年度中四个季度末法人并表口径的资产总额(信托公司为信托资产)平均值作为划型指标,该指标以监管部门数据为准。

(5) 指标标准值。依据指标标准值,将各类金融业企业划分为大、中、小、微四个规模类型,中型企业标准上限及以上的为大型企业。具体划分标准参照表5-1。

(6) 组织实施。由人民银行会同银监会、证监会、保监会和统计局联合组成金融业企业划型标准工作组,负责金融业企业划型标准的实施、后期评估和调整工作,按年组织金融业企业规模认定,并在人民银行建立《金融业机构信息管理系统》中增加相应的字段模块。经过认定的金融业企业在系统中进行规模登记,方便政府部门和社会各界查询使用。

(7) 标准值的评估和调整。金融业企业划型标准工作组每五年对划型标准值受经济发展与通货膨胀等因素的影响程度进行评估和调整。

(8) 本规定的中型金融业企业标准上限即为大型金融业企业下限。国务院有关部门据此进行相关数据的统计分析,不得制定与本规定不一致的金融业企业划型标准。

(9) 融资担保公司参照本规定中"除贷款公司、小额贷款公司、典当行以外的其他金融机构"标准划型。

（10）本规定由人民银行会同银监会、证监会、保监会和统计局负责解释。

（11）本规定自发布之日起实施。

表 5-1　金融业企业划型标准

行业	类别	类型	资产总额
货币金融服务	货币银行服务 — 银行业存款类金融机构	中型	5 000 亿元（含）至 40 000 亿元
		小型	50 亿元（含）至 5 000 亿元
		微型	50 亿元以下
货币金融服务	非货币银行服务 — 银行业非存款类金融机构	中型	200 亿元（含）至 1 000 亿元
		小型	50 亿元（含）至 200 亿元
		微型	50 亿元以下
货币金融服务	非货币银行服务 — 贷款公司、小额贷款公司及典当行	中型	200 亿元（含）至 1 000 亿元
		小型	50 亿元（含）至 200 亿元
		微型	50 亿元以下
资本市场服务	证券业金融机构	中型	100 亿元（含）至 1 000 亿元
		小型	10 亿元（含）至 100 亿元
		微型	10 亿元以下
保险业	保险业金融机构	中型	400 亿元（含）至 5 000 亿元
		小型	20 亿元（含）至 400 亿元
		微型	20 亿元以下
其他金融业	金融信托与管理服务 — 信托公司	中型	400 亿元（含）至 1 000 亿元
		小型	20 亿元（含）至 400 亿元
		微型	20 亿元以下
其他金融业	控股公司服务 — 金融控股公司	中型	5 000 亿元（含）至 40 000 亿元
		小型	50 亿元（含）至 5 000 亿元
		微型	50 亿元以下
其他金融业	其他未包括的金融业 — 除贷款公司、小额贷款公司、典当行以外的其他金融机构	中型	200 亿元（含）至 1 000 亿元
		小型	50 亿元（含）至 200 亿元
		微型	50 亿元以下

资料来源：中国人民银行、中国银行业监督管理委员会、中国证券监督管理委员会、中国保险监督管理委员会、国家统计局关于印发《金融业企业划型标准规定》的通知（银发〔2015〕309 号），http://www.pbc.gov.cn/tiaofasi/144941/3581332/3588275/index.html。

(五)按业务活动覆盖的地域范围

1. 国际金融机构

国际金融机构是指世界多数国家的政府之间通过签署国际条约或协定而建立的从事国际金融业务、协调国际金融关系、维系国际货币和信用体系正常运作的跨国家金融机构。1930年在巴塞尔成立的国际清算银行是建立国际金融机构的重要开端。此外,一些国家的金融机构其业务活动范围跨越不同国家和地区,也属于国际金融机构,如花旗银行、汇丰银行等。国际金融机构按照业务活动覆盖的范围大小又分为全球性国际金融机构、区域性国际金融机构和半区域性国际金融机构。

2. 国内金融机构

国内金融机构是指其业务活动范围仅局限于该国家和地区的金融机构,可分为全国性金融机构和地方性金融机构。

(六)其他分类

对金融机构的分类方法还有很多,例如:按照业务形式不同,分为银行类金融机构和非银行类金融机构;按国家属性分为本国金融机构、外国金融机构和国际金融机构;按出资的国别属性又可分为内资金融机构、外资金融机构和合资金融机构。

随着市场竞争的加剧和金融创新的不断发展,各种金融机构业务不断交叉、重叠,使得原有的金融机构差异日益缩小,从而呈现出专业经营向多元化、综合化经营的趋势。

知识链接 5-2

应对金融发展新需求　银监保监合并

2018年3月,第十三届全国人民代表大会第一次会议表决通过了关于国务院机构改革方案的决定,将中国银行业监督管理委员会和中国保险监督管理委员会的职责整合,设立中国银行保险监督管理委员会,作为国务院直属事业单位。

2018年4月8日上午,中国银行保险监督管理委员会正式挂牌。

中国银行业监督管理委员会自2003年成立至2018年刚刚走过15年。中国保险监督管理委员会自1998年11月成立至2018年也刚满20年。作为银行业、保险业的监管部门,两部委曾分业维护行业稳定运行。

仔细分析其合并原因,主要有两点,即监管空白与沟通成本。

就监管空白来说,我国的分业监管体制与混业经营发展趋势不适应,导致部分领域监管不到位,监管套利大行其道。目前,我国金融业的混业经营趋势日益明显,不同行业间的业务界限逐渐变得模糊。包括商业银行在内的多数金融机构都在往综合化、多元化方向发展,跨市场、跨行业的业务链条延长。在分业监管的体制下,各监管部门无法监测真实资金的流向,易导致危机跨市场、跨行业传染,引发系统性风险。近年来,互联网金融、资管产品的监管都出现过这类情况。

就沟通成本来说,一行三会的行政级别相同,相互之间都只有建议权而无行政命令权,导致长期以来,"一行三会"在监管过程中沟通不足现象较为严重,沟通效率低下,监管信息的分享机制不够畅通。例如,近两年一些保险公司在股票市场高调举牌上市公司,但由于保险公司的所属监管机构为保监会,而证券市场的监管机构证监会无法准确获取保险公司举牌股票的相关信息,从而导致无法有效监管这些保险公司的举牌行为,只能通过喊话"野蛮人"的形式来敲打这些险资。

此外,市场出现了很多新兴的金融业态,例如网络小额贷款、P2P等,大多由地方政府金融管理部门负责准入,但是对这些新兴金融业态的行为和风险监管长期缺位,而中央监管机构和地方金融管理部门的沟通、协调也不到位,导致出现不少金融风险事件。

因此,将银监会与保监会合并,在一定程度上将适应金融业发展的新需求。

资料来源:石大龙,《重磅!银监保监合并!一文梳理中国金融监管机构的分分合合》,https://mp.weixin.qq.com/s/heXQ3-orEGuwKjfT2m8OYA。

三、金融机构的职能

(一) 充当信用中介

金融机构就是专门从事各种金融活动的中介组织,因此充当信用中介是金融机构的基本功能。金融机构作为融资中介,为社会资金供给者和资金需求者进行资金融通,以吸收存款或者发行证券的方式将社会闲置资金汇集起来,通过信贷等方式把资金融通给资金短缺者,促进资金流动,资金运作更高效,对经济发展起到无以比拟的推动作用。

(二) 充当支付中介

支付中介主要是体现在为客户代理进行金融交易的结算服务和交易金融资产服务。现如今金融领域里广泛应用计算机技术和网络技术,现金交易日趋减少,大多数交易都是由金融机构作为中介,提供支票、信用卡、借记卡和资金电子划拨等支付方式完成。这些支付方式降低了交易费用,加快了货币周转,促进了社会经济的发展。

(三) 改善信息不对称

在信用活动中由于信息不对称会导致交易成本增加,限制和阻碍信用活动的发展。而以银行为主的间接融资机构,由于联系面广,涉及范围大,就比直接融资更好地解决了信息不对称问题。这是因为在信用活动中,金融机构既是债务人也是债权人,为了保证债务债权关系以及其他和资金融通有关的契约关系的顺利进行,必须对资金供给者和资金需求者的信息有充分了解和必要监督。因此在信用活动中,金融机构还发挥改善信息不对称的职能。

(四)提供金融服务

由于金融机构涉及范围广,信息灵通,尤其是计算机技术和网络技术的普遍应用,使其具备了为客户提供信息服务的便利性,这样咨询和决策服务就应运而生。随着工商企业生产和流通专业化的发展,要求把一些货币业务转交给金融机构代为办理,比如代理支付费用、代发工资等业务。而金融机构能够在一定程度上降低融资交易成本,通过规模经营和专业化运作,可以合理控制利率,并节约融资交易的各项费用支出,使交易成本得以降低,金融机构还办理租赁、信托业务等各项金融服务性业务。

随着金融市场日趋完善和财富规模的增长,金融机构的职能越来越丰富多样化,养老基金、共同基金等非存款性金融机构快速增长,支撑金融机构快速增长的核心功能也从传统的"融资中介"向"财富管理"转移。

四、金融机构体系

金融机构体系指金融机构的组织体系,简称金融体系,是一国各类金融机构按照一定的结构形式组成具有一定功能的完整系统。一国的金融机构体系,是由这个国家的经济发展水平、经济体制、货币信用发达程度等因素决定的。一般而言,一国经济发展水平越高,市场经济体制越完善,它的金融机构体系就规模越大,分工越精细,金融机构的种类越多。

(一)金融机构体系的构成

金融机构体系主要是由中央银行、商业银行、各种专业银行和非银行金融机构等组成。

1. 中央银行

中央银行是一个国家的金融管理机构,是各国金融机构体系的核心。中央银行对内代表国家负责制订和执行货币政策,对整个金融体系和全国的金融市场进行管理与监督。对外中央银行是一国货币主权的象征,代表国家参与和处理有关国际金融事务。

2. 商业银行

商业银行是以营利为目的,以金融资产和负债为主要业务的综合性多功能的金融企业,是金融机构体系中的主体。主要以吸收社会公众存款、发放贷款为主要业务。目前,各国金融体系中,商业银行以机构数量多、业务渗透面广和资产总额比例大等优势占主导地位,是金融体系中的骨干,而且随着金融市场竞争越来越激烈,商业银行向着业务多样化和功能综合化方向发展。

3. 专业银行

专业银行是专门经营指定范围的金融业务和提供专门性金融服务的银行。专业银行是社会分工发展在金融领域中的具体表现,随着社会经济的发展,要求银行必须具有某一专业领域的知识和服务技能,从而推动了各种专业银行的产生。专业银行其服务对象是某一特定部门或领域,其设置具有明显的政府政策指向。

4. 非银行金融机构

非银行金融机构是指以发行股票和债券、接受信用委托、提供保险等形式筹集资金,并将资金运用于长期投资的金融机构。非银行金融机构主要有保险公司、投资基金、退休养老基金、信托投资公司、财务公司和信用合作社等。

(二) 我国的金融机构体系

我国现行的金融机构体系,按照其地位和功能,可以划分为四个层次:

第一个层次是金融管理监管层,包括中国人民银行、中国银行保险监督管理委员会和中国证券监督管理委员会。

第二个层次是商业银行,包括国家控股大型商业银行、股份制商业银行、城市商业银行、农村商业银行和外资在华商业银行。

第三个层次是政策性银行,包括国家开发银行、中国进出口银行、中国农业发展银行。政策型银行不以营利为目的,其业务的开展受国家经济政策的约束并接受中国人民银行的业务指导。

第四个层次是非银行类金融机构,包括保险机构、证券机构、信用合作社、信托投资公司、基金管理公司、金融租赁公司、财务公司、资产管理公司、外资非银行金融机构等。证券机构是指为证券市场参与者(如融资者、投资者)提供中介服务的机构,包括证券公司、证券交易所、证券登记结算公司、证券投资咨询公司、基金管理公司等。保险机构是指专门经营保险业务的机构,包括国有保险公司、股份制保险公司和在华从事保险业务的外资保险分公司及中外合资保险公司。

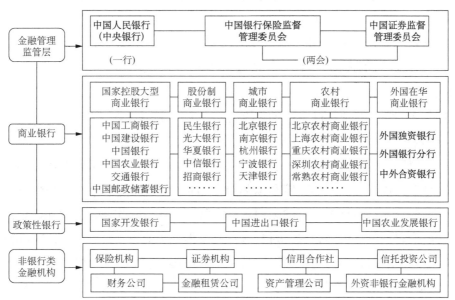

图 5-1 我国金融机构体系图

知识链接 5-3

我国银行业金融机构数量

截至 2019 年 12 月末,中国银保监会官网发布的银行业金融机构法人总数 4 607 家,其中:开发性金融机构 1 家、政策性银行 2 家、国有大型商业银行 6 家、股份制商业银行 12 家、民营银行 18 家、外资法人银行 41 家、住房储蓄银行 1 家、城市商业银行 134 家、农村商业银行 1 478 家、村镇银行 1 630 家、农村信用社 722 家、农村资金互助社 44 家、农村合作银行 28 家。信托公司 68 家、金融租赁公司 70 家、消费金融公司 24 家、汽车金融公司 25 家、货币经纪公司 5 家、企业集团财务公司 258 家、金融资产管理公司 4 家、贷款公司 13 家、其他金融机构 23 家。

资料来源:中国银行保险监督管理委员会官网,《银行业金融机构法人名单》,http://www.cbirc.gov.cn/cn/view/pages/govermentDetail.html?docId=894966&itemId=863&generaltype=1。

(三) 国际金融机构体系

国际金融机构是指从事国际金融管理和国际金融活动的超国家性质的组织机构,按地区可分为全球性国际金融机构和区域性国际金融机构。国际金融机构的主要功能是:在重大的国际经济金融事件中协调各国的行动;提供短期资金,缓解国际收支逆差、稳定汇率;提供长期资金,促进各国经济发展。

目前,国际金融机构体系的基本格局是:以国际货币基金组织为核心,以世界银行集团为主,区域性国际金融机构并存。

1. 全球性国际金融机构

(1) 国际货币基金组织。国际货币基金组织(IMF)是根据 1944 年联合国国际货币金融会议上通过的《国际货币基金协定》于 1945 年 12 月成立的,1947 年 3 月开始工作,同年 11 月 15 日成为联合国的一个专门机构。总部设在华盛顿,在巴黎和日内瓦设有代表处。它的宗旨是帮助会员国平衡国际收支,稳定汇率,促进国际贸易的发展。其主要任务是,通过向会员国提供短期资金,解决会员国国际收支暂时不平衡和外汇资金需要,以促进汇率的稳定和国际贸易的扩大。它的资金来源,除会员国缴纳的份额外,还包含从会员国借入的款项和出售黄金所获得的收益。主要业务包括发放各类贷款,商讨国际货币问题,提供技术援助,收集金融情报,与其他国际机构的往来。国际货币基金组织目前有 189 个成员,其中 180 个是具有独立主权的国家,9 个是地区。我国是创始会员国之一,2015 年 11 月 30 日,国际货币基金组织执董会批准人民币加入特别提款权(SDR)货币篮子,2016 年 10 月 1 日人民币成为 SDR 五大货币之一。

(2) 世界银行集团。世界银行集团目前由国际复兴开发银行(IBRD)、国际开发协会(IDA)、国际金融公司(IFC)、多边投资担保机构(MIGA)和国际投资争端解决中心(ICSID)五个会员机构组成。国际复兴开发银行向中等收入国家政府和信誉良好的低收入国家政府提供贷款；国际开发协会向最贫困国家的政府提供无息贷款和赠款；国际金融公司是世界银行对发展中国家私人部门投资的窗口，以上三个机构都是金融机构。世界银行成立于1945年12月27日，1946年6月开始营业。凡参加世界银行的国家必须首先是国际货币基金组织的会员国。

知识链接 5-4

国际货币基金组织和中国

中国是国际货币基金组织(IMF)的创始国之一，1980年4月17日，IMF的执行董事会通过了由中华人民共和国政府代表中国的决议，恢复了中华人民共和国在IMF的合法席位，9月，IMF通过决议，将中国份额从5.5亿特别提款权增加到12亿特别提款权。

2001年2月5日，中国份额增至63.692亿特别提款权，占总份额的2.98%，升至第8位，投票权也增加至2.95%，中国也由此获得了在IMF单独选区的地位，从而有权选举自己的执行董事。2008年IMF改革之后，中国份额增至80.901亿特别提款权，所占份额仅次于美、日、德、英、法五大股东国，投票权上升到3.65%。

2015年10月1日，中国首次开始向IMF申报其外汇储备，这是中国向外界披露一项重要经济数据的里程碑式事件。

2015年11月30日，IMF执董会批准人民币加入特别提款权(SDR)货币篮子，新的货币篮子于2016年10月1日正式生效。

2016年1月27日IMF宣布IMF2010年份额和治理改革方案正式生效，这意味着中国正式成为IMF第三大股东。IMF的《董事会改革修正案》从1月26日开始生效，该修正案是IMF推进份额和治理改革的一部分。根据方案，约6%的份额将向有活力的新兴市场和发展中国家转移，中国份额占比将从3.996%升至6.394%，排名从第六位跃居第三，仅次于美国和日本。中国、巴西、印度和俄罗斯4个新兴经济体跻身IMF股东行列前十名。

2016年3月4日，IMF宣布，自2016年10月1日开始，IMF在其"官方外汇储备货币构成"(COFER)的季度调查中单独列出人民币以反映IMF成员人民币计价储备的持有情况。其实，10月1日也是最新的SDR(特别提款权)篮子生效的日期，届时，人民币成为SDR五大货币之一。

资料来源:节选自百度百科.《国际货币基金组织》https://baike.baidu.com/item/%E5%9B%BD%E9%99%85%E8%B4%A7%E5%B8%81%E5%9F%BA%E9%87%91%E7%BB%84%E7%BB%87/386540?fr=aladdin。

2. 区域性国际金融机构

(1) 国际清算银行。国际清算银行(BIS)1930年5月成立于瑞士巴塞尔,设立之初是为了处理第一次世界大战后德国赔款的支付和解决德国国际清算问题。之后作为国际货币基金组织和世界银行的附属机构,其宗旨是增进成员国中央银行之间的合作,为政府间的国际金融业务提供便利,充当国际结算的代理人。

国际清算银行的主要业务活动有:接受各中央银行的存款并向中央银行发放贷款;代理中央银行买卖黄金、外汇和债券;办理国际结算;充当政府间贷款的执行人。它所办理的存款包括黄金存款,而且对这种存款付息。因此,有些国家的中央银行将部分黄金储备存入该行。

(2) 亚洲开发银行。亚洲开发银行(ADB)根据1963年联合国亚洲及远东经济委员会在第21届会议达成的《关于成立亚洲开发银行的协议》创立,于1966年11月在东京成立,同年12月开始营业,总部设在菲律宾的马尼拉。其宗旨是通过贷款、投资和技术援助,并与联合国有关机构进行合作,协调成员国在经济、贸易和发展方面的政策,促进亚太地区的经济发展。其资金来源主要是会员国缴纳的股金、亚洲开发基金和在国际金融市场上发行债券。我国于1986年恢复在亚洲开发银行的合法席位。目前我国已成为亚行的第三大股东。

(3) 非洲开发银行。非洲开发银行(AFDB)是在联合国非洲经济委员会赞助下于1964年9月成立,1966年7月开始营业的面向非洲的政府间国际金融机构,行址设在科特迪瓦首都阿比让。其宗旨是为成员国经济和社会发展提供资金支持,协助非洲各国制定发展规划,协调各国发展计划,以达到非洲经济一体化发展的目的。成立初始只面向非洲独立国家吸纳会员。随着形势的发展,在1979年5月的总裁理事会年会上通过决定,美、日、德、法等非地区性国家也可成为该行的成员国。1985年我国加入该行。

(4) 美洲开发银行。美洲开发银行(IDB)成立于1959年12月30日,是面向美洲的政府间国际金融机构,是世界上成立最早和最大的区域性、多边开发银行,总行设在华盛顿。该行是美洲国家组织的专门机构,其他地区的国家也可加入,但非拉美国家不能利用该行资金,只可参加该行组织的项目投标。其宗旨是动员美洲内外资金,为拉丁美洲成员国的经济和社会发展提供项目贷款和技术援助,以促进拉美经济的发展和泛美体制的实现。2009年1月我国正式加入美洲开发银行集团。

(5) 亚洲基础设施投资银行。亚洲基础设施投资银行(AIIB),简称亚投行,成立于 2015 年 12 月 25 日,是一个政府间性质的亚洲区域多边开发机构。重点支持基础设施建设,成立宗旨是为了促进亚洲区域的建设互联互通化和经济一体化的进程,并且加强中国及其他亚洲国家和地区的合作。亚投行是首个由中国倡议设立的多边金融机构,总部设在北京,法定资本 1 000 亿美元。截至 2020 年 12 月,亚投行有 103 个成员国,投资总额超过 220 亿美元,成为仅次于世界银行的全球第二大多边开发机构。

(6)金砖国家新开发银行。金砖国家新开发银行(NDB)成立于 2015 年 7 月 21 日,又名金砖银行,总部设在上海。其宗旨是为金砖国家及其他新兴经济体和发展中国家的基础设施建设和可持续发展项目动员资源,作为现有多边和区域金融机构的补充,促进全球增长与发展。金砖国家新开发银行优先资助金砖国家以及其他发展中国家的基础设施建设,对金砖国家具有非常重要的战略意义。

金砖国家新开发银行和亚洲基础建设投资银行不是竞争关系,两者都关注基础设施建设项目,后者更聚焦于亚洲市场。两者共同推进全球基础设施的建设。

任务二 熟悉商业银行

一、商业银行概述

商业银行是以追求利润最大化为经营目标、以多种金融资产和金融负债为经营对象,具有货币创造能力,为客户提供多功能、综合性服务的金融企业。商业银行是现代金融体系中的主体,在信用活动中起主导作用。

知识链接 5-5

近代商业银行的起源和演变

西方商业银行的原始状态,可以追溯到公元前的古巴比伦以及文明古国时期。据英国大百科全书记载,早在公元前 16 世纪,在古代巴比伦已有一家"里吉比"银行。公认的早期银行的萌芽,起源于文艺复兴时期的意大利。

"银行"一词英文称之为"Bank",是由意大利文"Banca"演变而来的,在意大利文中"Banca"是指"长凳"的意思。在中世纪中期的欧洲,各国之间的贸易往来日益频繁,意大利的威尼斯、热那亚等港口城市由于水运交通便利,各国商贩云集,成为欧洲最繁荣的商业贸易中心。各国商贾带来了五花八门的金属货币,不同的货币由于品质、成色、大小不同,兑换起来有些麻烦。于是,就出现了专门为商人鉴别、估量、保管、兑换货币的人。按照当时的惯例，这些人都在港口或者集市上坐着长板凳，等候需要兑换货币的人，渐渐地，这些人就有了一个统一的称呼——"坐长板凳的人"。这就是早期的银行家，以兑换、保管贵重品、汇兑等业务为主。由于经常办理保管和汇兑业务，手里就有一部分没有取走的现金，他们把这部分暂时不用兑付的现金借给急需用钱的人，亦赚取利息。客户有闲钱也可以存到"坐长板凳的人"那里去，需要的时候取出来。这些机构就像一个存钱的箱子，后来人们把它们称为"Bank"。

在历史上，较早出现的银行是1171年成立的威尼斯银行和1407年成立的热那亚银行，当时的威尼斯和热那亚是地中海沿岸与欧亚地区贸易交往的中心。当时的银行是为了适应商品经济的发展而形成，并以高利贷为主要特征来经营。但随着资本主义生产方式和社会化大生产的出现，高利贷性质的银行已不能适应社会大生产对货币资本的需要，客观上需要建立一种新型的、规模巨大的、资本雄厚的、能够满足和适应资本主义生产方式的银行来为经济发展服务。

于是，现代资本主义银行主要通过两条途径产生：一是旧的高利贷性质的早期银行适应资本主义的需要转变成资本主义银行；二是按照资本主义的原则建立股份制银行。1694年，在国家的支持下，由英国商人集资合股成立了世界上第一家股份制商业银行——英格兰银行，它的成立标志着适应资本主义生产方式要求的新信用制度的确立，各国相继仿效，对加速资本的积累和生产的集中起到了巨大的作用，推动了资本主义经济的发展。

中国的银行业可以追溯到明朝末年，主要以北方的"票号"和南方的"钱庄"为代表。鸦片战争之后，中国沦为半封建半殖民地国家，资本主义银行也随之涌入中国。最早是在1845年，英国人在广州设立丽如银行，后改称为东方银行。1897年，中国第一家民族资本银行——中国通商银行在上海成立。1906年，清政府设立了官商合办的户部银行，该银行可以铸造货币、发行货币、代理国库，具有国家银行性质，后来改称大清银行，1912年又改称中国银行。与此同时，一些股份集资或者私人独资兴办的民族资本商业银行开始建立。1912—1927年，中国新设立了186家私人银行。中国的银行业开始得到迅速发展。

资料来源：搜狐，《商业银行的前世今生》，https://www.sohu.com/a/417747963_624240。

（一）商业银行的性质

1. 商业银行是企业

商业银行是通过存款、贷款、汇兑、储蓄等业务，承担信用中介的金融机构。与一般企业一样，依照法定程序设立，实行独立核算、自主经营、自负盈亏，追求利润最大化。这些都是商业银行具有企业的基本特征的体现。

2. 商业银行是特殊的企业

商业银行以货币资金作为经营对象，又不同于一般的企业。一般企业经营对象是有一定使用价值的商品，经营活动范围是一般商品的生产和流通领域；而商业银行的经营对象是特殊的商品——货币资金，经营活动在货币信用领域。商业银行经营对象和经营业务的特殊性决定了它是一种特殊企业，它对整个社会经济的影响要远远大于任何一个企业，同时商业银行受整个社会经济的影响比任何一个具体企业更为明显。

3. 商业银行是特殊的金融企业

商业银行作为金融企业，既有别于中央银行，又有别于其他金融企业。中央银行是国家的金融管理机构和金融体系的核心，中央银行与商业银行之间的关系是管理者与被管理者的关系。商业银行与其他金融企业也有着明显的不同。其他金融企业，如专业银行、保险公司、证券公司、信托投资公司等金融机构，经营业务有指定范围并提供专门性的服务。而商业银行的业务范围广泛、功能齐全、综合性强，尤其是商业银行能够经营活期存款业务，可以借助支票和转账结算制度进行信用创造。因为商业银行业务的广泛性和综合性，决定它在整个金融体系乃至整个国民经济中处于特殊的地位。

（二）商业银行的职能

1. 信用中介职能

信用中介职能是商业银行的最基本、最能反映其经营活动特征的职能。商业银行通过负债业务，将社会上的各种闲散货币资金吸收集中到银行，再通过资产业务，将资金提供给有资金需求的各部门或者经济实体，在这一资金融通过程中，商业银行充当了资金闲置者和资金需求者之间的中介。通过信用中介职能，商业银行可以将闲置在社会各个角落的零星、短期资金集中起来，变小额的货币资金为大额的货币资本，变短期的货币资金为长期的货币资本，变闲置资金为职能资本，不仅扩大了用于社会再生产过程的货币资金总量，而且使社会资本得到了最充分、最有效的运用。

2. 支付中介职能

支付中介职能是指商业银行以存款账户为基础，为客户办理货币结算、转移存款、货币兑换、收付货币的行为。回顾商业银行发展史，货币支付和货币汇兑以货币的兑换收付、货币的保管为前提，存贷款业务是上述业务的延伸与发展，这些业务的发展为信用中介职能的产生创造了条件。通过支付中介职能，商业银行成为工商企业、社会团体和个人的货币保管者、出纳者和支付代理人，商业银行也因此成为整个社会经济支付链条和债权债务关系的中心。

3. 信用创造职能

商业银行在信用中介和支付中介职能的基础上，具备了信用创造职能。信用创造职能,是指商业银行所具有的创造信用流通工具并扩大放款和投资的能力。在现代准备金制度下,商业银行利用其吸收的存款,以贷记借款户活期存款的方式发放贷款,在这些存款没有完全取走仍在商业银行业内的情况下,它成为银行新的资金来源,银行又利用这部分存款再次发放贷款。如果借款人以转账形式支取,它又会成为另一家银行的资金来源,银行在缴足法定准备金之后,又可依次发放贷款,形成新的存款。如此继续下去,最后整个银行体系就会形成数倍于原始存款的派生存款。在不断地创造派生存款的过程中,商业银行发挥着信用创造的职能。

这一职能扩大了社会货币供应总量,同时,又是中央银行有效调控金融与经济的重要手段。

4. 金融服务职能

金融服务职能,是指商业银行以其自身业务范围广泛性和综合性的优势,为客户提供多方面的金融服务。这是商业银行适应竞争激烈金融市场发展的需要。商业银行通过提供金融服务既提高了信息与信息技术的利用价值,加强了银行与社会的联系,又扩大了业务范围,增加了业务收入,提高了银行的盈利水平。而且,随着信息技术日新月异的发展,商业银行金融服务功能将发挥越来越大的作用,并对社会经济生活产生更加广泛而深远的影响。

二、商业银行的类型

按业务经营范围来分,商业银行可以分为职能分工型商业银行和综合型商业银行。

(一) 职能分工型商业银行

职能分工型商业银行是指在分业经营的金融体制下,银行以经营工商企业短期存放款和提供结算服务为基本业务,而长期资金融通、信托、租赁、证券等业务由长期信用银行、信托银行、投资银行、证券公司等金融机构承担,各金融机构明确分工。实行分离型商业银行制度,目的主要在于增强银行资金的流动性和安全性。在历史上,英国、美国、日本等国长期实行这种银行体制。如:美国《1933 年银行法》将商业银行和投资银行的业务范围作了明确划分,以严格其间的分工保证整个金融体系的稳定。

(二) 综合型商业银行

综合型商业银行亦称"全能型商业银行",是指可以经营一切银行业务,包括长短期资金融通及其他投资银行、证券和保险业务的商业银行。其最大特点就是不实行商业银行业务与投资银行业务的严格区分。在历史上,德国、瑞士、奥地利等国家长期实行这种银行体制。与职能分工型商业银行相比,全能型商业银行的业务要广泛得多,经营的主动权和灵活性也大得多。它不但从事短期资金融通业务,而且从事长期信用业务或直接投资于工商企业，还可经营信托、租赁、证券、保险等业务。由于全能型商业银行的业务宽广，在竞争中处于比较有利的地位。

20世纪60年代以来，由于银行间竞争的加剧和金融创新的不断涌现，职能分工型银行体制受到严峻挑战。一些长期实行职能分工型银行体制的国家开始逐步放松其对本国商业银行经营范围上的限制，出现了向综合性商业银行发展的趋势。

三、商业银行的组织形式

（一）单一银行制

单一银行制又称独家银行制，是指不设立任何分支机构，只有一个银行机构（总行）经营的组织形式。这种形式在美国普遍推行，美国各州银行法禁止或限制银行开设分支行，采取这种形式是为了避免出现银行垄断势力的发展，有利于银行同地方政府加强联系，服务于地方经济。但这种银行组织形式会制约银行自身业务经营扩大化，随着经济的发展日益迅速、各地区经济联系密切化以及金融市场竞争激烈化，已经不适应现代银行业的发展。美国许多州对银行开设分支机构的限制也已有所放宽，尤其是随着《跨州银行法案》的实施，这一组织形式已经没有实质性限制。

（二）总分行制

总分行制又称分支行制，是指银行设立总行外，还可以在其他地区设立分支机构，分支行的业务和内部事务统一遵照总行的规章和指示办理的组织形式。目前，世界上大多数国家都实行分支行制，英国、德国和日本是典型范例。我国也采用这一组织形式。分支行制的优点在于银行按照自身条件发展规模经济，提高效益；分支行分布各地区，容易吸收存款；分支行之间的资金调度，减少现金准备，资金运用高效化；放款额分散于各分支行，风险分散。但是这一组织形式缺点是使银行业过分集中，易出现垄断，不利于市场竞争，且分支机构太多会给管理工作带来困难。

（三）银行控股公司制

银行控股公司制又称集团银行制，即由某一集团成立股权公司，再由该公司控制或收购两家以上银行的股票，由控股公司统一决策和控制管理。大银行通过持股把许多小银行置于自己的控制之下。这一制度在美国最为普遍。第二次世界大战后，为了冲破对商业银行设立分支行的种种限制，实现银行业务的多样化，美国的银行控股公司迅速大量发展起来。银行控股公司制有利于银行集中资金，降低筹资成本，扩大资本总量，增强银行的资信。但这种形式容易形成银行业的集中和垄断，不利于银行之间开展竞争。

（四）连锁银行制

连锁银行制又称为联合制，是由一个人或集团购买若干家独立银行的多数股份，控制这些银行的经营决策。不成立股份公司，连锁制的成员银行都保持自身独立性，它们一般环绕在一家主要银行的周围，主要银行为集团确立银行业务模式，并以它为中心，形成集团内部的各种联合。连锁银行曾流行于美国西部，在20世纪20年代达到高峰，由于受个人或某一集团控制，不易获得银行所需的大量资本，所以后来逐渐衰落。许多连锁制银行相继转为银行分支机构或组成控股公司。

四、商业银行的发展趋势

20世纪90年代以来，随着经济全球化浪潮的到来，以及以信息技术为核心的现代高科技的迅猛发展，现代商业银行的发展呈现出以下趋势：

（一）银行经营智能化

银行经营智能化的基础是全面电子化，以电子化方式自动处理日常业务，包括电子计算机、数据库、网络通信、电子自动化金融工具和商业结算机构联网组成的电子银行业务处理系统。一切可程序化的业务都可以并不断以创新的形式纳入电子化处理和服务体系，使银行业务处理更高效。

（二）经营方式网络化

网络银行利用国际互联网，一方面为客户提供开销户、查询、支付、转账、索取对账单、定购和支付支票、个人理财、信用卡等业务；另一方面为自己发布消息、搜集信息、新产品创新提供便利。它能够为客户提供超越时空的"3A"式服务，即银行服务可以任何时间（Anytime）、任何地方（Anywhere）、任何方式（Anyhow）进行。随着经济社会的发展，网络银行利润占银行业总利润的比率将越来越大。

（三）机构网点虚拟化

随着银行业务处理自动化、电子化、网络化，一大批电子化的金融服务机构逐渐取代人工，成为银行前台服务的主要形式。这就导致很多传统的银行网点被取消或者实行无人化。

（四）业务综合化和全能化

是指商业银行在传统的存、放、汇业务方面实行多样化经营。在金融电子化和金融产品创新的推动下，传统商业银行正迅速向综合服务机构转变，业务服务范围扩展至社会生活的各个领域。在商业银行与其他金融机构进行合并、兼并或收购控股的条件下，商业银行逐渐发展成为集银行、证券、投资、保险等业务于一身的金融集团。

（五）金融活动全球化

金融活动全球化是经济全球化的组成部分，使资金在全球范围内流动，体现了金融机构的跨国经营、金融市场的全球联动、金融产品的全球运用和货币的全球一体化趋势。可以预见，在不久的将来，全球银行业可以通过互联网的公共商务系统实现联网，实现商业银行的全球化服务。

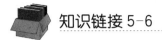
知识链接 5-6

互联网银行成为我国商业银行拓展的新模式

科技的迅猛发展,以移动互联、大数据、云计算、人工智能为代表的信息技术革命推动金融科技公司异军突起,依托创新的商业模式或技术手段为客户提供更丰富优质的产品、服务和体验,不断切入移动支付、消费信贷、投资理财等细分金融场景,逐步挤压传统银行的市场。面对千变万化的技术创新以及云波诡谲的经济环境,银行业必须主动运用新技术、新模式,对产品、服务不断创新,对客户体验不断优化才能立于不败之地。在这样的背景下,互联网银行应运而生并得到了快速发展。

从发展历程来看,互联网银行发源于欧美,在我国得到了特色化的发展。2014年2月28日,民生银行直销银行正式上线,吹响了我国银行业大力发展直销银行的号角。当时的"弱实名"账户运用为后续推出的银行二三类账户奠定了基础,也是目前互联网银行个人线上账户体系的雏形。2014年3月,中国银监会正式启动民营银行试点工作,第一批5家银行获准筹建并相继开业。2015年6月,中国银监会颁布《关于促进民营银行发展的指导意见》,民营银行申请受理正式开闸,之后有14家民营银行获批建设。民营银行之所以代表了我国的互联网银行发展方向,一方面是因为阿里巴巴、腾讯、美团、小米等互联网巨头直接主导了多家民营银行设立。这些互联网巨头可以通过自身生态和场景为互联网银行带来海量客户及金融服务需求;另一方面监管层提出的"一行一店"要求,直接关上了民营银行通过传统网点扩张的大门,所以新成立的民营银行,即使发起股东不是来自互联网行业,也将互联网银行的发展模式作为自身发展的重要战略支点,通过互联网银行与各类互联网场景合作共赢,同样走出了一条差异化发展的道路。作为我国互联网银行的典型代表,微众银行的主要产品是面向社交网络场景的"微粒贷"个人消费信贷产品,网商银行的主要产品是面向自有电商生态的小微企业和创业者的"网商贷"。截至2019年末,微众银行服务的个人有效客户已超过2亿人,网商银行已服务小微客户数达2 087万户。这两家互联网银行短期内服务的客群规模在全球范围内名列前茅,充分体现了中国互联网银行的规模特色和服务效应。目前绝大部分的民营银行已经实现盈利,显示出我国互联网银行商业盈利模式已经初步形成。

资料来源:孙中东:《互联网银行为中国银行业开拓发展新模式》,《金融时报》,2019年12月9日,部分数据有修正。

能力拓展 5-1

找一找自己身边的互联网银行,并结合知识链接 5-6 的相关知识,分析互联网银行相较传统商业银行模式有哪些优点?

五、商业银行的业务

虽然商业银行的类型和组织形式各不一样,但是它们的经营业务一般都分为负债业务、资产业务、中间业务和表外业务。负债业务和资产业务是商业银行的信用业务,也是商业银行的主要业务;中间业务和表外业务是负债业务和资产业务的派生业务,是银行经营活动的重要内容,也是极具发展潜力的业务。

(一)负债业务

商业银行的负债业务是形成商业银行资金来源的业务,是商业银行最基础、最主要的业务。负债业务经营力度不仅决定着商业银行资产业务以及中间业务的开展,还决定着商业银行与社会公众之间的密切联系。商业银行的负债业务包括自有资本、存款和借款三项业务。

1. 自有资本

自有资本即资本金,是商业银行开始经营各种业务的初始资金。有关资本金的定义因各国金融制度、会计制度的不同而有所不同。国际上一般将资本金定义为:银行股东为了赚取利润而投入银行的货币和保留在银行中的利润。它代表商业银行股东的所有者权益,或者说银行所有者的净财富。

商业银行的资本金是银行设立和开展业务活动的基础性资金,是商业银行承担经营风险、保障存款人利益、维护银行信用的重要保证。根据《巴塞尔协议》的规定,商业银行的自有资本可以划分为核心资本和附属资本两类。

(1)核心资本:也叫一级资本,它是最具完全意义上的银行自有资本,在《巴塞尔协议》达成之前,各国商业银行自有资本定义中唯一完全相同的部分。核心资本包括股本和公开储备。股本是票面价格和发行量的乘积,股本包括普通股和非累积优先股。公开储备是银行通过保留留存或其他盈余的方式,在银行资产负债表上明确反映的储备,包括资本盈余、未分配利润和公积金等。

(2)附属资本:也叫二级资本,它是核心资本的补充,包括未公开储备、重估储备、普通准备金、混合资本工具和长期附属债务等五项。

根据《巴塞尔新资本协议》要求的新标准,商业银行的一级资本充足率由 4% 上调至 6%,同时计提 2.5% 的防护缓冲资本和不高于 2.5% 的反周期准备资本,使得核心资本充足率要求达到8.5%—11%。

知识链接5-7

什么是巴塞尔协议？

《巴塞尔协议》(Basel Accord)是由国际清算银行提出，由特别组成的巴塞尔银行监督委员会执笔制定的在全球范围内主要的银行资本和风险监管标准。巴塞尔委员会的创始国是G8以及德国、瑞典组成的"十国集团"，现在已经扩张为27个国家，包括中国和印度。委员会隶属于国际清算银行(BIS)，是国际清算银行的六个委员会之一。巴塞尔委员会虽然不是严格意义上的银行国际监管组织，没有任何凌驾于国家之上的正式监管银行的权力，但是随着时间和金融危机治理实践经验的积累，《巴塞尔协议》不断改革完善，事实上已成为银行监管国际标准的制定者。一般各国会采取立法规定或其他措施，并结合本国实际情况，逐步实施巴塞尔委员会所指定的监管标准和指导原则。

巴塞尔委员会成立以来，先后制定了一系列重要的银行监管规定。例如，《关于统一国际银行资本衡量和资本标准的协议》《有效银行监管的核心原则》等。这些协议、监管标准与指导原则也可统称为《巴塞尔协议》。这些协议的实质是为了完善和补充单个国家对商业银行监管体制的不足，减轻银行倒闭的风险和代价，是对国际商业银行联合监管的主要形式。

针对1983年美国富兰克林国民银行的"突然倒闭"和20世纪80年代拉美地区的"银团贷款危机"。1988年的《巴塞尔资本协议》(Basel Ⅰ)首次提出银行资本监管理念，确定了资本充足率的计算公式，并要求银行达到8%的最低资本要求。其实质是对银行的杠杆率做出了最大不超过12.5的规定，通过限制商业银行的资本结构来限制银行的信用风险，并通过股本吸收非预期损失，弥补可能出现的信用违约风险。

东南亚金融危机后，2004年发布的《统一资本计量和资本标准的国际协议：修订框架》(Basel Ⅱ，简称《修订框架》)建立了风险加权资产的计算规则和体系，扩大了风险覆盖范围，涵盖了市场风险和操作风险，使得银行对于风险的识别、计量和管理更加精确、敏感和精细。更为重要的是，《修订框架》真正确立了资本与风险之间的动态联系机制，构建了以资本充足率、监管部门的监管、市场约束三大支柱为核心的资本监管体系。

2008年的金融危机是银行监管和风险资本的分水岭，2010年《巴塞尔新资本协议》(Basel Ⅲ)对资本定义及其标准进行了改进，严格规定资本质量，根据吸收损失能力的不同来确定监管资本层次。此外还提出了杠杆率、流动性监管框架和系统重要性银行监管等措施安排，这些都是在资本充足率监管基础上提出的补充和加强措施，进一步对银行全面风险管理体系建设提出了更高的要求。

资料来源：杨军，《从 Basel Ⅰ 到 Basel Ⅲ，风险管理与巴塞尔协议》，https://cj.sina.com.cn/articles/view/1704103183/65928d0f02000i06f。

---

2. 存款

吸收存款是商业银行最主要的资金来源，是商业银行对存款客户的一种被动负债，是负债业务中最重要的业务，也在商业银行的全部负债中所占的比重最大，一般占负债总额的 70% 左右。吸收存款规模大小决定着商业银行的负债规模，制约着商业银行的资产经营能力，甚至影响银行的生存和发展，因此，对银行而言，具有最重要意义的始终是存款。商业银行的存款种类很多，通常按其性质和支取方式可以划分为活期存款、定期存款和储蓄存款三种类型。

(1) 活期存款。活期存款是指存款客户可以随时存取而无须事先通知的一种银行存款。企业和个人开立活期存款账户主要是为了交易和支付。由于活期存款存取频繁，流动性强，银行需要投入人力、物力来办理此业务，营业成本较高，因此很多国家的商业银行通常对此类存款不支付利息，有的甚至还要收取一定的手续费。我国是目前少数对活期存款支付利息的国家之一。

(2) 定期存款。定期存款是指存款客户与银行事先约定期限，到期才能支取的银行存款。存款期限通常有 3 个月、6 个月和 1 年不等，期限长的可以达到 5 年或者 10 年。与活期存款相比，定期存款存期固定，经营成本较低，为商业银行提供了稳定的资金来源，因此，商业银行通常对定期存款给予利息，利率比活期存款高。一般而言，存期越长，利率越高。按规定，定期存款一般不能提前支取，而习惯上银行往往会给存款人以通融，让其提前取款，但对提前支取的部分要按活期存款的标准计付利息。

(3) 储蓄存款。储蓄存款是指个人以积蓄货币资产和获取利息收入而办理的一种存款。分为活期和定期两类，银行都要支付利息。通常由银行发给存款客户存单（存折），用来作为存款和取款的凭证，一般不能据此签发支票，只能提取现金或转入活期存款账户。为了保障储户的利益，各国金融监管当局对经营储蓄存款的银行都有严格管理规定，一般要求只能由商业银行和专门的储蓄机构来办理，且要求银行对存款负无限清偿责任。储蓄存款存单不具有流动性，但可以质押贷款。

3. 借款

借款是商业银行主动向中央银行、其他金融机构和金融市场借入资金的一种信用活动，是商业银行的主动负债业务。商业银行的借款业务主要包括中央银行借款、同业借款、发行金融债券、向国际金融市场借款等。

(1) 中央银行借款。中央银行作为银行的银行，当商业银行出现资金不足时，可以向中央银行申请借款。主要的借款形式有再贴现和再贷款两种。再贴现是指商业银行将自己办理贴现业务时所取得的尚未到期的票据(如商业票据、短期国库券等)向中央银行再次申请贴现的行为;再贷款是指商业银行以自身信用或者以自己持有的票据、银行承兑汇票、政府公债等有价证券作抵押,向中央银行申请的直接贷款,用来解决季节性或临时性的资金需求,利率一般低于市场利率。再贴现和再贷款是商业银行筹措短期资金的重要渠道,也是中央银行重要的货币政策工具。

(2) 同业借款。同业借款是为了解决临时性资金周转,商业银行之间和商业银行与其他金融机构之间发生的短期资金融通。同业借款一般期限较短、利率较低、风险较小。其具体形式有:

① 同业拆借:是银行同业之间进行的短期资金借贷行为,也是最主要的同业借款方式。拆入的资金主要用于解决日常性的资金周转需要。一般同业拆借期限较短,有的甚至只有一天或一夜,所以有时被称为隔日或隔夜借款。同业拆借一般是信用借款,通过商业银行在中央银行的存款账户进行的,即拆出资金的银行在其中央银行存款账户上存在超额准备,实质上是商业银行之间超额准备金的调剂。

② 转贴现、转抵押:转贴现是商业银行在准备金头寸不足时,将已贴现的尚未到期的商业票据转售给其他商业银行获得资金;转抵押是商业银行将手中持有的借款客户的抵押品再次抵押给其他商业银行申请融资的行为。

③ 回购协议:回购协议是指商业银行将自己持有的有价证券暂时出售给其他金融机构,并约定在今后某一日期,以约定的价格再购回其所出售的有价证券的一种协议。回购协议实际上是银行以有价证券作担保而获得的一种借款。回购与出售的差价就是银行融资的利息,成本低,协议期限灵活,能有效增强长期债券的变现性。

(3) 发行金融债券。发行金融债券是商业银行以发行人的身份,通过向社会公众公开发行债务凭证的方式筹集资金的融资活动,主要用于解决长期资金来源问题。由于发行债券筹集资金不需要提取法定存款准备金,商业银行实际可用资金规模增大,实际负担的利息成本降低,同时负债的证券化分散了商业银行的风险。因此,发行金融债券成为商业银行吸收长期资金,推行资产负债管理的有效办法。

(4) 向国际金融市场借款。商业银行可以在国际金融市场上通过吸收存款、发行大额可转让定期存单、发行商业票据等方式广泛的筹集资金,弥补资金来源的不足。向国际金融市场借款的商业银行需要拥有较高的资信度,虽然借款利率、存款准备金等方面不受国内金融管理机构及规定的约束,但风险也较大。

(二) 商业银行资产业务

商业银行的资产业务是商业银行将其通过负债业务所聚集的货币资金从事信用活动以获得收益的业务。商业银行的资产业务主要包括现金资产、贷款以及证券投资等项目。

1. 现金资产

现金资产是商业银行流动性最强的资产,是商业银行为了应付日常提款要求而持有的流动性资产。因为这部分的高流动性,基本上不能给银行带来直接的收益,但能满足对外支付的需求,是银行正常经营的资产后备。现金资产一般包括库存现金、在中央银行存款、存放同业款项、托收中现金等。

(1) 库存现金。库存现金就是商业银行保存在金库中的现钞和硬币,其主要用来满足客户提现和银行本身的日常零星开支。库存现金不能生息,保管有风险且费用昂贵,所以对商业银行而言,现金库存量要适度,一般都保持在最低限度。

(2) 在中央银行存款:在中央银行存款是商业银行存放在中央银行的资金,也称存款准备金。它由两部分组成:一是法定存款准备金,二是超额准备金。法定存款准备金是指商业银行对吸收的各项存款余额按照中央银行规定的法定准备金比率缴存中央银行的准备金。超额准备金是指商业银行存在中央银行的存款准备金账户中,超过了法定准备金的那部分存款余额,主要用于商业银行之间票据交换差额的清算,应付不可预料的现金提存。两者都是为了保证商业银行有足够的支付能力。

(3) 存放同业款项:存放同业款项是指商业银行存放在代理行和有业务往来的商业银行的存款。商业银行在其他银行开立活期存款账户并存入一定存款,是为了方便同业之间开展代理业务和结算收付,属于非营利性资产或低营利性资产。

(4) 托收中的现金:托收中现金是指商业银行在为客户办理支票结算过程中,所产生的需要向其他付款银行托收但是尚未收妥的款项。这是一笔他行占用的资金,在途时间较短,收妥后即成为存放同业款项,因此,也视为现金资产。

2. 贷款

贷款是商业银行将其所筹集的资金按照一定利率将一定数量的货币资金提供给借款人使用,到期还本付息的一种借贷行为。它是商业银行的传统核心业务,也是商业银行中占比最大、最重要的资产,更是商业银行利润的主要来源。贷款业务的种类繁多,根据不同的划分标准,可以划分不同种类。

(1) 按贷款期限可将贷款划分为短期贷款、中期贷款和长期贷款。短期贷款是指期限在1年以内(含1年)的各项贷款,一般用于企业的各种临时性、季节性的营运资金需求;中期贷款是指期限在1年(不含1年)以上5年(含5年)以内的各项贷款,一般用于企业的设备更新和技术改造;长期贷款是指期限在5年(不含5年)以上的各项贷款,一般用于企业的基本建设。

(2) 按贷款对象划分为工商业贷款、不动产贷款、消费贷款和证券贷款等。工商业贷款是指用于对工业企业固定资产投资、购买流动资产以及商业企业商品流转过程发放的贷款;不动产贷款是用于土地开发、房屋建设或以住宅、农田为担保的贷款;消费贷款是指对消费者个人用于满足其耐用消费品购买或其他消费支出的贷款;证券贷款是指对专门从事证券业务的金融机构发放的短期贷款。

(3) 按贷款保障条件分为信用贷款、担保贷款和票据贴现。信用贷款指银行凭借借款人的信誉不需要提供抵押物或第三方担保而发放的贷款,这类贷款风险较大,因此银行对借款人的资格审查严格,一般银行只向熟悉的、资信状况良好的大公司、大集团提供;担保贷款是指以特定担保品担保为还款保障而发放的贷款,根据借款人担保方式的不同,可分为保证贷款、抵押贷款和质押贷款;票据贴现是指贷款人以购买借款人未到期商业票据的方式发放的贷款,即借款人以未到期的票据向银行申请贴现,银行按一定的利率扣除自贴现日起至票据到期日为止的利息后再将余额支付给持票人的一种贷款形式,是贷款的一种特殊方式。

(4) 按还款方式分为一次性偿还贷款和分期偿还贷款。一次性偿还贷款指贷款到期时一次性偿还本金的贷款,短期临时性、周转性贷款惯常采取这种偿还方式;分期偿还贷款是指借款人按规定的期限分次偿还本金和支付利息的贷款。这种贷款通常按月、季、年确定还款期限,通常中长期贷款采用这种偿还方式。

(5) 按贷款的风险程度划分为正常贷款、关注贷款、次级贷款、可疑贷款和损失贷款。正常贷款是指借款人能够履行借款合同,有充分把握按时足额偿还贷款本息的贷款;关注贷款是指尽管借款人目前有能力偿还本金,但是具有一些影响偿还支付的潜在风险因素的贷款;次级贷款是指借款人的还款能力出现了明显的问题,依靠其正常经营收入已无法保证足额偿还贷款本息的贷款;可疑贷款是指借款人无法足额偿还贷款本息,即使执行抵押或担保也肯定要造成一部分损失的贷款;损失贷款是指在采取所有可能的措施和一切必要的法律程序之后,本息仍然无法收回或只能收回极少部分的贷款。次级贷款、可疑贷款和损失贷款合称为不良贷款。贷款风险分类法可以加强银行贷款质量管理,找出产生贷款风险的原因以便找到应对之策。

3. 证券投资

证券投资业务是指商业银行在金融市场上购买各种有价证券的业务活动。商业银行为了增强资产流动性、降低经营风险以及增加利润收益,在金融市场上投资,这是商业银行的一项重要的资产业务,也是银行收入的主要来源之一。遵循商业银行安全性、流动性和效益性三个经营原则,商业银行证券投资偏好于安全性好、变现能力强、效益性较高的有价证券,例如国库券、政府公债、政府机构债券、信用等级高的企业债券和部分优质股票。其中,政府债券的最大特点是安全性高、流动性强,特别是短期的政府债券(如国库券),还本付息期限短,又有活跃的二级市场,可以随时变现,因此成为各国商业银行投资的主要对象。

事实上,基于银行经营安全性和保障金融秩序稳定性的需要,各国对商业银行的证券投资业务都有严格的限制规定,如有些国家禁止商业银行投资于股票。《中华人民共和国商业银行法》第43条规定:"商业银行在中华人民共和国境内不得从事信托投资和股票业务,不得投资于非自用不动产,不得向非银行金融机构和企业投资,但国家另有规定的除外。"所以我国商业银行的证券投资在资产中占比比较小,主要投资于政府债券及中央银行、政策性银行发行的金融债券。

综上所述,商业银行的高度简化的资产负债表如表5-2所示。

表5-2 商业银行的简化资产负债表

资产	负债
现金资产	自有资本
库存现金	核心资本
在中央银行存款	附属资本
存放同业款项	存款
托收中的现金	借款
贷款	中央银行借款
证券投资	同业借款
	发行金融债券
	向国际金融机构借款

(三)商业银行中间业务

商业银行的中间业务是指商业银行基本不用或较少运用自己的资金,以中间人的身份代客户办理收付和其他委托事项,提供各类金融服务并收取手续费的业务。这种业务是由资产业务和负债业务衍生而来的,在资产负债表上一般不直接反映出来,目前中间业务占商业银行收入比重逐年加大。商业银行中间业务种类繁多,大体上可以划分为九大类:

① 支付结算类中间业务:是商业银行为客户办理债权债务关系引起的与货币支付、资金划拨有关的收费业务。支付结算业务借助的主要结算工具包括银行汇票、商业汇票、银行本票和支票。结算方式包括同城结算和异地结算。以及利用支付系统实现的资金划拨、清算,利用银行内外部网络实现的转账等业务。

② 银行卡业务:是由经授权的金融机构(主要指商业银行)向社会发行的具有消费信用、转账结算、存取现金等全部或部分功能的信用支付工具。

③ 代理类中间业务:是指商业银行接受客户委托、代为办理客户指定的经济事务、提供金融服务并收取一定费用的业务,包括代理政策性银行业务、代理中国人民银行业务、代理商业银行业务、代收代付业务、代理证券业务、代理保险业务、代理其他银

行银行卡收单业务等。

④ 担保类中间业务：是指商业银行为客户债务清偿能力提供担保，承担客户违约风险的业务。主要包括银行承兑汇票、备用信用证、各类银行保函等。

⑤ 承诺类中间业务：是指商业银行在未来某一日期按照事前约定的条件向客户提供约定信用的业务，主要包括贷款承诺、透支额度等可撤销承诺和备用信用额度、回购协议、票据发行便利等不可撤销承诺两种。

⑥ 交易类中间业务：是指商业银行为满足客户保值或自身风险管理等方面的需要，利用各种金融工具进行的资金交易活动，主要包括远期合约、金融期货、互换、期权等金融衍生业务。

⑦ 基金托管业务：是指有托管资格的商业银行接受基金管理公司委托，安全保管所托管的基金的全部资产，为所托管的基金办理基金资金清算款项划拨、会计核算、基金估值、监督管理人投资运作。

⑧ 咨询顾问类业务：是指商业银行依靠自身在信息、人才、信誉等方面的优势，收集和整理有关信息，并通过对这些信息以及银行和客户资金运动的记录和分析，形成系统的资料和方案，提供给客户，以满足其业务经营管理或发展的需要的服务活动。包括企业信息咨询业务、资产管理顾问业务、财务顾问业务和现金管理业务等。

⑨ 其他类中间业务：包括保管箱业务以及其他不能归入以上八类的业务。

我国的中间业务等同于广义上的表外业务。表外业务是指不计入商业银行资产负债表内，不影响其资产负债总额，但为商业银行带来额外收益的业务。虽然这些业务不列入资产负债表，但与表内资产负债有紧密关系，一定条件下可以转化成表内业务。表外业务主要包括承诺类、担保类、金融资产服务类、金融衍生交易类等业务。

知识链接 5-8

商业银行发力中间业务　应对转型挑战

随着利率市场化的推进，商业银行息差收窄，其盈利能力受到考验。在此背景下，依靠息差的传统模式亟待变革，发展中间业务成为应对挑战的转型方向。事实上，中间业务收入（下简称"中收"）规模与营收占比的高低，已成为衡量一家银行"轻型化运营"水平的典型特征。

中间业务具有资本占用低或不占用、稳定性好、持续性强、风险低等特点，一定程度上体现了商业银行的核心竞争力和创新能力。一般情况下，中间业务品种较为丰富、占比较高的银行可以获得更高的净资产收益率（ROE），在市值上也更能获得认可。

2000年以来,我国银行业中间业务经历了高速发展阶段,中收占比从不足5%达到了目前约20%的水平,已经成为银行收入的重要来源。2020年哪些银行的中间业务表现突出?本文通过36家A股上市银行半年报数据进行分析。

1. 国有大行中收业务收入较高

中间业务不构成商业银行表内资产和负债,形成银行非利息收入,在财报上计入"手续费及佣金净收入"。整体上看,中收规模和商业银行资产规模大体一致,呈现出国有大行高于股份行、股份行高于城商行、城商行高于农商行的趋势。

2020年上半年,四大行中收规模仍居前四。Wind数据显示,36家A股上市银行中,今年上半年工商银行中间业务收入规模最高,达到889亿元;其次为建设银行,达800亿元;农业银行和中国银行中间业务收入规模在500亿元左右。

国有大行依托其强大的渠道优势在中收规模上占据着重大优势,但以股份行为首的一批银行大力开拓布局,中间业务取得了较好的业绩成果。数据显示,中收规模位列第五的为招商银行,上半年其中间业务收入为422亿元,距离中行仅差80亿元。其次为兴业银行、民生银行、中信银行、浦发银行。前述五大股份行的中收规模均已经超过交通银行。

城商行方面,宁波银行中收规模最高,其中间业务收入为52亿元,其他城商行中收规模在2亿到52亿元之间。农商行中,除渝农商行中收规模超过10亿元外,其他几家在1亿元左右。与国有大行、股份行相比,农商行中收规模体量小到几乎可以忽略不计的程度。一方面,其中间业务种类较少,另一方面经营中间业务能力不足。

值得注意的是,招商银行、平安银行和宁波银行要比同规模的银行实现更多的中间业务收入。他们在中间业务方面探索较多,甚至在行业内形成颇具特色的标签,被称为"轻型银行"。例如,招商银行的中收规模明显大于交行,平安银行的中收规模明显大于光大银行,宁波银行的中收规模明显大于北京银行、上海银行、江苏银行。

2. 股份行中收占比较高

在各类指标中,中间业务收入/营业收入是衡量银行中间业务水平的重要指标。具体而言,中间业务收入规模与营收占比越高,一家银行"轻型化"特征越明显。

国内银行的中间业务收入占比虽有波动,但总体呈现上升的趋势。数据显示,今年上半年36家上市银行合计实现中间业务收入5 315亿,占同期营业收入的19.5%,该占比和2019年同期大体持平(19.8%)。从银行类型来看,国有6大行、9家股份行、13家城商行以及8家农商行的中间业务收入/营业收入分别为17.6%、25.6%、14.3%、6.6%。

整体看,股份行的中间业务收入占比明显高于其他银行。其中,兴业银行最高为30.22%,位于36家上市银行榜首。此外,民生银行、招商银行、平安银行、中信银行、浦发银行、华夏银行等6家股份行中收占比也超过20%,最低的浙商银行也有11.78%。

除邮储银行外,国有大行中收占比在15%左右。其中建行最高达到20.6%,在36家银行中居第八位。城商行差距较大,宁波银行的优势最为明显,在36家银行中居第四位。但部分城商行中收占比不足10%,农商行则大多低于5%。

3. 中间业务各有优势

分类型来看,国有六大行由于客户基础较为雄厚,中收业务类型也比较丰富,除传统的银行卡业务、结算清算类业务以及代理类业务外,投行咨询业务、托管、担保承诺等业务也均有一定地位。计算来看,其中收业务收入主要集中在银行卡业务、结算类业务和代理业务,三者合计占全部中间业务收入的60%左右。

和其他类型银行相比,国有大行结算清算业务占优。结算清算业务是银行传统中间业务,主要包括支付结算和现金管理。由于结算清算业务需要全国乃至海外的网络和强大的基础设置来支持,因此该类业务收入一直以来是国有大行中间业务收入的主要来源。

股份行方面,银行卡业务收入占全部中收的45%,代理业务占比约15%,二者合计占比达到60%左右。另外托管类业务、投行咨询类业务、担保承诺类业务合计占两成左右。

对城商行来说,其客户优势弱于大行及股份行,因此大部分城商行的中收主要依赖于代理类业务:统计数据显示,13家A股城商行代理业务收入占比平均为31%,其中郑州银行占比最高达69%。代理业务包括银行替客户代理销售、收付及委托、结算、交易等业务。代理业务客户主要是当地企业、政府、事业单位,因此长期在当地深耕细作的城商行和农商行有明显优势。

代理业务收入占比,大体呈城商行及农商行高于国有大行、国有大行高于股份行的态势。农商行代理业务收入占比亦较高,但其中收业务类型较为单一,投行咨询、担保承诺、托管等业务鲜有涉及。这可能与农商行体量较小且人才储备不足相关。

总体看,国内商业银行中间业务收入的结构虽然存在一定差异,但整体上共性特征更为突出,更多的中收业务主要依赖于银行卡业务、结算清算业务和代理类业务,而投行咨询业务、托管业务、担保承诺等中收业务的贡献比例仍然比较低。

资料来源:杨志锦,《21金融研究:银行转型2020,谁是王者?》《21世纪经济报道》,2020年11月13日。

能力拓展 5-2

结合知识链接5-8和你自己的认知,具体分析四大行、股份行、城商行、农商行在中间业务收入上为什么存在较大差距?

六、商业银行经营管理的基本原则

商业银行是特殊的企业,在追求利润的同时,具有很大的风险性,而且,作为货币体系的中坚力量,商业银行的经营又具有明显的社会性。因此,在不断地实践和总结中,商业银行将业务经营原则归纳为"安全性、流动性和效益性"的三性原则。

(一)安全性原则

所谓安全性,是指商业银行的资产、负债、收益、信誉以及所有业务发展的条件免遭损失的可能性。由于银行业是个风险高度集中的行业,因此安全性是银行在其经营活动中首先要考虑的一个问题。

之所以要坚持安全性原则,主要出于三方面原因:①商业银行属于高负债经营的企业,同时自有资金较少,因此无法抵御较大损失;商业银行的资本金按照巴塞尔协议的监管标准,只需达到8%,而一般工商企业基本在50%以上,高负债经营使得商业银行抗风险的能力较一般工商企业更弱;②商业银行运作资金规模较大,经营条件较为特殊;商业银行经营的对象是货币,受多种复杂因素的影响。同时商业银行在经营过程中需要面对多种风险,如国家风险、信用风险、利率风险、汇率风险等。因此,为了保障商业银行在一个高度变化的经济环境中站稳脚跟,得到发展,必须要求商业银行合理安排资产规模和结构,注重资产质量;尽可能提高自有资金比重,提升商业银行抗风险能力;遵纪守法,合规经营。衡量商业银行安全性的指标主要有拨备覆盖率、不良贷款率、核心资本充足率、总资本充足率、贷款损失准备金率等。

(二)流动性原则

所谓流动性,是指商业银行能够随时应付客户提现、满足各种合理资产支付需求的能力。流动性体现在资产和负债的流动性两个方面。资产的流动性指的是资产在不发生损失的情况下,能够迅速变现的能力。衡量资产流动性标准的两个因素是:①资产变现的成本,即某个资产变现的成本越低,则资产的流动性越强;②资产变现的速度越快,则资产流动性越强。负债的流动性是指商业银行能够以较低的成本随时获得所需资金的能力。

只有保证资金的正常流动,才能确立商业银行的信用中介地位,并使其业务顺利开展,所以,可以说流动性是商业银行的经营条件。首先,商业银行与一般工商企业相比,资金流动更为频繁,现金收支频率更大、更快;其次商业银行现金资产收支时间无法进行准确的预测,这也要求商业银行保持充足的流动性。衡量商业银行流动性的指标主要有存贷比、净贷款额占比、流动资产占比、拆出拆入比等。

(三)效益性原则

所谓效益性,是指商业银行获得利润的能力。这是商业银行作为一家企业开展经营活动的最终目标,也是其生存的必要条件,因此,追求最大盈利是商业银行经营的内在动力和源泉。只有在保持理想的盈利水平条件下,商业银行才能有充足的资本,并以此来增强经营实力、巩固信誉、提高银行的竞争力。

商业银行的盈利来自收入和经营成本的差额,其主要收入来源于资产收入与服务收入。因此,商业银行盈利的多少一般取决于银行资产收入、其他收入和各项成本费用的多少。在日常经营过程中,不断提高商业银行的资产收益能力,努力提供更多更好的服务以获得更多的服务费收入,并尽可能降低商业银行的经营成本,才是提升商业银行盈利的根本途径。衡量效益性的指标主要有平均权益回收率、净利息收入比率、平均总资产回报率、税前营业收入比率、其他营业收入比率、成本收入比等。

(四)"三性"原则的关系

商业银行经营管理的"三性"原则在根本上是统一的,三者共同保证了商业银行健康稳定的经营和发展。主要表现在以下三个方面:①安全性是基础,只有保障经营的安全性,才能持续不断地获得盈利;②流动性是手段,只有保证资金能够正常流动,才能确立商业银行信用中介的地位,保持其赖以生存的信用基础;③效益性是目的,商业银行之所以要保持安全性和流动性,其最终目的都是为了获得盈利。"三性"之间相辅相成,缺一不可。

但是"三性"之间却同时存在一定的矛盾。作为经营货币信用的特殊企业,商业银行受到安全性和流动性的双重制约,如果单纯、过度地追求盈利,商业银行的经营必然陷入混乱。流动性大的资产,风险小且安全性高,但效益性又低下;而效益性较高的资产,相对而言占用资金时间较长,风险较大,因而流动性和安全性则较低。如何协调这三者的矛盾,使"三性"达到最佳状态,是一种艺术,是银行家和商业银行经营者的智慧和能力的体现。

知识链接 5-9

商业银行法修改奠定银行业发展制度基础

2020年10月16日,人民银行发布关于《中华人民共和国商业银行法(修改建议稿)》(下称《建议稿》)公开征求意见的通知。这是自商业银行法于1995年施行,2003年和2015年两次修订之后,时隔五年再次修订。

相较于2003年大幅修订和2015年微幅调整(删掉存贷比指标),这次修订有较多调整,特别是对国际监管规则的重大调整进行了充分吸收。例如,明确商业银行应当遵守宏观审慎管理和风险管理要求,还纳入了对系统重要性银行的监管要求,如系统重要性商业银行依法接受央行的并表监管,执行附加监管要求(包括附加资本和总损失吸收能力等),以及制定系统重要性商业银行的恢复和处置规则;明确了合格的资本补充工具,包括转股型或者减记型无固定期限资本债券、二级资本债券,将永续债等创新工具正式纳入银行资本范畴等。

具体而言,《建议稿》一是为加强对小微、普惠金融的支持提供制度保障,包括明确区域性中小银行的本地化经营要求,强调未经批准,不得跨区域展业;删除《商业银行法》中"商业银行贷款,借款人应当提供担保"的表述,鼓励商业银行对小微、普惠客户发放信用贷款等。二是从源头防范金融风险,高度重视商业银行公司治理与股权管理。《建议稿》将公司治理单独作为一章,对组织形式、股东会、股东义务、董事会职责、董事出现、独立董事、专门委员会、监事会、高级管理层、内部控制、内部审计、信息披露、激励约束、关联交易管理等方面做出全面要求。需要指出的是,相关要求与银行监管部门在过去两年中已经发布并执行的各项监管规则基本一致。相当于将以往的部门规章上升到了法律层面,有助于提高监管规则的执行效果。三是明确了存款保险机构的主要职责和功能,为完善金融安全网、构建更有效率的金融机构退出和风险处置制度,奠定了法律基础。

2003年至今,随着金融改革和利率市场化的不断推进,银行业在实践中出现大量的业务创新,突破了法律原有的规定。这些创新中,有的是金融市场发展的必然趋势,符合经济发展需要,有必要在法律中进行认可;而有些创新,如利用影子银行等通道,突破分业限制,导致严重的交叉金融风险隐患,则需要从立法层面上加以规范。对前者,《建议稿》明确了商业银行的范围,纳入了金融改革过程中新创立的机构类型(如村镇银行),同时拓展了银行的业务范围,新增了"办理衍生品交易业务""办理贵金属业务"和"办理离岸银行业务"等三类业务。此外还将原有的"代理发行、代理兑付、承销政府债券"调整为"代理发行、代理兑付、承销政府债券及其他债券,证券交易所发行的证券除外"。对后者,"建议稿"则强调,"商业银行在中华人民共和国境内不得从事信托投资和证券经营业务,不得向非自用不动产投资或者向非银行金融机构和企业投资,但国家另有规定的除外"。强调分业监管,并不是否定商业银行的综合化经营实践(即通过获取相应的牌照来开展信托和证券经营业务),更多是限制非持牌的跨市场交易和投资行为,以降低交叉性金融风险,推动商业银行专注主业。

总体来看,作为银行业的基本大法,《商业银行法》此次大修,是对金融改革和银行业实践层面出现的许多新问题、新趋势的回应,明确了商业银行经营管理和业务创新的边界和目标,为银行业的长期可持续发展,以及更好地服务支持实体经济,奠定更坚实的制度基础。

资料来源:曾刚,《商业银行法修改奠定银行业发展制度基础》,《经济参考报》,2020年10月22日。

任务三 走进中央银行

一、中央银行的产生和发展

中央银行的产生是经济、社会发展下的特定产物,它是在商业银行发展基础上和国家政权相结合的特殊金融机构。中央银行作为一个国家金融体系的中心环节,在国民经济运行和发展中处于特殊地位,发挥着重要作用。

中央银行产生于17世纪后半叶,形成于19世纪初叶,迄今为止已经有三百多年的历史。其产生和发展有其特定的社会经济背景和客观要求,决定了设立中央银行的客观必然性。

(一) 中央银行产生的社会经济背景

1. 商品经济快速发展

欧洲在13、14世纪商品经济得到初步发展。15、16世纪欧洲资本主义制度开始形成,社会生产快速转向商品化。18世纪初西方工业革命开始,社会生产力迅速提高,商品经济规模和影响范围都迅速扩大,促使货币经营业越来越普遍,而且日益有利可图,由此产生了对货币财富进行控制的欲望。

2. 商业银行普遍建立

工业革命促使商品经济迅速发展,促进银行信用业蓬勃发展,银行经营机构不断增加,为了经营扩大化,银行业间出现联合、集中和垄断。在这一时期设立的银行中,有两家银行特别值得关注,即1656年设立的瑞典银行和1694年设立的英格兰银行。它们不但在业务上有许多创新,而且也是最早发展成为中央银行的银行。

3. 资本主义经济危机频繁出现

资本主义经济自身的固有矛盾必然导致连续不断的经济危机。为了应对经济危机,各国政府开始从货币制度上寻找解决办法,企图通过发行银行券来控制、避免和挽救经济危机。当政府以法律形式把一些有实力的大银行集中起来发行银行券,垄断货币发行权,商业银行就最终向中央银行转化。

在这样的背景下,瑞典最早设立了国家银行——里克斯银行,这是现代中央银行的萌芽。创立于1656年的里克斯银行原是由私人创办的欧洲第一家发行银行债券的银行,1668年瑞典政府出面将它改组为国家银行。1694年创立的英格兰银行是世界上第一家真正发挥作用的中央银行,因此被称为近代中央银行的鼻祖。

(二)中央银行产生的客观要求

1. 统一货币发行的需要

在银行业发展的初期,几乎每家银行都可以发行银行券,谁发行,谁承兑。但是随着经济的发展,银行机构不断增多,竞争日益加剧,一些小银行资力有限,信用能力薄弱,一方面无法保证自己发行的银行券按时兑现,引起社会经济动荡;另一方面,由于信用状况、财力和经营状况的不同,一些小银行发行的银行券只能在局部地区流通,给生产和流通带来许多不便,因此客观上需要一个规模最大、资信最好、专门办理货币发行业务的大银行,发行一种能够在全国流通的货币,改分散发行为统一发行,这是中央银行成立的最基本、最主要的原因。

2. 商业银行最后贷款人的需要

随着信用经济的逐渐发达,企业对银行资金的需求量越来越大,借款期限越来越长。一旦商业银行的放款不能及时收回,资金周转受到影响,就有可能波及经济生活的各个方面,导致经济危机。因此,客观上需要建立一家权威的、资金实力雄厚的中央银行,扮演一般商业银行的"最后贷款人"角色。集中保管商业银行的准备金,在商业银行资金调剂困难时提供最后的资金支持。

3. 统一全国票据清算的需要

商业银行的业务规模不断扩大,银行每天接受的票据数量逐渐增多,银行之间的债务链条日趋复杂,不仅异地结算矛盾突出,即便是同城结算也很困难。客观上要求建立一个统一的票据交换机构和债权债务清算机构来提高效率。于是,统一的、权威的、公正的清算中心成为金融业发展的必然,而这个中心只能由中央银行来承担。

4. 对金融业统一监管的需要

随着金融业的发展和相互竞争的日益加剧,需要政府对金融市场进行必要的监督和管理,保证整个金融体系的正常运转。同时,还能依据政府意图制定金融政策和法规来实施对金融行业的统一管理,中央银行应运而生。

(三)中央银行的发展

在中央银行形成和发展的漫长历史进程中,产生的途径基本是两种:一是在一些银行业发展较早的国家,政府通过不断地赋予权力使得一些信誉好、实力强的私人银行逐渐转化为中央银行,如瑞典银行、英格兰银行等;二是政府根据自己的实际需要,借鉴前者的经验直接出资组建中央银行,如美国联邦储备银行、中国人民银行等。中央银行的发展大体上经历了以下三个阶段:

1. 中央银行初创阶段(1844—1913年)

随着银行业的不断发展,中央银行制度逐步建立的阶段。该阶段全世界的中央银行仅有29家。其中具有代表性的是瑞典的国家银行和英国的英格兰银行,以及美国的联邦储备银行。

2. 中央银行制度推广阶段(1914—1945年)

为了应对两次世界大战的破坏和高昂的战争费用,许多国家发生了恶性通货膨胀,金融业出现剧烈的动荡。一些国家原有的金本位制度在战争中被破坏,转投纸币本位制或者信用货币制。稳定物价和管理纸币发行的需求催生了中央银行制度的发展。各国纷纷建立本国的中央银行,中央银行的地位和作用也进一步加强。

3. 中央银行制度完善阶段(1946年以后)

二次大战结束后,民族解放运动风起云涌,一些从殖民统治中独立出来的新国家纷纷建立自己本国的中央银行;同时,政府干预经济的理论盛行,中央银行开始承担制定货币政策、干预宏观经济发展的职能。国际合作也进一步得到加强,促进了国际贸易和世界经济的发展。

(四) 我国中央银行的产生和发展

1. 我国历史上的中央银行

我国历史上最早的中央银行是清末光绪年间官商合办的户部银行,成立于1905年。它除了专营存款、贷款以及汇兑划拨等银行一般业务外,还享有铸造货币、代理国库、发行纸币等特权。1908年,户部银行改名为大清银行。北洋政府时期,大清银行改组为户部银行,与交通银行一起,共同承担中央银行的职能。

1924年,孙中山领导的广东革命政府相继在广州和汉口创立中央银行,它在很大程度上是为军需服务,由于存在的时间较短,中央银行的职能也未能充分发挥。

1929年,南京国民政府成立中央银行,总行设在上海,并在全国设立分支机构。该行享有发行钞票和经营国库的特权,行使中央银行职责。

2. 中华人民共和国的中央银行

中华人民共和国的中央银行是中国人民银行,于1948年12月1日在石家庄宣告成立,同时开始发行统一的人民币。中国人民银行作为中央银行的地位确立经过了一个较长的发展阶段。我国的中央银行制度也先后经历了"复合式"和"单一式"两种模式。

从中华人民共和国成立到1978年,中国实行"大一统"的银行体系,中国人民银行具有中央银行和商业银行的双重职能,这种高度集中垄断的银行体系和复合式中央银行制度是与这一时期国家实行高度集中的计划经济体制相适应的。

1983年9月,国务院决定中国人民银行专门行使中央银行的职能。1984年1月开始,四大行相继成立,中国人民银行将商业银行的职能剥离出来,逐渐成为专职的中央银行。这也标志着中国单一式中央银行制度的建立。1995年3月,《中华人民共和国中国人民银行法》获得通过,这是新中国的第一部金融大法,它的颁布和实施,标志着我国现代中央银行制度正式形成并进入法制化发展的新阶段。

二、中央银行的制度类型

由于各国的社会制度、政治制度、经济体制和金融业发展程度的不同,各个国家形成了不同类型的中央银行制度。归纳起来,大体有以下几种基本类型:

(一) 单一式中央银行制度

单一式中央银行制度是指国家单独建立中央银行机构,全面行使中央银行的权力和履行中央银行的职能。这种类型又分为两种情况:

1. 一元式中央银行制度

一元式中央银行制度,是指在一个国家只建立一家中央银行,机构设置采取总分行制度,也就是说,会根据需要下设若干分支机构。这种类型的中央银行的特点是权力集中、职能齐全。目前世界上绝大多数国家的中央银行都采用这种模式,我国也是如此。

2. 二元式中央银行制度

二元式中央银行制度,是指在一个国家建立中央和地方两级中央银行机构,分别行使金融管理权。中央机构是最高权力机构,地方机构虽然要接受中央机构的监督和管理,但其与中央机构并非总分行的关系,具有相对的独立性。采用这种结构的国家一般都是联邦政治体制,如美国、德国。

知识链接 5-10

美国中央银行——联邦储备体系

美国联邦储备系统(The Federal Reserve System),简称为美联储(Federal Reserve, Fed),负责履行美国中央银行的职责。美联储成立于1913年,成立的依据是欧文-格拉斯法案(Owen-Glass Act,又称联邦储备法案),以避免再度发生类似1907年的银行危机。整个系统包括联邦储备委员会、联邦公开市场委员会、联邦储备银行、约三千家会员银行及3个咨询委员会(Advisory Councils)。

美联储的主要架构分为两部分:①位于华盛顿的联邦储备委员会(Federal Reserve Board,也有人将其译为联邦储备局);②分布在全美12个不同城市的联邦储备银行(Federal Reserve Banks)。在美联储内部架构中,位于华盛顿的联邦储备局是联邦政府机构的一部分,但12个联邦储备银行却不是政府部门,而是非营利性机构。

12个联邦储备银行的总部分别位于波士顿(Boston)、纽约(New York)、费城(Philadelphia)、克里夫兰德(Cleveland)、里士满(Richmond)、亚特兰大(Atlanta)、芝加哥(Chicago)、圣路易斯(St. Louis)、明尼阿波利斯(Minneapolis)、堪萨斯城(Kansas City)、达拉斯(Dallas)和旧金山(San Francisco)。而每个联邦储备银行在辖区内又设有分支机构(branches)。比如达拉斯联储总部在达拉斯,但同时在休斯敦、圣安东尼奥和艾尔帕所设有分部。

12家分行中,资产最多的三家分别为纽约、芝加哥和旧金山联邦储备银行。其合计资产占联邦储备体系资产的50%以上。纽约联邦储备银行的资产占联邦储备体系资产的30%以上,成为最重要的联邦储备银行。

资料来源:搜狐,《光荣与梦想——美联储的诞生之路(一)》,https://www.sohu.com/a/335557234_796053。

(二) 复合式中央银行制度

复合式中央银行制度是指国家不单独设立专门的中央银行,而是由一家大型银行既行使中央银行的职能,又经营一般商业银行业务。这种制度往往与中央银行初级发展阶段和计划经济体制相对应。苏联和1984年前的中国都实行这种制度。

(三) 跨国中央银行制度

跨国中央银行制度是指由某一货币联盟的所有成员国联合组成的中央银行制度。这种跨国中央银行为成员国发行共同使用的货币和制定统一的货币金融政策,监督各成员国的金融机构和金融市场,对成员国政府进行融资,办理成员国共同商定并授权的金融事项等。跨国中央银行的典型代表是1998年成立的欧洲中央银行。此外,西非货币联盟、中非货币联盟和东加勒比海货币管理局都实行这一制度。

(四) 准中央银行制度

准中央银行制度是指有些国家或者地区只设置类似的中央银行机构,或者由政府授权某个或某几个商业银行行使部分中央银行的职能。新加坡和我国香港地区是实行准中央银行制度的典型代表。在中国香港地区,由金融管理局和银行咨询委员会对金融机构进行监督和管理;由汇丰银行、渣打银行和中国银行发行货币;通过汇丰银行和银行工会贯彻当局的货币金融政策;票据结算所由汇丰银行负责管理。

三、中央银行的性质和职能

(一) 中央银行的性质

中央银行是一种特殊的金融机构,它在一国的金融体系中居于核心地位,负责制定和执行货币金融政策,对金融业实施监督和管理,控制货币流通与信用活动,是具有银行特征的国家机关。

1. 具有国家机构性质的金融机构

尽管各国中央银行的名称不尽相同,通常被称为"货币当局"或"金融当局",但就其地位来说,中央银行是居于一国经济金融体系中心地位的金融机构。中央银行是一国货币金融体系中的最高权力机构,也是全国货币信用制度的中心枢纽和金融监督管理的最高机构。在制定和执行国家金融方针政策时,中央银行具有相对的独立性,不受其他部门或机构的行政干预和牵制。中央银行履行着国家管理经济的部分职能,具有一定的国家机构的性质。

2. 不经营商业银行业务的金融机构

中央银行不以营利为目的,不经营一般银行业务,而是按照有偿信用原则向政府和银行提供资金融通和划拨清算等方面的业务服务。中央银行对金融市场进行管理和控制,监督各种交易活动按章行事,并直接参与交易,进行操纵和干预以防止金融市场出现剧烈波动。中央银行垄断货币发行权,通过所制定的货币政策,使全社会货币供应量保持适度水平,从而使社会总需求和总供给趋于均衡。中央银行不能经营商业银行业务,其业务对象一般仅限于金融机构和政府。

3. 经济手段与行政手段并存的管理方式

中央银行在履行各项管理职能时,都是以"银行"的身份出现,而且管理手段也更多地具有银行业务操作的特征。除特定的金融行政管理职责采取通常的行政管理方式外,其主要的管理职责都寓于金融业务的经营过程之中,即以其所拥有的经济力量,如货币供应量、利率等,对金融信用乃至整个经济领域的活动进行管理、控制和调节。

(二)中央银行的职能

从中央银行的业务来看,主要职能有三个:

1. 发行的银行

所谓发行的银行,是指中央银行垄断货币发行权,成为一国或某一货币联盟唯一的货币发行机构,调节货币供给量,管理货币流通,这也是中央银行最基本、最重要的标志。统一货币发行,避免货币流通的混乱。中央银行按照经济发展的客观需要和货币流通及其管理的要求有效控制货币供给量,保持币值稳定,对国民经济发挥宏观调控作用。目前,世界上几乎所有的国家和地区,都由中央银行发行货币。

2. 银行的银行

所谓银行的银行,是指中央银行面向商业银行和其他非银行金融机构,为其办理"存、放、汇"等货币信用业务,并代表政府对所有金融机构进行监督和管理。中央银行在为金融机构提供服务的同时,对商业银行和其他金融机构的活动施加影响,以达到调控宏观经济的目的。这一职能体现了中央银行业务特殊的性质——只向商业银行和非银行金融机构提供业务,不与工商企业和个人发生交易。具体体现在集中存款准备、最终贷款人和组织全国清算三个方面。

3. 国家的银行

国家的银行,是指中央银行代表国家制定和执行货币政策,是政府管理国家金融的专门机构。具体体现在以下几个方面:代理国库;代理国家债券发行;对国家提供信贷;保管国家外汇和黄金储备;代表政府制定、执行货币政策并进行监管;代表国家参加国际金融组织和各种国际金融活动等。

知识链接 5-11

存款保险制度及存款保险标识

中国人民银行要求,参加存款保险的金融机构自 2020 年 11 月 28 日起使用存款保险标识。什么是存款保险?存款保险标识有什么作用?金融机构将如何使用存款保险标识呢?

1. 什么是存款保险制度

存款保险又称存款保障,是指国家通过立法的方式,对公众的存款提供明确的法律保障,促进银行业健康发展。目前世界上已经有 140 多个国家和地区建立了存款保险制度。2015 年国务院颁布《存款保险条例》,自 2015 年 5 月 1 日起施行。存款保险制度建立后,有利于更好地保护存款人的权益,促进金融机构健康稳定发展,维护金融稳定。

在存款保险制度中,是由存款银行交纳保费形成存款保险基金,而不是储户在存款时购买保险。当个别存款银行经营出现问题时,使用存款保险基金依照规定对存款人进行及时偿付。

2. 存款保险保什么?

人民币存款,外币存款,信用卡带储蓄功能存款,大额存单以及直销银行、民营银行的智慧存款都是在保障范围内的。结构性存款也保,但是只有本金部分享受保护。而自营理财、代销基金、信托以及银行同业存款都不在保护范围内。

3. 存款保险赔付多少?

根据 2015 年颁布的《存款保险条例》,存款保险实行限额偿付,最高偿付限额为人民币 50 万元。同一存款人在同一家投保机构所有被保险存款账户的存款本金和利息合并计算的资金数额在最高偿付限额以内的,实行全额偿付;超出最高偿付限额的部分,依法从投保机构清算财产中受偿。从国际上看,最高偿付限额一般是人均国内生产总值（GDP）的 2—5 倍，例如美国为 5.3 倍、英国为 3 倍、韩国为 2 倍、印度为 1.3 倍。我国在出台《存款保险条例》（2015）时，考虑到我国居民储蓄倾向较高，储蓄在很大程度上承担社会保障功能，最终较最高偿付额设定为 50 万元，约为 2013 年我国人均 GDP 的 12 倍，高于国际一般水平。当然，偿付限额也会由中国人民银行，会同国务院有关部门根据经济发展、存款结构变化、金融风险状况等因素调整，报国务院批准后公布执行。

4. 存款保险标识有什么作用？

参与存款保险的金融机构统一使用存款保险标识，有助于储户更加方便地识别参加存款保险的金融机构，更好地了解其存款受到国家存款保险制度的法律保障，保护存款人和参加存款保险的金融机构的合法权益。

存款保险标识由中国人民银行统一设计，构成要素包括：①存款保险形象图案；②"存款保险"中英文文字；③"本机构吸收的本外币存款依照《存款保险条例》受到保护"文字；④"中国人民银行授权使用"文字（图 5-2）。

需要注意的是：存款保险标识是一个不可分割的整体，未经中国人民银行授权，任何单位和个人不得将存款保险标识构成要素进行单独使用或者对构成要素进行组合后使用。

5. 哪些机构可以使用存款保险标识

中国人民银行授权参加存款保险的金融机构使用存款保险标识。具体包括我国境内依法设立的，具有法人资格的商业银行、农村合作银行、农村信用社等吸收存款的银行业金融机构。为了便于公众查询，中国人民银行会在网站公布参加存款保险的金融机构的名单，并定期更新。

资料来源：中国人民银行微信公众号，《存款保险标识 11 月 28 日起使用！说明和使用规范公布》，《北京日报》，2020 年 11 月 7 日。

 能力拓展 5-3

结合知识链接 5-11 的内容，找一找自己身边的参与存款保险的金融机构，并具体分析实施存款保险制度有哪些积极的意义？投资公司的理财产品是否在承保范围内？

四、中央银行的业务

1. 负债业务

中央银行的负债业务，是中央银行以负债形式获得资金来源的业务。一般分为以下四个部分：货币发行业务、自有资本存款业务。其中最重要的是货币发行业务和存款业务。

(1) 货币发行业务。货币发行业务是指中央银行向流通领域投放货币的活动。这是中央银行最重要的负债业务，也是其与一般商业银行区别的重要标志。货币发行包含两层含义，一是指货币从中央银行的发行库，通过各家商业银行的业务库流到社会；二是指货币从中央银行流出的数量大于流入的数量。

货币发行按其性质分为经济发行与财政发行。货币的经济发行是指中央银行根据国民经济发展情况，按照商品流通的实际需要，通过银行信贷的渠道来发行。财政性货币发行是国家为弥补财政赤字向中央银行透支而引起的货币发行。由于财政性货币发行是出于弥补财政赤字的目的，而非生产流通发展的客观需要，所以它是一种超经济发行，容易引起社会的通货膨胀。

中央银行货币发行一般遵循以下原则：①垄断发行原则：即货币发行权高度集中于中央银行，只有这样，才能保证一国国内流通统一的货币形式，便于中央银行制定和执行货币政策、调节货币流通；②信用保证原则：即货币发行要有一定的外汇、黄金或有价证券作为保证，使得货币发行保持在适度范围内；③弹性发行原则：即货币发行要具有一定的灵活性，使得货币发行动态地适应经济发展的需要。

(2) 自有资本。中央银行虽然不以营利为目的，为了保证正常的业务活动，需要持有一定数量的自有资本。世界上绝大多数中央银行的自有资本主要由中央政府出资，也有一些中央银行还拥有地方政府、国有机构和私人银行等其他出资者的出资。

(3) 存款业务。中央银行存款业务完全不同于商业银行和其他金融机构的存款业务。中央银行的存款主要来自：

① 金融机构存款。金融机构在中央银行的存款包含包括法定准备金存款和超额准备金存款，这是中央银行行使"银行的银行"职能时，形成的一项基本负债。一方面，与存款准备金制度相关，另一方面，也保证了商业银行之间资金清算业务的顺利开展。

② 政府和公共部门存款。中央银行作为国家的银行，一般都由政府赋予代理国库的职责，财政的收入和支出都由中央银行代理。中央银行在代理国库的过程中，因先收后支或者收大于支，使得财政资金暂时停留在中央银行账面上形成其短期资金来源；或者当财政收支出现结余，形成中央银行长期性资金来源。

③ 特种存款。中央银行按照商业银行、专业银行和其他金融机构信贷资金的营运情况，根据银根松紧和资金调度的需要，以特定方式向这些金融机构集中一定数量的资金。特种存款作为中央银行的一种直接控制方式，针对特定金融机构吸收的短期存款。

④ 其他存款。中央银行还吸收其他金融机构、外国银行、外国政府等其他主体的

存款,非银行金融机构存款在有些国家央行将其纳入存款准备金业务进行管理,有些国家则单独作为一项业务不做比率要求,由非银行金融机构按其清算需求自主决定。外国政府、外国银行持有的存款形成这些主体所持有的外汇,可用于其国际收支结算和债务偿付。

2. 资产业务

中央银行的资产业务是指中央银行运用其负债资金的业务,主要包括:贷款、再贴现、证券买卖、储备资产等业务。中央银行的资产业务是基础货币投放的重要渠道,是中央银行实施职能的具体表现。其中,再贴现和贷款业务是中央银行最古老的资产业务;而证券买卖业务是中央银行的基本资产业务。

(1) 贷款业务。贷款业务是中央银行作为"最后贷款人"向商业银行、非银行金融机构、政府和其他主体发放的贷款,是中央银行的最主要资产业务之一。其中对商业银行的再贷款是最主要部分,一般采取信用贷款或抵押贷款的形式,用于解决商业银行的短期资金储备不足和资产临时性调整,保证商业银行的清偿能力和维护金融市场的稳定。这也是中央银行投放基础货币的途径之一。中央银行贷款一般以短期贷款为主,不以营利为目的,也不直接对企业和个人发放贷款。

(2) 再贴现业务。再贴现指中央银行买进商业银行或非银行金融机构贴现所获得的未到期票据。这些未到期票据是商业银行先为工商企业贴现而买进的,中央银行再次买进,故称再贴现。中央银行再贴现是中央银行向商业银行提供短期资金融通的一种方式。中央银行通过调整再贴现率可以对整个社会的资金供求状况和利率产生影响,所以再贴现作为中央银行传统的三大货币政策工具(即存款准备金政策、再贴现政策和公开市场业务)之一,被不少国家广泛运用。

(3) 证券买卖业务。中央银行证券买卖业务是指中央银行作为市场参与者,在公开市场上进行有价证券的买卖。中央银行证券买卖业务也被称为公开市场业务,目的不是为了盈利,而是调节和控制货币供应量。中央银行在公开市场上买入有价证券是通过市场向社会投放基础货币;卖出有价证券是回笼流通中的基础货币。中央银行买卖的有价证券一般都是信用等级比较高的国家债券。

(4) 储备资产业务。储备资产业务是中央银行根据本国经济发展需要,对国际储备的规模和结构进行管理的业务。黄金和外汇储备是国际支付的重要储备,也是稳定币值的重要手段。中央银行担负着为国家管理外汇和黄金储备的责任,而黄金和外汇储备要占用中央银行资金,因而属于中央银行的重要资金运用。储备资产的功能主要包括以下三个方面:一是调节国际收支,保证对外支付;二是干预外汇市场,稳定本币汇率;三是增强综合国力,抵抗金融风险,稳定本国经济。

综上所述,中央银行的高度简化的资产负债表如表5-3所示。

表 5-3　中央银行的简化资产负债表

资产	负债
贷款	流通中的货币
再贴现	自有资本
证券买卖	存款
储备资产	金融机构存款
	政府和公共机构存款
	特种存款
	其他存款

3. 清算业务

中央银行的清算业务是中央银行集中票据交换和办理全国资金清算的业务活动，是中央银行金融服务职能的体现，具体包括集中办理票据交换、集中清算票据交换差额和办理异地资金转移。票据交换是各银行及非银行金融机构彼此之间进行债权债务和资金清算最基本的清算手段，通过各银行及非银行金融机构在中央银行的存款账户划拨来清算，从而中央银行成为全国的清算中心。中央银行统一办理清算，能够提高银行的清算效率，加速资金周转，增强银行信誉，也有利于加强中央银行对全国金融情况及商业银行等金融机构资金状况的了解，正确制定和执行金融政策，监督管理金融市场。

知识链接 5-12

第三方支付清算新模式

2016 年 10 月 20 日，中国人民银行正式批准由中国支付清算协会按照"共建、共有、共享"的原则，组织建设非银行支付机构——网络支付清算平台。2017 年 8 月 4 日，央行支付结算司下发了《关于将非银行支付机构网络支付业务由直连模式迁移至网联平台处理的通知》（以下简称为《通知》），要求自 2018 年 6 月 30 日起，非银行支付机构受理的涉及银行账户的网络支付业务要全部通过网联平台处理，该《通知》的发布，标志着我国的第三方支付在经历了银联模式、直连模式后，正式进入第三个阶段——网联模式。网联这一中间监管机构的出现，在阻断第三方支付平台与商业银行自行对接，改变直连模式下第三方支付平台与商业银行之间的竞合关系的同时，也在一定程度上消除了其寄生性，给予第三方支付机构独立的机会。

在网联模式之前，第三方支付处于直连模式阶段。所谓直连模式，就是第三方支付平台与商业银行直接相连，平台在办理转账支付时，其用户需绑定银行卡，商业银行通过认定用户的身份信息,将用户账号内部分资金的划拨权授予第三方支付平台,由第三方平台接收并处理用户的收付款请求。当客户完成商品验收和收货确认后,第三方支付平台才会将款项转至卖家账户,完成资金的划拨业务。在这种模式下,第三方支付平台以中介身份存在于客户与商业银行之间,"承包"了原属于商业银行的部分支付结算业务,并由这种"承包"从商业银行分得收入,因此是寄生于商业银行(支付系统)之上的一种新型经营业态或经营实体。

这种自主对接模式在提高支付和结算效率的同时,也存在一定的漏洞。首先是存在信息漏洞。在直连阶段,第三方支付机构的真实身份是商业银行的支付托管机构,即用户借助第三方支付平台在各银行内的账户完成支付和交易。由于业界缺乏统一的标准,使一个支付平台要与多个银行对接,易使各银行资金在同一平台进行划转,导致平台内大量交易信息无法被央行获取,这将严重影响金融监管、宏观货币政策、反洗钱等工作的开展。其次是存在资金漏洞。直连模式方便快捷等特点将大量客户从商业银行吸引到了第三方支付平台,同时也将他们存放在银行账户上的资金转移至第三方支付平台。由于第三方支付机构网络交易的特性,使得资金的流通具有一定的隐蔽性,导致央行对资金流通的监管存在盲点,无法有效防范和控制金融风险。直连模式下,新型第三方支付机构也对商业银行造成了全面的冲击。第三方支付机构在分流银行客户的同时,也绑定了客户的信息,并通过大数据和云计算构建从支付到咨询、从担保到投资乃至财富管理等全方位的金融服务。

鉴于以上漏洞及问题,网联模式应运而生。网联模式将用户的交易分为两类,一类是未涉及银行卡的交易,一类是涉及银行卡的交易。对于前者,用户直接通过第三方支付平台进行资金转移,完成交易;对于后者,第三方支付平台将接收到的用户支付或收款请求自动传递给网联平台,网联平台在记录、保存收付款业务信息后将该请求传递给商业银行,商业银行根据网联所传递的信息进行资金的处理,资金处理的结果再由原路反馈至第三方支付平台,完成交易。在涉及银行卡的支付交易中,网联作为中介机构,虽未触碰平台及银行的资金,但通过要求第三方支付平台"报告"支付申请,参与整个支付清算过程,而实现对第三方支付平台与商业银行之间的资金划转的实时监控。这一阶段最直观变化是网联平台充当了第三方支付平台与商业银行间的"中介+监管"机构,阻断了第三方平台与商业银行之间自由和直接对接,消除了对资金变动的监管盲点。但根本的改变是重塑了新型第三方支付与商业银行的关系,是在扩大监管范围、加强金融监管的基础上,为第三方支付平台创造了独立发展的机会。

资料来源:冯彦明、高璇,《网联模式对支付结算体系与金融监管的影响》,《银行家》,2019年第2期。

任务四　其他金融机构

其他金融机构主要是指除商业银行以外的金融机构,分为专业银行和非银行金融机构。而非银行金融机构指以发行股票和债券、接受信用委托、提供保险等形式筹集资金,并将所筹资金运用于长期性投资的金融机构,主要包括证券、保险、基金、信托、融资租赁等机构以及财务公司。

一、证券机构

证券机构包括证券经营机构和证券服务机构两类。证券经营机构指专营证券业务的金融机构,证券服务机构指为证券市场提供相关服务的法人机构。

(一) 证券公司

证券公司是指经国家主管机关批准依照公司法的规定设立的专门从事有价证券买卖经营业务的法人企业。证券公司具有证券交易所的会员资格,可以承销发行、自营买卖或自营兼代理买卖有价证券。美国称证券公司为投资银行;英国称为商人银行;德国实行银行证券混业经营,一般由银行设立公司从事证券业务;日本和我国将专营证券业务的金融机构称为证券公司。证券公司是我国证券经营机构的主要表现形式。

1. 证券公司的组织形式

大多数国家要求证券机构为法人,并且对其设立以及业务经营有诸多法律规定限制。以我国为例,我国《公司法》规定,证券公司是依照《公司法》法规设立的经营证券业务的有限责任公司或者股份有限公司。根据《证券法》的规定,设立证券公司,应当具备下列条件:①有符合法律、行政法规规定的公司章程;②主要股东具有持续盈利能力,信誉良好,最近三年无重大违法违规记录,净资产不低于人民币二亿元;③有符合本法规定的注册资本;④董事、监事、高级管理人员具备任职资格,从业人员具有证券从业资格;⑤有完善的风险管理与内部控制制度;⑥有合格的经营场所和业务设施;⑦法律、行政法规规定的和经国务院批准的国务院证券监督管理机构规定的其他条件。

2. 证券公司的业务

证券公司的业务主要有:证券承销与保荐业务、证券经纪业务、证券自营业务、证券投资咨询、证券资产管理业务等。

(1) 证券承销业务。证券承销业务是证券公司最基础的业务活动,它是指证券公司根据证券发行人签订的承销协议,代理证券发行人发行证券,并取得手续费和佣金收入的行为。证券承销业务可以采取包销或者代销方式。证券包销是指证券公司将发行人的证券按照协议全部购入或者在承销期结束时将售后剩余证券全部自行购入的承销方式,前者为全额包销,后者为余额包销。证券代销是指证券发行公司代发行人发售证券,在承销期结束时,将未售出的证券全部退还给发行人的承销方式。

(2)证券经纪业务。证券经纪业务又称代理买卖证券业务,是指证券公司接受客户委托代为买卖证券并收取一定佣金的业务。证券经纪业务分为柜台代理买卖和证券交易所代理买卖两种。目前,我国公开发行并上市的股票、公司债券及权证等证券,在交易所以公开的集中交易方式进行。因此,我国证券公司从事的经纪业务以通过证券交易所代理买卖证券业务为主。证券公司的柜台代理买卖证券业务主要为在代办股份转让系统进行交易的证券的代理买卖。

(3)证券自营业务。证券自营业务是指证券公司以自己的名义,以自有资金或者依法筹集的资金,为本公司买卖依法公开发行的股票、债券、权证、证券投资基金及其他证券,获取盈利的行为。一般资金实力较为雄厚的证券公司,不仅可以代客买卖证券,还可以直接进入交易所自行买卖证券。证券自营活动有利于活跃证券市场,维护交易的连续性。但是,由于证券公司在交易成本、资金实力、获取信息以及交易的便利条件等方面都比投资大众占有优势,因此,在自营活动中要防范操纵市场和内幕交易等不正当行为;加之证券投资的高收益性和高风险性特征,许多国家都对证券经营机构的自营业务制定了法律法规,进行严格管理。

(4)证券投资咨询业务。证券投资咨询业务是指证券公司及其相关业务人员运用各种有效信息,对证券市场或个别证券的未来走势进行分析预测,对投资证券的可行性进行分析评判,为投资者投资决策提供分析、预测、建议等服务,倡导正确的投资理念,传授投资技巧,引导投资者理性投资的业务活动。

(5)证券资产管理业务。证券资产管理业务是指证券公司作为资产管理人,根据有关法律、法规和与投资者签订的资产管理合同,按照资产管理合同约定的方式、条件、要求和限制,为投资者提供证券及其他金融产品的投资管理服务,以实现资产收益最大化的行为。

近年来,一些证券公司还从事外汇及黄金的买卖,经营设备及耐用品的租赁,管理退休基金、投资信托和单位信托等各种投资基金,兼营短期贷款和其他业务,其业务日趋多样化,与一般商业银行的区别正在逐步缩小。

(二)我国证券机构的发展

1. 证券公司

我国第一家专业性证券公司——深圳特区证券公司成立(2006年退出市场)于

1987年成立,之后在各个省市陆续成立了30多家地方性证券公司。这些证券公司初设时或是由某一家金融机构全资设立的独资公司,或是由若干金融机构、非金融机构以入股形式组建的股份制公司。

从业务性质上看,它们可以分为两种类型:一类是证券专营机构,即专门从事与证券有关的各项业务的证券公司;另一类是证券兼营机构,主要是通过其设立的证券业务部经营证券业务的信托投资公司。

1998年12月,《中华人民共和国证券法》出台,规定"国家对证券公司实行分类管理,分为综合类证券公司和经纪类证券公司,并由国务院证券监督管理机构按照其分类颁发业务许可证。"综合类证券公司可以经营经纪业务、自营业务、承销业务和经监管机构核定的其他证券业务;经纪类券商只允许专门从事证券经纪业务。按照《证券法》的要求,各类兼营机构逐步退出了证券中介领域,证券经营机构逐渐调整转型为证券公司。

经过20多年的发展,各类证券公司业务立法及管理规定日趋完善,中国证券公司的资本实力、业务领域、创新能力均发生了明显改观。截至2020年9月30日[①],135家证券公司总资产为8.57万亿元,净资产为2.24万亿元,净资本为1.79万亿元,客户交易结算资金余额(含信用交易资金)1.56万亿元,受托管理资金本金总额11.23万亿元。

2020年前三季度135家证券公司实现营业收入3 423.81亿元,各主营业务收入分别为代理买卖证券业务净收入(含交易单元席位租赁)900.08亿元、证券承销与保荐业务净收入431.58亿元、财务顾问业务净收入50.62亿元、投资咨询业务净收入31.98亿元、资产管理业务净收入212.64亿元、利息净收入445.60亿元、证券投资收益(含公允价值变动)1 013.63亿元;2020年前三季度实现净利润1 326.82亿元,126家证券公司实现盈利。

2. 证券交易所

证券交易所是为证券集中交易提供场所和设施,组织和监督证券交易,实行自律管理的法人。证券交易所为了保证证券高效顺畅地成交,为证券交易双方提供了一定的场所和设施,为买卖双方创造交易条件,并对买卖双方进行监督,是证券交易的中介人。我国大陆地区目前建有上海证券交易所和深圳证券交易所。它们都是不以营利为目的,为证券的集中和有组织交易提供场所和设施,并履行相关职责,实行自律性管理的会员制事业法人。

3. 证券登记结算公司

证券登记结算公司是为证券交易提供集中的登记、托管与结算服务的中介服务机

---

① 资料来源于中国证券业协会。

构。2001年3月30日,中国证券登记结算有限责任公司成立,它是不以营利为目的的法人,采用全国集中、统一的证券登记结算运营方式。

4. 证券投资咨询公司

证券投资咨询公司又称证券投资顾问公司,是指对证券投资者和客户的投融资、证券交易活动和资本营运提供咨询服务的专业机构。证券投资咨询公司可以面向社会公众、也可以为签订了咨询服务合同的特定对象提供投资咨询服务。截至2020年12月,由中国证监会颁发的证券投资咨询业务许可证的证券投资咨询机构一共83家。

二、保险机构

《中华人民共和国保险法》中规定保险是指投保人根据合同约定,向保险人支付保险费,保险人对于合同约定的可能发生的事故因其发生所造成的财产损失承担赔偿保险金责任,或者当被保险人死亡、伤残、疾病或者达到合同约定的年龄、期限等条件时承担给付保险金责任的商业保险行为。保险公司是指与投保人订立保险合同,并按照合同约定承担赔偿或者给付保险金责任的法人。

保险业的发源地在英国,1668年英国就有了海上保险业务。1871年成立"劳埃德保险社",保险公司才开始登上历史舞台。美国是世界上保险业最发达的国家,拥有世界最大的保险公司。

(一)保险的职能

1. 保险的基本职能

保险的基本职能包括补偿损失和经济给付。

(1)损失补偿职能。在特定风险损害发生时,在保险的有效期和保险合同约定的责任范围以及保险金额内,保险公司按被保险人的实际损失数额给予赔付,这就是损失补偿。这种损失补偿使得已经存在的社会财富因灾害事故所致的实际损失在价值上得到补偿,在使用价值上得以恢复,从而使社会再生产过程得以连续进行,是对社会已有的财富进行再分配,但不能增加社会财富。

(2)经济给付职能。财产损失可以进行补偿,人身损失因为人的特殊性而不能简单地进行补偿。这是由于人的价值是无价的,不能用货币来衡量,所以人身保险是经过保险人和投保人双方约定进行给付的保险。因此,人身保险的职能不是损失补偿,而是经济给付。

2. 保险的派生职能

随着保险业务的扩大、保险种类的增加,以及人们的消费欲望随着经济收入增长而增加,保险的职能也有新发展,在保险基本职能的基础上产生了派生职能。

(1)防灾防损职能。由于保险的经营对象就是风险,保险企业为了稳定经营,要对风险进行分析、预测和评估,看哪些风险可作为承保风险,每种风险发生概率有多大,损失率有多大,是否能够提前进行风险管理、防范等,这些都是保险公司重要的研究及工作内容。由此保险又派生了防灾防损的职能。而且防灾防损作为保险业务操作的环节之一,始终贯穿在整个保险工作之中。保险的经营从承保到理赔,要对风险进行识别、衡量和分析,保险公司积累了大量的损失统计资料,其丰富的专业知识有利于开展防灾防损工作,进而履行其防灾防损的社会职责;保险公司加强防灾防损,减少保险的风险损失,增强公司财务的支付能力,并增加公司经营的收益。

(2) 融资职能。保险的融资职能,就是保险融通资金的职能或保险资金运用的职能。保险的补偿与给付的发生具有一定的偶发性和时差性,保险公司可以利用此对保险资金加以运作。同时,保险公司为了经营稳定,使保险基金保值增值,也要求其加强对保险资金的运用。因此,保险又派生了融资的职能。目前,承保业务与资金运作是保险公司的两大支柱。此外,保险公司融资也为金融市场提供大量资金,促进国民经济的发展。

(二) 保险公司的组织形式

因各国的社会制度、经济制度、经济状况不同,保险公司的组织形式一般有以下几种形式:

1. 国有保险公司

这类公司是由国家投资经营的保险公司,它既是保险业的经营机构,又是国家保险事业的管理机构。除了正常保险业务,还负责办理某些特殊保险,比如一些关系国计民生的行业,适合由国有保险公司经营管理。

2. 股份制保险公司

世界上大多数国家保险机构的主要组织形式是股份制保险公司。具体可分为两种情况:一是私人股份制保险公司,如美国 90% 以上的人寿保险公司是以股份制公司形式组织起来的;二是公私合股保险公司,即由国家和私人共同出资经营。

3. 合作保险公司

合作保险公司是指保险需要者采取互助合作形式,来满足全体成员对保险保障之需求。这类公司是一种非营利公司。公司每个成员既是投保人又是被保险人,同时也是保险人,公司成员以交保费为条件。

4. 自保险公司

自保险公司是指某些大企业集团,出于节省保费,减少或免除税赋而设立为自身提供保险服务的保险公司。

5. 个人保险公司

个人保险即以个人名义来承办各类保险业务。世界除英国以外的大多数国家和地区都禁止个人经营保险业务,保险经营者必须是法人组织。

在我国设立保险公司必须是法人,并且对其资质规定是非常严格的,例如设立保险公司的注册资本的最低限额为人民币二亿元,必须为实缴货币资本。

(三)保险公司的分类

按保险的标的不同,保险公司可分为两大类:人寿保险公司、财产和灾难保险公司。

1. 人寿保险公司

人寿保险公司是为投保人因意外事故或伤亡造成的经济损失提供经济保险的金融机构。人寿保险公司主要承保的险种都是基于对受保人寿命或者健康状况预期而提供的健康保险、伤残保险,还提供年金、养老基金、退休金等保险产品。

大部分的人寿保险单的保费中均含有储蓄的成分。因此说,人寿保险公司兼有储蓄银行的性质,是一种特殊形式的储蓄机构。由于人寿保险的保险期限长,保险金支付具有可预期性,保险基金比较稳定,因此人寿保险基金可进行长期投资,这也是保险公司发挥融通资金职能的最好体现。

2. 财产和灾难保险公司

财产和灾难保险公司是对法人和个人提供财产意外损失保险的金融机构。财产保险公司主要承保的险种有企业财产保险、家庭财产保险、运输保险、工程保险、产品责任保险和信用保证保险等。

由于财产灾难险的发生具有较大的意外性,其费率难以计算,理赔支付难以预期,所以财产和灾难保险公司的一部分资金可以投资于具有较高流动性和安全性,且又具有较高收益的国库券、商业票据和银行大额存单等。

(四)保险公司的业务

1. 保险营销

保险营销是指保险公司通过对保险商品的构思、开发、设计、费率厘定、分销和售后服务等进行计划与实施,满足具有保险潜在需求的人的保险需求,实现保险公司利润目标的过程。保险营销是保险业务活动的起点和基础。没有保险营销,就没有业务的开展。保险营销是一个动态的过程。任何一笔保险业务,保险营销过程都包括拜访、宣传、沟通,直到客户投保。

2. 保险承保

保险承保是指保险公司对被保险人的选择,即保险公司对投保人的投保要约,依据有关法律、法规、条款和自身经验进行风险分析和审核,最终决定接受或拒绝投保人的行为。保险承保决策实际就是业务的选择。承保工作做得好,降低保险风险,也是发挥保险防灾防损职能,做好风险管理。

3. 保险理赔

保险理赔是指保险公司在保险标的发生保险事故后,根据保险合同的规定,对被保险人或受益人提出索赔请求进行赔偿或给付的行为。保险理赔是直接体现保险基本职能的工作。由于道德风险问题在保险公司业务中表现得比较典型,因而保险公司要积极收集信息,筛选投保人,确定以风险为依据的保险费率,制定限制条款,防止欺诈,努力降低经营风险。

4. 保险资金运作

保险公司为了提高偿付能力,需要对保险基金进行积极的运作,主要方式有:

(1) 银行存款。银行存款是指保险公司将保险资金存入商业银行,可获取一笔稳定的利息收入。

(2) 证券投资。证券投资是指为了获取预期收益而买卖有价证券的活动,包括债券投资和股票投资。证券投资是保险公司保险资金的主要运作方式。各国为防止保险公司过度从事风险投资,往往会对保险公司投资证券的类型、质量和比例等做出规定。

(3) 发放贷款。贷款是指保险公司将保险资金贷放给单位和个人,以收取利息并按期收回本金的投资活动。

(4) 不动产投资。不动产投资是将保险资金用于购买土地、房产或其他建筑物的投资。它具有流动性差、投机性强、风险大的特点。因此,一般不作为保险投资的主要对象,只有人寿保险公司将少部分资产用于不动产投资。

(五) 我国保险机构的发展

1949年10月,中国人民保险公司成立,这是中华人民共和国成立后的第一家国有保险公司,标志着中国保险事业进入一个新的历史发展阶段。1988年前,我国的保险事业由中国人民保险公司独家经营。随后,中华联合保险公司前身新疆生产建设兵团农牧业保险公司、中国太保前身交通银行保险部、平安保险相继成立,打破了过去由中国人民保险公司独家经营的传统格局,开始出现多家保险公司共同经营的局面。1992年10月,美国友邦保险获准在上海开业,成为改革开放后中国第一家外资保险公司。

1995年,《中华人民共和国保险法》颁布并实施,标志着中国保险业进入有法可依、依法经营、依法监管的新阶段,确立了产险、寿险分业经营的原则。《保险法》颁布实施以来,先后经历2002年、2009年、2014年和2015年四次修改完善。

为加快发展和对外开放,我国国有保险公司明确了进行股份制改革的方向,2003年7月,中国人民保险公司率先完成了股份制改革,由中国人保控股公司、中国人民财产保险股份有限公司、中国人保资产管理公司三家公司取而代之。2000年

6月29日，中保国际控股有限公司（后更名为中国太平）在香港联交所挂牌上市，这是第一家在境外上市的中资保险企业。2007年1月9日，A股保险第一股——中国人寿在上海证券交易所挂牌上市。目前，中国人寿、中国人保、中国平安、中国太保、新华保险等5家在至少两地上市，人保财险、中国太平、中再集团、众安在线等4家在香港联交所上市，这9家公司组成直接上市的中国险企"军团"。

2014年，国务院发布《关于加快发展现代保险服务业的若干意见》（即"新国十条"）。保险业再次被以"顶层设计"的形式明确了在社会经济中的重要地位。"新国十条"提出到2020年，基本建成保障全面、功能完善、安全稳健、诚信规范，具有较强服务能力、创新能力和国际竞争力，与我国经济社会发展需求相适应的现代保险服务业，努力由保险大国向保险强国转变。

截至2020年9月末，我国已成为世界上第二大保险市场，保险业总资产22.43万亿元，保险资金运用余额达20.7万亿元。保险资金投资A股总体规模达2.68万亿元，约占A股流通市值的4.6%，是A股市场最大的机构投资者之一。

三、信托机构

（一）信托机构概念

信托是指财产的所有者（自然人或法人）为本人或他人的利益，将其财产交与受托人，委托受托人根据一定的目的对财产作妥善的管理和有利的经营的一种经济行为。在西方国家，信托制度是一项重要的财产管理制度。

信托机构是从事信托业务、充当受托人的法人机构。信托机构的性质是主要从事信托业务，在信托业务中充当受托人的法人金融机构。其职能是资产管理，即接受客户委托，代客户管理、经营、处置财产。

（二）我国信托机构的发展

1979年10月，为了丰富融资形式，满足社会日益增长的融资需求，我国第一家信托机构——中国国际信托投资公司成立，标志着我国信托业的重新崛起。之后各银行、行业主管部门和地方政府都办起各种形式信托机构，最高峰时达1000余家。但是缺乏明确的定位和基本业务规范，加上监管法律滞后，信托机构先后经历了6次清理整顿。2001年4月《中华人民共和国信托法》出台，2006年12月修订实施的《信托投资公司管理办法》等法律规定明确了信托业的地位，强调了信托机构主要业务种类，并进一步确立了信托业与银行业、证券业和保险业的分业经营框架。我国信托业才进入法治化和规范化的发展道路。截至2020年三季度末，我国信托公司有68家，信托业受托管理的信托资产余额为20.86万亿元。由于经营范围的广泛性，产品种类的多样性，经营手段的灵活性和服务功能的独特性，信托机构可以全方位满足各类市场需求，具有较明显的综合优势，信托公司在中国仍将有较广阔的发展空间。

(三)我国信托机构的主要业务

根据2006年12月中国银行业监督管理委员会颁布的《信托公司管理办法》的规定,我国的信托公司可以申请经营下列部分或者全部本外币业务:①资金信托;②动产信托;③不动产信托;④有价证券信托;⑤其他财产或财产权信托;⑥作为投资基金或者基金管理公司的发起人从事投资基金业务;⑦经营企业资产的重组、购并及项目融资、公司理财、财务顾问等业务;⑧受托经营国务院有关部门批准的证券承销业务;⑨办理居间、咨询、资信调查等业务;⑩代保管及保管箱业务;⑪法律法规规定或中国银行业监督管理委员会批准的其他业务。

四、基金公司

(一)基金组织概述

基金组织是指筹集、管理、运用某种专门基金的金融机构。基金组织起源于英国,历史上第一只基金——"海外及殖民地政府信托基金"是1868年在英国成立的,当时该基金主要是以英国海外殖民地的公债投资为主,它的创立标志着基金开始登上历史舞台。

基金组织起源于19世纪的英国,盛行于20世纪,特别是第二次世界大战后的美国。目前,世界各国,尤其是主要西方国家,基金组织是其现代金融机构体系的重要组成部分。比较重要的基金组织主要有三类,即养老基金组织、共同基金组织和货币市场互助基金。①养老基金组织是向参加养老基金计划的公司雇员以年金形式提供退休收入的金融机构,其基金来源是政府部门、雇主的缴款及雇员个人自愿缴纳的款项、运用基金投资的收益,养老基金组织多投资于股票、债券及不动产等高收益资产项目;②共同基金组织也可称为投资基金组织或投资公司,它是一种利息共享、风险共担的金融投资机构或工具。其运作方式是通过发行基金证券,集中许多小投资者的资金投资于多种有价证券,投资者按投资的比例分享其收益并承担相应的风险;③货币市场互助基金依靠出售股份获取资金,然后把资金投资于既安全又富有流动性的货币市场金融工具,如短期国债等,再把这些资产的利息收入付给股份持有者。货币市场基金既具有一般共同基金组织的特征,又在一定程度上发挥着存款机构的特点,股份持有者可以根据其持有额的价值来签发支票。

(二)我国的基金组织的发展

1992年11月,我国国内第一家比较规范的投资基金——淄博乡镇企业投资基金(简称"淄博基金")正式设立。该基金为公司型封闭式基金,募集资金1亿元,于1993年8月在上海证券交易所最早挂牌上市。淄博基金的设立揭开了投资基金业发展的序幕,并在1993年上半年引发了短暂的中国投资基金发展的热潮。

1997年11月,国务院证券管理委员会颁布了《证券投资基金管理暂行办法》,为我国基金业的规范发展奠定了法律基础。1998年3月,经中国证监会批准,新成立的南方基金管理公司和国泰基金管理公司分别发起设立了规模均为20亿元的两只封闭式基金——"基金开元"和"基金金泰",由此拉开了中国证券投资基金试点的序幕。至1999年初,我国共设立了10家基金管理公司。截至2001年9月开放式基金推出之前,我国共有47只封闭式基金,规模达689亿份。

2000年10月,中国证监会发布了《开放式证券投资基金试点办法》。2001年,我国第一只开放式基金——"华安创新"诞生,使我国基金业发展实现了从封闭式基金到开放式基金的历史性跨越,也推动了基金数量爆发式增长,各类型基金大量出现。到2006年,开放式基金已初步形成股票型基金、混合型基金、债券型基金、货币市场基金、保本型基金和QFⅡ基金的整体框架。2013年,余额宝推出,引领以"宝宝类"为代表的货币市场基金,率先实现金融理财与金融支付的有机融合。截至2020年12月份,我国境内共有基金管理公司132家,其中,中外合资公司44家,内资公司88家;取得公募基金管理资格的证券公司或证券公司资产管理子公司共12家、保险资产管理公司2家。以上机构管理的公募基金资产净值合计19.89万亿元。

知识链接 5-13

天弘余额宝　国民级基金让理财进入普惠时代

2013年6月13日,支付宝联合天弘基金低调推出了一款名为"余额宝"的货币基金产品。纯直销、客户定位于"月光族"和投资"小白"、1元起购、转入即申购、T+0随时赎回、收益每日呈现等特点一下子引发客户的强烈关注。在一个月的时间里,余额宝的客户数连续突破100万、250万。2013年11月15日,余额宝规模突破1 000亿。不到4年它更是成功突破了万亿元规模,2017年4月余额宝以1.14万亿(约合1 656亿美元)的规模,超过1 500亿美元规模的摩根大通美国政府货币市场基金,成为全球最大的货币市场基金,也是中国公募基金历史上里程碑式的产品。

其实,余额宝后台绑定的"天弘增利宝"本质上是一款货币基金产品,主要投向银行同业存款、大额存单、短期国债、央行票据等风险较低的货币市场,它作为货币基金的属性和其他货币基金并没有太大的不同。但余额宝创新的将传统货币基金的产品价值进行了充分的挖掘和拓展,一方面与客户的生活需求相结合,通过互联网去覆盖广大的普通用户,使货币基金的产品定位和基本功能回归了货币基金的本质;另一方面,由于与支付场景对接,使得传统货币基金产品融入生活场景,创造了需求。将理财服务覆盖到了传统的金融体系覆盖不到的人群,还有那些原本根本没有意识到自己需要理财服务的人群中。

截至2020年二季度末,余额宝的持有人户数已达到6.68亿户,意味着有近一半的中国人都是余额宝的用户。而到2020年第三季度末,余额宝成立以来累计为投资者赚取了2 121.37亿元的收益。今天,余额宝不仅是基金,也是普通人的日常生活。每天早起看收益,把几元、几十元的零钱都放入余额宝,购物、消费和转账。未来,天弘基金与支付宝还将推出收益挑战,旨在帮助余额宝用户认识资产配置、实现理财进阶。

资料来源:陈玥,《天弘余额宝 国民级基金让理财进入普惠时代》,《上海证券报》,2020年12月14日。

能力拓展 5-4

请问您使用余额宝理财吗?你如何看待余额宝、银行存款和大额存单这些理财产品?为什么?

五、政策性金融机构

(一)政策性金融机构概述

政策性金融机构是指由政府创立、参股或保证的,不以追求盈利为经营目的,在特定的业务领域内从事政策性融资活动,贯彻执行和配合政府的社会经济政策或意图的金融机构。政策性金融机构设立的目的在支持政府发展经济,促进社会全面进步,例如一些国家为了解决银行不良资产而成立的金融资产管理公司、一些国家为了防止存款人的资金遭受损失而成立的存款保险公司。

(二)我国政策性金融机构的发展

1. 政策性银行

1994年以前,我国没有专门的政策性金融机构,国家的政策性金融业务分别由当时的四家国有专业银行承担。1994年我国组建了三家政策性银行:国家开发银行、中国进出口银行、中国农业发展银行。三家政策性银行都是直属国务院领导的政策性金融机构,其目的在于克服国有四大商业银行一身二任的弊端,实现政策性金融和商业性金融的分离,为建立社会主义市场经济条件下真正自主经营的国有商业银行创造条件。同时,以政策性银行的业务来引导社会投资方向,实现经济资源的合理配置。

国家开发银行成立于1994年3月,是以国家重点建设为主要投融资对象,办理国家重点建设的贷款和贴息业务的政策性银行;中国进出口银行成立于1994年7月,是为大型机电设备进出口提供买方信贷和卖方信贷,为成套机电产品出口提供信贷贴息及信用担保的政策性金融机构;中国农业发展银行成立于1994年11月,是承担国家粮棉油储备和农副产品合同收购、农业开发等业务中的政策性贷款、代理财政支农资金的拨付及监督使用的金融机构。

2008年12月16日,经国务院批准,国家开发银行整体改制为国家开发银行股份有限公司,我国政策性银行改革取得重大进展。首先试水的国开行,开始向商业化转型。2015年4月,国务院正式批复国家开发银行、中国进出口银行、中国农业发展银行三家政策性银行的改革方案,明确国家开发银行坚持开发性金融机构定位;中国进出口银行强化政策性职能定位;中国农业发展银行坚持以政策性业务为主体,建设成为具备可持续发展能力的农业政策性银行。

2. 金融资产管理公司

金融资产管理公司是各国用于清理银行不良资产的金融中介机构。其成立通常是银行出现危机时由政府设立,不以营利为目的。

为了处理好我国国有商业银行的不良资产,化解由此可能导致的金融风险,我国于1999年相继设立了中国华融资产管理公司、中国长城资产管理公司、中国信达资产管理公司和中国东方资产管理公司四家金融资产管理公司,它们分别收购、管理和处置四家国有商业银行和国家开发银行的部分不良资产。

截至2006年底,四大资产管理公司已基本完成政策性不良资产的处置任务,累计接受政策性不良资产14 195亿元,已处置11 447亿元;收购商业化不良资产累计8 012亿元,已处置1 656亿元。2009年之后,由于政策性任务逐渐完成,四大资产管理公司踏上了商业化进程,目前的业务范围涵盖资产管理、保险、证券、信托、租赁、投融资、评级和海外业务。

六、金融租赁公司

(一) 金融租赁公司概述

金融租赁公司是专门经营融资租赁业务的公司,通过提供租赁设备定期向承租人收取租金的金融机构。金融租赁根据企业要求,筹措资金,提供以"融物"代替"融资"的设备租赁,在租期内,作为承租人的企业只有租赁物的使用权,并按要求向租赁公司交付租金;租赁期满,承租人以向租赁公司交付少量租赁物的残值价格,从租赁公司那获得租赁物的所有权。

金融租赁,承租人企业可用少量资金获得所需要的现金技术设备,对于资金短缺的企业来说,金融租赁是加速投资,扩大生产的好对策;就某些产品积压的企业来说,金融租赁是促进销售,拓展市场的好对策;而且分期偿还的还款方式,有助于承租企业避免资金波动风险。

(二) 我国金融租赁机构的发展

我国的融资租赁机构是在20世纪80年代开始建立并发展起来的。1987年7

月,中国国际信托投资公司与内资机构合作成立了我国第一家融资租赁公司——中国租赁有限公司。标志着中国金融租赁业的兴起和建立。早期的无序发展,给融资租赁行业带来隐忧。2007年3月,银监会修订公布了《金融租赁公司管理办法》,这是对金融租赁公司进行审核和监管的主要法律依据;依据法律规范后的金融租赁行业的外部环境得到彻底改善,迎来其创新发展的新时代。金融租赁行业表现为多元化、规模化和政策支持的特点。2008年,首批获准的5家银行系金融租赁公司启动;2010年,银监会批准中石油组建金融租赁公司,成为国内首家由产业类企业控股的金融租赁公司。随着我国金融租赁交易规模的高速增长,在全球的总规模排名跃居世界第二。2014年3月,银监会发布新修订的《金融租赁公司管理办法》,将主要出资人制度调整为发起人制度,写明5类机构可以设立金融租赁公司,支持民间资本进入金融租赁行业;2015年9月,国务院办公厅印发《关于促进金融租赁行业健康发展的指导意见》,成为中国金融租赁业发展史上的里程碑。截至2020年12月底,我国现有金融租赁公司71家。

七、财务公司

(一) 财务公司概述

国外财务公司主要是经营消费贷款、汽车贷款等消费信贷业务的非银行金融机构。财务公司起源于18世纪的法国,随后在英美等国相继出现,目前包括我国在内的许多国家均设有此类机构,财务公司是近几年发展最快的金融机构。国外的财务公司虽然也经营贷款业务,但却不是以存款作为资金来源,而是靠发行长期债券或以短期借款来筹集资金,或以自身拥有的资本进行营运。财务公司的资金运用主要是消费信贷,少数财务公司也向企业发放贷款。

(二) 我国财务公司的发展

我国财务公司被称为"企业集团财务公司",是应企业集团发展之需,由企业集团内部各成员单位入股,向社会募集中长期资金的金融股份有限公司。中国的企业集团财务公司产生于20世纪80年代中后期,是具有中国特色的为企业集团发展配套的非银行金融机构,实质上是大型企业集团附属的金融公司。如中国电力财务有限公司、中航工业集团财务有限责任公司等。1987年,经中国人民银行总行批准,中国第一家财务公司——东风汽车工业财务公司成立。中国的企业集团财务公司的业务范围覆盖银行、投资和咨询等多个领域。除去对资金的来源有所限制外,其资金运作空间大于银行、基金和证券公司。因此,部分依托于实力雄厚的企业集团、运作经验丰富的财务公司,其发展空间极为广阔。截至2019年年底,我国企业集团财务公司有258家。近年来,我国财务公司的存款规模与贷款规模均呈现良好的增长态势。根据中国财务公司协会披露的数据,随着我国财务公司数量的增加和业务规模的扩大,2010—2018年,我国财务公司存款(含保证金存款)规模逐年上升,由 12 222 亿元上升至 2018 年的 49 141 亿元,年平均增长率高达 19.00%。2014—2018 年,我国财务公司的各项贷款(含贸易融资)规模由 13 252 亿元增加至 28 409 亿元,年增长率达到 21.00%。

项目小结

1. 金融机构的含义

金融机构(Financial Institution)也叫金融中介或金融中介机构,是指主要以货币资金为经营对象,专门从事货币信用、资金融通、金融交易以及相关业务的专业化组织。

2. 金融机构体系的含义和构成

金融机构体系指金融机构的组织体系,简称金融体系,是一国各类金融机构按照一定的结构形式组成具有一定功能的完整系统。一国的金融机构体系,是由这个国家的经济发展水平、经济体制、货币信用发达程度等因素决定的。金融机构体系主要是由中央银行、商业银行,各种专业银行和非银行金融机构等组成。

中央银行是一个国家的金融管理机构,是各国金融机构体系的核心。中央银行对内代表国家负责制订和执行货币政策,对整个金融体系和全国的金融市场进行管理与监督。对外中央银行是一国货币主权的象征,代表国家参与和处理有关国际金融事务。

商业银行是以营利为目的,以金融资产和负债为主要业务的综合性多功能的金融企业,是金融机构体系中的主体。主要以吸收社会公众存款、发放贷款为主要业务。

专业银行是专门经营指定范围的金融业务和提供专门性金融服务的银行。专业银行其服务对象是某一特定部门或领域,其设置具有明显的政府政策指向。

非银行金融机构是指以发行股票和债券、接受信用委托、提供保险等形式筹集资金,并将资金运用于长期投资的金融机构。非银行金融机构主要有保险公司、投资基金、退休养老基金、信托投资公司、财务公司和信用合作社等。

3. 国际金融机构体系的构成

国际金融机构是指从事国际金融管理和国际金融活动的超国家性质的组织机构,按地区可分为全球性国际金融机构和区域性国际金融机构。目前,国际金融机构体系的基本格局是:以国际货币基金组织为核心,以世界银行集团为主,区域性国际金融机构并存。

国际货币基金组织(IMF)是根据 1944 年联合国国际货币金融会议上通过的《国际货币基金协定》于 1945 年 12 月成立的,1947 年 3 月开始工作,同年 11 月 15 日成为联合国的一个专门机构。总部设在华盛顿,在巴黎和日内瓦设有代表处。它的宗旨是帮助会员国平衡国际收支,稳定汇率,促进国际贸易的发展。

世界银行成立于1945年12月27日,1946年6月开始营业。世界银行集团目前由国际复兴开发银行(IBRD)、国际开发协会(IDA)、国际金融公司(IFC)、多边投资担保机构(MIGA)和解决投资争端国际中心(ICSID)五个会员机构组成。

4. 商业银行的职能、类型和组织形式

商业银行是特殊的金融企业,其基本职能包括:信用中介、支付中介、信用创造和金融服务。

按照业务经营范围划分,商业银行可以分为职能分工型商业银行和综合型商业银行。

按照外部组织形式划分,商业银行的组织形式可以分为单一银行制、总分行制、银行控股公司制、连锁银行制。

5. 商业银行的业务

虽然商业银行的类型和组织形式各不一样,但是他们的经营业务一般都分为负债业务、资产业务、中间业务和表外业务。

商业银行的负债业务是形成商业银行资金来源的业务,是商业银行最基础、最主要的业务。商业银行的负债业务包括自有资本、存款和借款三项业务。

商业银行的资产业务是商业银行将其通过负债业务所聚集的货币资金从事信用活动以获得收益的业务。商业银行的资产业务主要包括现金资产、贷款以及证券投资等项目。

商业银行的中间业务是指商业银行基本不用或较少运用自己的资金,以中间人的身份代客户办理收付和其他委托事项,提供各类金融服务并收取手续费的业务。这种业务是由资产业务和负债业务衍生而来的,在资产负债表上一般不直接反映出来,商业银行中间业务具体包括:支付结算类业务、银行卡业务、代理类中间业务、担保类中间业务、承诺类中间业务、交易类中间业务、基金托管业务、咨询顾问类业务、其他类中间业务。

6. 商业银行经营管理的基本原则

商业银行在经营管理的过程中遵循"安全性、流动性和效益性"的三性原则。安全性,是指商业银行的资产、负债、收益、信誉以及所有业务发展的条件免遭损失的可能性。流动性,是指商业银行能够随时应付客户提现、满足各种合理资产支付需求的能力。效益性,是指商业银行获得利润的能力。

7. 中央银行的制度类型和职能

中央银行的产生和发展有其特定的社会经济背景和客观要求,决定了设立中央银行的客观必然性。其产生的途径基本是两种:一是在一些银行业发展较早的国家,政府通过不断地赋予权力使得一些信誉好、实力强的私人银行逐渐转化为中央银行,二是政府根据自己的实际需要,借鉴前者的经验直接出资组建中央银行。

8. 中央银行的制度类型和职能

中央银行制度因各国的社会制度、政治制度、经济体制和金融业发展程度的不同而不同,大体分为:单一式中央银行制度、复合式中央银行制度、跨国中央银行制度和准中央银行制度。

中央银行的职能有:发行的银行、银行的银行、国家的银行。

9. 中央银行的业务

中央银行的负债业务,是中央银行以负债形式获得资金来源的业务。是中央银行资产业务的基础。一般分为以下四个部分:货币发行业务、自有资本、存款业务。其中最重要的是货币发行业务和存款业务。

中央银行的资产业务是指中央银行运用其负债资金的业务,主要包括:贷款、再贴现、证券买卖、储备资产业务。中央银行的资产业务是基础货币投放的重要渠道,是中央银行实施职能的具体表现。

中央银行的清算业务是中央银行集中票据交换和办理全国资金清算的业务活动,是中央银行金融服务职能的体现,具体包括集中办理票据交换、集中清算票据交换差额和办理异地资金转移。

10. 其他金融机构

其他金融机构主要是指除商业银行以外的金融机构,分为专业银行和非银行金融机构。而非银行金融机构指以发行股票和债券、接受信用委托、提供保险等形式筹集资金,并将所筹资金运用于长期性投资的金融机构,主要包括证券、保险、信托、基金、资产管理公司、金融租赁等机构以及财务公司。

证券机构包括证券经营机构和证券服务机构两类。证券经营机构指专营证券业务的金融机构,主要指证券公司;证券服务机构指为证券市场提供相关服务的法人机构,包括证券交易所、证券登记结算公司等。

证券公司的业务主要有证券承销与保荐、证券经纪业务、证券自营业务、证券投资咨询、证券资产管理业务、与证券交易、证券投资活动有关的财务顾问、其他证券业务等。

保险公司是指与投保人订立保险合同,并按照合同约定承担赔偿或者给付保险金责任的法人。按照保险标的的不同,保险公司可以分为人寿保险公司、财产和灾难保险公司。

信托机构是从事信托业务、充当受托人的法人机构。信托机构的性质是主要从事信托业务,在信托业务中充当受托人的法人金融机构。其职能是财产管理,即接收客户委托,代客户管理、经营、处置财产。

基金组织是指筹集、管理、运用某种专门基金的金融机构。比较重要的基金组织主要有三类,即养老基金组织、共同基金组织和货币市场互助基金。

政策性金融机构是指由政府创立、参股或保证的,不以追求盈利为经营目的,在特定的业务领域内从事政策性融资活动,贯彻执行和配合政府的社会经济政策或意图的金融机构。包括政策性银行和金融资产管理公司。

金融租赁公司是专门经营融资租赁业务的公司,通过提供租赁设备定期向承租人收取租金的金融机构。

国外财务公司主要是经营消费贷款、汽车贷款等消费信贷业务的非银行金融机构。我国财务公司被称为"企业集团财务公司",是应企业集团发展之需,由企业集团内部各成员单位入股,向社会募集中长期资金的金融股份有限公司。

知识自测

一、单项选择题

1. 我国的中央银行是(　　)。
   A. 中国人民银行　　B. 中国银行　　C. 中国工商银行　　D. 中国中央银行
2. 中央银行的最主要的负债业务是(　　)。
   A. 存款业务　　B. 发行货币　　C. 贷款业务　　D. 代理国库
3. 商业银行最基本的职能是(　　)。
   A. 信用中介　　B. 支付中介　　C. 信用创造　　D. 金融服务
4. 商业银行资产业务中流动性最强、效益性最低的是(　　)。
   A. 贷款　　B. 现金资产　　C. 票据贴现　　D. 短期债券
5. 商业银行同行拆借一般是(　　)。
   A. 抵押借款　　B. 贷款　　C. 信用借款　　D. 票据贴现
6. 2004年我国中小板块在(　　)证券交易所上市。
   A. 上海　　B. 深圳　　C. 北京　　D. 香港
7. 人身保险的基本职能是(　　)。
   A. 损失补偿　　B. 经济给付　　C. 防灾防损　　D. 融资职能
8. 我国第一家信托机构——中国国际信托投资公司成立于(　　)年。
   A. 1979　　B. 1980　　C. 1990　　D. 1992
9. 我国财务公司被称为(　　)。
   A. 投资银行　　　　　　　　B. 商人银行
   C. 企业集团财务公司　　　　D. 财务管理公司
10. 我国以国家重点建设为主要投融资对象,办理国家重点建设的贷款和贴息业务的银行是(　　)。
    A. 中国人民银行　　B. 中国建设银行　　C. 中国工商银行　　D. 国家开发银行

二、判断题

1. 支付中介是金融机构最基本、最反映其经营活动特性的职能。（　）
2. 国际货币基金组织是全球性金融机构。（　）
3. 中央银行虽然是金融管理机构，但其办理的存贷款业务仍然要以盈利为目的。（　）
4. 商业银行的中间业务和表外业务都不承担风险。（　）
5. 股份制商业银行在我国商业银行体系中占主导地位。（　）
6. 有价证券因为其自身具有价值，因此被称为有价证券。（　）
7. 交易所是最主要的证券交易场所，是证券交易市场的核心。（　）
8. 人身保险合同不存在超额保险和重复保险。（　）
9. 财产保险是损失补偿性合同。（　）
10. 融资租赁的租赁物一般是通用设备。（　）

三、综合训练题

1. 结合本章第一小节内容，请画出金融机构体系结构图。
2. 请登录中国工商银行网站（http://www.icbc.com.cn），查看该商业银行的主要业务，进行归类，并制作PPT展示。
3. 2019年，很多民营银行推出了智能化存款产品或者线下的定期存款，年化收益率高达5%，远超四大行的基准利率，请问民营银行推出这些高利率产品是出于什么考虑？请你运用"三性"原理分析这一行为的合理性。
4. 阅读案例，回答下面的讨论题。

中国人民银行保证金融系统稳定性

2020年中国人民银行全系统处罚银行保险机构3 178家次，责任人4 554人次，罚没合计22.8亿元。其中，2020年银保监会持续做好包商银行风险处置，依法接管"明天系"6家保险、信托机构。安邦集团结束接管；稳妥推进高风险中小银行、保险、信托机构风险处置；全年处置银行业不良资产3.02万亿元，2017年至2020年处置不良贷款超过之前12年总和。2020年，银行业房地产贷款增速8年来首次低于各项贷款增速，全国实际运营的P2P网贷机构全部归零。银保监会还探索金融反垄断治理机制，配合地方党委政府化解大型企业集团债务风险，处置了一批重大非法集资案件。

请分析：

（1）请登录中国人民银行（http://www.pbc.gov.cn/）和中国银行保险业监督管理委员会网站（http://www.cbirc.gov.cn/cn/），查找这些机构的机构概况和主要业务。

（2）银保监会在2020年度处罚违规银行保险机构、处置不良资产、托管运营不佳的银行及保险机构，这些行为是代表中央银行行使什么职能？其目的是什么？

项目六　金融市场

学习目标

知识目标：
1. 掌握金融市场的含义、特征及构成要素
2. 掌握货币市场特征及主要的金融工具
3. 掌握资本市场特征及主要的金融工具
4. 了解外汇市场与黄金市场

技能目标：
1. 能够用金融市场理论分析金融现象
2. 能够结合实际理解金融工具的运用

导入案例

科创板——中国资本市场改革的"试验田"

2019年1月底，中国证监会发布《关于在上海证券交易所设立科创板并试点注册制的实施意见》，各项相关工作正有序推进。与此同时，《上海证券交易所科创板股票发行上市审核规则》等配套规则正按程序公开征求意见。

科创板对企业的创新发展将起到怎样的作用？对深化资本市场改革而言，科创板又作出了哪些制度创新？

1. 激发科技创新活力，助推经济结构转型升级

"坚持面向世界科技前沿、面向经济主战场、面向国家重大需求，主要服务于符合国家战略、突破关键核心技术、市场认可度高的科技创新企业"，科创板这一鲜明定位，透着浓浓的创新味儿。尽管我国科技创新成果不断涌现，创新创造能力显著增强，但是，融资的高山目前仍然是许多中小型科创企业发展的一个障碍。新时代证券首席经

济学家潘向东认为,为支持新经济不断成长,助推经济结构转型升级,科创板的设立恰逢其时。

许多中小型科创企业有着类似的遭遇。在发展初期,科创企业往往研发投入高、风险大,而投资周期相对较长,资金回收慢,以致难以获得机构投资者的青睐。针对板块定位以及科创企业特点,科创板将大幅提升上市条件的包容度和适应性。在市场和财务条件方面,科创板引入"市值"指标,与收入、现金流、净利润和研发投入等财务指标进行组合,设置了5套差异化的上市指标,可以满足在关键领域通过持续研发投入已突破核心技术或取得阶段性成果、拥有良好发展前景,但财务表现不一的各类科创企业上市需求。允许符合科创板定位、尚未盈利或存在累计未弥补亏损的企业在科创板上市。

此外,科创板还允许符合相关要求的特殊股权结构企业和红筹企业在科创板上市。

2. 积累资本市场改革经验

试点注册制、扩大股票日内涨跌幅、新股上市后的前5个交易日不设涨跌幅限制……科创板在制度设计上的诸多突破性创新,让人印象深刻。证监会有关负责人介绍,为做好科创板试点注册制工作,将在五个方面完善资本市场基础制度:一是构建科创板股票市场化发行承销机制;二是进一步强化信息披露监管;三是基于科创板上市公司特点和投资者适当性要求,建立更加市场化的交易机制;四是建立更加高效的并购重组机制;五是严格实施退市制度。

作为我国多层次资本市场的重要组成部分,科创板对于扩大资本市场服务覆盖面、增强服务实体经济的能力等方面同样具有重要作用。科创板及试点注册制当中的有益经验,有助于建立起融资功能完备、基础制度扎实、市场监管有效、投资者合法权益得到有效保护的多层次资本市场体系。

3. 保护好投资者合法权益

要让科创板平稳落地和运行,其中关键一环是加强监管,严厉打击欺诈发行、虚假陈述等违法行为,保护好投资者的合法权益。但科创企业不同于成熟型企业,经营方式及盈利模式等仍需要市场检验,具有较高投资风险,对投资者的专业判断能力和风险甄别能力提出了更高要求。针对科创企业商业模式较新、业绩波动可能较大的特点,科创板将引入投资者适当性制度。投资者需具备相应的投资经验、资金实力、风险承受能力和价值判断能力。个人投资者参与科创板股票交易,证券账户及资金账户的资产不低于人民币50万元,并参与证券交易满24个月。未满足适当性要求的投资者,可通过购买公募基金等方式参与科创板。

证监会有关负责人说,科创板的制度设计将发行人作为信息披露的第一责任人,增强对发行人的责任约束。同时,有关部门也将畅通投资者维权途径,加强纠纷调解,以保护好投资者的合法权益。

4. 如何在科创板申请上市

一家企业要在科创板上市,大致要经过以下四个步骤:

(1) 发行人申请公开发行股票并在科创板上市,应当按照中国证监会有关规定制作注册申请文件,由保荐人保荐并向交易所申报。交易所收到注册申请文件后,作出是否受理的决定。

(2) 交易所按照规定的条件和程序,作出同意或者不同意发行人股票公开发行并上市的审核意见。同意发行人股票公开发行并上市的,将审核意见、发行人注册申请文件及相关审核资料报送中国证监会履行发行注册程序。

(3) 证监会收到交易所报送的审核意见及发行人注册申请文件后,依照规定的发行条件和信息披露要求,在交易所发行上市审核工作的基础上,履行发行注册程序,对发行人的注册申请作出同意注册或者不予注册的决定。

(4) 证监会同意注册的决定自作出之日起6个月内有效,发行人应当在注册决定有效期内发行股票,发行时点由发行人自主选择。

上交所将负责科创板发行上市审核,证监会负责科创板股票发行注册。证监会将加强对上交所审核工作的监督,并强化新股发行上市事前事中事后全过程监管。

资料来源:新华网,《科技板,为创新添动力》,https://baijiahao.baidu.com/s?id=1625889090706089175&wfr=spider&for=pc。

请找1—2个典型的科创板市场上市融资案例,探讨科创板设立对中国资本市场的意义。

任务一 认识金融市场

一、金融市场的概念

金融市场是指由货币资金的供求双方以金融工具为交易对象所形成的关系及其机制的总和,这个市场可以是一个有形的市场,如股票交易所。也可以指各种交易活动和各种交易关系,特别随着信息技术的发展,金融市场逐渐脱离实体,无形的、跨国的无实体金融市场将成为常态。

金融市场有广义和狭义之分,广义的金融市场是由货币资金的借贷,有价证券的发行和交易,以及外汇和黄金买卖活动所形成的市场。狭义的金融市场只包括金融同业间的资金借贷,外汇买卖和各种有价证券交易活动。

二、金融市场的构成要素

金融市场的构成要素主要包括交易主体、交易对象、交易工具和交易价格。

(一) 交易主体

交易主体是指金融市场的参与者,包括参与金融市场交易的机构或个人。金融市场的参与者或是资金的供给者,或是资金的需求者,或是以双重身份同时出现。交易主体对金融市场具有非常重要的意义,没有交易主体,也就不构成金融市场。

金融市场的交易主体一般包括居民、企业、政府、金融机构和中央银行,在开放的金融市场上,还有国外参与者。

1. 居民

居民主要是指个人或家庭,对单个的居民而言,收入可能大于支出而形成结余,人们就会将结余的资金存入银行、购买股票、债券等金融工具实现个人资产的保值增值。也有可能因为支出大于收入,需要借入资金,比如购买住房或购买大型耐用消费品等。居民参与金融交易一般是为了获利或者是规避风险。

2. 企业

企业是金融活动中资金的主要需求者,同时也是资金的主要供给者。企业为了追求利润,经常要扩大生产经营,如果自有资金不足,则可通过发行金融工具筹集资金。另外在日常经营过程中由于各种原因,企业面临自有资金不足,需要借入短期资金。对于企业而言,也有一些闲置资金需要在金融市场上购买金融工具,获取收益。

3. 政府

政府作为金融市场上的交易主体充当着双重角色,一是作为资金的需求者和供给者,二是作为金融市场活动的调节者。对于各国政府而言,政府如果面临财政收支缺口,或者为了筹措某些重点建设工程资金,可以通过金融市场发行债券筹集所需资金。对政府而言,财政赤字是一种常态,政府弥补财政赤字,通常是发行债券,这既是政府筹集资金的方式之一,也是政府进行宏观调控的重要手段。同时政府部门也可以向金融市场提供资金。

4. 金融机构

居民、企业和政府之间进行的金融交易形成债权债务关系,绝大部分都是借助金融机构为媒介完成的。一方面金融机构自身也会在金融市场上发行债券筹集资金,同时也会作为资金供给者在金融市场上大量购买其他单位发行的证券。另一方面作为媒介,金融机构要从社会各部门吸取资金,形成他们的债务,同时利用发放贷款、投资等手段,分配筹集的资金,形成他们的债权,借助这个过程资金就会从资金盈余部门转向资金短缺部门。金融机构作为媒介往往利用其专业技术为资金的供给与需求提供专业的金融服务,收取费用。

5. 中央银行

中央银行作为金融市场重要的参与者之一,不同于其他的交易主体,中央银行在一国金融体系中居于主导地位,是专门从事货币发行,办理对其他银行业务,负责制定和执行国家货币政策,进行金融监管、控制和调节货币流通与信用活动,对中央政府负责的特殊金融机构。中央银行参与金融市场活动往往不以营利为目的,是一国政府重要的宏观经济管理部门。中央银行也是金融市场的参与者,他们在金融市场上通过买卖有价证券,调节市场上的货币供给量,从而对宏观经济进行调控,实现宏观经济目标。

(二) 交易对象

金融市场上的交易对象是货币资金,在不同的场合它呈现出不同的形式:在信贷市场上,货币资金作为交易对象是十分明确的,它表现为资金借贷与转让;但是在证券市场上,交易的对象是股票,或者是债券。证券交易是虚拟资本交易,本质上所体现出来的依然是货币资金。通过证券交易,人们获得了货币,才能投入再生产。所以有价证券的交易从另外一个侧面反映了货币资金的交易。

(三) 交易工具

金融市场上的交易对象是金融工具,所谓的金融工具是指金融市场上制度化、标准化的融资凭证。金融市场上的交易是一种信用交易,在需求者与供给者之间转移的是货币资金的使用权,并不是货币资金的所有权,所以在资金需求者与供给者之间的这种转让形成一种债权债务关系。为了明确这种债权债务关系,就需要有一定的凭证作为依据,这就是金融工具,市场主体的交易可以借助于金融工具完成。

金融工具具有偿还性、流动性、风险性、收益性的特征。

1. 偿还性

金融工具多为债权债务的凭证,在一定的条件下债务人必须依据约定将资金偿还给债权人。特殊情况是股票,股票在公司的存续期间是不用承担偿还责任的。但是公司清算时剩余资金也是要按股份分配给股东。

2. 流动性

流动性是指金融工具的变现能力。一般来说,信誉越高的金融工具,它的流动性也就越强。此外偿还期较长的金融工具流动性就越差,短期金融工具具有较强的流动性。

3. 风险性

风险性是指金融工具的持有人面临收益或损失的不确定性。持有金融工具可能带来收益,也可能遭受损失。一般来说发行者的信誉越高,发行期限越短,风险就越小,反之风险就越大。同时金融工具的风险和收益性正相关,即风险越大的金融工具,收益也越高。

4. 收益性

购买或者持有金融工具都是希望获得收益,这是持有金融工具的基本要求,金融工具的收益由资本利得和资本增值两部分组成,前者是持有金融工具期间所获得的利息收入,后者是金融工具买入与卖出价格之间的差额。

(四) 交易价格

金融市场上各种金融工具交易都是在一定价格条件下实现的。金融市场的交易价格有不同的表现形式:货币借贷市场上,交易价格就是利率;证券市场上,交易价格体现为证券的交易价格;外汇市场上,交易价格就是汇率。

三、金融市场的功能

金融市场功能是多元化的,从微观来讲,金融市场具有价格发现、提供流动性、降低交易成本、分散风险、促进金融创新等功能。从宏观层面来讲主要有资本积累、资源配置、调节经济等功能。

(一) 微观功能

1. 价格发现功能

金融市场具有定价功能,金融市场的价格波动和变化是经济活动的"晴雨表",金融资产均具有票面金额。企业资产的内在价值,包括企业债务价值和股东权益价值,只有通过金融市场交易,买卖双方达成一致才能够发现,而不是以简单的会计报表的账面数字作为依据来计算。

2. 提供流动性功能

金融市场可以引导众多分散的小额资金汇聚成为大额资金,以实现投入社会生产的资金聚集功能,金融市场类似于资金蓄水池,为筹资人和投资人开辟了广阔的融资途径,金融市场为各种期限、内容不同的金融工具之间相互转换,提供了必要的条件。

3. 降低交易成本功能

金融市场可以降低交易的搜寻成本和信息成本,前者是指寻找合适的交易对象所产生的成本,后者是在评价金融资产过程中所发生的成本。金融市场帮助降低交易的搜寻与信息成本的功能,主要利用金融机构和咨询机构的专业能力来实现。

4. 分散风险功能

金融市场帮助实现风险分散和风险转移,金融市场的发展促进了居民金融资产多样化和金融风险分散化。发展金融市场就是为了投融资多元化,为金融风险分散化开辟了道路,为经济的持续稳定发展提供了条件。

5. 促进金融创新功能

通过对经济中的各种投资风险进行更精细的划分,满足对风险和收益具有不同偏好的投资者需求,金融机构需要不断创新,寻找最符合交易主体需要的多元化金融工具。金融市场促进金融创新的发展,使得投融资双方的多样化需求得到尽量满足。

(二) 宏观功能

1. 资本积累功能

社会总储蓄向总投资转化必须借助媒介才能顺利完成，金融市场就承担这一转化的媒介功能。在社会资金的供给者与需求者之间、供求时间之间、供求数量之间和供求方式之间，往往难以达成一致，通过金融市场直接融资和间接融资的方式使社会资金流动成为可能。对资金需求者通过发行金融工具，筹集大量资金；对资金供给者提供了有力的资金使用场所。因此金融市场既是投资的场所，又是融资的场所。

2. 资源配置功能

资金通过金融市场从资金盈余部门转向资金短缺部门。一般来讲，资金需求者通过发行金融工具并将其销售给投资者，从而筹集到资金；资金供给者通过购买金融工具满足投资需要。金融工具的买卖是在金融市场上进行的，因此金融市场可以实现资金的流动，使得资金在不同行业、不同部门、不同地区、不同时点进行配置。在良好的市场环境和价格信号的作用下能够引导资金流向最有效率的经济单位，实现社会资源的优化配置。

3. 调节经济功能

金融市场对宏观经济具有调节作用，金融市场为金融管理部门进行调控提供了条件。政府必须依靠发达的金融市场传导中央银行的政策信号，通过金融市场的价格变化，引导微观主体的行为指向货币政策的调整意图。政府调节经济的范围和力度随着金融市场的发展而不断得到扩大和加强。

四、金融市场的分类

在金融市场的形成和发展过程中，根据资金融通与金融产品交易的变化，其内在的结构持续发生着变化。因此金融市场是一个包括多个独立又相互密切联系的子市场在内的庞大体系，按照不同的标准可以对金融市场进行不同分类。

(一) 按照交易工具期限长短，金融市场可以分为货币市场和资本市场

货币市场是指交易期限在一年以内的金融工具的交易市场，交易对象是短期债务工具，主要满足交易者临时性资金需要。在日常活动中，政府、企业、家庭、银行等都需要短期资金用于周转，从而形成短期金融市场的主体。货币市场使用的金融工具主要是存单、票据和短期债券等，货币市场包括同业拆借市场、票据市场、短期债券市场等。

资本市场是指交易期限在一年以上的金融工具交易市场，交易对象主要包括中长期债券和股权工具，主要满足工商企业中长期投资和政府弥补财政赤字的资金需要。资本市场主要的交易工具是各种有价证券，如政府公债、企业债券、股票等，资本市场包括政府债券市场、公司债券市场、股票市场、银行中长期信贷市场等。

(二）按照交易方式的不同，金融市场可以分为现货市场、期货市场和期权市场

现货市场是基本的金融工具交易市场，现货市场交易是交易完成后在很短的时间（最晚成交后3天）之内进行交割的交易形式，这是金融市场上最基本的一种交易形式，它的风险及投机性都比较小。

期货市场是指交易双方协议达成以后，在未来某个特定时间（超过3个交易日）办理交割的交易市场，在期货市场上成交和交割是分离的，期货市场对交易的参与者而言，既具有套期保值功能又具有投机功能。

期权市场是指买卖双方按成交协议签订合同，允许买方在支付一定的期权费后，取得特定的时间内按照协议价格买进或卖出一定数量证券的权利的交易场所，在期权市场如果最后协议合同到期，购买期权的一方没有行使该权利，则期权合同自动失效。

（三）按照金融市场的功能不同，金融市场可以分为一级市场和二级市场

一级市场又叫初级市场，是指筹集资金的企业或政府部门将其新发行的股票或债券等销售给最初购买者的金融市场。如果购买者是企业，那么通过一级市场投资，可以促进储蓄向投资的转化。

二级市场也称次级市场，是对已发行的证券进行交易的市场，当股票或债券持有人想要将未到期的证券变现时就需要借助二级市场，二级市场的主要作用是为一级市场发行的金融工具提供流动性。

（四）按照区域不同，金融市场可以分为国内市场和国际市场

国内金融市场的交易范围局限于本国领土之内，对于大多数欠发达国家来说都表现为国内金融市场及交易以本国货币为主，参与者以本国机构和居民为主。

国际金融市场的活动范围超越国家，可以是一个区域，也可以是整个世界范围，市场参与者是来自不同国家、地区的机构和居民。

（五）按交易标的不同，金融市场可以分为票据市场、证券市场、衍生金融工具市场、外汇市场和黄金市场

票据市场是票据交易的市场，通过票据的发行、承兑、贴现等来实现短期资金的融通。

证券市场是指各种有价证券交易的市场，主要包括股票市场和债券市场。

金融衍生工具市场是各种衍生金融工具交易的市场，包括远期、期货、期权、互换协议等，主要在于防范风险。

外汇市场主要是进行外汇交易的场所，外汇市场包括外汇批发市场和外汇零售市场。批发市场主要包括外汇银行间、中央银行和外汇银行、各国中央银行之间的外汇交易。零售市场主要是指外汇银行与企业、个人之间的外汇买卖活动的场所。

黄金市场是集中进行黄金买卖的场所。黄金是各国国际储备中的重要资产，在国

际支付中占有一定的地位,现在黄金还是重要的投资保值工具,因此黄金市场也被看作金融市场的重要组成部分。

知识链接 6-1

人民银行发布 2020 年金融市场运行情况

2020年,债券市场发行规模显著增长,现券交易量增加,收益率曲线平坦化上行,市场投资者结构进一步多元化;货币市场利率显著下行,银行间货币市场交易量增加;利率衍生品成交量同比上升,互换及期货价格小幅下降;股票市场主要股指大幅上涨,两市成交金额显著增加。

1. 债券市场发行规模显著增长

2020年,债券市场共发行各类债券57.3万亿元,较上年增长26.5%。其中银行间债券市场发行债券48.5万亿元,同比增长27.5%。截至2020年12月末,债券市场托管余额为117万亿元,其中银行间债券市场托管余额为100.7万亿元。

2020年,国债发行7万亿元,地方政府债券发行6.4万亿元,金融债券发行9.3万亿元,政府支持机构债券发行3 580亿元,资产支持证券发行2.3万亿元,同业存单发行19万亿元,公司信用类债券发行12.2万亿元。

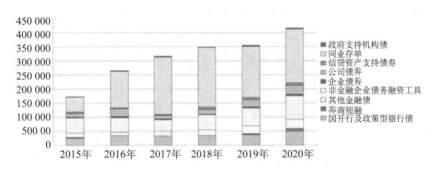

图 6-1　近年来债券场主要债券品种发行量变化情况

(资料来源:中国证监会、中央结算公司、上海清算所)

2. 银行间市场成交量增加

2020年,债券市场现券交易量253万亿元,同比增长16.5%。其中,银行间债券市场现券交易量232.8万亿元,日均成交9 350.4亿元,同比增长12%。交易所债券市场现券成交20.2万亿元,日均成交830.4亿元,同比增长142.6%。

2020年,银行间市场信用拆借、回购交易总成交量1 106.9万亿元,同比增长14%。其中同业拆借累计成交147.1万亿元,同比下降3%;质押式回购累计成交952.7万亿元,同比增长17.6%;买断式回购累计成交7万亿元,同比下降6.3%。

3. 债券收益率上行,货币市场利率下行

2020年,债券收益率整体上移。12月末,1年、3年、5年、7年、10年期国债收益率分别为2.47%、2.82%、2.95%、3.17%、3.14%,分别较上年同期上行11 bp、9 bp、6 bp、13 bp、1 bp。2020年末,中债国债总指数收盘价为195.19,较上年同期上涨5.05;中债新综合全价指数收盘价119.00,较上年同期下降0.08。

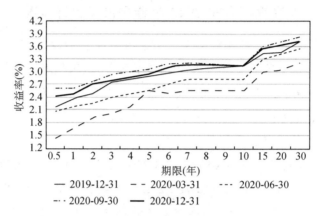

图6-2　2020年银行间市场国债收益率曲线变化情况

(资料来源:中央结算公司)

2020年12月,银行间货币市场同业拆借月加权平均利率为1.3%,较上年同期下行79个基点,质押式回购月加权平均利率为1.36%,较上年同期下行74个基点。

4. 投资者数量进一步增加

截至2020年末,银行间债券市场各类参与主体共计27 958家,较上年末增加3 911家。其中境内法人类共3 123家,较上年末增加41家;境内非法人类产品共计23 930家,较上年末增加3 734家;境外机构投资者905家,较上年末增加136家。

2020年末,银行间市场存款类金融机构持有债券余额57.7万亿元,持债占比57.4%,与上年末基本持平;非法人机构投资者持债规模28.8万亿元,持债占比28.6%,较上年末下降1个百分点。公司信用类债券持有者中存款类机构持有量较上年末有所增加,存款类金融机构、非银行金融机构、非法人机构投资者和其他投资者的持有债券占比分别为27.9%、6.4%、63%。

5. 股票市场主要指数上行

2020年末,上证综指收于3 473.07点,较上年末上涨422.95点,涨幅为13.9%;深证成指收于14 470.68点,较上年末上涨4 039.91点,涨幅为38.7%。两市全年成交额206.83万亿元,同比增长62.3%。

资料来源:中国人民银行官网,《2020年金融市场运行情况》,http://www.pbc.gov.cn/goutongjiaoliu/113456/113469/4169040/index.html。

能力拓展 6-1

阅读《2020 中国金融市场运行情况》报告，分析报告中出现了哪些金融市场的子市场，你能准确的进行辨析吗？

任务二　货币市场及其业务

一、货币市场概述及其特征

（一）货币市场概述

货币市场是指发行和交易到期期限在一年以内（包括一年）的金融工具的市场，因此又称短期金融市场，主要功能是满足短期流动性的需要，常用的金融工具如国库券、商业票据、银行承兑票据、大额可转让存单等。该类金融工具在货币供应量层次中，位于现金与银行存款之后，一般称为准货币，所以将交易这类金融工具的市场称为货币市场。货币市场是整个金融体系调节流动性的重要渠道，也为中央银行实施公开市场操作提供场所，所以形成的货币市场利率为整个利率体系提供重要的参考。

（二）货币市场特征

1. 货币市场参与者以机构投资者为主

货币市场交易量大，对参与者资金要求高，主要参与者为各类金融机构，如商业银行、证券公司、基金管理公司等，其中商业银行是主要参与者，交易量最大、活跃性最强，对资金供求和利率波动影响较大。

2. 货币市场交易的金融工具期限短、流动性强、风险低

在货币市场上金融工具期限从一天到一年，一般都不超过一年，反映了临时性融资的需要，因此其交易的目的主要是满足短期资金周转需要。货币市场上的金融工具，如商业票据、国库券、大额可转让存单等共同特点就是信用好、违约风险低、流动性强。

3. 货币市场是中央银行公开市场操作的主要场所

在货币市场上交易目的是为了解决短期资金的供求需要，能在短期内归还，因此这类交易对象，如短期国库券等几乎没有风险。同时货币市场的利率高低，头寸松紧，灵敏地反映短期金融市场的利率变化。因此货币市场是中央银行同商业银行及其他

金融机构资金连接的主要渠道，是中央银行利用货币政策工具调节货币流通的主要场所。

二、同业拆借市场

同业拆借市场主要是指具有准入资格的金融机构之间为弥补短期资金不足、票据清算差额以及解决临时性资金短缺，需要以货币借贷方式进行短期资金融通活动的市场。同时同业拆借市场交易量大，能够敏感地反映资金供求关系和货币政策意图，影响货币市场利率，因此它是货币市场体系重要的构成部分。

（一）同业拆借市场的形成

同业拆借市场的形成与中央银行存款准备金制度有着密切的联系，这是推动同业拆借市场形成和发展的直接原因，由于清算业务活动和日常收付数额的变化总会出现有些银行存款准备金多，有些银行存款准备金不足的情况。存款准备金多余的银行与存款准备金不足的银行，就存在客观上互相调剂与同业拆借的意愿，因此同业拆借市场应运而生。

同业拆借的目的，除了满足准备金的需要之外，还包括轧平票据交换的差额，解决临时性、季节性的资金需要。同业拆借市场，资金借贷程序简单快捷，采用电话询价的方式进行，达成协议后通过各自在中央银行的存款账户自动划账清算或者向资金交易中心提出供求和进行报价，由资金交易中心进行撮合成交，并进行资金交割划账。

（二）同业拆借市场的特点

1. 融资主体有资格限制

能够进入同业拆借市场进行资金融通的双方必须是具有准入资格的金融机构。我国同业拆借市场始于1984年，目前进入同业拆借市场的主体是经中国人民银行批准，具有独立法人资格的商业银行及其授权分行、农村信用联社、城市信用社、财务公司和证券公司等金融机构以及经中国人民银行认可经营人民币业务的外资金融机构。

2. 融资期限较短

同业拆借市场的拆借期限通常是1—2天，长则1—2周，一般不超过一个月，当然也有少数同业拆借交易的期限接近或达到一年。最短期限为隔夜拆借，这些时间很短的拆借又叫头寸拆借，因为其拆借资金主要用于弥补借入者头寸资金的不足。目前中国全国银行间同业拆借中心的交易产品拆借期限最短为1天，最长为1年。交易中心按1天、7天、14天、21天、1个月、2个月、3个月、4个月、6个月、9个月、1年共11个品种计算和公布加权平均利率。

3. 交易数额大

同业拆借市场是为了满足金融机构之间的短期融资需求而建立的，每笔交易数额通常较大,大多不需要抵押或者担保。

4. 利率由双方议定

一般而言,同业拆借利率由借贷双方以中央银行再贷款利率和再贴现利率为基准,根据社会资金的松紧程度和供求关系议价后商定,基本随行就市,能够较客观的反映市场资金的供求变化。由于拆借双方都是金融机构,信誉较高,拆借期限较短,因而利率水平较低。

知识链接 6-2

中国全国银行间同业拆借中心同业拆借产品介绍

1. 产品定义

信用拆借交易是指与全国银行间同业拆借中心联网的金融机构之间通过同业中心的交易系统进行的无担保资金融通行为。

2. 交易方式

询价交易。

3. 交易期限

拆借期限最短为 1 天,最长为 1 年。交易中心按 1 天、7 天、14 天、21 天、1 个月、2 个月、3 个月、4 个月、6 个月、9 个月、1 年共 11 个品种计算和公布加权平均利率。

4. 交易时间

T+0 交易:

北京时间上午 9:00—12:00,下午 13:30—16:50。

T+1 交易:

北京时间上午 9:00—12:00,下午 13:30—17:00。

中国国内法定假日不开市。

5. 交易主体

经中国人民银行批准,具有独立法人资格的商业银行及其授权分行、农村信用联社、城市信用社、财务公司和证券公司等有关金融机构,以及经中国人民银行认可经营人民币业务的外资金融机构。

6. 清算办法

成交双方根据成交通知单,按规定的日期全额办理资金清算,自担风险。清算速度为 T+0 或 T+1。

资料来源:全国银行间同业拆借中心。

知识链接 6-3

表 6-1　2020 年 3 月中国同业拆借市场交易数据

按交易品种			
品种	加权利率(%)	成交笔数(笔)	成交金额(亿元)
IBO001	1.3102	14 410	140 448.90
IBO007	2.2817	3 221	10 538.99
IBO014	1.9642	265	1 104.65
IBO021	2.0571	73	152.26
IBO1M	2.5319	184	535.84
IBO2M	2.9987	81	116.02
IBO3M	3.2559	287	430.35
IBO4M	3.5779	27	38.56
IBO6M	3.1455	60	66.23
IBO9M	3.5779	33	29.03
IBO1Y	3.6143	61	53.28
合计	1.3960	18 702	153 514.10
按机构类别交易统计			
机构类型	成交笔数(笔)	成交金额(亿元)	加权平均利率(%)
大型商业银行	4 097	60 301.70	1.3413
股份制商业银行	8 227	110 013.97	1.3249
城市商业银行	5 003	37 853.26	1.3591
农村商业银行和合作银行	5 266	22 290.30	1.4212
证券公司	5 288	32 756.35	1.5675
其他	9 523	43 812.64	1.5402
合计	37 404	307 028.21	1.3960
按机构类别余额统计			
机构类型	余额(亿元)		
大型商业银行	2 811.24		
股份制商业银行	2 535.45		
城市商业银行	2 106.49		
农村商业银行和合作银行	2 280.92		
证券公司	1 059.48		
其他	4 781.05		
合计	15 574.63		

资料来源：全国银行间同业拆借中心。

能力拓展 6-2

你能准确辨析中国同业拆借市场交易的不同品种编码的含义吗?从成交笔数和成交金额来分析,你得出了什么结论?

知识链接 6-4

上海银行间同业拆放利率

上海银行间同业拆放利率(Shanghai Interbank Offered Rate,Shibor),以位于上海的全国银行间同业拆借中心为技术平台计算、发布并命名,是由信用等级较高的银行组成报价团自主报出的人民币同业拆出利率计算确定的算术平均利率,是单利、无担保、批发性利率。目前,对社会公布的Shibor品种包括隔夜、1周、2周、1个月、3个月、6个月、9个月及1年。

Shibor报价银行团现由18家商业银行组成。报价银行是公开市场一级交易商或外汇市场做市商,在中国货币市场上人民币交易相对活跃、信息披露比较充分的银行。中国人民银行成立Shibor工作小组,依据《上海银行间同业拆放利率(Shibor)实施准则》确定和调整报价银行团成员、监督和管理Shibor运行、规范报价行与指定发布人行为。

全国银行间同业拆借中心授权Shibor的报价计算和信息发布。每个交易日根据各报价行的报价,剔除最高、最低各4家报价,对其余报价进行算术平均计算后,得出每一期限品种的Shibor,并于11:00对外发布。

资料来源:全国银行间同业拆借中心。

表 6-2 2020年3月上海银行间同业拆放利率

日期	O/N（隔夜）	1周	2周	1月	3月	6月	9月	1年
2020/3/2	1.7140	2.1290	2.0510	2.2700	2.4080	2.5480	2.6350	2.7220
2020/3/3	1.6220	2.0940	1.9900	2.2290	2.3750	2.5280	2.6140	2.7060
2020/3/4	1.4620	2.0520	1.9640	2.1740	2.3320	2.4990	2.5810	2.6790
2020/3/5	1.4500	2.0890	1.9490	2.1500	2.2900	2.4670	2.5530	2.6510
2020/3/6	1.3620	2.0350	1.9120	2.1260	2.2580	2.4270	2.5160	2.6160

(续表)

日期	O/N（隔夜）	1周	2周	1月	3月	6月	9月	1年
2020/3/9	1.5880	2.0740	1.9050	2.1150	2.2380	2.4070	2.4940	2.5910
2020/3/10	2.0140	2.2410	1.9790	2.1320	2.2250	2.3910	2.4810	2.5860
2020/3/11	2.1180	2.3000	2.0390	2.1450	2.2240	2.3790	2.4700	2.5570
2020/3/12	1.6640	2.3090	2.0350	2.1300	2.2230	2.3650	2.4500	2.5340
2020/3/13	1.4140	2.2520	1.9930	2.1190	2.2020	2.3590	2.4380	2.5130
2020/3/16	1.2310	2.1990	1.9690	2.0930	2.1750	2.3300	2.4180	2.4910
2020/3/17	1.0830	1.8960	1.8500	2.0630	2.1450	2.2950	2.4000	2.4820
2020/3/18	0.9630	1.7510	1.7740	2.0320	2.1200	2.2630	2.3870	2.4640
2020/3/19	0.8460	1.8930	1.7320	2.0080	2.1040	2.2420	2.3620	2.4510
2020/3/20	0.7950	1.9450	1.7740	1.9930	2.0870	2.2180	2.3420	2.4380
2020/3/23	0.8450	1.8050	1.7320	1.9620	2.0720	2.1910	2.3120	2.4100
2020/3/24	0.8140	1.6930	1.6680	1.9380	2.0560	2.1700	2.2930	2.3920
2020/3/25	0.8470	1.7450	1.6600	1.8970	2.0100	2.1310	2.2450	2.3550
2020/3/26	0.8450	1.7200	1.6660	1.8690	1.9770	2.0910	2.2160	2.3240
2020/3/27	1.1040	1.7690	1.6900	1.8570	1.9660	2.0720	2.1980	2.3050
2020/3/30	1.3740	2.1630	1.7860	1.8350	1.9480	2.0510	2.1590	2.2740
2020/3/31	1.6140	2.1470	1.8540	1.8270	1.9330	2.0330	2.1400	2.2500

资料来源：全国银行间同业拆借中心。

能力拓展 6-3

请上网查找中国上海银行间同业拆放利率的历史数据，画出趋势图，看看中国市场利率的变动趋势，并判断未来的走势。

三、票据市场

票据市场是短期资金融通的主要场所，为客户提供短期资金融通，对未到期票据进行贴现，是直接联系产业资本和金融资本的枢纽。商业票据市场和银行承兑汇票市场是票据市场重要的子市场。在发达国家，商业票据市场规模和活跃程度均超过了银行承兑汇票市场。

(一) 商业票据市场

商业票据市场是指商业票据承兑、贴现等活动所形成的市场,包括票据承兑市场与票据贴现市场。商业票据市场的参与者包括发行人、投资人和中介机构三类。发行人主要是金融公司和信誉度较高的非金融公司;投资人主要是中央银行、商业银行、保险公司、基金公司、投资公司、非金融公司、政府和个人;中介机构是投资银行及专门从事商业票据销售的小经纪商。

商业票据市场有狭义与广义之分,狭义的商业票据市场仅指交易性商业票据的交易市场,广义的票据市场包括融资性商业票据和交易性商业票据在内的交易市场。

1. 商业票据承兑

商业汇票分为即期汇票和远期汇票,只有远期汇票才有承兑问题。商业汇票承兑是指汇票到期前,汇票付款人或指定银行确认票据,证明事项在票据上做出承诺付款的文字记载、签章的一种手续。承兑后的汇票才是市场上合法的金融票据。

2. 商业票据贴现

商业票据贴现是指商业汇票持有人需要现金时将其持有的未到期的商业汇票转给商业银行扣除贴现利息后,将余款付给持票人的行为。商业票据贴现有贴现、转贴现、再贴现三种形式。

(二) 银行承兑汇票市场

银行承兑汇票发行和交易分为出票、承兑、背书、贴现、转贴现和再贴现等几个环节,其中出票和承兑,属于发行市场,转让和贴现属于流通市场。

出票是指出票人签发汇票并将汇票交给收款人。

银行承兑是商业银行对远期汇票的付款人,明确表示同意按照出票人的指示于到期日付款给持票人的行为。承兑需要在汇票上签字,写明承兑字样,并把承兑汇票交给持票人。

背书是指票据收款人或持有人转让票据时在票据背面签章的行为,背书一旦完成,被背书人就成为持票人。

贴现是指持票人以未到期的票据向商业银行兑现取款,商业银行从票据中扣除自贴现日起到票据到期日的利息,将余额支付给持票人的资金融通行为。

转贴现是指贴现银行将其贴现收进的未到期的票据,再向其他银行或贴现机构进行贴现的票据转让行为,是金融机构之间相互融通资金的一种形式,银行承兑汇票可以被多次转贴现。

再贴现是指金融机构将贴现所获得的未到期的票据向中央银行再贴现的票据转让行为,它是中央银行对商业银行和其他金融机构融通资金的一种形式。

知识链接 6-5

2020 年中国票据市场发展回顾

上海票据交易所发布《2020 年票据市场发展回顾》显示：2020 年，全年票据市场业务总量 148.24 万亿元，同比增长 12.77%。其中，承兑 22.09 万亿元，增长 8.41%；背书 47.19 万亿元，增长 1.55%；贴现 13.41 万亿元，增长 7.67%；交易 64.09 万亿元，增长 25.81%。全年票据转贴现加权平均利率为 2.71%，同比下降 60 个基点；质押式回购利率为 1.87%，下降 64 个基点；贴现利率为 2.98%，下降 47 个基点。

数据显示，2020 年，商业票据签发金额 3.62 万亿元，同比增长 19.77%；商业票据签发金额占比 16.39%，较上年提升 1.55 个百分点；商业票据签发平均面额为 124.7 万元，同比下降 11.08%。在金融政策进一步向小微企业倾斜的情况下，商业银行通过"核心企业签发商业票据、产业链上企业商业票据贴现"的形式扩大对小微企业的融资覆盖，推动了商业票据业务的快速发展。同时，票据市场电子化、透明度不断提高，也为商业票据活跃度提升、票面金额小额化创造了良好的条件。

上海票据交易所指出，银行机构票据业务总体平稳，市场结构更趋均衡。一是银票承兑规模稳中有升，不同类型机构市场占比有所分化。2020 年，全市场银票承兑金额 18.47 万亿元，同比增长 6.43%。其中，国有和股份制银行承兑占比分别为 17.17% 和 44.87%，市场份额均稳中有升；城商行和农村金融机构承兑占比分别为 26.63% 和 5.08%，同比分别下降 1.19 个和 0.78 个百分点。

二是贴现规模同比增长，线上融资较为活跃。"贴现通"业务破除贴现市场信息壁垒，在全国范围内实现待贴现票据和待投放资金的精准匹配。截至年末，累计有 7 819 家企业通过"贴现通"获得票据经纪服务，28 165 笔票据达成贴现意向，金额 469.8 亿元。多家商业银行大力推动"秒贴"业务发展，客户从发起贴现申请操作到放款成功不到一分钟，有效破解传统票据业务中存在的询价流程长、操作步骤多、到账时间久、财务成本高等痛点，进一步推动贴现业务线上化、"零接触"发展，实现了疫情防控和业务拓展之间的有效平衡。在各项创新业务的带动下，全年票据贴现 13.41 万亿元，同比增长 7.67%；其中商票贴现 1.03 万亿元，增长 9.85%。

三是转贴现交易增长较快，中小机构交易活跃。2020 年，全市场转贴现交易量为 44.11 万亿元，同比增长 13.61%，增速较上年基本持平。股份制银行、城商行和农村金融机构转贴现交易规模靠前，全年上述三类机构转贴现规模分别为 19.13 万亿元、13.62 万亿元和 9.25 万亿元，同比分别增长 20.65%、13.79% 和 34.32%。

四是票据回购交易总体活跃，质押融资功能持续增强。2020 年，全市场回购量为

19.98 万亿元,同比增长 64.87%,增速较上年略有回落。分机构类型看,国有银行回购量 7.61 万亿元,增长 31.35%;城商行回购量 19.66 万亿元,增长 118.94%;农村金融机构回购量 5.46 万亿元,增长 57.81%;证券公司回购量 1.89 万亿元,增长 458.36%;股份制银行回购量 5.01 万亿元,下降 8.47%。

资料来源:中新经纬,《2020 年票据市场业务总量 148.24 万亿元,同比增 12.77%》,https://www.cqcb.com/wealth/2021-01-20/3608122_pc.html。

四、大额可转让定期存单市场

(一) 大额可转让定期存单

大额可转让定期存单是指由商业银行或储蓄机构发行的一种固定面额、固定期限、可以转让的大额存款定期储蓄。大额可转让定期存单可以在市场上流通,其流动性高于定期存款,目前大额可转让定期存单已经成为商业银行的一种重要负债工具,也是银行进行主动型负债管理的重要工具。其发行对象可以是个人,也可以是企事业单位。

进行大额可转让定期存单交易的市场就是大额可转让定期存单市场,其收益率一般高于国库券。

(二) 大额可转让定期存单的主要特点

1. 流动性强

大额可转让定期存单具有自由流通的能力,可以自由转让流通,有活跃的二级市场。

2. 金额较大

大额可转让定期存单面额固定且一般金额较大,存单不记名,便于流通。

3. 存单期限较短

国际上大额可转让定期存单期限通常为 3 到 12 个月,以 3 个月居多,最短 14 天。

(三) 大额可转让定期存单的主要风险

对于投资者来说,大额可转让定期存单的风险有两种:一种是信用风险,即发行存单的银行在存单到期时无法偿还本息的风险;另一种是市场风险,大额可转让定期存单的持有者急需资金时,不能在二级市场立即出售变现,或者不能以较为合理的价格出售,给持有者带来的风险。

 能力拓展 6-4

大额可转让定期存单有哪些优点?

大额可转让定期存单(NCDs)于 1961 年起源于美国。当时美国政府对银行存款利率实行以"Q 条例"为代表的利率管制,利率上限通常低于市场利率,加上货币市场工具的快速发展,金融脱媒现象明显。为谋求新的筹资渠道,扩大资金来源和增强市场竞争力,花旗银行推出了第一张 10 万美元以上、可以在二级市场转让的大额可转让定期存单。由于存单流动性很好,既满足了存款人的流动性需求,又提高了实际利率水平,因此一经发行就受到投资者的热情。1970 年美联储取消了对 10 万美元以上、90 天以内的大额可转让定期存单利率限制,1983 年放开定期存款利率上限,从而实现了利率市场化。

大额可转让定期存单相比普通定期存款和理财产品具备一定的优势,你思考一下,说一说具体有哪些呢?

【分析提示】

表 6-3 大额可转让定期存单和定期存款、银行理财产品比较

	大额可转让存单	普通定期存款	银行理财产品
发行主体	商业银行	商业银行	商业银行
发行期限	期限较短,以 1、3、6 个月品种居多	一般定存期限为 1 年及以上	以 1—3 个月、3—6 个月为主
发行面额	面额固定且面额较大	面额不固定	面额固定且面额较小
流动性	不记名,可以在二级市场转让	记名,不能在二级市场转让	记名,不能在二级市场转让,可以质押融资
利率	高于普通定期存款利率,可能参考 Shibor,有浮动有固定	固定不变	高于普通定期存款利率,有浮动有固定
支付兑付	一次到期还本付息	可以提前支取但有利息损失	一次到期还本付息
性质	主动型负债,将普通存款证券化	被动型负债	存款的一种创新形式
是否入表	表内业务	表内业务	表内、表外业务

五、短期政府债券市场

短期政府债券是由财政部发行的,以政府信用为保证支付的短期融资工具。从广义上来看,政府债券不仅包括国家财政部门发行的债券,还包括地方政府及地方政府代理机构发行的债券,但从狭义上说,政府债券仅指国家财政部门所发行的债券。在西方国家一般将财政部发行的期限在一年以内的短期债券称为国库券,狭义的短期政府债券市场就是指国库券市场。

由政府担保的短期政府债券期限较短,投资者既可以贴现,也可以在市场上出售,利息收益还可以免交所得税,因此国库券已经成为货币市场上流动性最好的金融

工具。

国库券期限一般在一年以下,多数为1个月、3个月及6个月,国库券是国家信用的表现,主要解决财政季节性、临时性收支不足问题。国债发行时不记名,且贴现折价发行,通常认为是没有信用风险的,俗称金边债券。

国库券拥有发达的二级市场,具备极好的流动性,国库券市场为中央银行宏观调控提供了平台,是中央银行公开市场操作的重要交易对象,通过公开市场操作可以灵活调控市场上的货币供应量。

发行国库券,增加了社会投资渠道,国库券信用好,流动性高,收益免税,为居民和投资者提供了短期投资的理想工具。

短期政府债券市场参与者有中央银行、商业银行、证券交易商、企业和个人投资者等。

六、回购协议市场

回购协议市场是指通过回购协议进行短期资金融通的市场。所谓回购协议,是指证券持有人在出售证券的同时,与证券购买商约定在一定期限后再按约定的价格购回所售证券的协议。

证券持有一方以持有的证券作为抵押,获得一定期限内资金的使用权,期满后则需归还借贷的资金,并按约定支付一定的利息。而资金的贷出方则暂时放弃相应资金的使用权,从而获得融资方的债券抵押权,并在回购期满时归还对方抵押的证券,收回融出资金并获得一定利息。

证券回购协议的利率取决于标的证券的种类,交易对手的信誉和回购协议的期限等,一般具有以下几个特点:

(1) 标的证券信用风险越小,流动性越好,回购利率越低。因此政府债券回购利率低于其他证券的回购利率。

(2) 交易对手的信誉越好,回购利率越低,大银行以回购方式融入资金的成本较低。

(3) 回购期限越短,回购利率越低。

知识链接 6-6

债券质押式回购产品介绍

1. 债券质押式回购交易概念

债券质押式回购交易,是指正回购方(资金融入方)在将债券出质给逆回购方(资金融出方)融入资金的同时,双方约定在将来某一指定日期,由正回购方按约定回购利率计算的资金额向逆回购方返回资金。

2. 沪深交易所的债券回购品种和期限

上海交易所现有实行标准券制度的债券质押式回购有1天、2天、3天、4天、7天、14天、28天、91天、182天9个品种代码分别为 GC001、GC002、GC003、GC004、GC007、GC014、GC028、GC091 和 GC182。

深圳交易所现有实行标准券制度的债券质押式回购有1天、2天、3天、4天、7天、14天、28天、63天、91天、182天、273天11个品种代码分别为 R-001、R-002、R-003、R-004、R-007、R-014、R-028、R-091、R-182。

3. 个人投资者债券质押式回购条件

根据《上交所债券市场投资者适当性管理暂行办法》规定,个人投资者可以参与债券质押式回购的融券交易。具备下列条件的个人投资者,经申请成为专业投资者后才可参与债券质押式回购的融资交易:

(1) 证券账户净资产不低于人民币50万元。

(2) 具备债券投资基础知识,并通过相关测试。

(3) 最近3年内具有10笔以上的债券交易成交记录。

(4) 与证券公司书面签署《债券市场专业投资者风险揭示书》,作出相关承诺。

(5) 不存在严重不良诚信记录。

4. 个人投资者如何进行债券质押式回购?

(1) 个人投资者在上交所市场参与债券质押式回购,必须选定一家证券公司作为其受托人并签订全面指定交易协议。

(2) 根据《上交所债券市场投资者适当性管理暂行办法》规定,符合一定条件的个人投资者可以将符合相关规定的债券作为债券质押式回购交易的质押券,通过交易系统提交质押券入库申报,进行融资交易即正回购。当日买入的债券当日即可以进行质押券申报。当日申报入库的质押券,当日可在竞价交易系统进行相应的债券质押式回购交易。个人投资者应当委托证券公司代理进行债券申报入库和出库转回质押券。

(3) 个人投资者也可以主动出借资金,获取一定的利息,进行融券交易即逆回购。

5. 个人投资者如何在上交所竞价交易系统申报回购交易?

在债券质押式回购交易申报中,融资方按"买入"予以申报,融券方按"卖出"予以申报。个人投资者进行债券质押式回购交易,其申报应当符合下列要求:

(1) 申报单位:手(1手=1 000元标准券)。

(2) 计价单位:每百元资金年化到期收益率(%),报价时省略百分号(%)。

(3) 申报价格变动单位:0.005整数倍。

(4) 申报数量:100 手或其整数倍,单笔申报最大数量不超过 1 万手。

(5) 申报价格按照交易规则的规定执行。

资料来源:同花顺财经,《债券质押式回购》,https://baijiahao.baidu.com/s?id=1660391593066769568&wfr=spider&for=pc。

任务三 资本市场及其业务

一、资本市场概述及其特征

(一) 资本市场概述

资本市场是指以期限在一年以上的金融工具为媒介进行长期性资金交易活动的市场,因而又被称为长期资金市场。主要目的在于满足工商企业中长期投资需要和政府弥补财政赤字的需要,主要包括股票市场、债券市场和证券投资基金市场等。

资本市场主要参与者有个人、企业、金融机构和政府,近年来保险公司、养老基金等金融机构作为机构投资者也活跃在资本市场上。

(二) 资本市场特征

1. 期限长

资本市场所交易的金融工具,期限至少一年以上,最长可达数十年,比如股票就没有偿还期,可进行长期交易。交易的目的主要是解决长期投资性资金的需求,所筹措的长期资金主要用于补充固定资本、扩大生产能力。

2. 风险较大

资本市场上的金融工具期限较长,价格波动远远大于货币市场,作为交易工具的有价证券与短期金融工具相比收益较高而流动性较差,有一定的风险和投机性。

3. 流动性较差

金融工具的期限越长,风险就越大,同时流动性就越差。

(三) 资本市场的功能

资本市场对经济最大的贡献是提供了一条由储蓄向投资转化的有效途径,即通过价格机制合理地引导资金和分配资金,在资金融通、资源配置、产业结构调整方面发挥着重要作用。

1. 长期资金融通功能

在资本市场上,企业和政府等资金需求者通过发行证券筹集长期资金,满足中长期投资需要或弥补财政赤字,资金盈余者通过购买有价证券实现投资,获取投资收益,证券的价格波动频繁，风险较大，作为风险补偿，其收益一般高于货币市场工具，资本市场为市场参与者提供了投融资平台，通过有效证券的交易，资金从盈余者流向短缺者，实现货币资金的融通。

2. 价值发现功能

在资本市场上发行证券，企业要按照政府相关部门的要求，定期或不定期披露内部信息，投资者借此可以判断企业的内在价值，从而做出理性的投资决策。

3. 资源配置功能

在有效的资本市场上，价格信号能够引导资金流向生产效率高、效益好的部门，从而有助于生产要素在不同部门之间的转移，实现资源的有效配置，进而促进产业结构的优化升级。

二、股票市场

进行股票交易的场所被称为股票市场，股票市场分为股票发行市场和股票流通市场。

（一）股票发行市场

股票发行市场也被称为股票的一级市场，它是指股份公司向社会增发新股的交易场所，包括公司初创发行的股票及公司增资扩股所发行的股票，股票发行市场的整个运作过程通常由咨询与准备，认购与销售两个阶段所构成。

股票的发行市场是股票的发行人向投资者出售股票的市场，股票首次作为商品进入资本市场，发行市场通常没有固定的场所。

1. 股票发行市场的主体

发行市场的参与主体主要包括发行人、投资人和证券中介机构。

股票发行人是为了筹措资金而发行股票的企业或金融机构，是股票发行的主体。

股票投资人主要包括个人投资者和机构投资者，个人投资者是从事证券投资的自然人。机构投资者包括政府、金融机构、企业法人、各类基金公司等。

证券市场中介机构是指为证券发行提供服务的各类机构，包括证券公司和其他服务机构，在证券发行过程中除了券商之外，还需要会计师事务所、律师事务所、资产评估公司等中介机构。

2. 股票发行方式

股票发行方式是股票发行主体进行股票发行时首先要考虑的问题。

（1）按发行对象分类。公募发行，又被称为"公开发行"，是发行人向不特定的社会公众投资者发售股票的发行。在公募发行方式下，任何合法的投资者都可以认购拟发行的股票。采用公募发行的有利之处在于以众多投资者为发行对象，股票发行的数量多,筹集资金的潜力大;投资者范围大,可避免发行的股票过于集中或被少数人操纵;公募发行可增强股票的流动性,有利于提高发行人的社会信誉。但公募发行的发行条件比较严格,发行程序比较复杂,登记核准的时间较长,发行费用较高。公募发行是股票发行中最常见、最基本的发行方式,适合于股票发行数量多、筹资额大、准备申请股票上市的发行人。

私募发行,又被称为"不公开发行"或"私下发行""内部发行",是指以特定投资者对投资对象的发行。私募发行的对象有两类,一类是公司的老股东或发行人的员工,另一类是投资基金、社会保险基金、保险公司、商业银行等金融机构以及与发行人有密切往来关系的企业等机构投资者。私募发行有确定的投资者,发行手续简单,可以节省发行时间和发行费用,但投资者数量有限,股票流通性较差,不利于提高发行人的社会信誉。

(2) 按有无发行中介分类。直接发行,即发行人直接向投资者推销、出售股票的发行。这种发行方式可以节省向发行中介机构缴纳的手续费,降低发行成本。但如果发行额较大,由于缺乏专业人才和发行网点,发行者自身要担负较大的发行风险。这种方式只适用于有既定发行对象或发行人知名度高、发行数量少、风险低的股票。

间接发行,是由发行公司委托证券公司等证券中介机构代理出售股票的发行。对发行人来说,采用间接发行可在较短时期内筹集到所需资金,发行风险较小;但需支付一定的手续费,发行成本较高。一般情况下,间接发行是基本的、常见的方式,特别是公募发行,大多采用间接发行;而私募发行则以直接发行为主。

3. 股票发行制度

股票发行制度主要有两种:一是注册制,以美国为代表;二是核准制,以欧洲各国为代表。

(1) 注册制。股票发行注册制实行公开管理原则,实质上是一种发行公司的财务公开制度。它要求发行人提供关于股票发行本身以及和股票发行有关的所有信息。发行人不仅要完全公开有关信息,不得有重大遗漏,并且要对所提供信息的真实性、完整性和可靠性承担法律责任。证券监管机构不对股票发行行为及股票本身作出价值判断,对公开资料的审查只涉及形式,不涉及任何发行实质条件。发行人只要按规定将有关资料完全公开,监管机构就不得以发行人的财务状况未达到一定标准而拒绝其发行。股票发行相关材料报证券监管机构后,一般会有一个生效等待期,在这段时间内,由证券监管机构对相关文件进行形式审查。注册生效等待期满后,如果证券监管机构未对申报书提出任何异议,股票发行注册生效,发行人即可发行股票。但如果证券监管机构认为报送的文件存在缺陷,会指明文件缺陷,并要求补正或正式拒绝,或阻止发行生效。目前,澳大利亚、巴西、加拿大、德国、法国、意大利、荷兰、菲律宾、新加坡、英国和美国等国家,在股票发行上均采取注册制。

(2)核准制。核准制是指发行人申请发行股票,不仅要求公开披露与发行股票有关的信息,符合公司法和证券法所规定的条件,而且要求发行人将发行申请报请证券监管机构决定的审核制度。证券发行核准制实行实质管理原则,即证券发行人不仅要以真实状况的充分公开为条件,而且必须符合证券监管机构指定的若干适合于发行的实质条件。只有符合条件的发行人经证券监管机构的批准方可在股票市场发行股票。实行核准制的目的在于证券监管机构能尽法律赋予的职能,使发行的股票符合公众利益和股票市场稳定发展的需要。

4. 我国的股票发行制度

(1)股票发行注册制和核准制并行。根据《中华人民共和国证券法》等有关法律法规的规定,公开发行股票必须依法报中国证监会核准。证券发行人提出发行申请,保荐机构(主承销商)向中国证监会推荐,中国证监会进行合规性初审后,提交发行审核委员会审核,最终经中国证监会核准后发行,核准制不仅强调公司信息披露,同时还要求必须符合一定的实质性条件,如企业盈利能力、公司治理水平等。核准制的核心是监管部门进行合规性审核,强化中介机构的责任,加强市场参与各方的行为约束,减少新股发行中的行政干预。

2019年1月30日,证监会发布了《关于在上海证券交易所设立科创板并试点注册制的实施意见》。7月22日,科创板首批25家公司在上海证券交易所挂牌上市交易。2019年12月28日,第十三届全国人大常委会第十五次会议审议通过了修订后的《中华人民共和国证券法》于2020年3月1日施行,明确全面推行证券发行注册制度。目前,注册制和核准制并行。

(2)股票发行上市保荐制度。股票发行上市保荐制度是指由保荐机构及其保荐代表人负责发行人股票发行上市的推荐和辅导,尽职调查核实公司发行文件资料的真实、准确和完整性,协助发行人建立严格的信息披露制度。

(3)发行审核委员会制度。发行审核委员会制度是证券发行核准制的重要组成部分。《证券法》规定国务院证券监督管理机构设发行审核委员会(简称发审委)。发审委审核发行人股票发行申请和可转换公司债券等中国证监会认可的其他证券的发行申请。

知识链接 6-7

新《证券法》全文及修订要点

2019年12月28日,第十三届全国人大常委会第十五次会议审议通过了修订后的《中华人民共和国证券法》(以下简称新《证券法》),已于2020年3月1日起施行。

本次《证券法》修订,按照顶层制度设计要求,进一步完善了证券市场基础制度,体现了市场化、法治化、国际化方向,为证券市场全面深化改革落实落地,有效防控市场风险,提高上市公司质量,切实维护投资者合法权益,促进证券市场服务实体经济功能发挥,打造一个规范、透明、开放、有活力、有韧性的资本市场,提供了坚强的法治保障,具有非常重要而深远的意义。

本次《证券法》修订,系统总结了多年来我国证券市场改革发展、监管执法、风险防控的实践经验,在深入分析证券市场运行规律和发展阶段性特点的基础上,作出了一系列新的制度改革完善:

一是全面推行证券发行注册制度。在总结上海证券交易所设立科创板并试点注册制的经验基础上,新证券法贯彻落实十八届三中全会关于注册制改革的有关要求和十九届四中全会完善资本市场基础制度要求,按照全面推行注册制的基本定位,对证券发行制度做了系统的修改完善,充分体现了注册制改革的决心与方向。同时,考虑到注册制改革是一个渐进的过程,新《证券法》也授权国务院对证券发行注册制的具体范围、实施步骤进行规定,为有关板块和证券品种分步实施注册制留出了必要的法律空间。

二是显著提高证券违法违规成本。新《证券法》大幅提高对证券违法行为的处罚力度。如对于欺诈发行行为,从原来最高可处募集资金百分之五的罚款,提高至募集资金的一倍;对于上市公司信息披露违法行为,从原来最高可处以六十万元罚款,提高至一千万元;对于发行人的控股股东、实际控制人组织、指使从事虚假陈述行为,或者隐瞒相关事项导致虚假陈述的,规定最高可处以一千万元罚款等。同时,新《证券法》对证券违法民事赔偿责任也做了完善。如规定了发行人等不履行公开承诺的民事赔偿责任,明确了发行人的控股股东、实际控制人在欺诈发行、信息披露违法中的过错推定、连带赔偿责任等。

三是完善投资者保护制度。新《证券法》设专章规定投资者保护制度,作出了许多颇有亮点的安排。包括区分普通投资者和专业投资者,有针对性的作出投资者权益保护安排;建立上市公司股东权利代为行使征集制度;规定债券持有人会议和债券受托管理人制度;建立普通投资者与证券公司纠纷的强制调解制度;完善上市公司现金分红制度。尤其值得关注的是,为适应证券发行注册制改革的需要,新《证券法》探索了适应我国国情的证券民事诉讼制度,规定投资者保护机构可以作为诉讼代表人,按照"明示退出""默示加入"的诉讼原则,依法为受害投资者提起民事损害赔偿诉讼。

四是进一步强化信息披露要求。新《证券法》设专章规定信息披露制度,系统完善了信息披露制度。包括扩大信息披露义务人的范围;完善信息披露的内容;强调应当充分披露投资者作出价值判断和投资决策所必需的信息;规范信息披露义务人的自愿披露行为;明确上市公司收购人应当披露增持股份的资金来源;确立发行人及其控股股东、实际控制人、董事、监事、高级管理人员公开承诺的信息披露制度等。

五是完善证券交易制度。优化有关上市条件和退市情形的规定;完善有关内幕交易、操纵市场、利用未公开信息的法律禁止性规定;强化证券交易实名制要求,任何单位和个人不得违反规定,出借证券账户或者借用他人证券账户从事证券交易;完善上市公司股东减持制度;规定证券交易停复牌制度和程序化交易制度;完善证券交易所防控市场风险、维护交易秩序的手段措施等。

六是落实"放管服"要求取消相关行政许可。包括取消证券公司董事、监事、高级管理人员任职资格核准;调整会计师事务所等证券服务机构从事证券业务的监管方式,将资格审批改为备案;将协议收购下的要约收购义务豁免由经证监会免除,调整为按照证监会的规定免除发出要约等。

七是压实中介机构市场"看门人"法律职责。规定证券公司不得允许他人以其名义直接参与证券的集中交易;明确保荐人、承销的证券公司及其直接责任人员未履行职责时对受害投资者所应承担的过错推定、连带赔偿责任;提高证券服务机构未履行勤勉尽责义务的违法处罚幅度,由原来最高可处以业务收入五倍的罚款,提高到十倍,情节严重的,并处暂停或者禁止从事证券服务业务等。

八是建立健全多层次资本市场体系。将证券交易场所划分为证券交易所、国务院批准的其他全国性证券交易场所、按照国务院规定设立的区域性股权市场等三个层次;规定证券交易所、国务院批准的其他全国性证券交易场所可以依法设立不同的市场层次;明确非公开发行的证券,可以在上述证券交易场所转让;授权国务院制定有关全国性证券交易场所、区域性股权市场的管理办法等。

九是强化监管执法和风险防控。明确了证监会依法监测并防范、处置证券市场风险的职责;延长了证监会在执法中对违法资金、证券的冻结、查封期限;规定了证监会为防范市场风险、维护市场秩序采取监管措施的制度;增加了行政和解制度,证券市场诚信档案制度;完善了证券市场禁入制度,规定被市场禁入的主体,在一定期限内不得从事证券交易等。

十是扩大证券法的适用范围。将存托凭证明确规定为法定证券;将资产支持证券和资产管理产品写入证券法,授权国务院按照证券法的原则规定资产支持证券、资产管理产品发行、交易的管理办法。同时,考虑到证券领域跨境监管的现实需要,明确在我国境外的证券发行和交易活动,扰乱我国境内市场秩序,损害境内投资者合法权益的,依照证券法追究法律责任等。

此外,此次证券法修订还完善上市公司收购制度、证券公司业务管理制度、证券登记结算制度、跨境监管协作制度等制度。

资料来源:证监会门户网站,《新〈证券法〉全文及修订要点》,http://www.csrc.gov.cn/shanghai/ztzl/pfzl/202003/t20200306_371622.htm。

5. 证券承销制度

股票发行的最终目的是将股票推销给投资者。发行人推销股票的方法有两种：一是自行销售，被称为"自销"；二是委托他人代为销售，被称为"承销"。一般情况下，公开发行以承销为主。承销是将股票销售业务委托给专门的证券经营机构（承销商）销售。按照发行风险的承担、所筹资金的划拨以及手续费的高低等因素划分，承销方式有包销和代销两种。

（1）包销。股票包销是指证券承销商将发行人的股票按照协议全部购入，或者在销售期结束时将售后剩余股票全部自行购入的承销方式。包销可分为全额包销和余额包销两种。

全额包销，是指由承销商先全额购买发行人该次发行的股票，再向投资者发售，由承销商承担全部风险的承销方式。

余额包销，是指承销商按照规定的发行额和发行条件，在约定的期限内向投资者发售股票，到销售截止日，如投资者实际认购总额低于预定发行总额，未售出的股票由承销商负责认购，并按约定时间向发行人支付全部股票款项的承销方式。

（2）代销。代销是指承销商代发行人发售股票，在承销期结束时，将未售出的股票全部退还给发行人的承销方式。

（二）股票流通市场

股票流通市场也被称为股票二级市场，或者交易市场，二级市场是投资者之间买卖股票的场所，为股票创造流动性，使其能够迅速变现。在二级市场股票流动的过程中，投资者将自己获得的有关信息反映在交易价格中，一旦形成公众的价格，投资者凭此价格就能了解公司的经营状况；公司则能知道投资者对其股票价值及经营业绩的判断，通过这一价格发现过程，降低了交易成本。

1. 股票流通市场的构成

股票流通市场通常分为有组织的证券交易所和场外交易市场。

（1）证券交易所是由证券管理部门批准的，为证券集中交易，提供固定场所和有关设施并制定各项规则的正式组织。证券交易所提供买卖证券的交易席位和有关设施，交易所的交易大厅设有计算机终端及其通信工具，满足市场交易的需求。此外还提供交易显示系统及清算、信息保管、信息分析、监管等措施。

交易所本身不进行交易，它只为客户提供交易的场所，制定有关场内买卖证券的上市交易、清算、交割过户等各项规则。

上市是赋予某个证券在证券交易所内进行交易的资格，上市股票的发行公司必须向交易所提出申请，经过审查符合交易所对股票上市的基本要求，才能在交易所挂牌上市交易。

同时交易所管理成员执行场内交易的各项规则,对违纪现象进行相应的处理,编制和公布有关证券交易的资料。

(2)场外交易是相对于证券交易所而言的,凡在证券交易所之外的股票交易活动,都可称为场外交易。相对于证券交易所,场外交易有如下特点:第一,场外交易市场与证券交易所相比没有固定的集中场所,而是分散于各地,规模有大有小;第二,场外交易市场无法实施公开竞价,其价格是通过商议达成的;第三,场外交易比交易所管制少,灵活方便。

场外交易市场主要由柜台交易市场、第三市场和第四市场构成。柜台市场是利用证券公司、证券经纪人的柜台进行证券交易的市场。每个证券商随时与买卖证券的投资者通过直接接触或电话、电报等方式迅速达成交易。第三市场是原先在交易所上市的证券转移到场外交易形成的市场,它属于柜台市场的范围,但是由于交易量和影响力的逐渐增大,被很多人认为已变成独立的市场。第四市场是投资者绕过传统经纪服务,彼此之间利用计算机网络直接进行证券大宗交易形成的市场。

 知识链接 6-8

创新的温床——美国纳斯达克市场

纳斯达克是美国的一个电子证券交易机构,是由纳斯达克股票市场公司所拥有的和操作的。NASDAQ 是 National Association of Securities Dealers Automated Quotations System(全国证券业协会行情自动传报系统)的缩写,创立于1971年,纳斯达克的特点是收集和发布场外交易非上市股票的证券商报价。

纳斯达克的上市公司涵盖所有新技术行业,包括软件和计算机、电信、生物技术、零售和批发贸易等,是一个典型的二板市场。纳斯达克市场是世界上主要的股票市场中成长速度最快的市场,并且它是首家电子化的股票市场。每天在美国股票市场上有超过半数的换手交易在纳斯达克市场上进行,将近有 5 400 家公司的证券在这个市场上挂牌。纳斯达克在传统的交易方式上通过应用当今先进的技术和信息——计算机和电讯技术使得它和其他股票市场相比独树一帜,代表着世界上最大的几家证券公司的 519 位券商被称为做市商,他们在纳斯达克市场提供 6 万个竞买和竞卖价格。这些大范围的活动由一个庞大的计算机网络进行处理,向遍布 55 个国家的投资者显示其中的最优报价。

企业想在纳斯达克上市,需符合以下三个条件及一个原则:

(1)先决条件:经营生化、生技、医药、科技(硬件、软件、半导体、网络及通信设备)、加盟、制造及零售连锁服务等公司,经济活跃期满一年以上,且具有高成长性、高发展潜力者。

（2）消极条件：有形资产净值在美金 500 万元以上，或最近一年税前净利在美金 75 万元以上，或近三年其中两年税前收入在美金 75 万元以上，或公司资本市值在美金 5 000 万元以上。

（3）积极条件：美国证监委及纳斯达克审查通过后，需有 300 人以上的公众持股才能挂牌。

（4）诚信原则：纳斯达克流行一句俚语：Any company can be listed，but time will tell the tale(任何公司都能上市，但时间会证明一切)。意思是说，只要申请的公司秉持诚信原则，挂牌上市是迟早的事，但时间与诚信将会决定一切。

资料来源：百度百科，纳斯达克，https://baike.baidu.com/item/%E7%BA%B3%E6%96%AF%E8%BE%BE%E5%85%8B/17437?fr=aladdin。

（3）股票流通市场的交易程序。股票流通市场的交易程序是在证券交易市场买进或卖出证券的具体步骤，主要包括以下几个环节：开户、委托、竞价成交、清算交割、过户等。

① 开户：投资者在买卖证券之前，要到证券经纪人处开立证券账户和资金账户。证券账户是证券登记机关为投资者设立的，用于准确登记投资者所持的证券种类、名称、数量及相应权益变动情况的一种账册。资金账户则用于存放投资者买入证券所需资金或卖出证券取得的资金，记录证券交易资金的币种、余额和变动情况。在我国，投资者投资于上海和深圳股市，需分别在上海证券交易所和深圳证券交易所开设证券账户，证券账户全国通用。

② 委托：投资者需要委托证券经纪商代理才能在证券交易所买卖股票。因此，投资者向经纪商下达买进或者卖出股票的指令，称为"委托"。证券经纪商必须按照投资者的指示进行操作，不得违反。

③ 成交：证券经纪商接受委托后，立即申报竞价，促成交易，其竞价规则是"价格优先、时间优先"原则。我国证券交易所在每日开盘前采用集合竞价方式，开盘后的交易时间采用连续竞价方式。

④ 清算与交割：股票的清算与交割是一笔股票交易达成后的后续处理，是价款结算和证券交收的过程。清算和交割统称证券的结算，是证券交易中的关键一环，它关系到买卖达成后交易双方责权利的了结，直接影响到交易的顺利进行，是市场交易持续进行的基础和保证。

⑤ 过户：股票所有权从原所有者转移到新的所有者的过程，是股票交易完成后，变更股票所有者名户的行为。我国证券交易所的股票已实行"无纸化交易"，对于交易过户而言，结算的完成即实现了过户，所有的过户手续都由交易所的电脑自动过户系统一次完成，无须投资者另外办理过户手续。

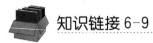

知识链接 6-9

我国多层次的资本市场

我国资本市场由 1990 年发展至今已有 30 年的历史,由场内市场和场外市场两部分构成。其中,场内市场的沪深交易所主板(含中小板)、创业板、科创板,以及场外市场的企业股份转让系统(新三板)、区域性股权交易市场、证券公司主导的柜台市场共同组成了我国多层次的资本市场体系。

1. 主板市场

主板市场是一个国家或地区证券发行、上市及交易的主要场所,一般而言,各国主要的证券交易所代表着国内主板市场。主板市场对发行人的经营期限、股本大小、盈利水平、最低市值等方面的要求标准较高,上市企业多为大型成熟企业,具有较大的资本规模以及稳定的盈利能力。相对创业板市场而言,主板市场是资本市场中最重要的组成部分,很大程度上能够反映经济发展状况,有"宏观经济晴雨表"之称。上海证券交易所和深圳证券交易所主板、中小板是我国证券市场的主板市场。上海证券交易所于 1990 年 12 月 19 日正式营业;深圳证券交易所与 1991 年 7 月 3 日正式营业。

2004 年 5 月,经国务院批准,中国证监会批复同意,深圳证券交易所在主板市场内设立中小企业板块,市场代码以"002"开头。设立中小企业板块的宗旨是为主业突出、具有成长性和科技含量的中小企业提供直接融资平台,是我国多层次资本市场体系建设的一项重要内容,也是分步推进创业板市场建设的一个重要步骤。

中小企业板块①的上市公司须符合主板市场的发行上市条件和信息披露要求。这"两个不变"的原则体现其是现有主板市场的一个板块。从上市公司看,虽然不改变主板市场的发行上市标准,但把符合主板市场发行上市条件的企业中规模较小的企业集中到中小企业板块,逐步形成创业板市场的初始资源。在制度安排上,中小企业板块以运行独立、监察独立、代码独立和指数独立与主板市场相区别,同时,中小企业板块又以其相对独立性与创业板市场相衔接。

2. 创业板市场

创业板市场又被称为"二板市场",是为具有高成长性的中小企业和高科技企业融资服务的资本市场。创业板市场是不同于主板市场的独特的资本市场,具有前瞻性、高风险、监管要求严格以及明显的高技术产业导向的特点。与主板市场相比,在创业板市场上市的企业规模较小、上市条件相对较低,中小企业更容易上市募集发展所需资金。

经国务院同意、中国证监会批准,我国创业板市场于 2009 年 10 月 23 日在深圳证券交易所正式启动,市场代码以"300"开头。我国创业板市场主要面向成长型创业企

---

① 2021 年 2 月 5 日,证监会宣布深交所主板和中小板合并,进一步推动资本市场的存量改革。

业,重点支持自主创新企业,支持市场前景好、带动能力强、就业机会多的成长型创业企业,特别是支持新能源、新材料、电子信息、生物医药、环保节能、现代服务等新兴产业的发展。2020年6月12日,证监会宣告创业板开始注册制试点。

3. 科创板市场

在上海证券交易所设立科创板是落实创新驱动和科技强国战略、推动高质量发展、支持上海国际金融中心和科技创新中心建设的重大改革举措,是完善资本市场基础制度、激发市场活力和保护投资者合法权益的重要安排。2019年7月22日,科创板正式开板。

科创板试点股票发行注册制,并且根据板块定位和科创企业特点,设置多元包容的上市条件,允许符合科创板定位、尚未盈利或存在累计未弥补亏损的企业在科创板上市,允许符合相关要求的特殊股权结构企业和红筹企业在科创板上市。这是我国资本市场发展过程中的重大制度变革。

4. 代办股份转让系统

代办股份转让系统又称"新三板"市场,是指经中国证券业协会批准,具有代办系统主办券商业务资格的证券公司采用电子交易方式,为非上市股份有限公司提供规范转让服务的股份转让平台。

代办股份转让系统的主要功能是为非上市中小型高新技术股份公司提供股份转让服务,同时也为退市后的上市公司股份提供继续流通的场所。

5. 区域性股权交易市场

区域性股权交易市场又称为区域股权市场、第四板市场,是为特定区域内的企业提供股权、债券的转让和融资服务的私募市场,是我国多层次资本市场的重要组成部分,对于促进企业特别是中小微企业股权交易和融资,鼓励科技创新和激活民间资本,加强对实体经济薄弱环节的支持,具有积极作用。

6. 券商柜台市场

券商柜台市场是在证券交易所外进行证券交易的市场,它没有固定的场所,其交易主要利用电话进行,交易的证券以不在交易所上市的证券为主。券商柜台市场是一种由证券交易商组织的、实行买入卖出制的市场组织形式。

资料来源:中国证券业协会.《市场运行》,https://www.sac.net.cn/tzzyd/scjs/scyx/。

能力拓展 6-5

上网查询近年来各层次股票市场融资的数额,分析各层次股票市场的发展对中国企业融资的贡献。

三、债券市场

债券市场是发行和买卖债券的场所,是资本市场的重要组成部分,一个统一成熟的债券市场可以为全社会投资者提供低风险的投资工具。根据债券的运行过程和市场的基本功能,债券市场也分为债券发行市场和债务流通市场。我国债券市场结构如图 6-3 所示。

(一)债券发行市场

债券发行市场又称为债券一级市场,是发行单位初次出售新债券的市场。债券发行市场的作用是将政府、金融机构以及工商企业等为筹集资金向社会发行的债券,分散发行到投资者手中。它与股票发行市场类似,主要不同之处在于债券有发行合同书和债券信用评级,同时由于债券需要还本付息,因此多了偿还环节。

发行合同书是说明公司债券持有人和发行债券公司双方权益的法律文书,由受托管理人代表债券持有人利益监督合同书中各条款的履行。

债务信用评级,大多是企业债券发行时需要。企业债券发行人的资信状况不如政府债券,风险远远高于政府债券,为了保护投资者的利益,债券发行之前,一般需要聘请权威的信用评级机构进行评级,然后进入市场交易。地方政府和金融机构发行的某些债券也需要进行信用评级。信用评级的作用在于向投资者揭示发行人偿债能力和资信状况,从而判断发行人违约风险的大小。信用评级的结果直接影响发行人的融资成本,信用等级越高,债券发行人违约的风险就越小,债券的利率越低。目前国际上最具影响力的信用评级机构包括标准普尔公司、穆迪投资者服务公司和惠誉国际信用评级公司。

债务偿还一般分为定期偿还和任意偿还两种方式。定期偿还比较简单,发行时就明确了偿还时间;任意偿还是债券发行一段时间(保护期)后,发行人可以任意偿还债券的一部分或者全部。

知识链接 6-10

国际信用评级巨头"美国标普全球公司"获准进入中国

2019 年 1 月 28 日,中国人民银行营业管理部发布公告称,对美国标普全球公司(S&P Global Inc.)在北京设立的全资子公司——标普信用评级(中国)有限公司予以备案。同日,中国银行间市场交易商协会亦公告,接受标普信用评级(中国)有限公司进入银行间债券市场开展债券评级业务的注册。这标志着标普已获准正式进入中国开展信用评级业务。

标准普尔是首家获得信用评级牌照的纯外资机构。2017年以来，信用评级市场开放的相关政策就逐步出台。业内与投资人普遍认为，引入国外信用评级机构，可以通过竞争倒逼国内信用评级机构提高自身的专业能力和市场公信力，形成良好的信用评级环境，从而使债券市场更好地服务实体经济。

1. 三大信用评级巨头欲在中国国内债券市场分一杯羹

工商资料显示，标普全球评级在中国境内的实体——标普信用评级（中国）有限公司将以"标普信评"这一品牌在中国运营，注册资本为1 800万美元，股东为S&P Global Asian Holdings Pte. Ltd，100%控股。法定代表人、董事和首席执行官为现任标普全球大中华区总裁金纪湘。

标普全称标准普尔，创立于1860年，是普尔出版公司和标准统计公司1941年合并而成的世界权威金融分析机构，总部位于美国。其子公司专为全球资本市场提供独立信用评级、指数服务、风险评估、投资研究和数据服务。1975年，美国证券交易委员会（SEC）认可标准普尔为"全国认定的评级组织"。标准普尔是全球金融基础建构的重要一员，150年来一直发挥着领导者的角色，为投资者提供独立的参考指针，作为投资和财务决策的信心保证。

标准普尔、穆迪投资者服务公司和惠誉国际信用评级公司被并称为世界三大评级机构，长期以来，全球三大信用评级公司一直渴望进入中国债券市场。标准普尔指数服务自2004年进入中国市场，与博时基金管理有限公司签订协议，授权后者在中国开发基于标准普尔500指数的交易型开放式指数基金，中国投资者能够直接跟踪美国股市的表现。而穆迪现持有中诚信国际评级有限公司30%的股份，但穆迪亦表示，该公司目前正分析可行选项。2018年10月25日，惠誉宣布在中国成立惠誉博华信用评级有限公司，开展在岸市场评级业务，并任命陈东明为总裁。惠誉博华是惠誉评级的全资子公司，在初始运营阶段，将开展金融机构及结构融资评级业务。

2. 中国信用评级市场逐步开放，外资评级机构发挥"鲶鱼效应"

据了解，目前国际三大评级机构已经在中国境内设立法律实体。除标普以外，穆迪和惠誉的在华独资企业均已向交易商协会递交了注册申请。在今年1月召开的债券市场国际论坛上，人民银行副行长潘功胜表示，希望和这些评级机构一起努力，尽快完成在交易商协会的注册评价，在中国正式开展业务。国际评级机构可以在中国境内设立商业存在开展评级业务，也可以利用其境外主体跨境开展评级业务。

央行在公告中表示，下一步，中国人民银行将持续推进信用评级行业对外开放，支持更多具有国际影响力且符合条件的外资信用评级机构进入中国市场。同时，中国人民银行将加强信用评级监管，强化市场约束机制，充分发挥信用评级在风险揭示和风险定价方面的作用。特别是在围绕改善民营企业和小微企业融资环境，加大金融服务实体经济的力度，引导市场预期等方面，充分发挥信用评级的作用。

目前国内债券市场有13家评级机构,其中银行间债券市场5家。国内评级业在持续规范和建设过程中,有待进一步完善。

业界、投资者希望外资评级机构能发挥"鲶鱼效应"。他们普遍认为,国际评级机构进入中国,将倒逼国内信用评级机构在良性竞争中逐步成长起来,推动中国信用评级市场在评级技术、评级服务质量上的持续提升,也有助于企业债券融资成本的整体下降。

资料来源:吴若丹,《国际信用评级巨头"美国标普全球公司"获准进入中国》,https://ishare.ifeng.com/c/s/7jr1uMxeobl。

(二)债券流通市场

债券流通市场又称二级市场,是指已发行债券买卖转让的市场。债券一经认购,即确立了一定期限的债权债务关系,但通过债券流通市场,投资者可以转让债权,把债券变现。债券发行市场和流通市场相辅相成,是互相依存的整体。发行市场是整个债券市场的源头,是债券流通市场的前提和基础。发达的流通市场是发行市场的重要支撑,流通市场的发达是发行市场扩大的必要条件。

根据债券流通市场的组织形式,与股票流通市场一样,债券流通市场亦可进一步分为场内交易市场和场外交易市场。证券交易所是专门进行证券买卖的场所,如我国的上海证券交易所和深圳证券交易所。在证券交易所内买卖债券所形成的市场,就是场内交易市场,这种市场组织形式是债券流通市场的较为规范的形式,交易所作为债券交易的组织者,本身不参加债券的买卖和价格的决定,只是为债券买卖双方创造条件、提供服务,并进行监管。场外交易市场是在证券交易所以外进行证券交易的市场,柜台市场为场外交易市场的主体,许多证券经营机构都设有专门的证券柜台,通过柜台进行债券买卖。在柜台交易市场中,证券经营机构既是交易的组织者,又是交易的

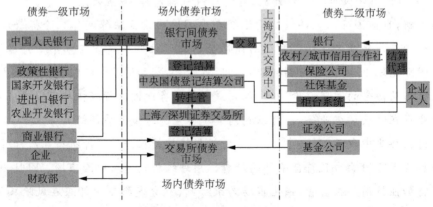

图6-3 中国债券市场结构

参与者。此外，场外交易市场还包括银行间交易市场，以及一些机构投资者通过电话、电脑等通信手段形成的市场等。目前，我国债券流通市场由三部分组成，即沪深证券交易所市场、银行间交易市场和证券经营机构柜台交易市场。

四、基金市场

基金市场是进行基金交易的市场，是资本市场的重要组成部分。狭义的基金市场一般是指证券投资基金市场，所谓证券投资基金是指通过发行基金份额，将众多投资者的资金集中起来，形成独立财产，由基金托管人托管，基金管理人管理，以投资组合的方法进行证券投资的一种利益共享、风险共担的投资方式。

证券投资基金是以集资的方式集合资金用于证券投资，将小额零散资金汇集成大额资金，从而投资于多种证券，实现组合投资，分散风险的效果。基金投资者将本人的财产委托给专业机构进行证券投资，但是投资者的证券投资是间接的，投资者不能参与基金所购买证券的企业的决策和管理。

（一）证券投资基金的投资主体

1. 基金发起人

基金发起人，是按照共同投资、共享收益、共担风险的基本原则和股份公司的某些原则，运用现代信托关系的机制，以基金方式将投资者的分散资金集中起来以实现预先规定的投资目的的投资组织机构。我国规定证券投资基金发起人为证券公司、信托投资公司和基金管理公司。

2. 基金托管人

基金托管人，是根据基金合同的规定直接控制和管理基金财产并按照基金管理人的指示进行具体资金运作的基金当事人。基金托管人是投资人权益的代表，是基金资产的名义持有人或管理机构。为了保证基金资产的安全，基金应按照资产管理和保管分开的原则进行运作，并由专门的基金托管人保管基金资产。

3. 基金管理人

基金管理人，是基金产品的募集者和管理者，其最主要职责就是按照基金合同的约定，负责基金资产的投资运作，在有效控制风险的基础上为基金投资者争取最大的投资收益。

4. 基金投资者

基金投资者，是基金份额持有人，也是基金的出资人、基金资产的所有者和基金投资收益的受益人。

（二）证券投资基金的特点

1. 专家理财

证券投资基金管理公司配备的专业投资专家一般具有深厚的投资分析理论功底

和丰富的实践经验,以科学的方法研究股票、债券等金融产品。

2. 组合投资、分散风险

根据证券组合投资原理,将基金分散投资于各种有价证券和其他金融工具,并通过专门的托管人对信托资产进行保管,投资者按出资比例获取收益并承担风险。

3. 方便投资、流动性强

证券投资基金的最低投资量起点要求一般比较低,可满足小额投资者对正常投资的需要,投资者可以根据自身财力决定对基金的投资量,投资基金大多有较强的变现能力,使投资者收回投资非常方便。

(三) 证券投资基金分类

(1) 按基金组织形态不同,可将证券投资基金划分为契约型基金、公司型基金。

契约型基金是指基金管理人、基金托管人和投资者三方通过签订基金契约的形式,发行受益凭证而设立的一种基金。

公司型基金是按照公司法成立的,以盈利为目的的股份有限公司,公司以发行基金股份的方式筹集资金,并将其投资有价证券。这一类型基金通常被称为投资公司,投资者购买股份成为公司的股东,并获得投资收益。

(2) 按基金规模是否固定,可将证券投资基金划分为封闭式基金、开放式基金。

封闭式基金是指基金规模在发行前就已经确定,在发行完毕后的规定期限内,基金规模固定不变的投资基金。投资者一旦认购基金份额,在基金存续期内不能向基金公司赎回资金,基金份额的变现必须通过证券交易场所上市交易。

开放式基金是指基金设立时,基金单位或者总规模不固定,基金发起人可根据市场供求关系,随时向投资者出售基金单位或者股份,并可以应投资者的要求赎回发行在外的基金单位或者股份的一种基金运作方式。

(3) 按基金的筹资方式不同,可将证券投资基金划分为公募基金和私募基金。

公募基金是以公开发行基金份额的方式筹集资金,基金面向投资者非常广泛,筹集的资金比较多,目前大多数基金都是属于公募基金。

私募基金是面向特定投资者,以非公开方式发行基金份额的方式筹集资金,其投资者主要是机构投资者和一些富裕人士,因此私募基金更注重满足特定投资者的需求。

(4) 按基金投资对象不同,可将证券投资基金划分为股票型基金、债券型基金、货币市场基金、指数型基金和混合型基金。

股票型基金用于投资股票市场,风险较高。

债券型基金主要投资于债券资产,以取得固定收益,投资风险和收益均较低。

货币市场基金投资于货币市场金融工具,包括商业票据、银行承兑汇票、大额可转让定期存单等,货币市场基金流动性强、投资风险小,类似于银行存款,但收益比银行存款高,因此受到投资者的欢迎。

指数型基金是按照某种指数构成的标准购买该指数包含的全部或者一部分证券的基金,其目的在于达到与该指数同样的收益水平,实现与市场同步成长。

混合基金综合股票基金和债券基金的特点,既投资股票,又投资债券。

（5）按投资目标不同,可将证券投资基金划分为成长型基金、收入型基金和平衡型基金。

成长型基金是以追求基金资产的长期增值为基本目标,较少考虑当期收入的基金,主要投资于具有良好成长潜力的普通股票,风险和收益较高。

收入型基金是以获取稳定收益为投资目标,主要投资于大盘蓝筹股、政府债券、可转让定期存单等收入稳定的有价证券,风险和收益较低。

平衡型基金既追求稳定的收益,又追求资金增值,在投资风格上兼具收入型基金和成长型基金的特征。

（四）证券投资基金的发行和交易

（1）证券投资基金的发行一般经过四个步骤,即申请、核准、发售、基金合同生效。证券投资基金的发行是指投资基金管理公司在基金发行申请经有关部门批准之后,将基金受益凭证向个人投资者、机构投资者或向社会推销出去的经济活动。

证券投资基金的发行方式主要两种：

一种是基金管理公司自行发行（直接销售方式）。基金的直接销售方式是指证券投资基金的份额不通过任何专门的销售组织而直接面向投资者销售。这是最简单的发行方式。在这种销售方式中,投资基金的份额按净资产价值出售,出价与报价相同,即所谓的不收费基金；

另一种是通过承销机构代发行（包销方式）。在这种方式下,证券投资基金的大部分股份是通过经纪人包销的,也就是基金的承销人。我国的基金的销售大部分是这种方式。

在基金的分销渠道方面,商业银行和保险公司可以参与基金的分销业务。

（2）证券投资基金的交易:开放式基金只能在符合国家规定的场所申购、赎回。封闭式基金成立后,基金管理人、基金托管人可以向中国证监会及证券交易所提出基金上市申请。基金上市规则由证券交易所制定,报中国证监会批准。

知识链接 6-11

中国证券投资基金的基本情况

截至2020年3月,中国投资基金市场公募基金总共6 819只,资产规模是16.64万亿元,总计143家基金管理人,具体数据可以参见表6-4。

表 6-4　截至 2020 年 3 月公募基金资产统计

类别	封闭式	开放式						合计
		股票基金	混合基金	货币市场基金	债券基金	QDII	开放式合计	
数量（只）	917.00	1 188.00	2 702.00	335.00	1 524.00	153.00	5 902.00	6 819.00
份额（亿份）	16 259.24	11 090.61	17 061.64	82 050.58	28 148.24	1 099.06	139 450.13	155 709.38
净值（亿元）	17 173.21	14 086.82	21 083.64	82 119.56	30 836.64	1 067.28	149 193.94	166 367.15

截至 2020 年 3 月中国私募证券投资基金总共 44 117 只，资产规模是 26 115 亿元，具体数据可以参见表 6-5。

表 6-5　截至 2020 年 3 月不同基金类型私募基金备案情况

基金类型	基金数量（只）	较上月变化（只）	基金规模（亿元）	较上月变化（亿元）
私募证券投资基金	44 117	1 503	26 115	828
私募股权投资基金	28 853	172	89 396	2 507
创业投资基金	8 421	152	12 691	520
私募资产配置基金	7	1	6	0
其他私募投资基金	3 673	−138	14 286	−257
合计	85 071	1 690	142 495	3 599

资料来源：中国证券投资基金协会。

能力拓展 6-6

从表 6-4、表 6-5 中不难看出，不同类型的基金数量及规模都迅速增长，请思考并回答：

(1) 基金业迅猛发展的原因是什么？
(2) 基金业的快速发展会给资本市场带来什么影响？

任务四　外汇市场和黄金市场

一、外汇市场

外汇市场是指从事外汇买卖或汇兑的交易场所，是各种不同货币进行交换的场所，是金融市场的重要组成部分。

外汇市场上从事外汇买卖可以分为两种类型,一种是本币与外币之间的相互买卖,外汇的持有者按一定的汇率卖出外汇,换回本币;外汇的需求者按照一定的汇率用本币购买外汇。另外一种是不同币种的外汇之间的相互交易。

外汇市场的组织形态有两种,一种是有固定交易场所,是有形市场,另一种是没有固定交易场所的、无形的、抽象的市场,无形的市场通常表现为电话、电报、电传、计算机终端等各种远程通信工具所构成的交易网络。

(一) 外汇市场的功能

1. 外汇买卖的中介

外汇市场为外汇交易的双方寻找交易对象和发现交易价格,节约了交易成本,提高了外汇市场的交易效率。

2. 调节外汇的供求

外汇市场不仅充当了外汇买卖双方的交易中介,而且外汇市场上汇率的变化会对外汇的供求起着调节作用,外汇供求的失衡会引起价格的相应变动,而价格变动又会影响外汇的供求变动。

3. 宏观调控的渠道

外汇市场也是各国政府调节国际收支乃至整个国民经济的重要渠道,各国政府可以通过一系列的政策和措施影响外汇的供求和汇率的变动达到调节国际收支及宏观经济的目的。

4. 保值与投资的场所

外汇市场为试图避免外汇风险的交易者提供了保值的场所,市场的交易者可以在外汇市场上从事套期保值、掉期交易等外汇交易,避免外汇风险。同时外汇市场也为那些试图在汇率波动中获取收益的投机活动提供可能。

(二) 外汇市场的参与者

1. 外汇银行

外汇银行是外汇市场的主要力量,许多外汇银行拥有遍布全球的机构,承担着绝大部分的跨国资金调拨、借贷以及国际收支结算等多种任务,因而在外汇市场上发挥着核心作用。外汇银行一方面受客户的委托从事外汇买卖,获取佣金或者交易手续费;另外一方面以自己的账户直接进行外汇交易,调整自己的外汇头寸。

2. 中央银行

各国中央银行也是外汇市场的重要参与者,代表政府对外汇市场进行干预。中央银行以外汇市场管理者的身份,通过制定法律、法规、政策措施,对外汇市场进行监督、控制和引导,保证外汇市场的交易有序进行,使之符合本国经济政策的要求。同时中央银行直接参与外汇市场的交易,主要是依据国家货币政策的需要主动买进或卖出外汇影响汇率的走势。

3. 外汇经纪人

外汇经纪人主要为从事外汇买卖的金融机构牵线搭桥，充当外汇交易的中介人，他们一般只是通过提供咨询信息、买卖代理或其他服务赚取一定比例的佣金，不直接为自己买卖外汇。由于外汇经纪人与外汇买卖活动无直接利害关系，从事外汇交易的银行才会对外汇经纪人的诚实与公正给予高度信任。

4. 非银行机构及个人

非银行机构和个人主要指从事国际贸易、投资以及其他国际经济活动出售或者购买外汇的非银行机构及个人。非银行机构及个人有的是为了实施某些经济交易而买卖外汇，如经营进出口业务的国际贸易企业、到国外投资的跨国公司、发行国际债券的国内企业等。有的是为了调整资产结构和利用国际金融市场上的不均衡进行外汇交易，如买卖外国证券的投资者，在不同国家货币市场上赚取利差、汇差收益的套利者和套期保值者，赚取风险利润的外汇投机者等。除此之外还有一些其他的零星供求者，如国际旅游、留学、汇出或收入外汇、提供或接受外汇捐赠的机构和个人。

（三）外汇市场的交易方式

1. 即期交易

即期交易，又称现汇交易，是指外汇交易双方以当时外汇市场的价格成交，并在成交后两个营业日内办理有关货币收付交割的外汇交易。外汇即期交易是外汇市场上最常见、最普遍的买卖形式。由于交割时间较短，所受的外汇风险较小。

2. 远期交易

远期交易，是指在外汇买卖成交时，双方先签订合同，规定交易的币种、数额、汇率以及交割的时间、地点等，并于将来某个约定的时间按照合同规定进行交割的一种外汇方式。远期外汇交易的期限按月计算，一般为一个月到六个月，也有可能长达一年，通常为3个月。

3. 掉期交易

掉期交易，是指同时买进和卖出相同金额的某种外汇，但买进和卖出的交割期限不同的一种外汇交易方式。进行掉期交易的主要目的在于避免汇率波动的风险。

4. 外汇期货交易

外汇期货交易，是指按照合同规定在将来某一指定月份买进和卖出标准化金额的外币期货合约的交易方式。目前，外汇期货交易已经成为套期保值和投机的重要工具。

5. 外汇期权交易

外汇期权交易，外汇期权是以一定的期权费获得在一定的时间内拥有买进或者卖出某种外汇的权利的合约。期权合同的买方可以在期权到期日之前按照合同约定的汇率买进或者卖出约定数量的外汇,但也有不履行这一合同的权利。

(四) 我国的外汇市场

目前,我国境内外汇市场按照交易主体的不同区分为银行间外汇市场和银行柜台外汇市场。

1. 银行间外汇市场

银行间外汇市场是指国家外汇管理局批准,可以经营外汇业务的境内金融机构(包括银行、非银行金融机构和外资金融机构)之间,通过设在上海的中国外汇交易中心进行人民币与外币之间的交易市场。

2. 银行柜台外汇市场

银行柜台外汇市场是指经外汇管理部门批准经营结汇、售汇业务的外汇指定银行为客户办理人民币和其他货币之间兑换业务的市场。银行柜台外汇市场对客户挂牌汇率实行浮动区间管理。

截至2020年12月,中国外汇市场(不含外币对市场,下同)总计成交22.64万亿元人民币(约为3.46万亿美元)。其中,银行对客户市场成交3.71万亿元人民币(约为0.57万亿美元),银行间市场成交18.94万亿元人民币(约为2.89万亿美元);2020年1月至12月,中国外汇市场累计成交206.38万亿元人民币(约为29.99万亿美元)。

二、黄金市场

(一) 黄金市场概述

黄金市场是集中进行黄金买卖的场所,历史上黄金曾经在世界范围内长期作为货币流通,在布雷顿森林体系瓦解之后,黄金的非货币化趋势不可逆转,其金融性日渐淡化,但黄金市场仍然是金融市场重要的组成部分,黄金的金融工具地位仍将长期存在。

黄金交易与证券交易一样,都有一个固定的交易所,涉及各地的黄金市场。黄金交易所一般分布在各个国际金融中心,是国际金融市场的重要组成部分。世界主要的黄金市场有五个:伦敦、苏黎世、纽约、芝加哥和中国香港,号称五大黄金市场。此外还有巴黎、法兰克福、曼谷、新加坡等黄金市场。

(二) 黄金市场参与者

黄金市场由参与交易的买方和卖方共同构成。

黄金市场上的卖方及黄金的主要来源有:主要的黄金生产国(如南非等),为了干预金价或换取外汇而出售部分黄金的各国中央银行,以及持有黄金并打算出售的企业和个人。

黄金的购买方主要包括:各国中央银行,以黄金作为工业用途的工商企业、运作储存的个人和国际金融机构等,以及国际黄金商,他们的主要活动是专营代理黄金买卖业务、期货买卖、中间商业务以及套购业务。

(三) 黄金市场交易形式

黄金市场的交易形式主要有两种,分别是现货交易和期货交易。

1. 现货交易

现货交易又分为定价交易和报价交易。定价交易的特点是提供客户单一交易价,即无买卖差价,按所提供的单一价格,客户均可自由买卖,经纪人只收取少量的佣金。定价交易是伦敦黄金市场特有的一种交易形式,时间规定在每个营业日的上午10:30到下午3:00,定价交易是世界黄金行情的"晴雨表",世界其他黄金市场的金价均依此调整各自的金价。报价交易的特点就是有买、卖价之分。国际黄金市场上的报价交易由买卖双方自行达成,其价格水平在很大程度上受定价交易的影响。一般说来,报价交易达成的交易数量要多于定价交易达成的现货交易数量。

2. 期货交易

黄金的期货交易有保值交易和投机交易之分,黄金保值交易是指人们为了避免通货膨胀或政治动乱而购买黄金,也有以避免金价变动而遭受损失为目的进行的黄金买卖。投机交易是利用金价的波动,估计金价在未来时期的涨跌趋势买空或卖空,从中谋取投机利润。

对大多数金融机构和黄金使用企业来说,期货交易既是减少未来风险的一种方式,也是一种投机行为。

项目小结

1. 金融市场的含义、构成要素和特征

金融市场是指由货币资金的供求双方以金融工具为交易对象所形成的关系及其机制的总和,由货币市场、资本市场、外汇市场及黄金市场等子市场构成。

金融市场的构成要素主要包括交易主体、交易对象、交易工具和交易价格;金融工具具有偿还性、流动性、风险性、收益性的特征。

2. 金融市场的功能

金融市场在宏观和微观两个层面发挥作用。从微观来讲,金融市场具有价格发现、提供流动性、降低交易成本、分散风险、促进金融创新等功能;从宏观层面来讲主要有资本积累、资源配置、调节经济等功能。

3. 货币市场的含义和交易对象

货币市场是指发行和交易到期期限在一年以内(包括一年)的金融工具的市场,货币市场交易的对象有同业拆借、商业票据、大额可转让定期存单、短期政府债券、回购协议等金融工具。

4. 资本市场的含义和交易对象

资本市场是指以期限在一年以上的金融工具为媒介进行长期性资金交易活动的市场。资本市场交易的金融工具具有期限长、风险大、流动性差等特点，主要包括股票、长期债券和证券投资基金等。

外汇市场和黄金市场是金融市场的重要组成部分。

知识自测

一、单项选择题

1. 下列属于短期资金市场的是（　　）。
   A. 债券市场　　　　B. 资本市场　　　　C. 票据市场　　　　D. 股票市场
2. 余额宝属于（　　）工具。
   A. 股票市场　　　　B. 资本市场　　　　C. 票据市场　　　　D. 货币市场
3. 票据再贴现发生在贴现银行和（　　）之间。
   A. 票据持有人　　　　　　　　　　　B. 票据发行人
   C. 其他银行　　　　　　　　　　　　D. 中央银行
4. 不属于债券票面要素的是（　　）。
   A. 发行价格　　　　B. 期限　　　　　　C. 利率　　　　　　D. 发行人
5. 下列金融工具中没有偿还期的是（　　）。
   A. 债券　　　　　　B. 股票　　　　　　C. 商业票据　　　　D. 回购协议

二、判断题

1. 有价证券从发行者手中转移到投资者手中，这类交易属于二级市场交易。（　　）
2. 中国没有黄金交易中心。（　　）
3. 证券投资基金最重要的特点是专家理财。（　　）
4. 中国的股票交易不是在上海证券交易所就是在深圳证券交易所进行。（　　）
5. 跨国公司是外汇市场最重要的参与者之一。（　　）

三、综合训练题

2020年4月27日晚，新闻联播报道，中央全面深化改革委员会第十三次会议审议通过了《创业板改革并试点注册制总体实施方案》（以下简称《实施方案》）。会议指出，推进创业板改革并试点注册制，是深化资本市场改革、完善资本市场基础制度、提升资本市场功能的重要安排。要着眼于打造一个规范、透明、开放、有活力、有韧性的资本市场，推进发行、上市、信息披露、交易、退市等基础性制度改革，坚持创业板和其他板块错位发展,找准各自定位,办出各自特色,推动形成各有侧重、相互补充的适度竞争格局。

据证监会副主席李超介绍,此次创业板试点注册制改革,坚持"一条主线,三个统筹"。"一条主线"是以信息披露为核心的股票发行注册制。"三个统筹"包括以下三点:一是统筹推进创业板改革与多层次资本市场体系建设,二是统筹推进注册制与其他基础制度建设,三是统筹增量改革和存量改革。

48小时后的4月29日19时,《证券日报》记者统计发现,在深交所和上证互动平台上,投资者对创业板改革并试点注册制高度关注,并对相关话题进行了询问或讨论,合计发布相关留言近300条。

资料来源:根据互联网资料整理所得。

请分析:

创业板注册制改革对中国资本市场产生的影响及其意义。

项目七 货币供求与均衡

学习目标

知识目标：
1. 掌握货币供给、基础货币和货币乘数
2. 了解货币需求理论
3. 掌握货币均衡的含义、货币失衡的成因
4. 了解通货膨胀和通货紧缩的含义
5. 掌握通货膨胀的主要类型和衡量指标
6. 掌握通货膨胀和通货紧缩的主要成因和治理对策

能力目标：
1. 能够解释银行信用创造的过程
2. 能够分析决定货币需求的主要因素
3. 能够判断通货膨胀和通货紧缩的类型并正确应对
4. 能够运用货币供求和均衡理论，结合货币供应量、利率、物价等数据变化对宏观经济基本面进行解读和预判

导入案例

2019年第四季度货币政策执行报告（节选）

2019年中国经济运行总体平稳，结构持续优化，就业保持稳定，物价结构性上涨特征明显，内外部风险挑战增多，经济下行压力加大。全年国内生产总值（GDP）同比增长6.1%，居民消费价格指数（CPI）同比上涨2.9%，外汇储备保持在3万亿美元以上。

中国人民银行坚持金融服务实体经济的根本要求，实施稳健的货币政策，加强逆周期调节，在多重目标中寻求动态平衡，保持货币信贷合理增长，推动信贷结构持续优化,以改革的办法疏通货币政策传导,千方百计降低企业融资成本,为实现"六稳"和经济高质量发展营造了适宜的货币金融环境。

1. 货币信贷概况

2019年以来,银行体系流动性合理充裕,广义货币M2和社会融资规模增速略高于国内生产总值名义增速,贷款增长较快,信贷结构进一步优化,贷款利率下降,人民币汇率总体稳定。

(1) 银行体系流动性合理充裕。2019年,面对内外部风险挑战增多等诸多不确定性影响,中国人民银行实施稳健的货币政策,综合运用公开市场操作、中期借贷便利、存款准备金率、再贷款、再贴现、常备借贷便利等多种货币政策工具,加强逆周期调节,保持流动性合理充裕,引导货币市场利率稳定运行。2019年末,金融机构超额存款准备金率为2.4%,与上年末持平。

(2) 货币供应量、社会融资规模适度增长。广义货币M2和社会融资规模增速略高于国内生产总值名义增速,体现了逆周期调节。2019年末,M2余额为198.6万亿元,同比增长8.7%,比上年末高0.6个百分点,以适度的货币增长支持了经济高质量发展。狭义货币M1余额为57.6万亿元,同比增长4.4%,比上年末高2.9个百分点。流通中货币M0余额为7.7万亿元,同比增长5.4%。2019年现金净投放3 981亿元,同比多投放1 418亿元。

2. 货币政策操作

(1) 降低金融机构存款准备金率。2019年三次下调金融机构存款准备金率,建立"三档两优"存款准备金框架。其中,1月和9月全面下调金融机构存款准备金率共1.5个百分点,释放长期流动性约2.3万亿元。自5月起分三次定向下调服务县域的农商行存款准备金率2至3.5个百分点至农信社档次,自10月起分两次下调仅在本省经营的城商行存款准备金率1个百分点。定向降准共释放流动性约4 000亿元,全部用于发放小微、民营企业贷款。定向降准旨在鼓励中小金融机构服务当地,支持实体经济健康发展。同时,我国的存款准备金制度根据机构规模和支持实体经济特点和成效形成了更加清晰、简明的"三档两优"基本框架,即存款准备金率基准档大体分为三档,并在此之上还有两项存款准备金率优惠政策。

2020年1月下调金融机构存款准备金率,支持实体经济发展。中国人民银行于2020年1月6日下调金融机构存款准备金率0.5个百分点(不含财务公司、金融租赁公司和汽车金融公司),释放长期资金8 000多亿元,并节约银行资金成本约150亿元,有效增加金融机构支持实体经济的稳定资金来源,降低金融机构支持小微、民营企业等实体经济的资金成本。同时,此次降准与春节前的现金投放形成对冲,稳健货币政策取向没有改变。

(2) 积极发挥结构性货币政策工具作用。积极运用信贷政策支持再贷款、再贴现和抵押补充贷款等工具,引导金融机构加大对小微、民营企业、"三农"、扶贫等国民经济重点领域和薄弱环节的支持力度。一是增加再贴现额度 2 000 亿元、常备借贷便利额度 1 000 亿元,加强对中小银行流动性支持。二是全面实施优化运用扶贫再贷款发放贷款定价机制工作,引导金融机构合理确定运用扶贫再贷款资金发放贷款的利率。三是设立专项扶贫再贷款,支持扩大"三区三州"信贷投放,降低"三区三州"融资成本。四是完善再贷款和常备借贷便利质押品管理,按信用等级和流动性对质押品进行分类,根据货币政策操作需要设置差异化质押品。年末,全国再贷款、再贴现余额合 10 148 亿元,比年初增加 1 815 亿元,其中第四季度增加 881 亿元。全年支农再贷款余额 2 602 亿元(含扶贫再贷款 1 642 亿元),支小再贷款余额 2 832 亿元,再贴现余额 4 714 亿元。2019 年,对政策性银行和开发性银行净发放抵押补充贷款 1 578 亿元,其中第四季度净发放 204 亿元,年末余额 35 374 亿元。

3. 中国宏观经济形势

2019 年我国国民经济运行总体平稳,经济结构持续优化,高质量发展扎实推进。消费对经济增长的拉动作用增强,工业生产和投资较为稳定,进出口规模扩大。就业总体稳定,消费价格上涨结构性特征明显。初步核算,全年国内生产总值同比增长 6.1%,全国居民消费价格指数同比上涨 2.9%,货物贸易顺差 29 150 亿元。

居民消费价格涨幅上升,结构性特征明显。2019 年,居民消费价格指数(CPI)同比上涨 2.9%,涨幅比上年扩大 0.8 个百分点,其中猪肉价格上涨较快,全年同比上涨 42.5%,带动牛、羊肉价格也分别上涨 12.1%和 11.9%。食品价格全年上涨 9.2%,涨幅比上年提高 7.4 个百分点;非食品价格上涨 1.4%,涨幅比上年回落 0.8 个百分点。不包括食品和能源的核心 CPI 温和上涨 1.6%,涨幅比上年回落 0.3 个百分点。

生产价格同比下降。2019 年,工业生产者出厂价格指数(PPI)同比下降 0.3%,比上年回落 3.8 个百分点,11—12 月 PPI 同比降幅收窄。工业生产者购进价格指数(PPIRM)同比下降 0.7%,涨幅比上年回落 4.8 个百分点。中国人民银行监测的企业商品价格(CGPI)同比下降 0.2%,涨幅比上年低 3.2 个百分点。分产品看,初级产品和最终产品价格同比涨幅扩大,中间产品价格同比持续负增长。

物价形势总体可控,通胀预期基本平稳,对未来变化需持续观察。2019 年全年我国消费品价格结构性上涨特征明显,主要受猪肉等食品价格较快上涨拉动。随着各部门先后出台多项措施保供稳价,引导预期,CPI 涨幅总体可控,也保持了通胀预期的平稳,防止了通胀预期的发散。同时,在基数效应消退的推动下,PPI 同比降幅有所收窄。短期内,新冠肺炎疫情等因素可能对物价形成扰动,应继续密切监测分析。但从基本面看,我国经济运行总体平稳,总供求基本平衡,不存在长期通胀或通缩的基础。

资料来源:中国人民银行官方网站,《中国人民银行 2019 年第四季度中国货币政策执行报告》,http://www.pbc.gov.cn/zhengcehuobisi/125207/125227/125957/3830536/index.html。

如何对这份中央银行货币政策执行报告做出准确的解读?

1. 报告中出现的流通中现金 M0、狭义货币供应量 M1 和广义货币供应量 M2 分别代表什么？其构成的变化说明了什么道理？

2. 什么是金融机构的法定存款准备金率、超额存款准备金率，其变化代表了怎样的中央银行货币政策导向？

3. 什么是 CPI、PPI？其变化趋势反映了什么？

任务一　货币供给

在现代经济生活中，货币供给广受关注，当银行系统增加货币供给时，人们预测利率可能会下降；金融市场预期未来经济走势更为强劲，因此，股票价格会上涨；企业可能决定增加投资而消费者可能决定增加消费。货币供给变动关系着整个经济的健康运行从而对我们大家都产生影响，所以，我们需要理解货币供给是如何决定的？谁控制货币供给？什么因素导致货币供给发生变化？如何加强对货币供给的控制？我们会在本节中回答上述问题。

一、货币供给的含义

货币供给是指某一国或货币区的银行系统向经济体中投入、创造、扩张（或收缩）货币的金融过程。在现代经济社会中，能够向社会公众提供信用货币（现金和存款货币）的主体有中央银行、商业银行以及特定的存款金融机构。

货币供给首先是一个经济过程，即银行系统向经济注入货币的过程；其次，货币供给必然会形成一定的货币量，即货币供应量，它是货币供给的结果。

货币供应量是一个存量的概念，是指一个国家在某一时期内为社会经济运转服务的货币存量，它包括现金货币和存款货币两个部分。

二、货币供给量的层次划分

货币供应层次是各国中央银行在进行货币供给统计时，以金融资产的流动性大小作为标准，根据自身的政策特点和需要确定的衡量货币供应的统计口径。划分货币供应层次及进行数量统计的目的是为了了解本国的货币供给状况，正确制定和实施货币政策，并对货币供给政策的调整提供指导。

虽然由于经济结构和货币情况的差异，世界各国中央银行货币供给的统计口径不完全一致，但划分的基本依据是一致的，也就是根据金融资产"流动性"的大小。流动性是指金融资产可以迅速转换成现金而对持有人不造成损失的能力。流动性不同的金融资产,在流通中转手的次数不同,形成的购买能力不同,从而对商品流通和其他经济活动的影响程度也不相同。

1. 国际货币基金组织的货币供给层次划分

国际货币基金组织根据货币涵盖范围的大小和流动性的差别,把货币供应量划分为:

$$M0 = 现金$$
$$M1 = M0 + 活期存款$$
$$M2 = M1 + 准货币$$

其中,M0 是指流通于银行体系之外的现钞,也就是居民和企业手中的现钞。流动性最强,具有最强的购买能力。

M1 又被称为"狭义货币",由流通于银行体系以外的现钞(M0)和银行的活期存款构成。由于活期存款可以随时提现,所以流动性和购买能力不亚于现钞。M1 反映居民和企业资金松紧变化,代表一国经济中的现实购买力,因此,对于社会经济生活有着最广泛和最直接的影响。许多国家都把 M1 作为货币供应量调控的主要对象。

M2 又被称为"广义货币",由流通于银行体系之外的现钞加上活期存款(M1),再加上定期存款、储蓄存款等构成,M2 包括了一切可能成为现实购买力的货币形式。定期存款、储蓄存款等货币形式虽然不能直接变现,不能立即转变为现实的购买力,但经过一定的时间和手续后,也能够转变为现实购买力,因此,它们又被叫作"准货币"。由于 M2 对于研究货币流通的整体状况有着重要意义,近年来,很多国家开始把货币供应量的调控目标转向 M2。

2. 我国货币供应层次的划分

我国中央银行于 1994 年开始进行货币统计和货币层次划分,并一直将货币供应量作为我国货币政策调控的重要中介指标。为了确保货币供应量的统计与国内经济金融形势发展的适应性,我国已对货币供应量统计口径进行了一次修订和三次技术性完善。目前,我国货币供应统计有四个层次:

M0:流通中现金(货币供应量统计的机构范围之外的现金发行,包含境外人民币流通量)

M1:M0+企业存款(企业存款扣除单位定期存款和自筹基建存款)+机关团体部队存款+农村存款+信用卡类存款(个人持有)

M2:M1+城乡居民储蓄存款+企业存款中具有定期性质的存款(单位定期存款和自筹基建存款)+外币存款+信托类存款

M3:M2+金融债券+商业票据+大额可转让定期存单等

其中：M2－M1 为准货币，M3 是根据金融工具的不断创新而设置的。

2019 年 12 月末我国广义货币供应量 M2 余额为 198.6 万亿元，比上一年增加了 8.7%；狭义货币供应量 M1 余额为 57.6 万亿元，同比增长 4.4%。流通中的货币 M0 余额为 7.72 万亿元，同比增长 5.4%。

知识链接 7-1

关于我国货币供应层次划分的几个小问题

我国在划分货币供应层次时按照是否反映现实购买力来区分：M1 反映着经济中的现实购买力，M2 同时反映现实和潜在购买力。在分析我国货币供应层次划分时有这样几个值得思考的小问题：

问题 1：居民储蓄存款有很强的流动性，为什么不计入 M1？

我国是储蓄率较高的国家，居民存款的目的不是消费，也不是现实购买，而是保值增值。所以，虽然居民的活期存款有较强的流动性，但出于存款的目的多在于储蓄及投资，所以计入 M2 而不是 M1。

问题 2：居民储蓄存款计入 M2，为什么企业的活期存款却放在 M1？

因为企业活期存款基本上是周转生产使用，是现实的购买力，所以企业的活期与居民的活期存款区别对待。

问题 3：那我余额宝里的钱算 M1 还是 M2？

余额宝底层是货币基金，投资货币市场，如国债、央行票据、商业票据、银行定期存单等。按照定义，余额宝既不属于 M1 也不属于 M2，应该属于 M3。但以往货币基金赎回是 T＋2，目前余额宝已是 T＋0 到账，流动性发生了根本改变，所以客观来说，余额宝应该纳入 M2。

综上所述：

如果现实购买力 M1 增长速度较快，则消费和终端市场活跃，可能从需求方角度导致商品和劳务市场的价格上涨。

若潜在购买力 M2 增长速度较快，除去 M1 的因素，则表明储蓄理财投资和中间市场活跃。中央银行和各商业银行可以据此判定货币政策。

两者比较来看，

当 M1 过高 M2 过低，则说明企业活期存款多，投资意愿强，经济扩张较快。此时企业也愿意以更高的成本融资，储蓄存款之外的其他类型资产收益较高，这样人们会把储蓄存款提出进行投资或购买股票，大量的资金表现为可随时支付的形式，使得商品和劳务市场普遍受到价格上涨的压力。

当 M2 过高而 M1 过低,则说明实体经济中有利可图的投资机会在减少,钱不愿意进入实体循环中,都堆积在金融体系内,活期存款大量转变为较高利息的定期存款,货币构成中流动性较强的部分转变为流动性较弱的部分,继而影响实业投资和经济增长。

资料来源:根据互联网资料整理所得。

能力拓展 7-1

登录中国人民银行官网,查询最近三年 M0、M1 和 M2 的季度数据,运用 EXCEL 软件绘制出曲线图,分析其变动规律及内涵。

三、商业银行的信用创造和货币供给

在现代信用制度条件下,货币供给过程一般涉及中央银行、商业银行、存款人和贷款人四个行为主体。在这四个行为主体中,中央银行和商业银行起着决定作用。货币供给的过程可以分为两个紧密相连的部分:中央银行创造基础货币,商业银行创造存款货币。

我们首先带大家来探讨的是商业银行存款货币的信用创造过程。

(一)原始存款和派生存款

商业银行通过吸收流通中的现金或者从中央银行获得再贷款、再贴现资金等形成原始存款,在保留一定的存款准备金后向社会贷放,在这一过程中,商业银行创造了数倍于原始存款的派生存款,从而形成货币创造,强烈的影响货币供给总量。

因此,原始存款是商业银行进行货币创造的基础,它当然来自于中央银行的货币发行,中央银行的货币发行是社会经济体系中的货币之源。需要注意的是中央银行发行的货币,并不会都变成商业银行的原始存款。其中,一部分现金会被社会公众,也就是个人、企事业单位、政府机关、各团体组织所持有,形成社会公众持有的现金(流通中的现金 M0);另一部分,则进入商业银行体系中,以存款的形式被记录在账户中,形成商业银行的原始存款。

商业银行如何能够在原始存款的基础上派生出数倍于原始存款的存款货币? 其过程分析如下。

(二)商业银行创造存款货币的前提条件

存款货币的多倍创造包括多倍扩张和多倍收缩,其需要满足以下前提条件:

1. 非现金结算制度

企业之间的转账结算不需要采用现金,只需要通过账户划拨来完成。现金货币保留在银行体系,商业银行可以通过放贷,创造存款。

2. 部分准备金制度

部分准备金制度又称为法定存款准备金制度,国家以法律形式规定存款机构的存款必须按照一定比例,以现金和在中央银行存款的形式留有准备的制度。因此,商业银行只需要提取存款的一小部分作为准备金就可以满足日常需求,其余均可贷放出去,创造存款。若100%提为准备金,则商业银行不能放贷,就没有创造存款货币的可能。

(三)存款货币多倍扩张的简单模型

存款货币的多倍扩张的过程,就是商业银行通过贷款、贴现和投资等行为,创造成倍的派生存款的过程。

为了便于说明,我们假设:①银行体系由中央银行及多家商业银行组成;②活期存款的法定存款准备金率为20%;③公众不保留现金,并将一切货币收入都存入银行体系;④商业银行都只保留法定存款准备金而不持有超额准备。

假设A银行收到甲客户现金存款10 000元,按照20%的法定存款准备金率的要求,A银行留存10 000×20%=2 000元作为准备金,其余8 000元贷放给乙客户。此时,我们发现,甲客户账户存款依旧是10 000元,同时,乙客户手头却多了8 000元现金,按照货币的狭义定义,现在有了18 000元货币,这就是由于A银行的信用活动派生了8 000元。

可是,流通还没有结束,乙客户将这8 000元用于购买丙客户的商品,丙将其全部存入B银行,也就是说B银行新增8 000元活期存款,基于同样的考虑,B银行留下20%即1 600元,其余6 400贷放给客户丁。

如此类推,从A银行开始到B银行、C银行……N银行,持续的存款贷款行为,会产生如表7-1的结果。

表7-1 商业银行存款货币多倍创造的简单模型　　　　　　　单位:元

银行	原始存款	派生存款	法定存款准备金	贷款
A	10 000		2 000	8 000
B		8 000	1 600	6 400
C		6 400	1 280	5 120
…		…	…	…
合计	10 000	40 000	10 000	40 000

如果,用 D 代表活期存款总额,用 R 代表原始存款,用 r_d 代表法定存款准备金率。

因此,表 7-1 中吸收的活期存款总额

$$D = 10\,000 + 8\,000 + 6\,400 + \cdots$$
$$= R + R(1-r_d) + R(1-r_d)^2 + \cdots$$

这是一个以 $(1-r_d)$ 为等比的数列求和计算,其中等比 $|1-r_d| < 1$

$$D = \frac{R}{[1-(1-rd)]} = \frac{R}{r_d} = 50\,000 \tag{7-1}$$
$$D - R = 50\,000 - 10\,000 = 40\,000$$

其中,10 000 元是最初的存款,被称为"原始存款",在此基础上,扩大的存款 40 000 元,被称为"派生存款"。

银行存款货币创造机制所决定的存款总额,其最大扩张倍数称为存款乘数,若以 K 表示存款总额变动对于原始存款的倍数,则可得:

$$K = \frac{D}{R} = \frac{1}{r_d} \tag{7-2}$$

(四) 存款乘数的决定因素

1. 法定存款准备金率

从公式(7-2)不难发现,存款乘数是法定存款准备金率的倒数,例中法定存款准备金率(r_d)是 20%,因此存款乘数是 5 倍;若法定存款准备金率下调为 10%,则存款乘数是 10 倍;若法定存款准备金率上调至 25%,则存款乘数是 4 倍。由此可见,法定存款准备金率越高,存款乘数越小;法定存款准备金率越低,存款乘数越大。由此可见,中央银行可以通过提高或者降低法定存款准备金率,达到调节货币供应量的目的。

需要注意的是,决定存款乘数的因素不仅仅只有法定存款准备金率。在上面的简单模型中,我们事实上假定了客户将一切收入都存入银行系统而不提取现金,以及银行只按照规定保留法定存款准备金而将超额准备金全部贷出这样两个前提条件。但现实中并非如此,因而我们结合实践对存款乘数进行修正。

2. 现金漏损率

在现实生活中,存款客户会根据需要从银行提取一些现金备用,从而使部分现金流出银行体系,出现所谓的现金漏损。这些漏出银行体系的现金与银行存款总额的比率称为现金漏损率。现金漏损的多少与人们对现金的偏好和非现金支付是否发达密切相关。漏损出的现金被公众保持在手中,不会参与存款的创造,因此,与法定存款准备金率一样,现金

漏损率也与存款乘数呈反方向变动。如果用 c 表示现金漏损率,则存款乘数扩展为:

$$K = \frac{1}{r_d + c} \tag{7-3}$$

3. 超额存款准备金率

为了维护自身的安全和稳健经营,商业银行通常在缴存法定存款准备金之外,还会持有一定数量的超额存款准备金。超额存款准备金占存款总额的比率就是超额存款准备金率。超额存款准备金率的调控权在商业银行自己身上,商业银行可以根据市场利率的变化和客户的资金需求状况灵活调节超额存款准备金率。超额存款准备金率对商业银行存款派生能力的影响机理与法定存款准备金率相同,也与存款派生乘数呈反方向变动关系。超额存款准备金率越高,则商业银行的可贷资金越少,派生的存款规模也就越小。如果用 e 表示超额存款准备金率,则存款乘数进一步扩展为:

$$K = \frac{1}{r_d + c + e} \tag{7-4}$$

综合上面三个因素,存款货币的多倍创造过程可以用表 7-2 来表示,假设商业银行的超额存款准备金率为 10%,现金漏损率为 10%。

表 7-2　商业银行存款货币多倍创造的复杂模型　　　　　　　　　单位:元

银行	原始存款	派生存款	法定存款准备金率 ($r=20\%$)	现金漏损率 ($c=10\%$)	超额准备金率 ($e=10\%$)	贷款
甲银行	10 000		2 000	1 000	1 000	6 000
乙银行		6 000	1 200	600	600	3 600
丙银行		3 600	720	360	360	2 160
丁银行		2 160	432	216	216	1 296
…		…	…	…	…	…
总　计	10 000	15 000	5 000	2 500	2 500	15 000

四、中央银行体系下的货币供给机制

(一) 中央银行业务和基础货币

中央银行是"发行的银行""银行的银行"和"政府的银行"。中央银行在执行这些职能时,形成了其独特的资产负债业务。正是央行独特的资产负债业务运作,形成了货币供给过程的第一个组成部分——创造基础货币。

1. 基础货币

又称为高能货币,强力货币,是中央银行直接控制的变量,也是银行体系存款扩张、货币供给的基础。基础货币通常是指创造存款货币的商业银行在中央银行的准备金与社会公众手中所持有的现金的总和。可以表示为公式(7-5)。

$$B = R + C \tag{7-5}$$

其中：B 代表基础货币，R 代表商业银行保有的存款准备金。它包含商业银行持有的库存现金、在中央银行的法定存款准备金以及超额存款准备金。需要注意的是货币中的准备金是多倍存款创造的基础，决定着货币供给的放大效应。而 C 代表着流通于银行体系之外的现金。两者都直接表现为中央银行的负债，在高度简化的中央银行的资产负债表，表7-3中可以看到。

表7-3　中央银行的资产负债表

资产	负债
政府债券	流通中的现金 C
对商业银行的贴现、贷款	商业银行的准备金 R
国外资产	

2. 中央银行资产业务和基础货币量

继续对表7-3进行分析，资产负债表负债端的基础货币是与资产端各项业务相对应的，因此，基础货币的创造也是由中央银行各种资产业务推动的，换句话说，中央银行借助于其资产业务将基础货币投放到市场中。当中央银行的资产总额增减时，基础货币总额必然会随之增减。

(1) 中央银行向政府提供借款：政府在出现财政赤字的情况下，需要资金来填补赤字，这时可能会向中央银行借款。中央银行可以采用直接向政府透支或借款的方式，或者购买政府债券的间接融资方式向政府提供资金，两者都会扩大基础货币投放，引起货币供给量的倍数增加。直接向政府透支容易引发通货膨胀，大多数国家明令禁止这种做法，所以，现代中央银行通常以在公开市场上买入政府债券的方式向政府提供信用支持。

(2) 中央银行向商业银行提供再融资：中央银行借助于再贷款和再贴现手段为商业银行提供资金，其规模的大小取决于中央银行的再贴现、再贷款政策以及商业银行的借款需求。当中央银行为商业银行办理再贴现或再贷款时，直接增加了商业银行在中央银行的准备金存款，基础货币就会相应增加，引发货币供给量的增长；相反，当中央银行减少对商业银行等金融机构的债权时，基础货币就会相应减少，导致货币供给量成倍减少。

(3) 中央银行购买国外资产业务：由外汇、黄金等构成的储备资产，是中央银行通过注入基础货币完成收购的。当中央银行在外汇和黄金市场买入资产，就向银行系统投放了等值的基础货币,货币供给量增加。反之,当中央银行在市场上卖出外汇和黄金时,就从经济体系中收回了相应的基础货币,货币供应量减少。

外汇占款是中国人民银行近年来投放基础货币的主要渠道。伴随着我国出口贸易的快速增长,市场上外汇供给增加,人民币升值压力加大。为了减轻或对冲这种升值压力,中国人民银行进入银行间外汇市场进行干预,买入外汇,增加外汇储备,与此同时,购买外汇付出的人民币直接进入商业银行的准备金存款账户,基础货币被动增加,引发货币供应量的增长。

(二) 基础货币与商业银行的货币创造

需要强调的是:中央银行提供的基础货币与商业银行创造存款货币的关系实际上是一种"源与流"的关系。

商业银行创造存款货币的"源头",来自中央银行基础货币的创造和提供;中央银行将通货投入到市场,社会公众用通货向银行存款,增加商业银行的原始存款;中央银行扩大信贷,增加了商业银行的准备金,也相当于增加了原始存款。如果中央银行不改变基础货币的投放量,商业银行的准备金规模不变,便无从进一步扩大和创造存款。因此,基础货币及其数量的增减变化,决定了商业银行创造存款货币的能力。两者的共同作用在一定程度上决定了全社会货币供给量的总规模。

(三) 货币供给过程和货币乘数

1. 货币供给模型

综上所述,一个完整的货币供给过程可以包含两个层面:中央银行层面的基础货币创造和商业银行层面的存款货币创造。中央银行通过其资产负债业务创造基础货币,基础货币成为商业银行原始存款的来源,以此为基础,商业银行通过其业务活动创造出数倍于原始存款的派生存款,货币供给量由此扩张。紧缩的过程正好相反。

因此,作为货币供给之源的基础货币,最终引出倍数于自身的货币供给量。这个货币供给形成机制,可以精炼为如下数学公式:

$$Ms = B \cdot m \tag{7-6}$$

式(7-6)中:Ms 表示货币供给量;B 表示基础货币;m 为货币乘数,表示对于基础货币 B 的既定变动,货币供给量的改变,该乘数是基础货币转化为货币供应的倍数。因为货币乘数大于1,所以,将基础货币称为"高能货币"。

2. 货币乘数的推导

货币乘数同样反映出基础货币以外的其他因素对于货币供应量的影响。

基础货币 B 是由通货 C 和存款准备金 R 两部分构成,即 $B = C + R$。银行体系的准备金 R 由法定存款准备金 RR 和超额存款准备金 ER 共同组成,即:

$$R = RR + ER \tag{7-7}$$

法定存款准备金等于法定存款准备金率 r_d 乘以活期存款总额 D：

$$RR = r_d \times D \tag{7-8}$$

同理，超额存款准备金可以表达为超额存款准备金率 e 与活期存款总额 D 的乘积：

$$ER = e \times D \tag{7-9}$$

以 M1 表示狭义货币供给量，则根据定义有 M1＝C＋D。因此：

$$\begin{aligned} m &= \frac{M1}{B} = \frac{C+D}{C+R} \\ &= \frac{c \times D + D}{c \times D + r_d \times D + e \times D} \\ &= \frac{1+c}{c+r_d+e} \end{aligned} \tag{7-10}$$

可以看出，货币乘数 m 的大小，不仅仅取决于中央银行的行为，它会随着社会公众决定的现金漏损率 c、中央银行决定的法定存款准备金率 r_d，以及商业银行决定的超额准备金率 e 的变动而变动。

因此，货币供应量实质上是由中央银行、商业银行和社会公众这三个经济主体的行为共同决定的。

知识链接 7-2

第三方支付发展对我国货币乘数的影响

第三方支付可以分为第三方移动支付、第三方卡基支付和第三方互联网支付。近年来，随着现代移动通信技术的发展以及移动设备的普及，移动支付迅速替代互联网支付成为第三方支付的中坚力量。其代表形式是支付宝和财付通（微信支付），2018 年 5 月 4 日公布的支付宝全球活跃用户数量高达 8.7 亿，而 2018 年春节期间，微信和 WeChat（微信海外版）的合并月活跃账户数量超过 10 亿，微信红包月活跃用户数已经超过 8 亿。

第三方支付依靠网络终端，以其交易便捷、流动性强、成本低等优势，呈现快速增长的态势。从直观上来讲，由于第三方支付的普及和功能的拓展，人们一方面减少了对现金的需要，另一方面也会因为第三方支付与银行的紧密关系而改变银行的存款结构，进而对货币乘数和货币供给造成影响。

1. 对现金漏损率的影响

现阶段，众多消费者几乎在商品交易中不使用现金，尤其是年轻人，他们上班、乘车、逛商场超市，只要带上手机，所有的支付结算都可以完成，人们支付习惯的改变使现金漏出比率下降。按照货币乘数的解释，货币乘数与现金漏出比率呈负相关的关系，现金漏出比率下降，就意味着货币乘数扩大。

2. 对存款准备金率的影响

第三方支付首先对法定存款准备金率产生较大影响。在金融市场和第三方支付不断进步的大背景下，国内的法定准备金率表现出逐步减少的基本态势。第三方支付改变了公众的支付方式，以前是公众对银行的存取款方式，现在转为了银行对银行的转账方式。即第三方支付平台的银行账户向其他银行账户的资金转移。因此，央行作为货币政策的执行者，其通过法定存款准备金率控制流通中的货币规模的诉求将极大地减弱。并且，在第三方支付形式持续铺开替代现金交易的趋势下，央行运用法定存款准备金率管理货币的能力也将极大地减弱。

第三方支付对超额准备金率的影响更为复杂。随着第三方支付的普及，一方面产生了较强的现金替代效应，导致公众持有现金的意愿大幅降低，进而有效降低商业银行现金库存的比重，有效降低了商业银行现金超额准备，降低了超额准备金率。另一方面，银行之间的转账愈加频繁，也就要求银行必须为做好清算和结算业务准备出更多的超额准备金，第三方支付对超额准备金率的影响要充分考虑这两个方面的效用。但总的来看，是基本保持稳定的。也就是之前线下的交易转为了线上的交易，规模并没有实质性地扩大。

通过上述分析，我们可以得知，第三方支付已经成为公众日常支付的重要手段，第三方支付的普及将减少现金的漏损，引起法定存款准备金率的下降，削弱法定存款准备金率的影响力，对于超额准备金率的影响还要详细地分析，但定期存款利率已经呈现出下滑的趋势。因此，第三方支付的普及对货币乘数的增长起到了较好的推动作用。

资料来源：杨馥蔚，《第三方支付对我国货币乘数的影响研究》，《企业改革与管理》，2019年第11期。

任务二 货币需求

经济学家一提到供给就得提到需求，对货币的讨论也不例外。货币供给揭示了经济中影响货币数量的诸多因素，所以它是理解货币变动如何对经济产生影响的基石。与此相对应，货币理论的另一基石就是货币需求。如果中央银行改变货币供应量，又会对产量、就业、物价和利率等产生什么样的影响？事实上，货币量对经济活动的重要性问题，主要同货币需求函数的具体形式和稳定性有关。本小节精炼介绍了各个经济学流派对于货币需求理论所做出的的贡献。

一、货币需求的含义

货币需求是指在既定时间内,社会各经济主体在既定的收入或财富范围内能够而且愿意以货币形式持有的数量。在现代高度货币化的经济社会里,社会各经济主体需要持有一定的货币作为媒介去交换、支付费用、偿还债务、从事投资或保存价值,因此便产生了货币需求。货币需求通常表现为一国在既定时点上社会各经济主体所持有的货币量。对于货币需求含义的理解,还需把握以下几点:

(1) 货币需求是一个存量的概念。它考察的是在某个时点和空间内,社会各部门在其拥有的全部资产中愿意以货币形式持有的数量或份额。而不是在某一段时间内,各部门所持有的货币数额的变化量。因此,货币需求是个存量概念,而非流量概念。

(2) 货币需求量是有条件限制的,是一种能力与愿望的统一。它以收入或财富的存在为前提,在具备获得或持有货币的能力范围之内愿意持有的货币量。因此,构成货币需求需要同时具备两个条件:

① 必须有能力获得或持有货币;

② 必须愿意以货币形式保有其财产。

二者缺一不可,有能力而不愿意持有货币不会形成对货币的需求;有愿望却无能力获得货币也只是一种不现实的幻想。

(3) 现实中的货币需求不仅包括对现金的需求,而且包括对存款货币的需求。因为货币需求是所有商品、劳务的流通以及有关一切货币支付所提出的需求。这种需求不仅现金可以满足,存款货币也同样可以满足。如果把货币需求仅仅局限于现金,显然是片面的。

(4) 人们对货币的需求既包括了执行流通手段和支付手段职能的货币需求,也包括了执行价值贮藏手段职能的货币需求。二者差别只在于持有货币的动机不同或货币发挥职能作用的不同,但都在货币需求的范畴之内。

二、传统的货币数量论

古典经济学家在 19 世纪末 20 世纪初发提出的货币理论。

(一) 现金交易数量说

美国经济学家费雪(Philip A. Fisher)在其 1911 年出版的《货币购买力》一书中,考察了货币总量 M(货币供给)与整个经济生产出来的最终商品和劳务的支出总量 $P \times Y$ 之间的联系,其中 P 代表价格总水平,Y 代表总产出,总支出 $P \times Y$ 也被称为名义总收入或者名义GDP。衡量货币总量 M 和总支出 $P \times Y$ 之间关系的指标被定义为货币的流通速度 V,也就是货币周转率。

$$V = \frac{P \times Y}{M} \tag{7-11}$$

也就是 1 美元每年被用来购买经济中最终商品和劳务总量的平均次数。

假设某年名义 GDP ($P \times Y$) 为 5 万亿美元，货币数量为 1 万亿美元，则货币的流通速度为 5，它表示平均 1 美元 1 年被 5 次用来购买经济中的商品和劳务。

将公式 (7-11) 变形，可以得到著名的交易方程式：

$$M \times V = P \times Y \tag{7-12}$$

它表明，货币在一定时期内的支付总额与商品的交易总额一定相等。其中，交易方程式左边为货币总值，右边为交易总值，在货币经济条件下，商品交换基本借助于货币完成，因此，左右方相等。

费雪认为交易方程式中的 V 和 Y 长期都不受 M 变动的影响。V 取决于影响个人交易方式的制度因素，比如：人们的支付习惯、信用的发达程度、运输和通信条件等。Y 则取决于资源的供给状况和生产技术水平等非货币因素。因此，货币量增加产生的影响，就是引起一般物价水平同比例上升。费雪的结论是"价格水平的变动仅源于货币数量的变动"。

(二) 现金余额数量说

剑桥大学的经济学家马歇尔 (Alfred Marshall) 和庇古 (Arthur Cecil Pigou) 基于微观主体的视角得出了和费雪方程式类似的等式，被称为"现金余额数量说"。剑桥的古典经济学家们认为，人们之所有持有货币，是因为货币具有以下两个属性：

(1) 作为交易媒介：货币作为交易媒介产生的货币需求与名义收入成比例。

(2) 作为财富储藏的手段：货币也是财富的一种，由财富储藏产生的货币需求也与名义收入成比例。

因此，经济主体愿意持有的货币数量或者现金余额与名义收入之间保持一个稳定的比例。剑桥经济学家们认为这个比例是个常量，因此，他们的货币需求函数表示为：

$$M_d = K \times PY \tag{7-13}$$

这就是著名的"剑桥方程式"。其中：M_d 表示名义的货币需求；K 表示总收入中以货币形式所持有的比例；P 表示价格总水平；Y 表示总产出；$P \times Y$ 仍旧表示名义总收入。

虽然费雪和剑桥经济学家们都认为货币需求与收入成比例。但二者仍旧存在显著的差异：费雪强调技术因素，并排除短期中利率对货币需求的可能影响，而剑桥学派的理论强调个人选择，并没有排除利率因素。

三、凯恩斯的流动性偏好理论

凯恩斯(John Maynard Keynes)将他的货币需求理论称为流动性偏好理论。流动性偏好是指由于货币具有使用上的灵活性,人们宁可牺牲利息收入而储存不生息的货币来保持财富的心理倾向。实质上就是公众对货币的需求。

凯恩斯研究了个人持有货币的原因,认为人们对货币的需求出于三个动机:

(1) 交易动机:是指货币可以被用来完成日常交易而产生的持有货币的需求,它具备交易媒介的功能。与古典经济学家的观点一致,凯恩斯认为交易动机产生的货币需求与收入正相关,会随着收入的增减而增减。

(2) 预防动机:是指货币可以被用来预防意料不到的需求而产生的持有货币的动机。凯恩斯认为预防动机产生的货币需求同收入正相关。

(3) 投机动机:是指货币可以被用来储存价值或者财富而产生的持有货币的需求。凯恩斯仔细研究了影响人们财富储藏的货币持有量,认为预防动机产生的货币需求与利率相关。若当前利率高于正常值,人们会预期未来利率趋于下降,债券价格趋于上升,持有债券的收益高于持有货币的收益,此时,人们会选择用货币购买债券投机,从而使得货币需求减少;若当前利率较低,人们会预期未来利率趋于上升,债券价格趋于下降,持有债券可能遭受资本损失,人们会选择抛出债券而持有货币,导致货币需求增加。因此,投机动机产生的货币需求与利率负相关。

由交易动机和预防动机产生的货币需求取决于收入水平,基于投机动机产生的货币需求则取决于利率水平。因此凯恩斯的货币需求函数为:

$$M = M_1 + M_2 = L_1(Y) + L_2(i) \tag{7-14}$$

其中:M_1 代表交易动机和预防动机决定的货币需求,是收入 Y 的函数;M_2 代表投机动机决定的货币需求,是利率 i 的函数。

四、弗里德曼的货币需求函数

作为货币学派的代表人物,弗里德曼(Milton Friedman)基本承袭了传统货币数量论的长期结论,即非常看重货币数量与物价水平之间的因果关系;同时,他也接受剑桥学派和凯恩斯以微观主体行为作为分析起点和把货币看作是受到利率影响的一种资产的观点,并将资产需求理论运用到货币上来。

弗里德曼将他的货币需求公式表述如下:

$$\frac{Md}{P} = f(y, w; r_m; r_b; r_e; \frac{1}{P} \cdot \frac{\mathrm{d}P}{\mathrm{d}t}; u) \tag{7-15}$$

其中：$\frac{Md}{P}$ 表示实际货币需求；y 表示实际恒久性收入；w 表示非人力财富占个人总财富的比率，或是来自财产的收入在总收入中所占的比率；r_m 表示货币预期收益率；r_b 是固定收益的债券利率；r_e 是非固定收益的证券收益；$\frac{1}{P} \cdot \frac{dP}{dt}$ 表示预期物价变动率；u 是反映主观偏好、风尚及客观技术与制度等因素的综合变数。

（1）y 恒久性收入是弗里德曼计量财富的指标，是预期平均长期收入，它与货币需求正相关。

（2）w 非人力财富占个人总财富的比率与货币需求负相关。弗里德曼在分析中将财富划分为人力财富和非人力财富两类。人力财富是指个人在未来获得收入的能力，其大小与接受教育的程度紧密相关；非人力财富是指各种物质性财富，比如，房屋、生产资料等。人力财富不容易转化为货币，给人们带来的收入是不稳定的。比如失业时人力财富就无法取得收入。因此，在总财富中人力财富所占的比例越大，出于谨慎动机的货币需求也就越大；而非人力财富所占的比重越大，货币需求相对越小。

（3）r_m、r_b、r_e 和 $\frac{1}{P} \cdot \frac{dP}{dt}$ 实际反映的是持有货币的机会成本，所以反方向决定货币需求的变动。存款、债券、股票和实物等其他资产的收益率越高，人们更愿意出售货币换取资产，货币需求减少；相反，其他资产收益率越低，人们更倾向于抛售资产、持有货币。

（4）u 是一个代表多种因素的综合变数，因此，可能同方向也有可能反方向影响实际货币需求的改变。

尽管弗里德曼的货币需求函数中所列举的影响货币需求的因素非常多，但他最为强调恒久性收入的主导作用，同时 r_m、r_b、r_e 和 p 四者性质相同，综合起来就是现行的金融市场名义利率。这样弗里德曼的货币需求函数可以简化为：$\frac{Md}{P} = f(y, i)$。

经过简化的货币需求函数与凯恩斯的货币需求函数基本相同，尤其是自变量十分相似。但是，两者仍旧存在较大的差别。凯恩斯的货币需求函数非常重视利率的主导作用，而弗里德曼则强调预期长期平均收入对货币需求的重要影响。在货币政策传导变量的选择上，凯恩斯主义认为是利率，而货币主义坚持是货币供应量。

任务三　货币供求均衡

一、货币均衡及其基本特征

货币均衡是指从某一时期来看，货币供给量（Ms）与货币需求量（Md）在动态上保

持一致,处于相对稳定的状态。表现为物价稳定、商品供求平衡、金融市场利率稳定。用公式表示,即:

$$Ms = Md \tag{7-16}$$

需要指出的是,货币供求均衡不是纯数学的概念,它表示了货币供给与货币需求的均衡关系。它包含三个基本特征:

1. 货币均衡是一种相对状态

货币均衡是货币供给与货币需求的大体一致,不能机械地理解为数量上的完全相等。因为,货币供给量对于货币需求量具有一定的弹性或者适应性。

2. 货币均衡是一个动态过程

在现代市场经济条件下,货币均衡承认短期内货币供求可能不一致的状态,是一个从均衡到失衡,再由失衡回到均衡的不断运动过程。

3. 货币均衡在一定程度上反映了国民经济的平衡状况

在现代商品经济条件下,一切经济活动都必须借助于货币的运动,货币不仅是商品交换的中介,也是国民经济发展的内在要素。货币收入的运动制约或者反映着社会生产的全过程,货币收支把整个经济过程有机地联系在一起,一定时期内的国民经济状况必然要通过货币的均衡状况反映出来。

二、货币均衡与社会总供求均衡

从货币均衡的分析中,我们可以看到货币均衡不能简单地理解为 Ms 与 Md 自身相适应,还必须联系社会总供给与社会总需求来进行讨论。

(一) 社会总供求的含义

社会总供给是指一国生产部门在一定时期内向市场提供的全部最终产品和劳务的总和,它包含产品、劳务以及市场上出售的其他金融资产的价值和。由于这些商品都是在市场上实现其价值,因此,社会总供给也就是一定时期内社会的全部收入或总收入。

社会总需求,通常是指一国在一定时期内社会各方面实际占用或使用的全部产品之和。在市场经济条件下,一切需求都表现为有货币支付能力的购买需求,所以社会总需求也就是一定时期社会的全部购买支出。

(二) 货币均衡与社会总供求均衡

1. 社会总供给决定货币需求

一国在一定时期生产出一定数量的商品和劳务后,这些商品和劳务需要用货币为媒介实现交换,由此产生了货币需求。商品和劳务的数量越少,需要的货币也越少。而流通中的商品和劳务就是社会总供给。因此,社会总供给和货币需求之间的关系应该是社会总供给决定货币需求。

2. 货币需求决定货币供给

中央银行需要依据一定时期内货币需求量的多少调控货币供给量,来实现货币供求的均衡。只有微观主体的货币需求才能直接引出货币供给,能否使货币供给为流通所吸纳,也取决于微观主体对货币的需求。如果货币供给不足,客观的货币需求得不到满足,整个经济必然处于萎缩或者萧条状态,资源大量闲置,企业开工不足,社会经济的发展会因为需求不足而受阻;相反,则过多的货币追逐过少的商品,出现物价上涨和通货膨胀。

3. 货币供给决定社会总需求

货币是社会总需求的载体,在现代商品经济条件下,任何需求都表现为有货币支付能力的需求。任何需求的实现,都必须支付货币,如果没有货币的支付,没有实际的购买,社会基本的消费需求和投资需求就不可能实现。因此,一定时期内,全社会的货币收支流量就构成了当期的社会总需求。当货币供给增加时,名义国民收入增加,社会公众的名义收入随之而增加,社会总需求增加。因此,货币供给和社会总需求之间的关系是,货币供给规模决定社会总需求的扩张水平。

4. 社会总需求决定社会总供给

一定时期内各经济主体对商品和劳务有多少需求,决定了该时期商品和劳务的产出供应水平。这也是宏观经济平衡的出发点和复归点。如果需求少而供给多,则会出现生产过剩、商品滞销、物价下跌;反之则相反。

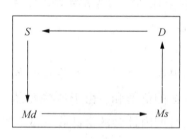

图7-1 货币均衡和社会总供求均衡关系图

如果用 Ms、Md、S、D 分别代表货币的供与求,市场的供与求,它们的关系可以表示为图7-1,当然,它们之间的作用都是相互的,箭头表明的是其主导的方面。

因此,货币均衡同社会总供求的均衡具有内在统一性和一致性,社会供求均衡(即市场均衡)决定货币均衡,但与此同时,货币均衡对社会总供求均衡也具有重要的反作用。

三、货币失衡及其表现

在经济运行过程中,货币的均衡是一个长期的趋势,而短期内的货币失衡却是常见的。

(一)货币失衡的定义

货币失衡是同货币均衡相对应的概念,又称货币供求的非均衡,是指在货币流通过程中,货币供给偏离货币需求,从而使二者之间不相适应的货币流通状态。其基本存在条件可以表示为:在货币流通过程中,$Md \neq Ms$。

(二)货币失衡的类型

(1) $Ms < Md$,货币供给量小于货币需求量,表现为生产过程中出现过多的存货或者其他的资源闲置;

(2) $Ms > Md$,货币供给量大于货币需求量,表现为物价上涨和强迫储蓄;

(3) 结构性货币失衡,即货币供给与货币需求在总量上大体保持均衡状态,却由于货币的供给结构同货币需求结构不相适应,造成货币市场上货币短缺与局部货币供给过剩并存,部分商品和生产要素供过于求,另一部分商品和生产要素则求过于供。它主要发生在发展中国家。

四、货币失衡的调节政策

在完全的市场经济条件下,价格和利率的波动会使货币供求从失衡向均衡过渡,但是这种自动恢复的货币均衡是一种消极的、被动的均衡,往往需要付出很长的时间和很大的代价。因此,恢复货币均衡一般由中央银行借助于对货币供给和货币需求进行政策干预、主动调节来实现。其采用的方法主要分为以下四种:

(一)供给型调整

所谓供给型调整,是指依靠调节货币供给量使得货币从失衡达到均衡。也就是说,以货币需求量为"参照物",通过对货币供给量的调节,使其向既定的货币需求量靠拢。比如:中央银行可以通过调整法定存款准备金率、再贷款率和再贴现率,在公开市场上买卖有价证券来吞吐基础货币,实现货币供给量的增减,使之与货币需求量保持一致。

(二)需求型调整

所谓需求型调整,是指依靠调节货币需求量使得货币从失衡达到均衡。也就是说,以货币供给量为"参照物",通过对货币需求量的调节,使其向既定的货币供给量靠拢。由于货币需求量是一个独立于银行体系的外生变量,因此,需求型调节措施更多的是在银行体系之外推行。比如:财政部门通过增减税收,增减政府拨款和政府购买,调节企业和个人手中的可支配收入,从而实现对货币需求量的调节。

(三)混合型调整

所谓混合型调整,是指面对货币供求失衡局面,综合运用货币政策、财税政策、进出口政策等,一方面压缩货币供应量,另一方面增大货币需求量,双管齐下,既搞供应型调节,又搞需求型调节,以达到社会总供求、货币供求的均衡。

(四)逆向型调整

所谓逆向型调整,是指面对货币供给量大于货币需求量的失衡局面,中央银行不是"釜底抽薪"——压缩货币供给量,而是"火上浇油"——增加货币供给量,以此促成货币供求在新的起点重新均衡。其具体内涵是:若货币供给量大于货币需求量,同时,现实经济中存在着尚未充分利用的闲置生产要素,另一方面,还存在某些"短线产品",社会需求量很大,可供给能力有限,那么可通过对这类企业和项目追加投资和发放贷款,通过这些商品供给量的增加来消化过多的货币供给,达到货币供求由失衡到均衡的调整。

任务四　通货膨胀及其治理

 导入案例

最经典的通货膨胀——德国(1918—1924)

场景一:有位先生走进了咖啡馆,花 8 000 马克买了一杯咖啡,当他喝完这杯咖啡却发现,原来同样的一杯咖啡,此时已经涨到 10 000 马克。

场景二:一个美国人去德国旅游,他来到银行,想把一张 5 美元的钞票兑换成马克。可银行职员说:"我们没有这么多钱,您能不能只换 2 美元?"美国人看看背后的长队,只好同意了。

场景三:另一个美国人,在离开德国之前,给了他的德国导游 1 美元小费。这个德国人居然拿这 1 美元成立了一个家族基金,掌管这笔款项。

场景四:有家大工厂发工资了。只见火车拉来了一车的钞票,火车还没停稳,就开始向焦急等候在铁路旁的工人们,大捆大捆地扔钱。

场景五:一个老人想买一盒鸡蛋,可数不清价格标签上的零。卖鸡蛋的小贩却说,你数数有多少个鸡蛋就行了……

这一组令人匪夷所思的"镜头",绝不是什么虚构的故事,而是 20 世纪 20 年代德国恶性通货膨胀的真实写照。

一战结束后,德国在战争中丧失了 10% 的人口和将近 1/7 的土地,换来的是每年 1 320 亿马克的赔款,相当于 1921 年德国商品出口总值的 1/4。德国拿不出这笔钱,法国就联合比利时、波兰,毫不客气地进入了德国经济命脉鲁尔工业区,史称"鲁尔危机"。手忙脚乱的德国政府走投无路,断然采取了千古不变的饮鸩止渴的老办法:大量增发纸币。

1. 货币大放水是通货膨胀的根源

随着印刷机的全速开动,真正的灾难由此开始了。我们看一下货币供给数据。一战之前,德国的马克总量为 60 亿马克。1918 年 11 月 17 日宣布停战,此时的货币供应已经达到 284 亿马克(较战前增加 3.73 倍)。1923 年,马克的总额已经上升到天文数字。此时德国的货币流通总量相当于战前的 1 280 亿倍。再来对比物价数据,1919 年 1 月—1923 年 12 月,德国的物价指数由 262 上升为 126.15 万亿,物价上升了约 4 815 亿倍,因此,被喻为"最经典的通货膨胀"。

2. 这场超级通货膨胀对德国的影响

这次通货膨胀严重到了什么程度?可以做这样一个比喻:如果一个人在 1922 年初持有 3 亿马克债券,仅仅两年后,这些债券的票面价值就买不到一片口香糖了。据说,有两位教授曾将德国的通货膨胀数字绘成书本大小的直观柱状图,可是限于纸张大小,未能给出 1923 年的数据柱,结果不得不在脚注中加以说明:"如果将该年度的数据画出,其长度将达到 200 万英里。"

而对所有的企业主来说,薪水必须按天发放。不然,到了月末,本来可以买面包的钱就只能买到面包渣了。发工资前,大家通常都要活动一下腿脚,准备好起跑姿势,钱一到手,立刻拿出百米冲刺的速度,冲向市场与杂货店。那些腿脚稍微慢了几步的,往往就会付出更高的价格,而且难以买到足够的生活必需品。农产品和工业品生产都在急剧萎缩,市面上商品奇缺,唯一不缺的就是钱。孩子们把马克当成积木,在街上大捆大捆地用它们堆房子玩耍。1923 年,《每日快报》上刊登过一则轶事:一对老夫妇金婚之喜,市政府发来贺信,通知他们将按照普鲁士风俗得到一笔礼金。第二天,市长带着一众随从隆重而来,庄严的以国家名义赠给他们 1 000 000 000 000 马克——相当于 0.24 美元或者半个便士。更有甚者,就连钞票也先是改成单色油墨印刷,继而又改成单面印刷——因为来不及晾干。

严重的通货膨胀影响了德国的经济形态,国内的工业生产和农业生产急剧萎缩。畸形的经济环境引发了商品的紧缺。孩子们经常用成捆的钱做积木,甚至出现了用钱做饭,因为马克比柴火更划算。

受这场通胀打击最大的阶层是中产阶级,他们眼睁睁地看着自己的企业破产、失业,辛苦数十年所得的积蓄变成废纸。巨大的社会财富遭到疯狂的无形洗劫,无数普通德国人倾家荡产。同时,在通货膨胀中大发国难财的金融投机者,利用实物抵押来套取财富。手中持有外汇的投机者也可以在美元、英镑与马克之间

图 7-2 孩子们用钞票做风筝

图 7-3 辛苦工作换来堆积如山但很可能过几个钟头就没有价值的钞票

汇率的狂跌和暴涨过程中,赤裸裸的掠夺财富。巨大的悬殊的贫富分化,在这场危机中形成。它引起了社会的阶级对立,导致社会动荡。

著名的经济学家凯恩斯此时写下了《和平的经济后果》一书。在书中,凯恩斯写道:"用这种办法(超级通货膨胀)可以任意剥夺人民的财富,在使多数人贫穷的过程中,却使少数人暴富……这个过程潜在地积聚了各种经济规律中的破坏因素,一百万人中也不会有一个人看得出问题的根源。"

资料来源:比尔李、向咏怡,《最"经典"的通货膨胀》,《数据》,2009 年第 11 期。

"通货膨胀"是在经济领域和日常生活中经常被人们提及的词汇,普通百姓的理解,通货膨胀就是"东西涨价了""钱不值钱了",经济理论如何理解通货膨胀呢?通货膨胀的发生会对我们的生活造成什么样的影响?我们该如何防范呢?

一、通货膨胀的定义和衡量

(一) 通货膨胀的定义

通货膨胀是指市场上的货币供应量超过商品生产和流通对货币的客观需要量而引起的货币贬值、一般物价水平持续上涨的经济现象。通货膨胀是货币供给和货币需求失衡的一个重要表现,其实质是社会总需求大于社会总供给。

在理解通货膨胀的概念的时候,需要注意以下几点:

1. 通货膨胀是一种货币现象

纸币是一种价值符号,只充当商品交换的媒介,它不具备自发调节的功能。因此当纸币发行量超过流通中实际需要的货币量时,会导致货币贬值和商品价格的上涨。

2. 通货膨胀是一般物价水平的持续上涨

通货膨胀是一般物价水平或物价总水平的持续上涨。供求关系的变化,垄断因素的存在都会导致个别或局部的商品和劳务的价格上涨,这并不是由纸币发行量过多引起的,不属于通货膨胀的范畴。

3. 通货膨胀是物价水平持续、长期的上涨

对于季节性、暂时性或者偶然性原因导致的价格上涨,不能视为通货膨胀。

(二) 通货膨胀的衡量

通货膨胀是一种与物价上涨有关的经济现象,其程度通常是通过物价上涨幅度来

表现。所以,可以采用反映物价水平变动的相对指标,即物价指数来衡量。

1. 消费者价格指数

消费者价格指数(Consumer Price Index,CPI),也称零售物价指数或生活费用指数,是衡量不同时期居民生活消费品和服务的价格水平平均变化程度的指标,综合反映居民购买的生活消费品和服务价格水平的变化趋势和幅度。如果消费者价格指数升幅过大,表明通货膨胀已成为经济不稳定的因素,政府往往会采用紧缩的货币和财政政策进行干预。

它由各国政府选择若干种主要食品、服装和其他日用消费品的零售价格以及水、电、住房、交通、医疗、娱乐等服务费用的价格编制出来的指数。在编制这一指数时,选用的商品数量和服务价格,取决于各国的实际情况,国际上并无统一的标准。

消费者价格指数的优点是能够及时反映消费品供给和需求的对比关系,资料容易收集、公布次数较为频繁,通常每月公布一次,因而能够迅速直接地反映影响居民生活的价格趋势。缺点是范围较窄,只包括社会最终产品中的居民消费品这一部分,不包括公共部门的消费资料、生产资料和资本产品以及进出口商品,从而不能说明全面的情况。一般而言,计算消费者价格指数所选择的商品范围会随着人们生活水平的变动而变动。

目前,我国国家统计局根据全国 14 万户城乡居民家庭消费的抽样调查资料统一确定商品和服务项目的类别,设置包含食品、衣着等八大类 262 个基本分类,约有 600 种商品和服务项目的代表性规格品作为经常性调查项目。计算全国 CPI 的价格资料来源于 31 个省(区、市)共 500 个调查市、县的 5 万个商业业态、农贸市场以及医院、电影院等提供服务类消费的服务单位。美国的 CPI 分为 8 个大类 211 个基本分类,加拿大为 8 个大类 169 个基本分类,日本为 10 个大类 585 个代表规格品、澳大利亚为 11 大类 87 个基本分类。

知识链接 7-3

当前我国 CPI 构成及权重设置

为指导全球各国政府进行 CPI 指数的编制工作,2004 年国际劳工组织、国际货币基金组织、欧盟统计局等国际组织联合制定了《消费者物价指数手册:理论与实践》,这一手册中规定:"CPI 是用于衡量家庭为消费目的所获取、使用或支付商品和服务的总体价格水平的变化。其目的是衡量消费价格随时间而发生的变动情况。这可通过衡量一个质量保持不变和特征相同的固定的商品和服务的篮子的购买成本来实现。篮子中所选取的商品和服务能够代表家庭在一年内或其他特定时期中的支出水平。"

首先，我们来讨论下各国 CPI 篮子商品中的权重设置标准是什么。

正是因为编制 CPI 的初衷是为了反映一段时期内人们消费成本的变化，因而各商品和服务在居民消费支出中的占比，自然就成为 CPI 篮子商品权重的制定标准。由于各国居民收入水平不同，其消费支出的结构差异也非常大，因而不同国家 CPI 篮子商品的权重也是千差万别。从各国历史经验来看，随着一国经济的持续发展，居民收入持续提高，生活水平持续改善，居民的消费结构也将不断升级：由最初的解决温饱为主的食品服装等生存型消费逐步向追求文化娱乐等服务性和享受型消费为主升级。居民消费支出的大头往往先由食品转向家用电器等家庭用品，再转向居住和交通支出，最后转向教育娱乐等服务性消费。这种消费水平和消费结构的变化，自然要求 CPI 权重也应做相应的调整。例如，中国城镇居民的年均消费支出中，食品占比已经从 1995 年的 50% 以上下降至 2017 年的 29.3%，相应的我国 CPI 构成成分中的食品类的权重占比也从此前的 50% 以上逐年下调至 2016 年的 28.19%。但与美国相比，在 2010 年左右，美国居民消费支出中食品占比已经只有 6.8%，所以其 CPI 中食品与饮料类权重也只有 7.8%。

当然，除了与经济发展水平密切相关之外，各国消费支出结构也会受生活习惯、文化传统的影响。如日本和美国经济发展程度相当，但日本食品 CPI 权重为 19%，比美国高出 11 个百分点。再如我国居民由于喜欢吃猪肉，所以猪肉在整个 CPI 中的占比一直远高于其他国家。

其次，我们要通过回顾中国 CPI 构成及权重调整的历史来看当前中国 CPI 的构成及权重设置是否合理。

我国 CPI 权重调整素有"五年一大调、一年一小调"的传统。最近一次大调是 2016 年，并且对 CPI 构成分类进行了调整，现在基本上沿用这次调整的权重。与上轮基期调整相比，这次调整后的目录和规格与国际标准更为接近，一些新产品、新服务纳入其中。CPI 的八大类篮子中，原来的"食品""烟酒"合并为"食品烟酒"；原来的"医疗保健和个人用品"被拆分为"生活用品及服务""医疗保健"和"其他用品和服务"。根据已公开的物价数据测算，大幅降低了食品烟酒权重 3.4 个百分点，其中食品价格权重下调了 3.2 个百分点。肉禽类价格权重下调了 2 个百分点，其中猪肉价格权重进一步下调到 3% 以内。提高了非食品价格权重，其中居住类、交通和通信、医疗保健分别有不同程度上调。目前，我国 CPI 中八大分项权重由大到小依次为：食品烟酒 28.19%、居住 20.2%、教育文化和娱乐 14.15%、交通和通信 10.35%、医疗保健 10.34%、衣着 8.51%、生活用品及服务 4.74%、其他用品和服务 3.4%。其构成如图 7-4 所示。

同期，我国全部居民人均消费支出构成中，食品类占比 30.1%、居住类 21.9%、教育文化和娱乐 11.2%、交通和通信 13.7%、医疗保健 7.6%、衣着 7%、生活用品及服

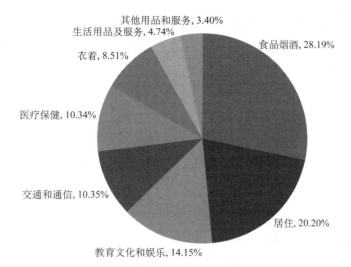

图 7-4 我国消费者价格指数的构成

6.1%、其他用品和服务 2.4%。上述数据显示,目前我国 CPI 构成及权重设置基本与全国居民消费支出构成相匹配,其调整方向也与居民消费支出的结构变化基本一致。

资料来源:唐建伟、刘学智,《中国 CPI 构成及权重有必要修改吗?》,http://finance.sina.com.cn/zl/bank/2019-12-10/zl-iihnzahi6576587.shtml。

 能力拓展 7-2

登录国家统计局网站,查询最近一年每月的 CPI、PPI 数据并运用 EXCEL 软件绘制曲线图,找出物价指数的变动趋势。

2. 生产者价格指数

生产者价格指数(Producer Price Index,PPI),也称批发物价指数,是衡量不同时期生产者向商业部门出售的原材料及制成品的批发价格变动程度的指标。主要反映生产资料的价格变动状况,用于衡量各种商品在不同生产阶段的成本价格变化。

生产者价格指数是通货膨胀的一个先行指标,生产原料和半制成品价格上升数月后,才会反映到消费产品的价格上,进而引起整体物价水平的上升,因此,运用生产者价格指数可以对未来的零售商品价格走势做出预判。但是,由于该数据未能包含商业折扣,可能夸大物价的真实上升速度;同时,农产品的季节性变动和能源价格的周期性变动可能导致该价格指数的波动。

生产者价格指数包括工业企业产品第一次出售时的出厂价格和企业作为中间投入的原材料、燃料、动力购进价格,简称为工业生产者出厂价格和工业生产者购进价格。在我国,通常把工业生产者出厂价格指数简称为 PPI。我国的 PPI 统计调查涵盖

41个工业行业大类，201个工业行业中类，581个工业行业小类，1 638个基本分类的20 000多种工业产品的价格；一般确定代表产品后，会根据工业行业选择调查企业，各种类行业原则上都要调查，优先选择大企业，适当抽取中小企业，企业生产必须是稳定、正常的。PPI调查涉及全国5万余家工业企业。每个月调查企业采集代表产品规格品5日和20日价的时点价格，通过全国统计联网直报平台上报。

3. 国民生产总值平减指数

国民生产总值平减指数(GNP Deflator)，也称国民生产总值折算价格指数。是按照当年价格计算的国民生产总值与按照不变价格计算的国民生产总值的比率。

国民生产总值平减指数所统计的商品和劳务的范围最为广泛，涉及全部商品和服务，除消费外，还包括生产资料和资本、进出口商品和劳务等，能够准确反映一般物价水平的变动情况，是对价格水平最宏观的测量。但是，该指数涉及范围较广，统计成本较高，统计时间较长，不能迅速反映通货膨胀的变动程度和方向。

除上述物价指数外，还有城市居民消费价格指数、农村居民消费价格指数、商品零售价格指数、农业生产资料价格指数、工业品出厂价格指数、房地产价格指数等等。但是在众多的物价指数中，只有消费者价格指数与人们的生活水平关系最密切，因此，一般都用消费者价格指数来衡量通货膨胀。

二、通货膨胀的成因和类型

（一）按照物价上涨幅度的不同划分

按照物价上涨幅度的不同划分，可以分为爬行的通货膨胀、飞奔的通货膨胀和恶性的通货膨胀。

1. 爬行的通货膨胀

又称温和的通货膨胀，是指一般物价水平年上涨率在2%—3%，也有认为在2%—5%。通货膨胀维持在可容忍的幅度内，不会发生大规模的抢购和挤兑，人们对货币比较信任。

2. 飞奔的通货膨胀

是指一般物价水平年上涨率在5%—10%，也有认为达到两位数。人们普遍感到物价上涨的压力，开始大量购买商品实物或者寻求其他保值方式。

3. 恶性的通货膨胀

是指一般物价水平年上涨率达到20%以上，也有认为在50%以上，并且持续一段时间。恶性通货膨胀下物价水平完全失去控制，人们对本国货币完全失去信心，可能导致货币制度的崩溃。

知识链接 7-4

面值最大的货币

2001年，100津巴布韦元可以兑换1美元。十年不到，2009年10的31次方的新津巴布韦元才能兑换到1美元。津巴布韦元是如何彻底沦为了垃圾货币。

津巴布韦原本是一个矿产资源丰富，土地肥沃的非洲南部国家，于1980年独立，经济实力曾仅次于南非，被誉为"非洲面包篮"，来自津巴布韦的粮食养活了非洲的饥民。1980年津巴布韦共和国成立，同年津巴布韦元（ZWD）诞生。刚诞生的津巴布韦元奇货可居，1美元仅能兑换0.678津巴布韦元。建国之初，因为有英国援助，津巴布韦通胀率不算很高。到1997年，1美元也只能兑换10津巴布韦元。2000年起政府开始经济改革，津巴布韦经济就此急转直下，通胀率扶摇直上——2002年6月1美元已能兑换1 000津巴布韦元，到了2006年夏，居然可兑换500 000津巴布韦元之多。时任央行行长戈诺的解决办法是：2006年8月，第二代津巴布韦元问世，1新津巴布韦元兑换1 000旧元。这样万元大钞就"精减"成10块"零票"了。

然而，钞票上的变化没能挡住现实中不可抑制的通胀：2000年该国通胀率为55%，2004年为132.75%，2005年为585.84%，2008年夏达到220 000%，到了2009年已经变得无法统计。伴随着激增的通货膨胀率，钞票面值也越来越大。2008年5月，津巴布韦央行发行1亿面值和2.5亿面值的新津巴布韦元，时隔两周，5亿面值的新津元出现（大约值2.5美元），再一周不到，5亿、25亿和50亿新津元纸币发行。

同年7月，津巴布韦央行发行100亿面值的纸币。

同年8月，政府从货币上去掉了10个零，100亿津巴布韦元相当于1新津巴布韦元。

2009年1月，津巴布韦央行发行100万亿面值新津元。

穆加贝旧政权谢幕后，新政府给出通货膨胀的半官方数据，是500 000 000 000%。

迫于完全失控的通胀，2009年4月12日，津巴布韦穆加贝政府宣布废除纸币津巴布韦元的流通，日常交易使用美元、欧元、英镑、南非兰特和博茨瓦纳普拉。

由于津巴布韦国内上述外币现钞数量极为有限，2014年1月30日，津巴布韦央行又增加了人民币、日元、澳大利亚元和印度卢比四种允许在国内合法流通使用的外币，而民间小额交易更常见的手段，是古老的以物易物。

资料来源：根据互联网资料整理。

（二）按照通货膨胀的表现形式来划分

按照通货膨胀的表现形式划分，可以分为开放型通货膨胀和隐蔽型通货膨胀。

1. 开放型通货膨胀

又称公开型通货膨胀，是指通货膨胀状况可以灵敏地通过物价变动反映出来。开放型通货膨胀一般发生在开放的市场经济国家，市场机制较为完善，对物价的管制较少，货币的多少直接影响着物价水平的升降。

2. 隐蔽型通货膨胀

又称为抑制性通货膨胀，是指在市场商品的价格受到管制的情况下，通货膨胀的压力无法通过市场价格的变动反映出来，物价虽然维持表面的稳定，但商品供求矛盾会通过其他方式表现出来，如抢购、持币待购、凭票证购买等。隐蔽型通货膨胀通常发生在实行计划经济制度的国家。

（三）按照通货膨胀产生的原因划分

按照通货膨胀产生的原因划分，可以分为需求拉上型通货膨胀、成本推动型通货膨胀、供求混合型通货膨胀和结构型通货膨胀。

1. 需求拉上型通货膨胀

需求拉上型通货膨胀，是指由于商品和劳务的总需求量超过其总供给量，导致过剩需求、一般物价水平的持续上涨，即"过多的货币追逐少量的商品"。这一理论从需求角度考察通货膨胀的成因，是西方经济学界出现最早的通货膨胀理论。其代表学派凯恩斯学派认为，在社会的生产设备、劳动力等资源未被充分利用的情况下，增加消费、投资、政府开支等因素引起的社会总需求上升，不会导致通货膨胀。而当社会总需求持续增加，劳动力、资本等资源被充分利用后，社会总供给无法再增加，形成总需求大于总供给的膨胀性缺口。由于生产能力的限制，总需求增长不再引起产量的增加，而只导致物价水平的增长，出现通货膨胀。

2. 成本推动型通货膨胀

成本推动型通货膨胀，又称供给型通货膨胀，是指在总需求不变的条件下，由于供给方面成本的提高引起的一般价格水平持续和显著的上涨。根据成本提高的原因不同，成本推动型通货膨胀可以分为三种类型：工资推动型、利润推动型和进口成本推动型。

工资推动型通货膨胀，是指由于工资过度上涨所造成的成本增加，而推动价格总水平的上涨。现代西方社会，强大的工会组织为了保证工人的实际收入不降低，可以和企业议价，迫使企业提高工人工资，这往往导致工资的增长速度超过劳动生产率的增长速度，因此，工资的提高就导致了成本的增长，从而引发一般物价水平的上涨。工资上涨引发物价上涨，物价上涨反过来又导致工资进一步上涨，形成"工资—物价螺旋式上升"。欧洲大多数国家20世纪60年代末70年代初经历的通货膨胀被认定为工资推动型。

利润推动型通货膨胀,是指由于某些重要的原材料和生产要素被一些垄断组织控制,他们为了获得高额垄断利润,提高垄断产品价格,导致价格总水平的全面上涨。较为典型的是,1973—1974年,石油输出国组织(OPEC)将石油价格提高了四倍,1979年,石油价格又被再一次提高,引发"石油危机"。这两次石油提价导致当时的西方国家出现通货膨胀。

进口成本推动型通货膨胀,是指由于进口原材料价格的上升,资源枯竭、环保政策等导致生产成本提高,引发的成本推动型通货膨胀。

3. 供求混合型通货膨胀

供求混合型通货膨胀,是指通货膨胀是需求和供给两方面因素共同作用的结果。尽管理论上可以将通货膨胀的成因划分为需求拉上和成本推动,但在现实生活中,需求因素和供给因素往往是混合在一起共同发生作用。通货膨胀有可能是从过度需求开始,过度需求引发物价上涨,工会要求增加工资,成本推动力量开始发挥作用;当然,通货膨胀也有可能是从成本推动开始,如迫于工会压力,提高工资或者为了追逐利润提高价格等,但是如果不存在需求和货币收入的增加,这种通货膨胀过程不会长久持续下去。

4. 结构型通货膨胀

结构型通货膨胀,是指经济中总供给和总需求大体处于均衡状态,由于经济结构因素而引起的物价水平的持续上涨。

结构型通货膨胀通常由部门结构之间的差异引起,当一些部门在需求或成本方面发生了变动,引发价格上涨,往往会通过部门之间的相互看齐过程,而影响其他部门,从而导致一般物价水平的上升。如果结构型通货膨胀未能得到有效抑制,就会变成成本推动型通货膨胀,进而造成全面通货膨胀。

三、通货膨胀的经济影响

(一) 通货膨胀与经济增长

经济学家们就通货膨胀对经济增长可能产生的影响的讨论并未达成共识,存在促进论、促退论和中性论三种观点。

1. 促进论

促进论认为通货膨胀具有正的产出效应,可以促进经济增长。特别是当经济处于有效需求不足时,经济实际增长率低于潜在增长率,适当的通货膨胀可以刺激经济增长。

2. 促退论

促退论认为通货膨胀不但不会促进经济增长,而且还会损害经济发展,具有负的产出效应。通货膨胀时期,价格信号失真,无法发挥对资源配置的指导作用,增大了生产性投资风险和经营风险,导致生产性投资萎缩,生产规模缩减。同时,投机盛行,经济秩序混乱,经济效率下降。

3. 中性论

中性论认为通货膨胀对经济增长既无正效应,也无负效应,是中性的。人们对通货膨胀的预期最终会抵消它对经济的各种影响。

以上观点从某个角度来看有一定的道理,但从世界各国经济发展的实践来看,通货膨胀所带来的经济效应是弊大于利。从短期来看,温和的通货膨胀对经济有一定的促进作用,但是从长远和全局来看,通货膨胀对经济只有危害而无任何正效应。

(二)通货膨胀与收入和财富分配

通货膨胀对社会各阶层的实际收入水平会产生不同的影响。货币供应增加,一般会使整个社会的名义收入增加,但增加的这部分名义收入不会均衡地分配于社会的各个阶层,而是导致国民收入再分配,这就是通货膨胀的收入分配效应。具体而言,会出现以下几种情况:

1. 实际财富持有者得利,货币财富持有者受损

实际财富,诸如贵金属、珠宝、不动产等在通货膨胀时期价格上涨;而货币财富,诸如现金、银行存款等因为物价上涨,实际购买能力下降。因而实际财富持有者获利,货币财富持有者受损。

2. 债务人得利,债权人受损

债务人在债务到期时按照债务的名义价值进行偿还,当通货膨胀发生时,同等数量的货币实际购买能力已经下降,所以,债权人的利益受到了损害,而债务人获利。当然,若预期到未来通货膨胀率将上升,为防止这种损失,债权人采用浮动利率贷款或者在借款合同中附加通货膨胀条款,那么这种收入再分配效应也就不存在了。

3. 浮动收入者得利,固定收入者受损

领取固定租金、养老金、退休金以及固定收入的白领阶层和公共雇员等,会由于物价上涨,货币贬值,实际收入水平下降。而企业主等浮动收入者,若收入上涨幅度大于工资和原材料价格的上涨幅度,则会获得超额收入。这种不公正的国民收入再分配,会引起社会的不稳定。

4. 国家得利、居民受损

国家通过发行国债持有大量居民债务,通货膨胀使其债务的实际价值减少;同时,国家通过通货膨胀税也占有一部分实际资源。

(三)通货膨胀与社会、经济秩序

1. 通货膨胀破坏生产发展

由于物价的普遍上涨,生产者难以区分物价上涨的真实原因,常常做出错误的决策,使得大量资源流入价格较高的生产部门,造成资源配置的不合理,产业结构失调;其次,商品价格的不稳定还会导致企业生产成本核算困难,利润难以预期,企业经营难度加大,对于长期性的生产投资不利。生产不如囤积,又会使得生产资金从生产领域流向流通领域,服务于投机活动,生产资本减少,经济衰退。再次,通货膨胀导致企业技术革新的成本上升,企业不愿意或者不能继续进行技术改造,最终必然影响技术进步,降低劳动生产率,影响产品的升级换代。

2. 通货膨胀破坏经济秩序

通货膨胀时期,物价上涨分布不均衡,使得商品流向价格上涨较快的地区、扰乱正常的商品流通秩序。物价的持续上涨,人们对储蓄产生悲观预期,消费者减少储蓄,提前消费、增加消费。投机者趁机哄抬物价、囤积居奇,加剧市场的供需矛盾,市场经济秩序更加混乱。通货膨胀对于生产和流通造成极大的破坏,加剧了经济环境的不确定性以及经济的不平衡。恶性通货膨胀会引发商品的抢购和挤兑银行的风潮,使得银行破产、货币贬值,货币制度崩溃。

3. 通货膨胀破坏社会秩序

通货膨胀使得劳动者的工资增长赶不上投机的利润所得,损害劳动者的劳动积极性,依靠固定收入的阶层和低收入阶层实际收入水平下降,激化社会矛盾,引起社会各阶层的对立。同时,政府会面临治理通货膨胀的压力,如果政府不能有效控制通货膨胀,公众会对政府失去信心,甚至引起政治危机和社会动乱。

四、通货膨胀的治理对策

通货膨胀对经济的影响非常大,各国政府都高度重视。但各国的经济、社会环境存在差异,通货膨胀的具体状况和引发的原因也不相同,因此,采取的治理对策和措施也有差异,具体治理措施如下:

(一)紧缩性货币政策

紧缩性货币政策,是指中央银行抽紧银根,通过减少流通中货币量的方法来提高货币购买力,减轻通货膨胀的压力。它是一种调节总需求的间接控制手段,目的在于通过抑制投资和消费需求,使得总需求降低至与总供给相适应的水平。具体措施包括:

1. 提高法定存款准备金率

中央银行提高法定存款准备金率,降低了商业银行创造货币的能力,可贷资金减少,贷款规模被压缩,投资和消费随之减少。

2. 提高再贴现率

中央银行提高再贴现率,商业银行的融资成本提高,一方面,企业借款的利息负担增加,抑制了企业的投资需求。另一方面,存款利率的提高,会吸引居民增加储蓄,减少消费,减少流通中的货币数量,缓解通货膨胀压力。

3. 公开市场业务

中央银行在公开市场上出售政府债券,缩减流通中的货币数量。达到抑制通货膨胀的效果。

(二) 紧缩性财政政策

治理通货膨胀,在重视货币政策的同时,也不可忽视财政政策的作用。通货膨胀时期,国家可以通过增加税收、减少政府支出等手段,抑制消费和投资,达到减少社会总需求的目的。具体来说,紧缩性财政政策包括:

1. 增加税收

增加税收的通常做法是提高税率和增加税种。税收的增加,一方面可以增加政府的财政收入,弥补财政赤字,减少因财政赤字而增发的货币数量;另一方面,税收增加直接减少了企业和个人的货币收入,从而抑制了企业的投资需求和个人的消费需求。

2. 削减政府支出

一方面,压缩包括政府投资、行政事业费用等政府支出,减少财政赤字;另一方面,通过削减各类转移性支出,包括各种福利支出、政府补贴等,达到减少个人收入,抑制消费需求的目的。

3. 发行公债

国家向企业和个人发行公债,减少民间部门的投资和消费基金,抑制了社会总需求,既可以减少财政赤字又可以减轻市场压力。

值得注意的是,紧缩性货币政策通过影响信贷和投资来调节货币供应量,压缩总需求;而紧缩性财政政策则直接影响政府和个人的消费支出来压缩总需求。总体而言,不论是紧缩性财政政策还是紧缩性货币政策,常常会由于预期和时滞的存在,不能立即产生预期的效果,而且,政策的实施过程常常伴随着短期失业的增加和产出的下降,带来经济增速的放缓。

(三) 紧缩性收入-物价政策

紧缩性收入-物价政策是治理成本推进型通货膨胀的有效方法,借助于强制性或者非强制性限制货币工资和物价的政策,达到降低一般物价水平上涨幅度的目的。其主要手段包括:

1. 工资管制

利用政府威信进行"权威性劝说"向工会或者雇主施加压力,或者设立工资—物价指导线,要求工资的增长率不能超过全社会劳动增长率以避免工资的过快增长。更强硬的手段则是政府颁布法令直接规定工资和物价的上涨幅度,甚至暂时将工资和物价冻结,避免由于工资的过快增长而导致的生产成本增加。工资管制的目的是在降低通货膨胀的同时,不造成大规模的失业。

2. 物价管制

政府出台政策制止垄断企业哄抬物价,同时,配合对外贸易政策,降低关税,降低进口商品价格水平,从而减轻物价上涨的压力。

(四)供给管理政策

通货膨胀是货币供应量超过货币需求量的弹性程度所引发的物价水平的普遍的持续上涨,所以,对通货膨胀的治理可以从货币供给方面入手减少社会总需求,也可以从商品、劳务方面入手增加社会总供给来增加货币需求量,从而使供求达到平衡。

具体包括:①改善投资结构,引导商业银行向一些占用资金不多,投产期短、生产紧缺商品的企业优先融资;②优化产业结构,通过消除产业部门的"瓶颈"来增加有效供给;③精简规章制度,给企业等微观经济主体松绑,减少政府对于企业活动的限制,让企业更好地扩大商品供给。从长期来看,发展生产,增加经济中的有效供给是抑制物价上涨、控制通货膨胀的最根本措施,但要受到生产力发展水平和供给弹性的限制。

(五)货币制度改革

当一国出现了恶性通货膨胀,物价上涨发展到不可遏制的状态,意味着该国的货币制度已经处于或者接近崩溃的边缘。此时,政府唯一可以采取的有效对策就是实行货币制度改革。一般的做法是废除旧货币,发行新货币,并出台保证新货币币值稳定的一系列措施。采取货币制度改革的目的是增强社会公众对于货币的信任,使货币恢复执行其原有职能。但是货币制度改革必须辅之以其他措施,如:恢复和增加生产、维护社会安定等,否则通货膨胀仍将难以得到遏制,新发行的货币信誉会迅速下降,最终导致货币制度改革以失败而告终。实践证明,发行新货币这一措施本身往往是治标不治本。

任务五　通货紧缩及其治理

一、通货紧缩的定义和衡量

(一)通货紧缩的定义

通货紧缩是与通货膨胀相对应的一个概念,它是指当货币供应量低于商品生产和流通对货币的客观需要量而引起有效需求不足,一般物价水平持续下跌的经济现象。长期的通货紧缩会抑制投资和生产,导致失业率升高和经济衰退。

准确理解通货紧缩的概念,应该要注意把握以下几个方面:

(1) 商品和劳务价格的普遍、持续的下跌,是通货紧缩的最基本特征。通货紧缩是一个长期的、持续的物价下跌过程,而不是偶然的、短暂的下跌。是一般物价水平的普遍下降,而不是局部的、结构性的物价下跌。

(2) 通货紧缩的同时常常伴随着生产下降、经济衰退。在通货紧缩时期,消费需求疲软、投资意愿低迷、企业开工不足。随着市场的萎缩,产品价格下降,企业订单减少、利润下降,企业不愿扩大再生产、不愿追加新投资,使得失业增加,工资收入下降,这反过来又制约了有效需求,使得总需求更加小于总供给。

(二) 通货紧缩的衡量

由于通货紧缩是与通货膨胀相对应的概念,因此,人们在测量通货紧缩时,一般采用与测量通货膨胀相类似的指标。而消费者价格指数由于测算上的便利性,在衡量通货紧缩时被广泛使用。经济学家们普遍认为,当消费者价格指数(CPI)持续下跌半年以上,即表示已出现通货紧缩。

二、通货紧缩的类型

(一) 按照通货紧缩的发生程度划分

按照通货紧缩的发生程度不同划分,可以分为相对通货紧缩和绝对通货紧缩。

1. 相对通货紧缩

相对通货紧缩,是指物价上涨率在零以上,但是处于低于适合一国经济发展和充分就业的物价水平,通货处于不足的状态。因而,已经使一国经济失去正常发展所必需的动态平衡,若不加以重视,可能会由量变到质变,加重对经济发展的损害。

2. 绝对通货紧缩

绝对通货紧缩,是指物价上涨率在零以下,即物价出现负增长,这种状况说明一国通货处于绝对不足的状态。在这种状态下,很容易造成经济萧条和衰退。

(二) 按照通货紧缩对经济的影响程度划分

按照通货紧缩对经济的影响程度划分,可以分为轻度通货紧缩、中度通货紧缩和严重通货紧缩,主要依据的是物价绝对下降的幅度和持续的时间长短。

1. 轻度通货紧缩

物价出现负增长,但是幅度不大,物价上涨率在0——-5%,持续时间不超过两年。

2. 中度通货紧缩

物价下降的幅度比较大,物价上涨率在-5%——-10%,持续时间超过两年。

3. 严重通货紧缩

物价下降的幅度超过两位数,持续时间超过两年甚至更长的时间,称为严重通货紧缩。20 世纪 30 年代世界性的经济大萧条所对应的通货紧缩,就属于此类。

三、通货紧缩产生的原因

通货紧缩形成的原因比较复杂,可能是由直接的货币因素造成,也有可能是由其他因素引起。比如经济周期因素、经济结构失衡因素、货币因素、技术进步因素及国际市场影响因素等都会引发通货紧缩。

(一) 紧缩性的货币和财政政策

紧缩性的货币和财政政策的实施,会压缩信用规模,减少货币供应量,削减公共开支,减少转移支付,这些政策作为反通货膨胀政策,会抑制总需求的过度膨胀。但是,如果紧缩性的货币和财政政策失当,投资和消费大幅缩减可能形成社会需求的过分萎缩,使市场出现疲软。结果常常是通货膨胀得到控制,但由于紧缩性财政和货币政策的惯性,政府未能及时调整,导致通货紧缩的出现。

(二) 有效需求不足

当投资者对投资项目或者产品未来市场看跌时,投资意愿下降;当消费者收入预期变化或者宏观经济政策收紧,会造成消费需求减少;而政府部门实施缩减支出计划,减少向私人部门的转移支付,政府支出也随之减少;投资、消费、政府支出以及出口的减小,都会导致有效需求不足,物价下跌,造成需求拉下性通货紧缩。

(三) 结构性失衡

在经济发展过程中,居民消费经历着由低向高的发展过程,消费不断升级。某些传统产业和产品面临相对过剩,需要减产或者进行产品替代。这部分产品已经不能满足市场需求,面临价格的进一步下跌和企业的减产裁员,必然导致企业投资和居民消费的下降,进一步加剧市场有效需求的不足,物价疲软,经济增长乏力。这种结构性失衡虽然不是由于货币供给状况引起的,但是却会降低货币供给的增长速度和减缓货币流通速度。

除了上述原因以外,新技术的采用和劳动生产率的提高、体制和制度因素、汇率制度的缺陷等都有可能造成通货紧缩。

四、通货紧缩的危害

(一) 通货紧缩抑制消费需求

在通货紧缩的背景下,就业率、工资收入和家庭资产都会下降,消费者因此会减少支出,增加储蓄。如果消费者预期价格还会进一步下跌,他们会继续持币观望,推迟购买。因此,通货紧缩使得个人消费受到抑制,总需求下降,加剧经济的衰退。

(二) 通货紧缩抑制投资需求

在通货紧缩时期,物价下跌会抬高实际利率水平,导致企业投资成本上升,企业不敢借款投资,投资意愿下降;同时,社会消费总量的降低,造成企业销售不旺,利润减少,部分企业亏损甚至破产。这将会使失业率增长,进一步降低投资和消费,使经济陷入螺旋式下跌的轨道。

(三) 通货紧缩会引起银行危机

与通货膨胀相反,通货紧缩有利于债权人而有损于债务人。通货紧缩使得货币越来越昂贵,其加重了债务人的负担,使得债务人无法按时偿还债务,银行不良资产增加。当银行面临系统性恐慌时,一些资不抵债的银行会因为存款人挤兑而加速破产。

知识链接 7-5

通货紧缩困扰日本经济

日本在 1985 年"广场协议"之后,应对"日元升值萧条"不当而掉入"泡沫经济陷阱"。20 世纪 90 年代初期"泡沫经济"破灭以后,日本除了出现经济停滞以外,还陷入了严重的通货紧缩,被称之为"失去的十年""失去的二十年"甚至是"失去的三十年"。

直到 2001 年 4 月,日本内阁在每月例行经济报告中才首次承认,日本已于两年前即 1999 年出现了物价持续下跌,陷入缓慢的通货紧缩状态。从月度数据来看,根据日本总务省公布的数据 CPI 共有 7 次连续半年及以上负增长,其中 1999 年 9 月至 2003 年 9 月连续 49 个月,2009 年 2 月至 2010 年 9 月连续 20 个月负增长。根据日本银行公布的数据,PPI 也有多次连续一年及以上负增长,如 1992 年 1 月至 1997 年 3 月连续 63 个月、2000 年 9 月至 2003 年 12 月连续 40 个月、1998 年 3 月至 1999 年 12 月连续 22 个月负增长。

长期的通货紧缩对日本经济影响很大,物价的持续降低压缩了企业收益和工资水平,投资、消费减少,从而导致物价进一步下滑,这种恶性循环使日本经济长期处于回升乏力的状态。

首先,经济增速大幅下降。1991 年是 20 世纪 90 年代以来日本经济增长率最高的年份,实际 GDP 增长达到 3.4%,之后经济增长便持续走低。除 1996 年和 2000 年分别达到 2.6% 和 2.9% 外,其他年度均低于 2%,1998 年和 1999 年甚至出现了 1.8% 和 0.2% 的负增长。总的来看,1992—2001 年 10 年间的年平均增长率只有 0.95%,相对于高速增长阶段(1955—1973 年)的 9.24% 和稳定增长阶段(1974—1990 年)的 3.81% 的年增长率,实际上这一时期的经济增长已陷于停滞(表 7-4)。

表 7-4 日本 GDP 年均增长率

时期	1986—1990 年	1991—1999 年	2000—2004 年
年均增长率(%)	4.8	0.96	1.36

其次,日本国内需求不断萎缩。具体来看,1991年以来趋向萎缩。内需对GDP的贡献率,1997年以来的4年里都是负数。主要表现为:(1)民间消费支出增长乏力。1990年后,民间最终消费支出较高的年份为1991年、1992年、1994年和1996年,但其年增长率也只分别达到2.9%、2.6%、2.7%和2.3%;亚洲金融危机后消费支出增速进一步滑落,2002年已降至1.1%;(2)作为拉动日本经济增长的主要引擎,设备投资在1990年以来持续不振,1992—1994年连续3年下降,1995年、1996年虽出现好转,但1998年又出现了-10.8%的降幅,企业大量破产(表7-5)。

表 7-5 1990 年以来日本企业设备投资规模与倒闭数量

年份	1990 年	1991 年	1992 年	1993 年	1994 年	1995 年	1996 年	1997 年	1998 年
设备投资(10亿)	83 079	89 714	83 337	73 673	69 973	73 331	78 056	79 413	70 875
同比增速	13.3%	8.0%	-7.1%	-11.6%	-5.0%	4.8%	6.4%	1.7%	-10.8%
企业倒闭数(家)	6 468	10 732	14 069	14 564	14 061	15 108	14 834	16 464	18 988

资料来源:日本经济企划厅,历年《经济白皮书》。

再次,失业率居高不下,员工工资不断下降。从1990年开始,日本私营部门就业人口数不增反降,失业率一路攀升,这在战后日本经济发展中并不多见。统计数据显示,1992年日本的就业人口为6 436万人,到2002年减少为6 330万人,净减少106万人;与此同时,日本完全失业人口数则由1992年的142万人,增加到2002年的359万人,完全失业率由2.2%上升为5.4%。同期,日本企业名义工资总额同比出现负增长,工资水平的下降导致家庭财产收入的下降。以1994年为基期,到2014年日本家庭的工资收入是1994年的92%,日本家庭的财产收入是1994年的57%。家庭部门的两类收入尤其是财产收入,出现了非常明显的下降。

资料来源:魏加宁、杨坤,《日本的泡沫经济与通货紧缩》,《开放导报》,2016年第8期。

五、通货紧缩的治理

由于通货紧缩形成的原因比较复杂,常常是多种因素共同作用的结果,因此治理的难度甚至比通货膨胀还要大。必须根据各国通货紧缩的具体原因综合分析,找到针对性的治理对策。一般而言,治理通货紧缩的政策措施有以下几个方面:

（一）扩张性的需求管理政策

造成通货紧缩的原因之一是社会总需求小于社会总供给，因此，可以采用多种方式扩大总需求，治理通货紧缩。

1. 扩张的财政政策

实施扩张性财政政策，可以通过增加政府公共支出，主要用于基础设施建设，以此拉动投资市场的需求，弥补私人部门投资的不足，增加就业；也可以通过优化政府的收支结构，比如：降低个人所得税，使得政府转移支付进一步向低收入阶层倾斜，刺激消费需求。对于具有较大增长潜力的高新技术产业，实施税收优惠；利用价格补贴，减少企业亏损，利用财政贴息启动民间投资，激发企业的投资需求。

2. 扩张的货币政策

实施扩张性货币政策，通过增加货币供应量，降低利率水平，来刺激有效需求的增加。增加货币供应量可以从增加基础货币和扩大货币乘数两个方面着手，中央银行借助于自己掌握的货币政策工具，来影响和引导商业银行以及社会公众的预期和行为。具体而言，可以通过降低金融机构的法定存款准备金率、降低再贴现和再贷款率、在公开市场中买入政府债券等方式扩大信贷投放规模，增加货币供给。

在治理通货膨胀和通货紧缩的过程中，财政政策和货币政策的配合是主要的政策措施。但就刺激社会总需求而言，货币政策存在一定的时滞性，而财政政策比较直接、见效快。但是，财政扩张也会受到财政收入增长和财政赤字规模的限制。

（二）扩张性的收入政策

采用扩张性的收入政策也是治理通货紧缩的手段之一。在就业预期、工资预期趋于下行的背景下，对工资制度进行改革，提高居民的收入预期，刺激居民消费；同时进一步完善社会保障体系，改善国民收入的分配格局，增加社会福利开支，提高就业水平等，来增强人们对未来的信心。

（三）调整产业结构

因生产能力过剩等结构因素造成的通货紧缩，必须进行产业结构的调整。可以通过推进产业结构的升级，培育新的经济增长点，形成新的消费热点。当然，产业结构调整也包括产业组织结构的调整，促进同一产业中不同企业的兼并和重组，优胜劣汰，淘汰落后产能，同时培育新的具有竞争优势的企业，避免过度竞争导致的价格战和利润下滑。

当然，引发通货紧缩的原因是多样的，因此，治理通货紧缩也不是单纯的扩张性财政货币政策就能够解决，通常必须配合其他政策，多管齐下，实现目标。

知识链接 7-6

"大萧条"和美国的治理对策

美国历史上曾经发生过几次典型的通货紧缩,对经济影响程度最大的一次发生在 1929—1933 年"大萧条"时期。在此期间,美国物价下降了 27%,货币数量年均递减了 10%,银行数目减少了 42%,实际国民生产总值下降了 30%。

1933 年 3 月,罗斯福就任总统以来,主要采用了凯恩斯和费雪的政策主张,通过采取积极的财政政策和货币政策以帮助经济走向增长。

一是实行扩张性财政政策。政府通过发行巨额国债,加强公路、铁路等基础设施建设,赤字占 GDP 比重由 1933 年的 4.5% 上升到 1936 年的 5.4%,并将财政扩张政策持续到二战结束。

二是增加货币供应。1934—1937 年,M2 重回增长,年均增速达到 9.1%。同时,建立联邦存款保险制度,以遏制金融恐慌,重振公众对金融业的信心。此外,赋予美联储公开市场操作职权,并购进银行持有的政府债券,以增强银行体系信贷创造能力。

三是加快结构调整,以促进经济增长。出台农业调整法控制过剩农产品生产、增加农民收入;调整收入差距,降低低收入者税率,提高高收入者税率,以促进消费增长;采用税收补贴等多种方式鼓励出口。

这些政策对美国经济走出萧条产生了比较好的效果。物价水平从 1934 年开始止跌回升,国民收入也从 1933 年的 396 亿美元增加到 1937 年的 736 亿美元。这也说明,在经济结构转型的大背景下,仅靠经济自身的力量难以走出通货紧缩,政府需要采取积极的干预措施以治理通货紧缩。

资料来源:周景彤、李佩珈、中国银行国际金融研究所,《治理通货紧缩的国际经验及启示》,《中国经济时报》,2015 年 4 月 17 日。

**项目小结**

1. 货币供给的含义

货币供给是某一国或货币区的银行系统向经济体中投入、创造、扩张(或收缩)货币的金融过程。而货币供应量是一个存量的概念,是指一个国家在某一时期内为社会经济运转服务的货币存量,它包括现金货币和存款货币两个部分。

2. 货币供应量的层次划分

各国中央银行在进行货币供给统计时,会以金融资产的流动性大小作为标准,根据自身的政策特点和需要将货币供应量划分为不同的层次并进行统计。以了解本国的货币供给状况,正确地制定和实施货币政策,并对货币供给政策的调整提供指导。我国货币供应统计有 M0、M1、M2 和 M3 四个层次。

3. 货币供给全过程及货币供应量的决定

一个完整的货币供给过程可以包含两个层面:中央银行层面的基础货币创造和商业银行层面的存款货币创造。中央银行通过其资产负债业务创造基础货币,基础货币成为商业银行原始存款的来源,以此为基础,商业银行通过其业务活动创造出数倍于原始存款的派生存款,货币供给量由此扩张。紧缩的过程正好相反。因此,作为货币供给之源的基础货币,最终引出倍数于自身的货币供给量。而货币供应量实质上是由中央银行、商业银行和社会公众这三个经济主体的行为共同决定的。

4. 货币需求的含义和传统货币需求理论

货币需求是指在既定时间内,社会各经济主体以收入或财富的存在为前提,在具备获得或持有货币的能力范围之内愿意持有的货币量。以费雪和剑桥学派为代表的古典经济学家们都认为货币需求与收入成比例,凯恩斯基于流动性偏好将货币需求划分为交易性货币需求、预防性货币需求和投机性货币需求,得出了货币需求与收入正相关,与利率负相关的结论。弗里德曼则建立了自己的多元货币需求函数。

5. 货币均衡及其基本特征

货币均衡是指货币供给量与货币需求量在动态上保持一致,处于相对稳定的状态。表现为物价稳定、商品供求平衡、金融市场利率稳定。货币均衡同社会总供求的均衡具有内在统一性和一致性。在经济运行过程中,货币的均衡是一个长期的趋势,而短期内的货币失衡也是常见的。

6. 通货膨胀的含义

通货膨胀是指市场上的货币供应量超过商品生产和流通对货币的客观需要量而引起的货币贬值、一般物价水平持续上涨的经济现象。通货膨胀是货币供给和货币需求失衡的一个重要表现,其实质是社会总需求大于社会总供给。

7. 通货膨胀的衡量

通货膨胀是一种与物价上涨有关的经济现象,其程度通常是通过衡量物价上涨幅度的物价指数来衡量。从世界各国的实际做法来看,主要采用消费者价格指数(CPI)、生产者价格指数(PPI)和国民生产总值平减指数(GNP Deflator)。我国主要依据 CPI 的变化来衡量通货膨胀。

8. 通货膨胀的经济影响

从短期来看,温和的通货膨胀对经济有一定的促进作用,但是从长远和全局来看,通货膨胀对经济只有危害而无任何正效应。恶性通货膨胀还会对收入和财富分配、社会和经济秩序产生破坏性的影响。

9. 通货膨胀的治理对策

通货膨胀的具体状况和引发的具体原因各不相同,各国的经济、社会环境存在差异,因此,采取的治理对策和措施也有差异,具体治理措施有紧缩性货币政策、财政政策、收入-物价政策、供给管理政策和货币制度改革。

10. 通货紧缩的含义、经济影响和治理对策

通货紧缩是与通货膨胀相对应的一个概念,它是指当货币供应量低于商品生产和流通对货币的客观需要量而引起有效需求不足,一般物价水平持续下跌的经济现象。通常认为消费者价格指数(CPI)持续下跌半年以上,即表示已出现通货紧缩。长期的通货紧缩会抑制投资和生产,导致失业率、银行危机和经济衰退。而治理通货紧缩的手段有扩张性的需求管理政策、扩张性的收入政策和产业结构的调整政策。

知识自测

一、单项选择题

1. 现阶段中国货币供应量中 M2 减 M1 是（　　）。
   A. 狭义货币供应量　　　　　　B. 广义货币供应量
   C. 准货币　　　　　　　　　　D. 流通中的现金

2. 超额准备金等于（　　）。
   A. 库存现金＋商业银行在中央银行的存款
   B. 法定存款准备金×库存现金
   C. 法定存款准备金率×存款总额
   D. 存款准备金－法定存款准备金

3. 如果原始存款是 20 万元,派生存款是 60 万元,则存款乘数 K 是（　　）。
   A. 2　　　　　B. 3　　　　　C. 4　　　　　D. 5

4. 假定某商业银行原始存款增加 1 000 万元,法定存款准备金率为 20%,超额准备金率为 2%,现金漏损率为 5%,则活期存款总额为（　　）万元。
   A. 5 000　　　B. 4 000　　　C. 2 704　　　D. 3 704

5. 如果中央银行计划减少基础货币,应当（　　）。
   A. 提高超额准备金率　　　　　B. 购买政府债券
   C. 提高通货存款比率　　　　　D. 减少向商业银行发放的贴现贷款

6. 存款准备金率越高,则货币乘数（　　）。
   A. 越大　　　　B. 越小　　　　C. 不变　　　　D. 不一定

7. 一国在二级银行体制下,基础货币 100 亿元,原始存款 300 亿元,货币乘数为 5,则该国货币供应量等于( )亿元。

  A. 200   B. 300   C. 500   D. 600

8. 根据货币数量论,将货币供应量削减 1/3,会导致( )。

  A. 货币流通速度提高 1/3   B. 交易总量削减 1/3

  C. 物价水平下跌 1/3   D. 物价水平提高 1/3

9. 开创了微观货币需求分析的货币需求理论是( )。

  A. 费雪方程式   B. 马克思的货币需求论

  C. 弗里德曼的货币需求理论   D. 剑桥方程式

10. 按照凯恩斯的观点,利率低于"正常"水平时,人们预期债券价格( ),货币需求量( )。

  A. 上升、增加   B. 上升、减少   C. 下跌、增加   D. 下跌、减少

11. 根据货币的交易需求,以下哪种情况将产生货币的需求( )。

  A. 购买股票、债券的风险   B. 通货膨胀的无法预期

  C. 个人从事投资的意愿   D. 购买时的便利

12. 通货膨胀和通货紧缩是两种截然不同的经济现象,但都会影响正常的经济秩序,从二者的共同点看,都是由( )造成的。

  A. 价值与价格的背离   B. 社会总需求与总供给不平衡

  C. 纸币贬值、物价上涨   D. 商品价格水平与流通速度不一致

13. 下列( )说法明显是错误的。

  A. 物价水平的持续下降意味着实际利率的上升,投资项目的吸引力下降

  B. 物价水平的持续下降意味着货币购买力不断提高,从而消费者会增加消费,减少储蓄

  C. 通货紧缩可能引发银行危机

  D. 通货紧缩制约了货币政策的实施

14. 治理通货膨胀的对策中,开征新税种、提高税率属于( )。

  A. 紧缩的货币政策   B. 紧缩的财政政策

  C. 物价和收入管制政策   D. 供给管理政策

15. 2017 年我国宏观经济政策以"积极稳健、审慎灵活"为基本取向,实施积极的财政政策和稳健的货币政策。其中,实施稳健的货币政策有利于( )。

  ① 增加投资需求,拉动经济增长   ② 控制信贷规模,缓解通胀压力   ③ 调整经济结构,优化资源配置   ④ 刺激消费需求,调节市场物价

  A. ①②   B. ①④   C. ②③   D. ②④

二、判断题

1. 商业银行发放更多的信用卡将会降低通货在货币供给量中的比例。（　　）
2. 一般来说，基础货币是中央银行能够加以直接控制的，而货币乘数则是中央银行不能完全控制的。（　　）
3. 银行创造派生存款的过程是创造实际价值量的过程。（　　）
4. 由于货币不是实际的生产要素，货币量过多过少不会对经济产生实质性影响。（　　）
5. 现实生活中，并非所有的货币供给都构成市场需求。（　　）
6. 弗里德曼认为利率变动对货币需求影响极小，而凯恩斯则认为利率是影响货币需求的重要因素。（　　）
7. 通常衡量货币供求是否均衡的主要标志是物价水平的基本稳定。（　　）
8. 过度的通货膨胀总是由快速的货币增加所引起。（　　）
9. 贷款人预计将来会通货紧缩，他尽快收回未偿还债务的做法是明智的。（　　）
10. 如果店主说"可以提价，别愁卖不了，店门口排队抢购的多着呢"，这属于成本类型的通货膨胀。（　　）

三、综合训练题

1. 假设某商业银行从中央银行获得了 10 000 元的贴现贷款，如果存款的法定存款准备金率是 10%，并且该商业银行持有 10% 的超额准备金，流通中的现金漏损率为 20%。

请回答：

（1）存款乘数是多少？

（2）银行体系最终将创造出多少存款货币？

（3）货币乘数是多少？

2. 2019 年 2 月，中国人民银行发布了 2018 年第四季度的《货币政策执行报告》，以下是摘录的一些内容：

M2 增速趋稳，与名义 GDP 增速大体相当。2018 年末，广义货币供应量 M2 余额为 182.7 万亿元，同比增长 8.1%，与上年末持平。狭义货币供应量 M1 余额为 55.2 万亿元，同比增长 1.5%。流通中货币 M0 余额为 7.3 万亿元，同比增长 3.6%。2018 年现金净投放 2 563 亿元，同比多投放 221 亿元。2018 年以来 M2 增速总体趋稳、保持在 8% 以上，与名义 GDP 增长率基本匹配，宏观杠杆率保持稳定。2019 年 1 月末，M2 余额为 186.6 万亿元，同比增长 8.4%，增速比上月末高 0.3 个百分点。

请根据材料回答：

（1）请分析流通中现金 M0、狭义货币供应量 M1 和广义货币供应量 M2 的构成。

（2）分析 M0、M1、和 M2 规模的变动及其反映的道理？

3. 2019年1月4日,中国人民银行宣布下调金融机构存款准备金率1个百分点,分两次实施,已于1月25日调整到位。目前金融机构存款准备金率的基准档次大体可分为三档,即大型商业银行为13.5%、中小型商业银行为11.5%、县域农村金融机构为8%。大型商业银行包括工商银行、农业银行、中国银行、建设银行、交通银行和邮政储蓄银行6家。中小型商业银行主要包括股份制商业银行、城市商业银行、非县域农村商业银行、民营银行和外资银行。县域农村金融机构主要包括农村信用社、农村合作银行和村镇银行。

请分析:

(1) 为什么大型商业银行、中小型商业银行和县域农村金融机构的法定存款准备金率会有差异?

(2) 法定存款准备金率的下调会给货币供给量带来怎样的变化?

4. 2019年2月,中国人民银行发布了2018年第四季度的《货币政策执行报告》,以下是摘录的一些内容:

2018年,CPI同比上涨2.1%,涨幅比上年扩大0.5个百分点,其中各季度涨幅分别为2.2%、1.8%、2.3%和2.2%。食品价格涨幅由负转正,非食品价格温和上涨。食品价格上涨1.8%,上一年度为同比下降1.4%;非食品价格上涨2.2%,涨幅比上一年度回落0.1个百分点。消费品价格涨幅明显扩大,服务价格涨幅有所回落。消费品价格上涨1.9%,涨幅比上一年度提高1.2个百分点;服务价格上涨2.5%,涨幅比上一年度回落0.5个百分点。

2018年,PPI同比上涨3.5%,涨幅比上年回落2.8个百分点,其中各季度涨幅分别为3.7%、4.1%、4.1%和2.3%。其中,生活资料价格涨幅相对稳定,生产资料价格涨幅明显下降。生活资料价格同比上涨0.5%,涨幅比上年回落0.2个百分点;生产资料价格同比上涨4.6%,涨幅比上年回落3.7个百分点。

请分析:

(1) 什么是CPI、PPI。

(2) CPI和PPI的变动说明了什么?

5. 以小组为单位调研"津巴布韦通货膨胀的案例",分析其形成的原因、具体表现、对于津巴布韦经济的影响以及津巴布韦政府治理通货膨胀的具体措施,制作PPT并演示汇报。

项目八　货币政策

学习目标

知识目标：

1. 掌握货币政策的含义及主要构成要素
2. 掌握货币政策的最终目标，了解货币政策的中介目标和操作目标
3. 理解货币政策传导机制的主要环节和时滞效应
4. 掌握各种货币政策工具的作用机制

技能目标：

1. 能够识别货币政策工具类型
2. 能够结合案例解释货币政策工具的实际运用

 导入案例

美联储紧急降息

2020年3月15日，美联储火线降息——将其短期利率目标下调到0—0.25%，整整下调了1个百分点，几乎接近零的水平。在2008年至2015年间，美联储也曾将其短期利率降至这个区间，随着美国经济出现回暖迹象，美联储终止了量化宽松，并开始推行加息政策，以摆脱零利率带来的潜在风险。

而这一次，美联储要摆脱零利率的可能性似乎更加渺茫。因为受一些深层因素影响，全球通胀和利率水平已出现下行趋势，眼下又要经受新冠疫情大流行对经济的短期冲击。经过此番降息后，美联储加入了欧洲央行和日本央行的行列，后两者的政策利率长期以来一直处于零或低于零。

这就是哈佛大学经济学家劳伦斯·萨默斯所说的"货币政策黑洞"。萨默斯在接受采访时回应称："这场大流行的疫情是意外事件。但多年来很明显的一点是，一些负面冲击会把我们带入流动性陷阱。"他说,随着美国国债收益率低于0.8%,货币政策几乎失去了效力。他表示,这可以解释为什么市场在美联储上次紧急降息0.5个百分点之后出现抛售,在周日这次降息后也是如此。

资料来源:根据互联网资料进行整理。

在生活中,你有没有经常听到各国央行调整利率或者法定存款准备金率等新闻?你是否理解这些新闻里的说法?央行实行的货币政策与我们的生活有什么关系呢?让我们一起来认识货币政策。

任务一　认识货币政策及其最终目标

一、货币政策的定义

货币政策有广义和狭义之分。每个国家在经济发展时期都有一定的目标。为了实现既定的经济目标,政府必须掌握某些实现这些目标的工具或手段,货币政策就是其中的重要手段之一。

广义的货币政策,是指政府、中央银行和宏观经济部门所有与货币相关的规定和所采取的影响货币数量的一切措施。按照这一界定,货币政策包括有关建立货币制度的种种规定,包括所有促进金融体系发展、提高运作效率的措施,甚至包括可以影响货币供给的诸如借款、国债管理以及政府税收和财政支出等措施。

狭义的货币政策,是指中央银行为实现既定的宏观经济目标所采取的调节货币供应量、信用和利率等变量的方针和措施的总和。货币政策是由多个要素有机构成的系统,其中包括:①货币政策的目标;②实现货币目标的操作工具或手段,也称货币政策工具;③最终实现货币政策目标的传导途径与作用原理。

现代意义上的货币政策重点指的是狭义范畴。理解货币政策,就要正确的把握和理解以下几个要点:谁?目标是什么?应该怎么做?具体应该怎样操作?

二、货币政策的最终目标

(一)货币政策最终目标的内涵

货币政策的最终目标是中央银行组织和调节货币流通的出发点和归宿点,必须服务于国家的宏观经济政策的总体目标。因而,货币政策的最终目标与整个国家的宏观经济目标是一致的。

总结当代各国的货币政策实践,货币政策的最终目标,一般可以概括为四大方面:

物价稳定、充分就业、经济增长和国际收支平衡。

1. 物价稳定

物价稳定是中央银行货币政策的首要目标。物价稳定是指中央银行通过货币政策的实施,将一般物价的变动控制在一个较小的区域内,在短期内不发生显著的或剧烈的波动,呈现基本稳定的状态。物价稳定与经济发展有密切的联系,物价稳定是经济发展的前提,经济发展又是物价稳定的基础。一般情况下,宏观经济所要实现的物价稳定是相对的物价稳定,即把通货膨胀控制在一定的水平之下,防止物价普遍、持续、大幅度的上涨。在现代经济中,物价稳定是一个相对概念,如果物价陷于一个绝对稳定不变的静止状态,反而是一种不正常的现象。

目前各国政府和经济学家通常采用通货膨胀率或者综合物价指数来衡量物价是否稳定,有的经济学家认为,5%以下的通货膨胀率对经济发展有一定的刺激作用,是经济所能承受的范围,是一种温和的通货膨胀;有的经济学家则认为3%以内物价上涨幅度是可取的范围。这个限度的确定,各个国家不尽相同,主要取决于各国经济发展情况,此外,传统习惯也有很大的影响。我国视每年经济发展情况和未来预期,综合确定年度CPI控制容忍目标。

2. 充分就业

充分就业就是要保持一个较高的、稳定的就业率。现实的经济生活是不可能达到100%的就业水平的,有两种失业不可避免:即摩擦性失业和自愿性失业。摩擦性失业是由于劳动力市场上的供求结构矛盾而造成的失业,包括劳动力供给与需求的种类失衡、地区失衡、季节失衡等,也包括劳动力转换和流动过程中所出现的失业状态;自愿性失业是指在现有的工资水平条件下,人们愿意选择闲暇,而不愿意选择工作。因此经济学家所说的充分就业不等于没有人失业,而是指有能力并自愿参加工作者,都能在较合理的条件下随时找到适当的工作。

充分就业是针对所有可利用资源的利用程度而言的,但要测定各种经济资源的利用程度是非常困难的,一般以劳动力的就业程度为基准,即以失业率指标来衡量劳动力的就业程度。所谓失业率,是指社会的失业人数与愿意就业的劳动力之比,失业率的大小代表了社会的充分就业程度,失业率越低,越有利于经济增长,因此,各国都力图把失业率降到最低水平,以实现其经济增长的目标。美国许多学者认为5%的失业率即为充分就业,也有的经济学者比较保守,认为应将失业率控制在2%—3%以下才对经济发展有利。

3. 经济增长

经济增长是指国民生产总值的增长必须保持合理的、较高的速度,即在一定时期内一国所生产的商品和劳务总量持续的增加。经济的合理增长需要多种生产要素和经济资源实现最优配置。经济增长并不是说经济增长的速度越快越好,而是指经济在一个较长的时间内不出现大起大落,不出现衰退,要一个时期比另一个时期更好,始终处于长期稳定的增长状态中。

经济增长是各国中央银行都普遍关心的问题。因为经济增长不仅可以改善国民生活水平,提高本国的国际地位,而且有利于增强中央银行政策调节的经济承受能力,使货币政策调节拥有更广阔的回旋余地。世界上大多数国家由于国情不同,经济增长在各国的货币政策目标体系中所处的地位也不尽相同,单就一国而言,在不同的历史时期也不一样。

4. 国际收支平衡

国际收支是一国(或地区)在一定时期(通常是一年)内与世界其他国家或地区之间进行的全部货币收支。国际收支平衡就是指全部对外货币收入和货币支出基本平衡。判断一国的国际收支平衡与否,就是看自主性交易平衡与否,是否需要调节性交易来弥补。如果不需要调节性交易来弥补,则称为国际收支平衡;反之,如果需要调节性交易来弥补,则称为国际收支失衡。

所谓国际收支平衡,不是收入和支出数量上的绝对相等,而是允许略有顺差或者逆差,只要采取了各种措施来纠正国际收支差额,使其趋于平衡,就被认为是实现了收支平衡。因为一国国际收支出现失衡,无论是顺差或逆差,都会对本国经济造成不利影响,长时期的巨额逆差会使本国外汇储备急剧下降,并承受沉重的债务和利息负担;而长时期的巨额顺差,又会造成本国资源使用上的浪费,使一部分外汇闲置,特别是如果因大量购进外汇而增发本国货币,则可能引起或加剧国内通货膨胀。因此尽管每个国家都保持国际收支平衡是不可能的,但是各国还是会着力于减少以致消除顺差和逆差来调节国际收支失衡。

知识链接 8-1

解读"克强指数"和"新克强指数"

1. 什么是"克强指数"

"克强指数"(Li Keqiang Index),是英国著名政经杂志《经济学人》创造的用于评估中国 GDP 增长量的指标,以中国国务院总理李克强的名字命名。"克强指数"是三种经济指标:耗电量、铁路运货量和银行贷款发放量的结合。该杂志认为,"克强指数"比官方 GDP 数字更能反映中国经济发展的现实状况。

2. "克强指数"的由来

2007 年,时任辽宁省委书记的李克强告诉来访的美国驻华大使,他更喜欢通过三个指标来追踪辽宁的经济动向：全省铁路货运量、用电量和银行已放贷款量，以挤掉统计数字的水分。

2010年末，英国《经济学人》杂志的编辑受李克强谈话启发，将李克强所言的三项指标予以综合，带入一个方程式，创造出了一个崭新的"克强指数"。

"克强指数"中包含三项指标：①耗电量：现代工业生产与能源消耗密切相关，故"耗电量"的多少，可以准确反映我国工业生产的活跃度以及工厂的开工率；②铁路货运量：铁路作为承担我国货运的最大载体，"铁路货运量"的多少，既能反映经济运行现状，又可反映经济运行效率；③银行贷款发放量：银行贷款在我国社会融资规模中占比较大，故"贷款发放量"多少既可反映市场对当前经济的信心，又可判断未来经济的风险度。

"克强指数"推出后，受到了花旗银行在内的众多国际机构的认可。后来花旗银行筛选出工业用电量、中长期贷款余额和铁路货运量，并以三者增速与GDP增速拟合模型的一个简单回归分析结果作为权重，得出了一个认可度颇高的计算公式：

$$克强指数 = 工业用电量增速 \times 40\% + 中长期贷款余额增速 \times 35\% + 铁路货运量增速 \times 25\%$$

3. "克强指数"的意义

"克强指数"是一种比较简化的结构性指数，从特定侧面表达了经济运行现实。其涵盖的指标比常规宏观经济指标，如GDP更为简单，因此，统计误差较小，所取得的具体数据更为真实，也更能准确反映经济的走势。

当然，"克强指数"可以观察评估GDP数据可靠性，但不能替代GDP统计。

4. "新克强指数"

2015年11月20日，国务院总理李克强在为《经济学人》年刊《世界2016》撰写的文章《中国经济的蓝图》中透露了衡量中国经济发展的三个新坐标。

曾经"克强指数"所蕴含的三个指标"用电量""铁路货运量"和"新增银行贷款"，与经济运行状况的关联系数已经发生变化。未来就业、居民收入和生态环境的持续改善或将成为新版"克强指数"的坐标。

随着经济结构不断变化，尤其是IT业、金融业以及相关服务业比重不断上升，节能环保技术的不断提高，一些地方经济总量在增加，但其铁路货运量和用电量可能不升反降。同时，多层次资本市场的发展，大量小微企业的存在，使得"新增银行贷款"也很难充分反映经济的真实运营状况。

从这个角度来说，"新克强指数"从产业指标向民生指标转换的背后则是中国经济结构从制造业向消费领域转型的现实。"克强指数"变为"新克强指数"也是决策层与时俱进的表现。更重要的还在于"新克强指数"释放了政府工作重心逐步转移的信号，从主抓经济发展的阶段到经济与民生协调、就业与环境并重的阶段。

资料来源：凤凰网，《连环话第三期：解读"克强指数"》，https://finance.ifeng.com/news/special/lujiazui2013/jdkezs.shtml。

（二）货币政策最终目标的协调

货币政策最终目标之间的关系是既对立又统一，从短期看，这些目标在实现过程中互相对立和矛盾，要同时达到这些目标是困难的；但从长期看，这些目标之间是统一的，相互促进的。货币政策各目标之间的矛盾性主要表现如下：

1. 物价稳定与充分就业

物价稳定与充分就业之间的矛盾被认为是货币政策最终目标相互矛盾的最集中的表现。物价变动不稳定时，中央银行为了稳定物价必须抽紧银根、紧缩信用，降低通货膨胀率，这样就会减小投资规模，其结果会导致失业率上升。反之，为了促进就业，又要采取放松银根、扩张信用的办法，通过增加货币供应量来刺激需求，增加投资规模。但这样做又会导致物价上涨，加剧通货膨胀。

根据1958年英国经济学家菲利普斯（Alban William Phillips）勾画出的表示失业率和货币工资变动率之间交替关系的曲线，充分就业与物价稳定之间存在着一种非此即彼的关系，也就是说：要使社会充分就业，就要采取扩张性货币政策，放松银根，降低利率，使企业生产的边际成本小于边际收益，这会刺激投资需求，进而扩大生产规模，增加就业；但是随着信用规模的扩张，货币供给量也随之增加，从而引起社会总需求增加，进而导致物价上升，为了保持物价稳定，就要采取紧缩性财政政策，这样会导致利率上升，减少投资需求，从而出现较高的失业率。很显然，中央银行的货币政策既不能选择失业率较高的物价稳定，也不能选择通货膨胀率较高的充分就业。而只能根据实际的社会经济形势，对物价上涨率与失业率进行相机抉择，从而作出最符合当时经济形势的正确组合。

知识链接 8-2

传统的菲利普斯曲线

菲利普斯曲线是用来表示失业与通货膨胀之间交替关系的曲线，英国经济学家菲利普斯于1958年在《1861—1957年英国失业和货币工资变动率之间的关系》一文中最先提出。他根据英国1861—1957年失业率和货币工资变动率的经验统计资料，勾画出一条用以表示失业率和货币工资变动率之间交替关系的曲线。这条曲线表明，当失业率较低时，货币工资增长率较高；反之，当失业率较高时，货币工资增长率较低。

由于货币工资增长与通货膨胀之间的联系,这条曲线又被西方经济学家用来表示失业率与通货膨胀率此消彼长、相互交替的关系,菲利普斯曲线如图8-1所示。

图中,横轴U代表失业率,纵轴$\Delta P/P$代表通货膨胀率,向右下方倾斜的PC即为菲利普斯曲线。这条曲线表明,失业率与物价变动率之间存在着一种非此即彼的相互替换关系。也就是说,多一点失业,物价上涨率就低;相反,少一点失业,物价上涨率就高。

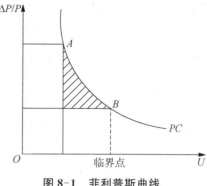

图8-1 菲利普斯曲线

资料来源:根据互联网资料整理。

2. 物价稳定与经济增长

从根本上说,物价稳定与经济增长的关系是统一的,物价稳定是经济增长的条件,经济增长又是物价稳定的基础。然而物价稳定与经济增长之间是否存在着矛盾,理论界对此看法不一,主要有以下几种观点:

第一是物价稳定才能维持经济增长。这种观点认为,随着时间的推移,生产率是不断提高的,生产率的提高自然促进经济的增长,而且只有物价稳定才能使整个经济系统正常运转并保持长期增长的趋势。

第二是轻微物价上涨刺激经济增长。这是凯恩斯学派的观点,凯恩斯学派认为在充分就业没有达到之前增加货币供应、增加社会总需求主要会促进生产发展和经济增长,而物价上涨比较缓慢。通货膨胀实际上是经济增长的刺激剂,适度的物价上涨能带动劳动力增加、资本形成并增加、技术进步,刺激生产的发展和产量的增加,随之而来的是货币总支出的增加,从而促进经济的增长。

第三是经济增长能使物价稳定。这种观点实际上是马克思在100多年以前,分析金本位制度下资本主义经济的情况时所论述的观点。因为经济的增长主要取决于劳动生产率的提高和新生产要素的投入,在劳动生产率提高的前提下,生产的增长,一方面意味着产品的增加,另一方面则意味着单位产品生产成本的降低。

从西方货币政策实践的结果来看,要使物价稳定与经济增长齐头并进并不容易,主要原因在于政府往往较多地考虑经济发展,刻意追求经济增长的高速度。譬如采用放松银根和增加投资的办法,其结果必然造成货币发行量增加和物价上涨,使物价稳定与经济增长之间彼此矛盾。

3. 物价稳定与国际收支平衡

在经济全球化的背景下,物价水平是否稳定经常会影响到国际收支平衡。通常情况下,一国在与其他国家进行经济贸易往来的过程中,本国的经济状况与其他国家的经济状况密切相关。如果国内出现通货膨胀,说明该国国内的总需求超过了总供给,国内的物价水平高于其他国家的物价水平,使得国外商品显得价格低廉。此时,该国国内物价和出口产品的价格偏高,在汇率稳定的情况下,就使得本国的出口商品在国际市场上的竞争能力减弱,导致本国出口减少,进口增加,其结果必然会增加本国的贸易逆差或减少贸易顺差的份额,打破国际收支的平衡。如果本国的物价稳定,而与其有经济往来的其他国家发生了通货膨胀,则会造成本国的出口增加,而进口相对减少,使本国的贸易顺差增加或贸易逆差减少,也会造成国际收支的不平衡。

4. 经济增长和国际收支平衡

在一个开放型的经济中,随着国内经济的增长,国民收入水平提高,带来货币支付能力提高,市场的有效需求会相应增长,这会引起国内居民对进口商品的需求增加;与此同时,对本来用于出口的产品需求也会增加,致使这部分产品价格上升,该产品的出口会受到影响。两方面的共同作用使该国出口的增长慢于进口的增长,这必然会打破国际收支的平衡。

就资本项目而言,要促进经济增长,需要增加投资,相应就要扩大国内储蓄总量,并吸收国外储蓄。随着外资的大量流入,资本项目可能会出现一定数额的顺差,尽管可以在一定程度上改善国际收支状况,但是外资一旦流出,尤其外债需要偿还时,如果没有足够的出口增长和贸易顺差,国际储备就将下降,国际收支状况就会受到损害。此时政府为了平衡国际收支,消除贸易逆差,只能收紧银根,这又必然造成国内有效需求下降,经济增长放缓,所以并不能确保经济增长与国际收支平衡的兼得。

综上所述,货币政策各最终目标之间既是统一的,同时又存在着多种矛盾和冲突,一个国家只有因势利导,慎重选择,才能把握全局。所以不同国家在不同的历史时期的货币政策可能选择不同的货币政策最终目标,且货币政策最终目标也会随着国内和国际经济形势的改变而改变。

(三) 我国货币政策最终目标的选择

《中华人民共和国中国人民银行法》明确我国的货币政策最终目标是"保持货币币值的稳定,并以此促进经济增长"。

这意味着首先要保持币值稳定,对内保持物价稳定,对外保持人民币汇率在合理均衡水平上基本稳定,为经济发展提供适宜的货币金融环境,同时要以服务实体经济为方向,将就业纳入考量,坚持系统观念,加强前瞻性思考、全局性谋划、战略性布局、整体性推进,在多重目标中寻求动态平衡。[1]

---

[1] 孙国峰:《健全现代货币政策框架》,http://www.pbc.gov.cn/redianzhuanti/118742/4122386/4122510/4162288/index.html。

任务二　货币政策工具的运用

货币政策工具又称货币政策手段,是指中央银行为实现货币政策目标,在执行货币政策的过程中所运用的各种政策手段。由于不同时期不同国家货币政策的目标不同,经济体制和经济运行的客观条件不同,因此,所选择的货币政策工具也不相同。一般可以分为三类:一般性货币政策工具、选择性货币政策工具和其他货币政策工具。

一、一般性货币政策工具

一般性货币政策工具,又称经常性、常规性货币政策工具,是从总量角度对货币供应量和信用量进行调节和控制,从而对整个经济体系产生全面性或者普遍性影响的工具。是最主要的货币政策工具。一般性货币政策工具包括:法定存款准备金政策、再贴现政策和公开市场业务,被誉为货币政策的"三大法宝"。其产生的时间比较早,对金融的调控比较有效,一直被各国中央银行采用。

(一) 法定存款准备金政策

1. 法定存款准备金政策的含义

法定存款准备金是商业银行等存款机构按照中央银行为保证客户提取存款和资金清算准备的要求,所缴存的一定数额的准备金,通常存放于其在中央银行开立的准备金账户上。商业银行等存款机构按规定向中央银行缴纳的法定存款准备金占其存款总额的比例就是法定存款准备金率。美国是世界上最早采用法定存款准备金制度的国家。法定存款准备金制度的初始作用是保证存款的支付和清算,之后才逐渐演变成为货币政策工具,中央银行通过规定或者调整商业银行的法定存款准备金率,进而控制和改变商业银行的信用创造能力,从而间接调控货币供应量。

2. 法定存款准备金政策的作用原理

目前,凡是实行中央银行制度的国家,一般都实行法定存款准备金制度。中央银行可以针对经济的发展情况来调整法定存款准备金率,当经济处于需求过度和通货膨胀的情况下,中央银行可以提高法定存款准备金率,一方面增加了商业银行应上缴中央银行的准备金,降低了商业银行放款及信用创造的能力;另一方面,法定存款准备金率的提高,使得货币乘数缩小,降低整个商业银行体系的信用创造,压缩信用规模。其结果是全社会银根收紧,货币供给减少,社会投资和消费各项支出减少,给经济降温;当经济衰退时,中央银行可以降低法定存款准备金率来扩张商业银行的信用创造能力和货币供给量,以此来刺激经济增长。

3. 法定存款准备金政策的优缺点

法定存款准备金政策被认为是货币政策中作用最猛烈的工具。法定存款准备金政策的优点在于：一是中央银行完全可以自主操作，是三大货币政策工具中最具主动性的工具；二是由于法定存款准备金率是通过引起货币乘数变化，从而影响货币供应量的，所以一经实施即可达到立竿见影的效果，而且其他的货币政策工具也都是以法定存款准备金率为基础的；三是即使商业银行由于种种原因持有超额的存款准备金，中央银行也可以通过提高法定准备金率等手段达到预定的效果。

当然由于这一工具的作用直接且巨大，法定存款准备金制度也存在明显的局限性：一是法定存款准备金率对货币供给量的影响较为强烈，会使经济产生较大波动，因此不宜作为中央银行经常性的货币政策工具。所以，20世纪50年代以后建立法定存款准备金制度的国家，大多采用单一的法定存款准备金率，即对所有存款均按照同一比例计提准备金，以美国为例，《1980年存款机构放松管制和货币控制法》规定，包括商业银行、储蓄和贷款协会、互助储蓄银行和信用社在内的所有存款机构，都遵循相同的法定存款准备金率。二是法定存款准备金率对整个社会经济和心理预期都会产生显著的影响，以致使它有了固化的倾向。三是对不同类型的银行和不同种类的存款有不同的影响，由于这些复杂情况的存在，使得货币政策实现的效果不易把握。

能力拓展 8-1

读懂财经新闻——货币政策及时雨支持中小微企业发展

央行今天决定，2020年4月对中小银行定向降准。这是三个月以来央行的第三次降准。央行这次针对中小企业的定向降准，体现出稳健货币政策更加灵活，具体措施更加精准、也更具有前瞻性。央行还宣布自4月7日起将金融机构在央行超额存款准备金利率从0.72%下调至0.35%，这是央行时隔12年下调超额存款准备金利率。这将有助于银行提高资金使用效率，促进银行更好地服务实体经济特别是中小微企业。

资料来源：财联社，《央视财经评论：货币政策及时雨为中小微企业纾困解难》，https://www.cls.cn/detail/472120。

请思考并回答：新闻里提及的定向降准和下调超额存款准备金利率，体现了中央银行何种类型的货币政策意图？

（二）再贴现政策

1. 再贴现政策的含义

再贴现政策是指商业银行或其他金融机构将贴现所获得的未到期票据，向中央银行进行票据转让,中央银行向商业银行提供资金的一种方式。再贴现业务最初确立于1833年的英国《银行特许法》,1913年美国《联邦储备法》明确将再贴现业务作为美联储的货币政策工具之一,后来这一货币政策工具逐渐被其他国家所效仿和采用。再贴现政策一般包括两个方面的内容:一是再贴现率的制定和调整,二是规定向中央银行申请再贴现的资格。

2. 再贴现政策的作用过程

调整再贴现率是中央银行最早、最典型的货币政策调控手段,具体是指中央银行通过提高或者降低再贴现率的方法来影响商业银行等存款机构从中央银行获得的再贴现贷款的借贷资金成本,从而达到增加或者减少货币供应量,进而影响社会的资金供求,实现货币政策目标的一种政策。当中央银行需要放松信用时,会相应降低再贴现率,使商业银行因借款成本的减少,增加向中央银行的再贴现,导致中央银行货币供应量的增加。同时,由于借贷资金成本的下降,商业银行会随之降低贷款利率,银行的信用规模放松,利率下降减少了企业的借贷成本,从而促进企业的贷款需求。紧缩信用的操作正好与此相反。再贴现政策有强烈的告示效应,因为再贴现率的变动会向全社会明确告示中央银行的政策意图。它的提高表明中央银行采取紧缩的货币政策;反之则表明中央银行将放松银根。这就能通过人们的预期成本和利益的变化,调整对信用的需求,进而影响国民经济。

规定向中央银行申请再贴现的机构资格及票据种类会影响商业银行及全社会的资金投向,通过对这两方面的控制,中央银行分别从短期和长期调节货币供应量。在不同的经济环境中,中央银行对再贴现申请资格的规定是不同的。当经济萧条时,中央银行会放宽再贴现的票据范围和申请机构的范围,刺激货币需求量的增加,进而增加货币的供给;当经济发展过热时,中央银行会收缩再贴现票据和申请机构的范围,减少货币需求量,进而减少货币供应量。

3. 再贴现政策的优点

再贴现政策的最大优点是使得中央银行能够履行最后贷款人的职能,并在一定程度上体现中央银行的政策意图。中央银行可以向商业银行提供数额巨大的贴现贷款,作为存款保险公司的后盾,随时准备向银行体系提供所需要的任何数量的准备金,从而提高存款人对银行体系的信心,防止银行恐慌。中央银行的再贴现政策还可以被作为一种信号,来表明中央银行的货币政策取向。当中央银行决定让利率上升以放慢经济增长速度时,可以用提高再贴现率的方法来表明这种意图。当公众因此预期未来的货币政策较少会扩张时,他们就会减少消费,从而有助于放慢经济增长速度。

但是中央银行作为最后贷款人,增加了存款机构的道德风险和非银行金融机构的道德风险,因此再贴现政策也有局限性:第一是当再贴现用于控制货币供应量时,中央银行始终处于被动地位。商业银行是否愿意到中央银行申请再贴现、贴现多少,并不是由中央银行决定的。如果商业银行可以通过其他途径筹措到资金而不依赖于再贴现,则中央银行就不能有效地控制货币供应量。第二是从对利率的影响看,调整再贴现率,通常不能改变利率的结构,只能影响利率水平。在经济高速增长时期,再贴现率无论多高,都难以遏制商业银行向中央银行再贴现或借款。在经济萧条时期,再贴现率无论多低,都无法刺激商业银行的借款需求。第三是再贴现政策缺乏弹性,再贴现利率的随时调整必然会引起市场利率的经常性变动,这会使企业或商业银行无所适从。再贴现率如果不随时调整,又不利于中央银行实现宏观调控目标。此外,中央银行通过再贴现政策发出的信号存在被误解的可能。明智的方法是明确地宣布货币政策取向并随即付诸实施,而不能仅仅通过调整再贴现率来向市场传达其政策意图。

知识链接 8-3

美国的再贴现贷款政策

1. 再贴现贷款政策

(1) 一级信用贴现贷款。在美国,资本充足率和达到 CAMELS 评级体系的一、二、三级标准的银行可以根据美联储一级信用计划申请贴现贷款。申请一级信用贴现贷款的银行可以在短期(一天或几天)内无限额贷款(不超过抵押品的价值)。

(2) 二级信用贴现贷款。如果一家银行的资本金不足,或者根据 CAMELS 评价体系被评为四或五级,它也有可能通过二级信用计划贷款。二级信用贴现贷款的贴现率比一级信用贴现贷款的贴现率高 0.5%。有问题的银行通过二级信用计划申请的借款期限可以延长,而不仅限于短期贷款。申请二级信用计划贷款的银行必须经过美联储的详细审计,美联储试图通过审计来确保申请贷款的银行是安全和良好的。

2. 再贴现贷款决定因素

(1) 商业需要的贴现贷款。一些银行根据美联储季节性信用计划来申请贷款,小的农业银行通过借入这种贴现贷款来满足对农业贷款的季节性需求。一些财务困难的银行也可以申请二级信用贴现贷款,直到它们的财务状况好转。还有一些银行可以因为临时性问题申请一级信用贴现贷款。我们将这些贷款加总,统称为商业需要的贴现贷款。

(2) 盈利用途的贴现贷款。状况良好的银行也可能申请一级信用贴现贷款用于盈利用途。如果一级信用贴现贷款利率低于联邦基金利率,银行可以从美联储以较低利率(一级信用贴现贷款利率)贷款,再以较高利率借给其他银行。我们用"盈利用途的贴现贷款"来指代从美联储借钱用于盈利项目的贷款总额。只要联邦基金利率高于贴现率,我们就应该预测到银行会从美联储申请贷款用于盈利,但只要联邦基金利率低于贴现率,就不会有贴现贷款用于盈利。

(三) 公开市场业务

1. 公开市场业务的含义

公开市场业务是指中央银行在金融市场上公开买卖有价证券(主要是政府债券),以调节经济中货币供给的一种政策行为。中央银行买卖的有价证券主要是政府公债、国库券和银行承兑汇票等。公开市场业务是中央银行吞吐基础货币、调节市场流动性的基本货币工具,是多数发达国家常用的手段。

2. 公开市场业务的作用原理

中央银行买卖有价证券的直接影响对象是基础货币。当经济出现萧条时,金融市场上资金短缺,为了增加流通中的货币,中央银行在公开市场上买进有价证券,实际上是向市场投放了基础货币,增加市场上金融机构可用资金的数量,从而使得商业银行等金融机构扩大对企业的放款规模,使信用规模和货币供应量增加。反之,当经济过热时,金融市场上货币过多,中央银行就向市场抛售有价证券,以回笼一部分流通于市场上的货币,减少金融机构可用资金的数量。

从交易品种看,传统中国人民银行公开市场业务交易主要包括回购交易、现券交易和发行中央银行票据。其中回购交易分为正回购和逆回购两种,正回购为中国人民银行向一级交易商卖出有价证券,并约定在未来特定日期买回有价证券的交易行为。正回购是央行从市场收回流动性的操作,正回购到期则为央行向市场投放流动性的操作;逆回购为中国人民银行向一级交易商购买有价证券,并约定在未来特定日期将有价证券卖给一级交易商的交易行为。逆回购是央行向市场上投放流动性的操作,逆回购到期则为央行从市场收回流动性的操作。现券交易分为现券买断和现券卖断两种,前者为央行直接从二级市场买入债券,一次性地投放基础货币;后者为央行直接卖出持有债券,一次性地回笼基础货币。中央银行票据即中国人民银行发行的短期债券,央行通过发行央行票据可以回笼基础货币,央行票据到期则体现为投放基础货币。

3. 公开市场业务的优缺点

公开市场业务是中央银行最灵活、最常用因而也是最重要的货币政策工具。较之法定存款准备金率和再贴现等货币政策工具,公开市场业务有着明显的、不可比拟的优点:一是主动性强。公开市场业务是按照中央银行的主观意愿进行的,中央银行具有相当大的主动权,避免了再贴现政策的"被动等待",能够有效地传导货币政策意图;二是调控效果缓和。中央银行通过买卖政府债券可以把商业银行的准备金控制在自己期望的范围内,不会造成债券市场价格的大幅波动,从而避免了"一刀切"式的法定存款准备金率调整所产生的震动性影响;三是灵活性强。公开市场业务具有较强的伸缩性,具体操作方法可大可小,规模和方向性可以灵活安排,能够恰到好处地把握操作规模。中央银行可以随时根据金融市场的变化,不受时间、数量和方向的限制进行连续的操作,是各国中央银行日常使用的一个重要工具。同时,不像存款准备金政策及再贴现政策那样具有很大惯性,公开市场操作具有极强的灵活性,中央银行可根据市场情况适时地调整业务规模,改变操作方向,一旦经济形势发生变化,可以迅速进行反向操作以进行矫正。

公开市场操作具有许多优点,但并不是所有国家的中央银行都可以采用。有效地实施公开市场业务需具备3个重要条件:首先,中央银行应具有调控整个金融市场的强大能力和资金实力;其次,有一个发达、完善和全国性的金融市场,具有相当的独立性,各种证券种类齐全,且达到必需的规模,可以通过金融系统借贷业务得到相当部分的经济活动所需资金;最后,公开市场业务必须与其他货币政策工具配合。

能力拓展 8-2

读懂财经新闻——央行展开逆回购操作

2020年2月3日,央行开展9 000亿元7天、3 000亿元14天逆回购操作,当日有10 500亿元逆回购到期,当日实现流动性净投放1 500亿元;操作利率方面,7天和14天逆回购中标利率均下调10 bp至2.40%和2.55%。此次逆回购利率"降息"有两个特别之处:一是一次性下降10个基点;二是在中期借贷便利(MLF)利率下调之前先行调降,主要体现出稳定股市的政策意图。同时,有分析指出,2月中旬新作MLF亦有望"降息",从而带动贷款市场报价利率(LPR)下调,推动实体经济融资成本进一步下行,稳定经济发展。

资料来源:根据互联网资料整理。

请思考并回答:新闻里提及的逆回购操作、下调逆回购利率会对市场的货币供给和信贷规模产生怎样的影响?

二、选择性货币政策工具

选择性货币政策工具,是指中央银行有针对性地对某些特殊的经济领域或特殊用途的信贷加以调节和影响所采用的工具,以调节货币供应量。与一般性货币政策工具相比,选择性货币政策工具对货币政策与国家经济运行的影响不是全局性的而是局部性的,更侧重于信贷资金的结构性调节,一般都是针对不同行业调控的需要,有选择地运用,主要包括消费信用控制、证券市场信用控制、不动产信用控制、优惠利率、预缴进口保证金等。

(一) 消费信用控制

消费信用控制,是指中央银行对不动产以外的其他各种耐用消费品的销售融资予以限制。其主要内容包括:可以通过规定用分期付款购买耐用消费品时第一次付款的最低金额,也可以通过规定用消费信贷购买商品的最长期限;规定可用消费信贷购买的耐用消费品种类,以及对不同消费品规定不同的信贷条件;以分期付款等消费信用方式购买耐用消费品时,对不同的耐用消费品规定不同的放款期限。中央银行通过对消费信用进行控制可以刺激或者抑制消费需求,调节消费结构。

(二) 证券市场信用控制

证券市场信用控制,是指中央银行对有关证券交易的各种贷款、交易保证金比率等进行限制,目的在于控制和调节,稳定证券价格。比如中央银行对各商业银行办理的以证券为担保的贷款,可以规定一定比例的证券保证金比率,即规定证券购买人首次支付占证券交易价款的最低比率。保证金比率越高,现金支付的比重越大,即信用规模越低;反之,保证金比率越低,信用规模越高。中央银行可根据金融市场及经济形势,随时改变证券保证金比率,最高可达100%,这样中央银行就间接地控制了证券市场的信贷规模。

(三) 不动产信用控制

不动产信用控制,是指中央银行对商业银行等金融机构办理不动产抵押贷款方面的限制性措施,目的在于控制房地产投机行为,抑制地产泡沫。如规定不动产贷款的最高限额、分期付款的期限、第一次付款最低金额以及分期还款的最低金额等。当经济过热,不动产信用膨胀时,中央银行可通过规定和加强各种限制措施减少不动产信贷,进而抑制不动产的盲目生产或投机,减轻通货膨胀压力,防止经济泡沫的形成。当经济衰退时期,中央银行也可通过放松管制,扩大不动产信贷,刺激社会对不动产的需求,进而以不动产的扩大生产和交易活跃带动其他经济部门的生产发展,从而促进经济复苏。

(四) 优惠利率

优惠利率,是指中央银行根据国家产业政策对需要重点发展的经济部门或基础产业、高科技产业、出口创汇企业等,所采取的规定较低贴现利率或放款利率的一种鼓励措施。目的在于扶持重点发展的经济部门的生产,调动其生产积极性,实现产业结构的调整。优惠利率不仅对发展中国家适用,在发达国家也普遍采用。

(五) 预缴进口保证金

预缴进口保证金即中央银行要求进口商预缴占进口商品总值一定比例的保证金,以抑制进口的过快增长。该工具多为国际收支经常项目出现逆差的国家所采用。

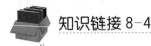

知识链接 8-4

表 8-1　美国中央银行的货币政策回顾

时　期	工具与指标	货币政策实施背景
20世纪20年代以前	贴现政策	通货膨胀
20世纪20年代初	公开市场操作	泡沫经济产生
20世纪30年代	法定准备金比率	通货紧缩
二战时期	钉住利率	通货膨胀
20世纪50—60年代	短期利率和自由储备	顺货币周期政策
20世纪70年代	货币总量	1974—1975年石油危机
20世纪80年代初	放宽利率（紧钉利率）	货币供应量波动加大
20世纪80—90年代初	放弃货币M1指标	经济稳定增长
20世纪90年代以后	放弃货币总量指标	新经济时期

资料来源：根据互联网资料整理。

三、其他货币政策工具

除了以上两类货币政策工具外，中央银行还可以根据本国的实际情况和不同时期的具体要求，选择一些其他的货币政策工具。这些货币政策工具分为直接信用控制和间接信用控制两大类，下面分别予以介绍。

（一）直接信用控制

直接信用控制，是指中央银行以行政命令或其他方式，从质和量两个方面，直接对金融机构尤其是商业银行的信用活动进行控制。其手段包括利率限额、信用分配、规定金融机构流动性比率和直接干预等。

（1）利率限额，是指中央银行对商业银行存款和贷款所能支付的利率水平进行限制，其目的是防止商业银行与其他金融机构之间为了争夺存款进行竞争而抬高利率，或者为了争夺客户而过度压低贷款利率。美国曾在1934年到1980年间实施的"Q条例"明确规定，活期存款不支付利息，定期存款及储蓄存款有利率上限。

（2）信用分配，是指中央银行根据金融市场的状况和客观经济的要求，对金融机构进行贷款分配，规定各部门或者地区资金分配的数量或比例。许多发展中国家，因信贷资金需求量大，单纯依靠市场经济体制达不到调控效果的时候会采用这一手段。

（3）规定金融机构流动性比率，流动性比率是流动性资产占存款的比重，一般来说，资产的流动性越高，收益率越低。为了保证中央银行的流动性比率，商业银行必须减少长期放款，扩大短期放款，同时必须保持一部分应付提现的现金资产，从而实现限制信用扩张的政策效果。

（4）直接干预，是指中央银行直接对商业银行或者其他金融机构的信贷业务、放款范围等进行干预。如直接干预商业银行对存贷款的吸收、实行惩罚性利率等。

（二）间接信用控制

间接信用控制是指中央银行通过道义劝告、窗口指导等办法间接影响商业银行的信用创造。

（1）道义劝告，指的是中央银行利用其声望和地位，对商业银行和其他金融机构发出通告、指示或与各金融机构的负责人举行面谈，影响其贷款的数量和投资的方向，劝告其遵守政策并自动采取相应措施，以更好地贯彻中央银行政策，达到控制和调节信用的目的。

（2）窗口指导，指的是中央银行根据产业行情、物价趋势和金融市场动向，规定商业银行每季度的贷款重点和贷款增减额，并要求其执行。窗口指导虽然没有法律约束力，但由于中央银行的地位及其监管权力，因此商业银行都会按其指示行事。

能力拓展 8-3

读懂财经新闻——五方面把握货币政策

国务院新闻办公室3月22日举行新闻发布会，央行副行长陈雨露表示，从目前多项动态的金融数据表现看，实体经济正在边际改善，估计二季度各项经济指标会出现显著改善，经济增长会比较快的回到潜在产出附近。

下一阶段，货币政策将主要从以下几方面着力：一是分阶段把握货币政策力度和重点，始终保持流动性合理充裕，总体保持 M2 和社融增速与名义 GDP 增速基本匹配，并且可以略高一些；二是发挥好结构性货币政策的独特作用，引导金融机构特别对产业链核心企业和上下游民营中小企业加大支持力度；三是充分发挥政策性金融机构作用，用好 3 500 亿专项政策性信贷支持，加大对春耕、生猪产业、中小企业、外贸企业等领域的信贷支持力度；四是加大对中小银行补充资本和发行金融债券的支持，进一步提升中小银行信贷投放能力。五是继续推进 LPR 报价改革，积极引导银行体系适当让利实体经济。

资料来源：证券之星，《一行两会一局"喊话"股债汇市！断定全球进入金融危机为时尚早》，https://baijiahao.baidu.com/s?id=1661851887663034 6526&wfr=spider&for=pc。

请思考并回答：保持流动性合理充裕，可以采用什么样的货币政策工具操作？

任务三 货币政策的传导和效应

一、货币政策传导机制的含义

所谓货币政策传导机制是指中央银行根据货币政策目标,从运用货币政策工具开始到实现金融领域和经济领域中某些变量的一系列变化,并最终对宏观经济活动发挥作用,实现货币政策目标所采用的一系列中间环节和相互之间的有机联系及因果关系的总和。也就是说,货币政策工具的运用不能直接实现货币政策的最终目标,而是借助于某些中间变量的影响传导到实际经济活动中间接实现。

二、货币政策的中介目标

(一)货币政策的中介目标的含义

货币政策的中介目标又称货币政策的中间目标,它是相对于货币政策的最终目标而言的,是中央银行为了实现货币政策的最终目标而设置的可供观察和调整的金融变量。中央银行在实施货币政策之前,首先要确定货币政策的最终目标。但这个最终目标必须借助于一定的货币政策工具,通过一系列中间环节才能完成。在这个过程中,中央银行为了及时了解货币政策工具是否有效,就要对一些具体的指标进行观察和调节,而这些中央银行可以直接控制和观察的指标就是中介目标。如果说货币政策的最终目标是一个长期的、非数量化的目标,它只能为中央银行制定货币政策提供指导思想,那么货币政策的中介目标就是短期的、数量化的、能用于日常操作的指标,是实现货币政策的最终目标的媒介。由此可见,中介目标是货币政策调节过程中一个十分重要的传导环节。

(二)货币政策的中介目标的基本特征

第一,相关性,它是一种金融变量。货币政策的中介目标必须与最终目标具有高度的相关性,这种相关性类似于自变量和因变量之间的函数关系,因此相对于货币政策工具来说中介目标是因变量,反映货币政策工具对目标的影响方面和作用程序。相对于货币政策的最终目标而言,它又是一种自变量,它的变动能引起货币政策的最终目标作相应的变动。只有这样中央银行才能根据这些中介目标的变化来了解最终目标的变化情况,才能有效地操纵货币政策工具实现预定的目标。

第二,可控性,它是一种中间传导性变量。它不为中央银行直接操纵,但能反映中央银行货币政策意旨;它不是实体经济的直接反映,但能影响社会及金融体系的经济信用行为。因此中介目标要直接处于中央银行运用的政策工具的作用范围之内,中央银行能准确地控制它的变动情况和变动趋势。另外,货币政策在实施过程中,会受到许多因素的影响,所以货币政策的中介目标必须不容易受到这些因素的干扰,才能准确传达最终目标变化的各种信息。

第三,可测性,它是一种数量指标。它不是一种单纯抽象的概念,而是能反映社会货币经济现象的可获得的数字。社会及金融体系通过对这些数据资料的分析,能了解到货币政策意向和强度,中央银行通过对这些数据资料分析并作出相应的判断,能了解到货币政策实施状况以及方向是否正确、强度是否合适、时间是否恰当等多方面情况,以便进行反馈调节。

(三) 货币政策中介目标的类型

各国中央银行选择的中介目标不尽相同,主要有存款准备金、市场利率、基础货币和货币供应量。上述四个中介目标有机地结合起来,才能充分发挥货币政策的效力。

1. 存款准备金

银行体系的存款准备金属于中央银行的负债。它由商业银行的库存现金和在中央银行的准备金存款(包括法定准备金和超额准备金)两部分组成。存款准备金作为货币政策传导变量,具有很高的可测性、可控性和相关性。其中,超额准备金是指商业银行超过中央银行规定交存的法定存款准备金的剩余部分,超额准备金是商业银行扩大贷款规模,增加货币供应量的基础。中央银行通过超额准备金的变化可以观测到经济活动的变化情况,当超额准备金过多,往往反映经济主体对货币资金需求量少,经济比较萧条;当超额准备金减少,则反映资金需求旺盛,经济比较繁荣。但是超额准备金的数量往往取决于商业银行的财务状况和其意愿,中央银行对其控制力度是有限的。

2. 基础货币

基础货币又叫强力货币或高能货币,它是由各商业银行的存款准备金和流通在银行体系以外的现金所构成,即处于流通中公众持有的铸币、现金及商业银行准备金的总和,也是中央银行的主要负债。中央银行可以通过现金发行、买卖证券、再贴现等方式来调节基础货币,进而影响货币的总需求。在现代信用货币流通的条件下,中央银行增加纸币发行以及增加商业银行体系的放款,是增加基础货币的最重要途径,这是增加社会货币供应量最有决定意义的一部分。只要其他条件不变,中央银行如果不增加基础货币投放,社会货币供应总量很难有变化;相反,基础货币的微小变化,都会引起货币供应量的数倍变动。一般说来,基础货币增加,社会的货币供应总量就增加,社会总需求就增加;反之,基础货币减少,社会的货币供应总量就减少,社会总需求也随之减少。所以基础货币是一个良好的货币政策近期传导变量,且基础货币的数量易于测量也易于控制,所以很多国家把它视为较理想的近期指标。

3. 市场利率

市场利率是影响货币供需与银行信贷总量的一个重要指标,也是中央银行用以控制货币供应量、调节市场货币需求、实现货币政策目标的一个重要的政策性指标。经济活动中有多种市场利率,既有短期利率也有长期利率,既有企业债券利率也有财政债券利率。对居民消费行为和企业投资行为有直接影响的主要是中长期利率。中央银行选择市场利率作为中介目标的原因主要有以下三方面:①利率与经济活动水平高度相关,投资需求与消费需求的变化都与利率变化有关,因而最终目标与利率有一定的关系。②利率的变动具有可测性,它能及时反映货币与信贷的供求情况,利率水平提高,可能是货币市场紧俏;利率水平下降,可能是货币市场松弛。中央银行在任何一个时点上都可以观察到市场利率的水平与结构。③中央银行对利率的控制力较强。中央银行通过变动贴现率和在公开市场上买卖有价证券就可以影响整个金融市场的利率水平。

知识链接 8-5

将负利率政策纳入货币政策工具箱

2018年4月3日,人民银行官网发布一篇由央行金融研究所所长孙国峰等人撰写的工作论文《存款利率零下限与负利率传导机制》,论文指出,在一个利率可以有效穿破零利率区间的银行体系中,中央银行可以实施明显低于零的负利率政策以应对通缩型衰退。由于全球的生产率增速和潜在经济增速在长期都会处于低位,这意味着长远来看,与长期经济增速相匹配的自然利率也将显著低于历史平均水平,中央银行可以将负利率政策纳入正常的货币政策工具箱。

2008年金融危机后,日本和欧元区相继使用了负利率政策,目的是抵抗通缩,而瑞士和丹麦则采用负利率政策来避免汇率升值。然而,许多学者认为负利率压缩了银行净利差,造成银行盈利能力下降,主要有两方面的原因:一是负利率政策通常是中央银行对商业银行存放在央行的准备金支付负利率(征收利息),这增加了商业银行的成本;二是负利率环境中贷款利率大幅下降,降低了银行的收入。针对上述观点,论文认为,以上两方面原因对银行净利差产生负面影响的隐含前提都是银行出于担心存款流失的顾虑,难以下调存款利率,特别是在接近零下限时。现实情况中,在实行负利率政策的欧元区和日本,面向居民的零售存款利率也确实都难以进一步下调且维持在正区间。论文进一步指出,根据模型研究显示,正是因为上述存款利率难以突破零下限,阻碍了政策传导渠道,抑制了货币政策。相反,如果银行内部的利率传导能更为畅通,负利率的作用将更加显著。因此,与现有文献不同,该论文认为银行本质上可以对零售存款实施负利率,并且负利率有助于避免信贷紧缩和通货紧缩。

另一方面,文章指出,虽然在现代资产负债表复式记账的方法下,资产负债表是个恒等式,资产和负债方是同时变化的,但从理论逻辑上的顺序看,在信用货币条件下,是"先有资产,后有负债;先有贷款,后有存款",即银行是通过发放贷款创造货币以扩大资产负债表,而非通过吸收存款来发放贷款。因此,银行业整体而言,并不需要担心存款流失。此外,出于数字货币替代现金将从机制上解决居民提取现金对负利率政策制约等因素的考虑,文章还指出,央行数字货币有利于负利率政策的实施,因此央行应加快推动央行数字货币的发展。

资料来源:新浪财经,《央行工作论文:将负利率政策纳入货币政策工具箱》,http://finance.sina.com.cn/money/bank/bank_yhfg/2018-04-04/doc-ifysuuya2957553.shtml。

4. 货币供应量

货币供应量是指全社会在某一时间点的流通手段和支付手段总和,一般表现为流通中的现金量和银行存款等金融机构的负债。中央银行选择货币供应量作为远期传导变量,是因为其具有以下优点:①货币供应量与经济活动高度相关,它的变动能直接影响经济活动,货币供应量的变化是由生产和交易的变化引起的,当经济繁荣时,生产和交易规模扩大,信贷需求增加,从而引起货币供应量的增加;当经济衰退时,生产和交易规模缩小,信贷需求减少,引起货币供应量收缩。②货币供应量易于测量,不会使政策性因素与非政策性因素混淆。③货币供应量变动能直接影响经济活动,其变动能被中央银行直接控制,与货币政策联系最为直接。准确性高。

知识链接 8-6

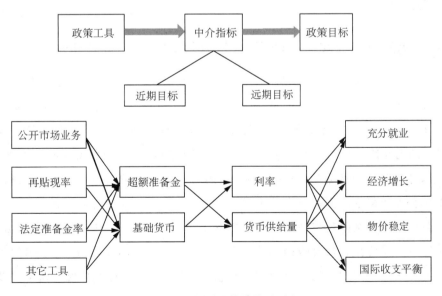

图 8-2　货币政策的传导过程

三、货币政策的传导过程

一般来说,中央银行通过货币政策的运用,影响中介目标,进而实现最终的货币政策目标,其传导大体上分为三个基本环节。

(1) 从中央银行到商业银行等金融机构和金融市场。中央银行通过各种货币政策工具的运用,首先影响商业银行等金融机构的存款准备金、基础货币、融资成本、信用能力和行为,以及金融市场上的资金供求状况。

(2) 从商业银行等金融机构和金融市场到企业、居民等非金融部门的各类经济行为主体。商业银行等金融机构根据中央银行的政策操作调整自己的行为,从而对市场利率、货币供应量产生影响,各类经济主体会随之调整自己的消费、储蓄和投资活动。

(3) 从各类经济主体到社会各经济变量。消费、储蓄和投资活动的改变影响总支出水平,总产出数量,以及物价和就业,最终实现货币政策目标。

例如,当中央银行提高法定存款准备金率,商业银行在中央银行的超额准备金存款随之减少,由于准备金是基础货币的组成部分,基础货币减少;同时调高的存款准备金率带来货币乘数的缩小,货币供给量成倍减少,信贷资金的紧张使得市场利率水平上升,消费者增加储蓄,减少消费,生产者减少投资。总需求的萎缩通常带来物价稳定、就业减少和经济的降温。中央银行通过这一货币政策的操作,实现了预设目标。其具体传导过程如图 8-2 所示。

能力拓展 8-4

读懂财经新闻——中国央行完成年内首次降准"两步走"

2019 年开年中国央行公布的降准政策正式实施完毕。25 日,中国央行下调金融机构存款准备金率 0.5 个百分点,叠加此前 15 日下调的 0.5 个百分点,中国央行年内首次降准 1% 的目标以"两步走"的方式正式完成。据悉,此次降准及相关操作净释放约 8 000 亿元人民币的长期增量资金,分两次实施和春节前现金投放的节奏相适应,有利于银行体系流动性总量保持合理充裕,同时也兼顾了内外均衡,有助于保持人民币汇率在合理均衡水平上的基本稳定。

中国银行国际金融研究所研究员王有鑫认为,1% 的降准分两次实施完成后,央行未来的货币政策将更关注货币的传导机制,目前市场上并不缺乏流动性,但结构性错配问题较为明显,央行应发力将资金引向实体经济。兴业银行首席经济学家鲁政委认为,为支持小微企业融资,再贷款额度和适用范围可能进一步扩大,小微企业授信尽职免责意见也有望推出,进一步激励商业银行一线人员服务小微企业。同时,有必要继

续降准置换MLF(中期借贷便利),提高银行体系流动性的稳定性

资料来源:中新网,《中国央行完成年内首次降准"两步走"》,https://www.chinanews.com/fortune/2019/01-25/8739442.shtml。

请思考并回答:新闻中提到的降准,是何种类型的货币政策工具?请表述其实施的货币政策传导过程。

四、货币政策的效应

(一) 货币政策的效应的含义

货币政策的效应,是指中央银行实施一定的货币政策之后,对社会经济生活产生的现实影响,是货币政策作用于经济过程之后的必然结果。货币政策在实施过程中受多种因素的影响,所以货币政策的效应是一种综合结果。

(二) 货币政策的效应的影响因素

1. 货币政策的内部时滞

影响货币政策的因素主要有货币政策时滞、微观经济主体的预期和其他经济政治因素。

从货币管理当局制定政策,到这一政策最终获得主要的或者全部的政策效果所需要的时间被称为货币政策的时滞。时滞效应是影响货币政策效应的重要因素。通常货币政策的时滞可以分为内部时滞和外部时滞。

(1) 货币政策的内部时滞。货币政策的内部时滞是指从政策制定到货币当局采取行动的这段时间,可分为两个阶段:第一阶段是从形势变化需要货币当局采取行动到它认识到这种需要的时间距离,称为认识时滞效应。这段时滞存在的原因,一是因为收集各种信息资料需要耗费一定的时间;二是对各种复杂的经济现象进行综合分析,做出客观的、符合实际的判断需要耗费一定的时间。第二阶段是从中央银行认识到需要行动到实际采取行动的这段时间,称为行动时滞。内部时滞的长短取决于中央银行对经济形势发展的预见能力、对经济形势的把握程度、推行货币政策的主动程度,以及它对各种信息资料的占有程度、决策水平和决策系统运行效率的高低。

(2) 货币政策的外部时滞。货币政策的外部时滞又称为影响时滞,指从中央银行采取行动开始直到政策对经济过程产生影响为止的这段时间,也就是作为货币政策调控对象的金融部门和企业部门对中央银行实施货币政策的反应过程。外部时滞主要由客观的社会经济结构、产业结构、金融部门以及企业部门的行为等多种因素共同决定。货币政策的外部时滞并不是一个特定的时间间隔,而是指货币政策逐渐发挥效力的一个时间分布序列。因此,对于某一项货币政策行动的外部时滞,一般只应说该政

策行动在 4 个月后产生了 30% 的效应，12 个月后产生了 60% 的效应，18 个月后则产生全部效应。

（3）时滞对货币政策效力的影响。时滞是影响货币政策效应的重要因素。尽管人们还难以准确把握时滞，但作为一种客观存在，它不仅左右着货币政策产生效力的时间及程度，而且在很大程度上决定着货币政策对宏观经济运行的影响是否有利。如果货币政策可能产生的大部分影响较快地有所表现，那么中央银行就可以根据期初的预测值，考虑政策生效的状况，并对政策的取向和力度作必要的调整，从而使得政策能够更好地实现预期的目标。比如为遏制某一经济现象而采取的货币政策能够在较短时间内生效，那么该货币政策对宏观经济的运行是有利的；反之，如果货币政策需要较长时间方能生效，那么该货币政策便可能对宏观经济的运行产生不利影响。

正是由于时滞对货币政策效力造成了不确定的影响，货币主义学派坚决反对凯恩斯学派所倡导的反周期货币政策。货币主义学派代表弗里德曼认为，依据现有的技术知识手段，人们很难准确估算出货币政策的时滞，因而也很难理智地选择货币政策的施行时机。在这种情况下，如果仅仅依据反经济周期的规则行事，便极有可能事与愿违。中央银行的明智之举是根据经济长期增长的需要，确定一个稳定的货币增长率，并不受任何干扰地实施。

2. 微观主体的预期

货币政策效应高低构成挑战的另一个因素是微观主体的预期。当一项货币政策提出时，微观经济主体立即会根据可能获得的各种信息预测政策的后果，从而很快地采取相应的对策。微观主体的预期作用最终会使政策的预期效果被削弱甚至抵消。

如果政府为了拉动经济增长，拟采取长期的扩张政策，人们会从各种渠道获悉社会总需求将要增加、物价将上涨的消息。在这种情况下，工人会通过工会与雇主谈判，要求提高工资，企业预期工资成本将增加因而不愿扩大经营，只是相应提高产品的价格。最后的结果是只有物价的上涨而没有产出的增长。因此，鉴于微观主体的预期，似乎只有在货币政策的意图和力度不为公众所知的情况下才能生效或达到预期效果。但这种状况不大可能存在，中央银行不可能长期不让公众知道其要采取的政策。当然即使公众的预测即使是非常准确的，随之采取的对策也很快，其效应的发挥也需要一定的过程。换句话说，货币政策仍可奏效，但公众的预期行为会使其效应大打折扣。

3. 其他政治经济因素

客观经济条件的变化、政治因素的存在都会对货币政策效应产生影响。不同社会政治团体的利益不完全一致，为了扩大每个团体自身的利益，他们必然要竭尽所能干预货币政策，进而对货币政策效应产生一定影响。通常，高经济增长和低失业会给执政党带来不少选票，所以执政党在大选之前都力图刺激经济，而新政府一般在大选后便及时采取收缩政策,使国民经济平稳下来。这种政治性经济周期的存在也在一定程度上影响货币政策的效果,其影响程度取决于中央银行的独立性。

知识链接 8-7

货币政策正常化必须渐进和务实

欧洲央行政策制定者兼法国央行行长维勒鲁瓦(Francois Villeroy de Galhau)于2019年1月10日表示,欧洲央行需在面临日益增长的经济风险时保持其政策开放,尽可能考虑多种选择并警告不要过快地加息。维勒鲁瓦在卢森堡发表讲话说,"虽然货币政策正常化的道路仍然艰难,但它也必须渐进和务实。我们需要保持我们的选择权,我们可以去预测,但不是预先确定的。"2018年12月欧洲央行结束了其为应对上一次金融危机而实施的2.6万亿欧元(约3万亿美元)资产购买计划,但已表示将至少在2019年整个夏季之前将利率维持在历史低位,以刺激经济增长和缓解通胀压力。

与欧洲央行已经概述的情况相比,维勒鲁瓦并没有急于详细说明实现政策正常化的步骤,其中还包括在首次加息后逐步减少资产存量的计划。维勒鲁瓦说,"我们不需要在下一次春季会议之前就流程的时间或其他细节提供额外的指导,届时我们可以根据最新的经济数据更准确地确定流程。"随着欧洲区经济增长大幅放缓,市场正在预测欧洲央行会推迟加息时间,并缩减对通胀的押注。直到2020年中期,货币市场才开始定价加息,而通胀预期接近2017年6月以来的最低水平,欧洲央行要实现2%的通胀目标。维勒鲁瓦反对最近的建议,即欧洲央行需要对上一次金融危机时代的政策工具进行评估。维勒鲁瓦认为,目前没有必要进行审查。一旦货币政策达到新常态,欧洲央行将不再使用所有的金融工具,但保持它们全部到位并符合欧洲国家的利益。只要实现2%的通胀目标,欧洲央行的货币政策将保持宽松。

资料来源:前瞻网,《欧央行 Villeroy,货币政策正常化必须渐进和务实》,https://t.qianzhan.com/caijing/detail/190111-be67d555.html。

项目小结

1. 货币政策的含义和构成要素

狭义的货币政策,是指中央银行为实现既定的宏观经济目标所采取的调节货币供应量、信用和利率等变量的方针和措施的总和。货币政策是由多个要素有机构成的系统,包括:①货币政策的目标;②实现货币目标的操作工具或手段,也称货币政策工具;③最终实现货币政策目标的传导途径与作用原理。

2. 货币政策的最终目标

货币政策的最终目标是中央银行组织和调节货币流通的出发点和归宿点，必须服务于国家的宏观经济政策的总体目标。货币政策的最终目标，一般可以概括为四大方面：物价稳定、充分就业、经济增长和国际收支平衡。货币政策的最终目标之间的关系是既对立又统一的：从短期来看，这些目标在实现过程中互相对立和矛盾，要同时达到这些目标是困难的；但从长期来看，这些目标之间又是统一的，是相互促进的。

3. 货币政策工具含义及分类

货币政策工具又称货币政策手段，是指中央银行为实现货币政策目标，在执行货币政策的过程中所运用的各种政策手段。货币政策工具一般可以分为三类：一般性货币政策工具、选择性货币政策工具和其他货币政策工具。

一般性货币政策工具，是从总量角度对货币供应量和信用量进行调节和控制，从而对整个经济体系产生全面性或者普遍性影响的工具。具体包括：法定存款准备金政策、再贴现政策和公开市场业务，被誉为货币政策的"三大法宝"。

选择性货币政策工具，是指中央银行有针对性地对某些特殊的经济领域或特殊用途的信贷加以调节和影响所采用的工具，以调节货币供应量。主要包括消费信用控制、证券市场信用控制、不动产信用控制、优惠利率、预缴进口保证金等。

其他货币政策工具包括直接信用控制和间接信用控制两大类。直接信用控制的手段包括利率限额、信用分配、规定金融机构流动性比率喝直接干预等；间接信用控制的手段包括道义劝告和窗口指导。

4. 货币政策传导的一般过程

中央银行通过货币政策的运用，影响中介目标，进而实现最终的货币政策目标，其传导大体上分为三个基本环节。

（1）从中央银行到商业银行等金融机构和金融市场。中央银行通过各种货币政策工具的运用，首先影响商业银行等金融机构的存款准备金、基础货币、融资成本、信用能力和行为，以及金融市场上的资金供求状况。

（2）从商业银行等金融机构和金融市场到企业、居民等非金融部门的各类经济行为主体。商业银行等金融机构根据中央银行的政策操作调整自己的行为，从而对市场利率、货币供应量产生影响，各类经济主体会随之调整自己的消费、储蓄和投资活动。

（3）从各类经济主体到社会各经济变量。消费、储蓄和投资活动的改变影响总支出水平、总产出数量，以及物价和就业，最终实现货币政策目标。

5. 货币政策的效应

货币政策的效应，是指中央银行实施一定的货币政策之后，对社会经济生活产生的现实影响，是货币政策作用于经济过程之后的必然结果。影响货币政策效应的因素主要有：货币政策时滞、微观经济主体的预期和其他经济政治因素。

 **知识自测**

一、单项选择题

1. 以下关于我国货币政策工具的表述正确的是（　　）。
   A. 再贴现政策使用广泛且普遍
   B. 中国人民银行的货币政策工具较单一，主要依赖再贷款政策
   C. 存款准备金的使用既有全面实施也有定向调节
   D. 常备借贷便利和中期借贷便利是信用放款且央行可以主动使用

2. 为了缓解一国经济过热，中央银行可以采取的措施是（　　）。
   A. 增加对银行债权，减少对政府债权
   B. 降低商业银行在中央银行存款利率
   C. 提高商业银行向中央银行再贴现利率
   D. 在公开市场上买入政府债券

3. 行政效率较高的国家货币政策内部时滞时间（　　）。
   A. 较短　　　　B. 较长　　　　C. 较短有时较长　　D. 不确定

4. 法定存款准备金政策的局限性是（　　）。
   A. 降低金融机构的道德风险　　　　B. 需要发达的金融市场配合
   C. 中央银行缺乏主动权　　　　　　D. 对商业银行自主经营管理干扰较大

5. 菲利普斯曲线反映（　　）之间的此消彼长关系。
   A. 通货膨胀率与失业率　　　　　　B. 经济增长与失业率
   C. 通货紧缩与经济增长　　　　　　D. 通货膨胀与经济增长

6. 以下关于货币政策的表述正确的是（　　）。
   A. 央行应将资产价格作为其中间目标
   B. 扩张性货币政策与紧缩性货币政策在实施效果上存在对称性
   C. 大多数国家货币政策的首要目标是实现物价稳定
   D. 货币政策是总供给管理的政策

二、多项选择题

1. 货币政策的最终目标包括（　　）。
   A. 稳定物价　　　B. 充分就业　　　C. 经济增长　　　D. 国际收支平衡

2. 货币政策中介目标的意义包括（　　）。
   A. 反映货币政策实施的进度
   B. 为中央银行提供一个追踪检测的指标
   C. 便于中央银行随时调整货币政策的力度和方向

D. 维持经济增长

3. 一般性货币政策工具包括（　　）。

A. 存款准备金制度　　　　　　B. 再贴现政策

C. 消费信用控制　　　　　　　D. 公开市场业务

4. 公开市场业务的特点有（　　）。

A. 需要一个发达的金融市场　　B. 政策效果比较猛烈

C. 中央银行具有主动性　　　　D. 有利于经常性、连续性操作

5. 影响货币政策效果的因素不包括（　　）。

A. GDP 增长率　　B. 失业率　　C. 货币政策的时滞　　D. 微观主体的预期

三、判断题

1. 目前我国的货币政策工具以数量型工具为主，未来将会增加价格型工具的运用。（　　）
2. 改变存款准备金率是利率调控的手段。（　　）
3. 货币政策时滞越短，越有利于实现货币政策目标。（　　）
4. 降低法定存款准备金率将使超额存款准备金率下降。（　　）
5. 存款准备金制度不宜作为中央银行日常调控货币供给的工具。（　　）

四、综合训练题

1. 登录中国人民银行官网，以小组为单位收集我国公开市场业务、存款准备金率、中央银行贷款、利率政策等货币政策工具近五年调整的具体举措，制作 PPT 进行展示，并分析其政策背景和政策作用后的效果。

2. 阅读案例回答下面的讨论题。

货币政策稳字当头

1 月 15 日，国新办就 2020 年金融统计数据有关情况举行发布会，人民银行相关负责人就众多热点问题进行回应。

（1）货币政策不急转弯。人民银行货币政策司司长孙国峰表示，"2021 年货币政策要稳字当头，不急转弯，稳健的货币政策要灵活精准、合理适度，把握好时效，保持好正常货币政策空间的可持续性"。对于年内会不会降准降息的热点问题，孙国峰表示，不论与其他发展中国家相比还是与我国历史上的准备金率相比，目前的存款准备金率水平都不高。据介绍，2020 年央行通过三次降低存款准备金率，为实体经济提供了 1.75 万亿元长期流动性。目前金融机构平均存款准备金率为 9.4%，其中超过 4 000 家的中小存款类金融机构的存款准备金率为 6%。

（2）企业贷款利率处于历史最低水平。对于未来利率下调的空间，孙国峰表示，2020 年 12 月企业贷款利率为 4.61%，比 2019 年末下降 0.51 个百分点，处于历史最低水平，降幅大于 LPR 同期降幅。此外，贷款利率下行引导银行降低负债成本，推动存

款利率下行。2020年12月三年期和五年期存款加权平均利率分别为3.67%和3.9%，分别较上年末下降5个基点和16个基点，目前经济已经回到潜在产出水平，企业信贷需求强劲，货币信贷合理增长，说明当前利率水平是合适的。

请分析：

（1）新闻中提到的货币政策工具有哪些？

（2）贷款利率的下调对市场会产生怎样的影响？

项目九　金融科技

学习目标

知识目标：

1. 了解金融科技的起源，把握金融创新与科技进步的关系
2. 理解金融科技的概念，把握金融科技的内涵
3. 了解金融科技的演进阶段及其发展前景
4. 掌握人工智能、区块链、云计算、大数据、5G 等金融科技底层技术的创新特征
5. 理解金融科技创新服务实体经济的作用机制

技能目标：

1. 能正确区分金融科技、科技金融和互联网金融三者的异同，并能识别出对应的典型应用
2. 能运用金融科技底层技术的创新特征与金融行业需求的"契合点"，初步设计赋能金融行业的创新产品或落地场景
3. 能针对金融服务实体经济中的薄弱环节，提出相应的金融科技解决方案或对策建议

导入案例

中国银行加快金融科技创新　全面推动数字化转型

随着人工智能、区块链、云计算、大数据等信息技术的发展，人类社会步入了新时代，也使金融领域受到了深刻的影响。科技与金融的融合使金融科技应运而生，并不断影响和颠覆传统金融行业。金融科技创新不仅是阿里巴巴等互联网巨头角逐的"新赛道"，更是银行等传统金融机构把握时代机遇，实现转型升级的重要技术驱动力。中国银行（中行）作为科技实力相对较强的大型国有银行之一，正在加快金融科技创新的

步伐,全面推动数字化转型,不断提升国际竞争力和金融服务实体经济能力。

1. 以科技为引领,开启数字化转型新篇章

2018年,中行明确提出"坚持科技引领、创新驱动、转型求实、变革图强,建设新时代全球一流银行"的总体战略目标,并将科技引领数字化发展置于新一期战略规划之首,开启了数字化转型新篇章。

中国银行数字化发展之路将围绕"1234-28"展开:以"数字化"为主轴,搭建两大架构,打造三大平台,聚焦四大领域,重点推进28项战略工程。

(1) 以"数字化"为主轴。中国银行提出,把科技元素注入业务全流程、全领域,给全行插上科技的翅膀,打造用户体验极致、场景生态丰富、线上线下协同、产品创新灵活、运营管理高效、风险控制智能的数字化银行,构建以体验为核心、以数据为基础、以技术为驱动的新银行业态。

(2) 搭建两大架构。中行将构建企业级业务架构与技术架构,形成双螺旋驱动。通过两大架构的同步建设,在业务上实现全行价值链下的业务流程、数据、产品、体验组件化,在技术架构上形成众多独立的低耦合微服务,两大架构共同驱动中行数字化发展。

(3) 打造三大平台。打造云计算平台、大数据平台和人工智能平台三大技术平台,作为企业级业务架构和技术架构落地技术支撑,三大平台将成为坚持科技强行、以科技创新加快数字化转型进程的技术基础。

(4) 聚焦四大领域。聚焦业务创新发展、业务科技融合、技术能力建设和科技体制机制转型四大领域,中行将重点推进28项战略工程,明确每项工程的任务、目标、路线图和时间表。

2. 全面推动技术架构转型,夯实数字化转型发展基础

以云计算、大数据、人工智能三大技术平台建设为基础,中行将全面推动技术架构由集中式架构向分布式架构转型,为数字化发展提供强有力的技术支撑。

(1) 在云计算平台方面,中行先后完成微信银行等41个分布式应用系统建设与改造工作,同步推进主机查询类交易下移和小型机平台应用迁移工作,累计实现下移MIPS 28 000左右,占全部核心系统交易比例58%以上,已完成17个应用系统由小型机平台迁移至X86平台,中行私有云平台一期将于三季度完成部署实施。

(2) 在大数据平台方面,中行大数据平台目前正处于投产阶段,该平台将建立客户画像标签、外部数据应用管理和数据沙箱三大服务体系,为全行提供360度客户精准画像服务和数据挖掘分析服务,实现内外部数据的统一集中存储与共享。为便于分行数据使用,基于海量并行处理(MPP)技术的分行数据服务平台年内将进行试点推广。

(3) 在人工智能平台方面,中国银行将建设人工智能服务平台和人工智能机器学习平台,与新一代客服项目和网络金融事中风控反欺诈二期项目同步实施。目前,通过新一代客服项目,中行完成了智能机器人、语音识别、声纹识别、知识库等基础服务

产品部分功能应用投产,机器学习平台已在网络金融事中风控系统二期实施过程中完成模型离线训练,后续将项目投产完成平台整体建设。

此外,中行已经启动企业级架构建设,拟通过顶层设计与问题导向相结合、重点突破与快速见效相结合、分布实施与迭代推进相结合的方式,在年内选取重点领域作为试点,推进企业级业务架构与企业级技术架构建设工作。

3. 聚焦业务价值创造,以科技创新驱动业务转型升级

近年来,中行密切关注云计算、大数据、人工智能、区块链等新兴技术的研究与应用,通过技术与场景、业务与科技的深度融合,实现科技赋能,促进产品与服务综合化、智能化、移动化发展。

(1)依托手机银行,打造综合金融移动服务平台。中行通过引入新产品、新技术、新模式,不断丰富手机银行服务场景,让客户实现"一机在手、共享所有"。基于人工智能、大数据分析、图像识别、生物识别等技术,中行手机银行先后推出全流程线上秒贷的"中银E贷",基于全球资本市场的智能投资顾问"中银慧投",以及二维码收付款、人脸识别、语音导航、手机盾等系列功能,实现了服务与体验的双提升。2018年上半年,中国银行手机银行月交易客户数达1 393万户,同比增长71%;月活跃客户数达2 400万户,同比增长64%;手机银行交易额累计8.32万亿元,同比增长75%,整体保持良好发展势头。

(2)推广智能柜台,助力网点智能化转型。中行智能柜台以客户服务场景为核心,打造客户自主操作加银行辅助审核的新业务模式,覆盖33大类132个服务场景,并将进一步丰富柜台设备形态。2018年3月,中行推出面向移动营销拓客的移动柜台,后续还将陆续推出理财版柜台、现金版柜台,丰富对公、现金、理财等业务场景。

(3)对接第三方平台,主动融入场景生态。基于中银开放平台提供SDK嵌入服务、API专线接口服务、公共H5功能服务,中国银行正在推进与东方财富网、腾讯微信平台、途牛、去哪儿网的相关业务对接等多个外部合作项目,进一步拓展获客渠道,丰富服务场景。

(4)搭建智能风控体系,全面提升风险防控能力。中行利用实时分析、大数据及人工智能技术,结合内外部数据,通过对客户、账户和渠道的综合分析,进行客户资金流监控、优化信用风险评价体系、识别潜在违规客户,已初步构建覆盖实时反欺诈、智能反洗钱、信用风险、市场风险和操作风险等领域的全方位、立体化智能风控体系。2017年12月,中行投产新一代网络事中风控项目,截至目前,已累计监控交易数亿笔,拦截欺诈交易数千笔,避免客户损失数千万元,为用户提供全方位且实时、高效的反欺诈服务,保证用户资金安全。

4. 打造全球一体化信息科技服务体系,促进海内外协同发展

2018年4月,中行海外信息整合转型项目港澳批次投产,标志着中行历时6年、

覆盖6大洲、50家海外机构的海外信息系统整合转型项目成功完成,为中行全球客户提供更加完善、高效、多元的优质服务奠定了坚实的基础。

该项目从渠道、客户、产品、管理信息等方面形成支撑海内外一体化,可扩展的信息系统平台,建立了一套支持海外机构业务发展并灵活满足各地监管要求的IT架构体系,提供了面向新设海外机构的快速"菜单式"系统建设方案。

中国银行充分利用新技术在全球范围进行金融创新,年内还将计划在新加坡设立首家总行级创新研发基地,将国内创新体系向外延伸,开辟集团创新、全球创新试验田。

5. 探索科技体制机制创新,激发组织创新活力

中行将着力加强科技人才队伍建设。在3—5年内,实现集团具备科技背景人才占比达到10%,重点加强产品经理、数据分析师、客户体验师、互联网安全专家等人才储备。此外,中行将推动建立三级创新管理体系,未来2—3年内在海内外重点地区建立5—8家总行级创新研发基地。

中行提出,未来将加大创新研发投入,在常规科技投入之外,每年投入科技创新研发的资金不少于当年营业收入的1%。今年,中行还计划全面引入市场化运作机制,开辟金融科技发展的全新道路。

资料来源:中国银行官网,《中国银行:加快金融科技创新 全面推动数字化转型》,https://www.boc.cn/aboutboc/bi1/201808/t20180809_13251316.html。

导入案例中提到的中国银行运用了哪些金融科技的底层技术,实现了哪些金融科技的典型应用,你能准确的加以识别吗?

任务一 金融科技的起源、概念与发展

一、金融科技的起源

金融科技源于英文"FinTech"一词,由 Finance 和 Technology 两个单词合成而来。事实上,追溯历史时我们可以发现,金融的演进一直伴随着科学发展和技术进步。随着新时代的到来,在新一轮科技革命和产业变革的背景下,互联网、人工智能、区块链、大数据等信息技术与金融业务深度融合,对金融行业的颠覆性影响逐渐显现。

(一)金融与科技的关系:社会生产关系与生产力

金融实践的发展总是快于理论创新的节奏,金融学科的调整基本上是实践追随型

模式。在人类历史长河中，经济发展中的科技与金融两大元素相辅相成，科技是第一生产力，通过创新，改进生产效率，推动物质创造与社会进步；金融是经济的核心，配置资源，润滑生产，成为实体经济发展的保障。曾被比喻为"经济社会发展两大车轮"的金融与科技也在不断相互作用，相互融合。两者的关系可以概括为：金融更多地体现为社会生产关系，科技更多地体现为社会生产力。

金融为什么离不开科技，可以从金融的内涵与功能角度解释。对金融内涵的界定可以说仁者见仁，智者见智，观点也是林林总总。归结起来，"凡是既涉及货币又涉及信用的所有经济关系和交易行为的集合"都属于金融的范畴。抽象一点描述的话，金融是指围绕资源跨期配置所形成的信用关系和由此进行的资产交易、定价、风险管理等经济活动的总称。资源包括了货币、资本、商品和服务等。如果资源进行了跨期配置，必然产生信用关系，由于跨期内部的不确定性形成了风险，相关交易要围绕风险因素进行合理定价以促成交易。无论是债权、股权、还是收益权、选择权，存续期内的风险管理成为金融活动的重要内容。

金融在经济发展中的贡献主要体现在协调生产关系方面。在经济货币化进程中，金融促进了经济增长。其中的机制是，在实体经济发展过程中，各类经济主体之间的经济活动，如生产、流通、交换、分配、消费、投资等，彼此结成了各种各样的关系，关系链接是价值转移或转换，实现这种转换，需要信用的维系，而信用关系内在是债权债务关系，无论是直接形成的信用，还是间接达成的信用，以及在信用基础上衍生出来的财富管理、投资定价、风险管理等内容，本质上都是金融关系。人类技术进步改变了金融模式，创新了金融形态。

（二）前电报时代人类关键技术变革与金融创新发展

工业革命之前，人类的重大技术进步可以归纳为制陶技术、冶炼技术、造纸与印刷技术。造纸和印刷技术为钱庄、银号、票号、近代银行的发展打开了空间。首先是纸质货币的出现，中国北宋的"交子"，从1008—1023年，经历了私人发行到政府发行的演变过程，成为世界最早的货币。纸币比金属货币容易携带，可以在较大范围内使用，有利于商品的流通，促进了商品经济的发展。纸质货币的出现也打破了金属货币的自然产量约束，为贵金属准备金支撑下的信用货币发行奠定了基础。近代银行分散的银行券发行机制，打破了资金供给瓶颈，但是也为通货膨胀埋下了隐患。正是在这样的背景下，中央银行制度开始萌芽并在工业革命后得到了发展。第一次工业革命以蒸汽机的工业化应用为标志，蒸汽动力带来了生产力的极大提升，推动了机械、铁路、钢铁、冶金、纺织等行业的发展及城市化进程。新型产业的大发展是以社会化大生产为特征的，产业投资需要大量的资本，特别是铁路等的建设，由此，股份制组织模式成为最快的集聚资本到新兴产业的渠道，资本市场由此得以大发展。1792年，梧桐树协议的签署开启了美国资本市场发展的大幕，200多年来，纽约证券交易所见证了金融发展与创新的历史进程。技术推动了产业变革,促进了金融组织形态变革,推动了金融市场快速发展。

(三)电报、电信与计算机等技术带来的金融创新

第二次工业革命以电力的应用为标志,电力逐步替代蒸汽动力,围绕电力的各种发明创造出现,电气时代来临。1837年英国人惠斯通(Charles Wheastone)与库克(William Cooke)发明的电报机取得了专利,人类进入电报时代。电报给金融发展带来的是革命性的影响,金融第一功能汇兑与支付清算,突破已有依托信件、票汇等的约束,开始通过电报来传输汇兑信息。时间效率高,保密性强,为银行拓展跨地区乃至跨境业务提供了技术基础。1860年穆齐(Antonio Meucci)发明了电话机,1876年贝尔(Alexander Graham Bell)注册了专利。电话的出现改进了信息传达效率,为金融市场的国际化发展提供了基础条件。电报和电话在金融领域的应用,凸显了金融是信息敏感性行业的特征,对于解决信息传递效率问题起到了至关重要的作用,也为金融组织和金融市场的创新插上了翅膀。

金融信息触达范围决定了金融市场的广度和深度以及金融机构的稳健性和盈利能力。金融本身也是计算型的行业,计算收益风险,计算价格与期限,跨期配置资源需要深度有效的计算。计算效率取决于算力,计算机的发明正是人类算力进步的产物。世界上第一台电子计算机于1946年2月14日在美国宾夕法尼亚大学诞生,重30余吨,占地约170平方米,装有18 000只电子管。到了20世纪60—70年代,计算机在金融市场得到应用,为交易和衍生品定价提供技术支持。这一时期,现代资本市场理论快速发展,资本资产定价模型、BS期权定价模型、二叉树定价模型等金融理论模型得以验证。货币期货、抵押债券类期权等金融产品纷纷出现。在银行领域,1967年巴克莱银行安装了世界首台ATM机;1966年万事达卡(MasterCard)组织成立,致力于为金融机构、政府、企业、商户和持卡人提供领导全球性的商务链接;1974年美洲银行信用卡公司与西方国家的一些商业银行合作成立了国际信用卡服务公司,并于1977年正式改为维萨(VISA)国际组织,1976年开始发行VISA卡。ATM机和支付卡组织的信用卡、借记卡、预付卡产品被视为具有早期代表性的金融科技产品。这些产品的出现,得益于计算机技术的发展及其在金融领域的应用。

计算机的广泛应用与技术本身升级换代周期缩短导致了用户成本增加以及信息交换问题,为解决上述问题,产生了算力共享的理念。计算机连接在一起成为了互联网。早期的阿帕网是出于军事目的,理念是确保军事指挥系统不会因为一个节点被打击而瘫痪。进入20世纪80年代后,互联网开始逐步民用化,美国国家科学基金委员会的NSFNET逐渐代替了阿帕网中民用部分,20世纪90年代初成为T3主干网,加上万维网的出现,互联网商业应用的大门被开启。企业、机构单位都纷纷建设自己的

门户网站。商业银行通过互联网实现账户网络化。1996年出现了纯互联网银行,但是纯互联网银行技术成熟是在20年后。证券市场也通过互联网进行开户、交易、理财管理等服务。在云计算技术成熟以后,基于互联网的金融服务快速发展,另类金融出现。2009年以后,区块链技术出现,数字加密货币得到发展。如今,5G通信、大数据、人工智能、物联网等技术推动金融不断创新,网络移动支付、互联网借贷与理财、众筹融资、程序化交易、智能投顾、智慧银行等服务快速发展。新技术赋能金融发展,推动了金融创新。

二、金融科技概念辨析

(一)金融科技概念的提出

金融科技(FinTech)是金融与技术融合形成的新概念,最早于20世纪90年代初由花旗集团董事长约翰·里德(John Reed)在"智能卡论坛"上提出。花旗公司(花旗集团前身)发起名为Financial Services Technology Consortium(金融服务技术联盟)的项目,FinTech成为这个项目的名称,这也是首创性地将"金融"和"科技"两个词汇结合在一起。几乎与此同时,美国一些大型投资银行也相继成立了金融科技部门,金融科技因此成为金融领域中常用的专业词汇。2011年之后,金融科技一词被赋予新的内涵,之前主要是美国硅谷和英国伦敦的互联网技术创业公司将一些信息技术应用于非银行支付交易的流程改进、安全提升,后来这些科技初创公司将车联网、大数据、人工智能等各种最前沿的信息与计算机技术应用到证券经纪交易、银行信贷、保险、资产管理等零售金融业务领域,形成了不依附于传统金融机构与体系的金融科技力量并独自发展起来。

2013年6月,余额宝的横空出世,使"互联网金融"这一新词在中国开始流行起来。2016年以后,随着人工智能、区块链、大数据等技术的发展,互联网金融逐步被数字金融、金融科技等词汇取代。但是,作为新兴的前沿领域,对金融科技的内涵长期以来没有统一规范的定义。金融稳定理事会于2016年3月首次发布了关于金融科技的专题报告,其中对"金融科技"进行了初步定义,即金融科技是指技术驱动的金融创新,这些金融创新可能会产生新的商业模式、技术应用、业务流程或创新产品,从而对金融市场、金融机构或金融服务的供给侧产生重大影响。此后,金融稳定理事会提出的金融科技概念逐渐达成了全球共识。2019年中国人民银行印发的《金融科技(FinTech)发展规划(2019—2021年)》沿用了上述概念,指出:金融科技是技术驱动的金融创新,旨在运用现代科技成果改造或创新金融产品、经营模式、业务流程等,推动金融发展提质增效。随着金融与科技的深度融合和创新发展,金融科技的内涵也日益丰富,并呈现出高创新性、轻资产性、重体验性和强相关性等特征,如表9-1所示。

表 9-1　金融科技的主要特征

特征	具体表现
高创新性	金融科技是一个高度创新的行业，技术创新与技术应用将为金融行业带来全价值链优化。通过将各种前沿技术与理念在金融领域中的应用迭代，能够快速推出具有"重磅性"创新的金融科技产品。
轻资产性	金融科技公司只需要很低的固定资产或者固定成本就能展业，其成本随着业务规模的扩大边际递减，使其能够以低利润率支持规模发展。另外，也正因其轻资产性，其战略选择、组织架构、业务发展更加灵活，易于创新创造。
重体验性	通过智能手机等移动设备，金融科技公司开创了简单易用、消费者参与度较高的产品或服务。金融科技公司非常注重用户体验，积极听取用户心声，响应并预测用户需求，简化产品和服务流程，加快产品迭代，形成与传统模式截然不同的服务体验。
强相关性	金融科技是高新技术产业与金融业的融合。底层技术是构建金融科技产业生态的基础，为金融科技的发展创造了条件。随着底层技术所处的生命周期阶段的变化，金融科技发展也在不同时期根据技术发展成熟度和应用广泛度呈现出不同的发展特点。

知识链接 9-1

中国人民银行《金融科技(FinTech)发展规划(2019—2021 年)》

（二）金融科技与科技金融概念辨析

金融科技与科技金融是实践中极易混淆的两个概念，但实际上两者存在本质区别。金融科技的内涵侧重于通过科技手段推动金融创新，更加强调科技的驱动性，同时依据金融创新程度，判断科技推动效果。而从金融科技的外延看，广义上，所有体现"金融和科技融合"的产品、服务、模式、流程等都属于金融科技范畴。狭义上，在不同情境下，金融科技可以特指金融科技支撑技术，如人工智能、区块链、云计算、大数据等；金融科技主要业态如网贷与众筹、开放银行、保险科技、综合金融服务平台等；金融科技产品和服务如智能投顾、量化交易、智能保顾、机器人大堂经理、加密数字货币等；金融科技创新企业，如 Betterment、微众银行、爱宝科技、科大讯飞等。金融科技创新有助于推动金融与科技的深度融合，赋能金融行业的供给侧结构性改革。而科技金融属于产业金融的范畴，通过金融产品创新直接服务于科技产业发展，创新的主体既可以是传统金融机构，如投贷联动；也可以是新金融平台，如科技股权众筹。因此,金融科技通过科技创新提升金融行业服务实体经济、服务人民生活的效率和质量;而科技金融致力于通过金融产品的研发,满足科技型企业和创新创业主体的金融服务需求。金融科技与科技金融两者的主要区别如表 9-2 所示。

表 9-2 金融科技与科技金融的主要区别

概念	核心要义	实现方式	典型产品与应用
金融科技	通过科技创新服务金融行业,本质是"科技"	人工智能等前沿技术在金融行业的应用,提升金融整体效率和服务实体经济能力	智能投顾、大数据征信、移动支付、区块链 ABS
科技金融	通过金融创新服务科技行业,本质是"金融"	研发和提供适合科技型企业的金融创新产品,满足科技创新创业的金融服务需求	投贷联动、科技保险、知识产权融资、科技众筹

能力拓展 9-1

区分金融科技与科技金融的不同应用

2017 年 3 月 28 日,建设银行宣布与阿里巴巴、蚂蚁金服达成战略合作。下列各项不属于商业银行与金融科技公司"协作共赢"的是(　　)。

A. 商业银行财务投资金融科技创业企业,推动金融科技发展

B. 商业银行将部分工作外包给金融科技公司

C. 商业银行与金融科技公司合作开发场景化金融创新产品

D. 商业银行通过投贷联动支持科技型创业企业发展

【分析提示】

"投贷联动"主要是指对中小科技型企业,在风险投资机构评估、股权投资的基础上,商业银行以债权形式为企业提供融资支持,形成股权投资和银行信贷之间的联动融资模式。"投贷联动"的本质是通过金融创新服务科技企业和科技行业,因此属于"科技金融"。

(三)互联网金融与金融科技概念辨析

有人认为,互联网金融是将互联网应用到金融行业,即"互联网+金融",而金融科技是将科技应用到金融行业,这里的科技包括了互联网,因此两者的内涵是相似的,只是金融科技的外延有所扩展。事实上,这种理解是片面的。根据中国人民银行等 10 个部委正式发布的《关于促进互联网金融健康发展的指导意见》,互联网金融是指

传统金融机构与互联网企业利用互联网技术和信息通信技术实现资金融通、支付、投资和信息中介服务的新型金融业务模式。而金融科技是互联网金融在监管环境变化和技术驱动下迭代升级的产物。与互联网金融相比,金融科技在技术手段上实现了突破,以大数据、云计算、人工智能、区块链、物联网等技术引领创新。金融科技在业务范畴上实现了拓展,不再局限于借贷与支付领域,还向大数据征信、智能投顾、区块链保险、监管科技等金融业务和监管领域渗透。金融科技在服务人群上也实现了延伸,除了"长尾人群"外,金融科技还能更好地服务实体经济的重点领域和薄弱环节,如智能制造、消费升级、"双创"主体、民营和小微企业、低收入人群等。此外,金融科技的进入门槛更高,更强调有效监管和风险防控,金融科技公司应同时具备金融展业能力与科技创新能力。金融科技从业门槛的大幅提高,有利于防范"劣币驱逐良币",推动行业的规范高质量发展。

知识链接 9-2

互联网金融的四类业态

1. 基础业态:传统金融业务的互联网化

该类业态包括第三方在线支付平台、直营银行、在线折扣券商、直营保险和互联网信托等。目前在我国,主要体现为网上银行(包括手机 APP)、证券网上交易以及保险产品的网络销售。最新的突破性进展是 2016 年 1 月 16 号,国内第一家全业务系统都在云上的保险公司——安心保险正式开业。作为一家"互联网+"概念下的创新型保险公司,安心保险依托腾讯金融云的灵活弹性的云计算、海量社交大数据、移动互联技术、金融反欺诈能力及金融合规机房等云服务,实现了从营销、渠道、产品乃至运营的全业务链条的互联网化,成为国内首批获得保监会互联网保险牌照的公司,与众安保险、泰康在线在互联网保险领域形成三足鼎立的格局。

2. 整合业态:电商与金融的结合模式

据统计,2015 年我国电子商务交易额达 18.3 万亿元,同比增长 36.5%。电子商务与互联网金融是相互促进的。其他行业电商业务的发展对基于互联网技术的金融服务的需求,构成了互联网金融得以产生和发展的外部推动力量。这种整合业态主要表现为面向商户开展的小额贷款和面向个人开展的消费金融业务。我国该类业态的代表性业务有余额宝、阿里小贷、京东白条、建行善融商务等。

3. 创新业态:全新的互联网直接金融

如图 9-1 所示,以 P2P 网贷和众筹为代表的全新的互联网金融模式是当前互联网金融创新的热点。P2P 网贷在发展普惠金融的同时,也开创了"全民理财"新时代。

区块链、大数据、移动互联、第三方支付等技术因素的大发展,监管空白的填补,以及市场细分促使P2P网贷发展迅速,而风控体系与征信系统不健全是P2P网贷发展的核心障碍。随着网贷平台备案登记工作的完成和常态化监管制度的确立,整个行业风控合规能力将明显提高,从而进入规范发展的新阶段。2015年3月,国务院办公厅印发《关于发展众创空间推进大众创新创业的指导意见》,提出开展互联网股权众筹融资试点。尽快开放股权众筹试点遵循党的十九大和中央经济工作会议精神,符合"增加金融服务实体经济能力"和"提高直接融资比重"的新时代使命,有利于改革创新体制机制,进一步优化营商环境,是践行"深化金融体制改革"的重要举措。

图 9-1　创新业态:P2P 网贷平台示意图

4. 支持业态:互联网金融信息平台

这类模式主要为公众提供金融业务和产品的信息发布、搜索服务,为金融业务提供"支持"的功能,也是互联网金融的重要组成部分。

资料来源:周雷、黄丹荔、李家华等《互联网金融理论与应用(微课版　第 2 版)》,人民邮电出版社 2019 年版,第 11—12 页。

三、金融科技的发展历程

金融科技的发展历程就是金融与科技不断融合,通过技术赋能使金融服务实体经济能力不断增强的过程。以主要支撑技术和典型应用场景为划分依据,金融科技发展大致经历了起步探索、创新应用和融合升级三个阶段。

(一) 金融科技 1.0 起步探索阶段

金融科技 1.0 阶段是金融与技术相结合的起步探索阶段,其典型特征是金融行业逐渐开始应用IT技术,主要是台式机经连接形成的台式互联网技术,来推进内部办公的自动化和金融业务的电子化,从而提高管理水平和业务效率,间接提升金融服务实体经济能力。互联网及信息技术的出现,使存款、贷款、清算等一些基础的金融业务得以升级,在提高工作效率的需求推动下,传统金融机构开始构建自身的IT系统和门户网站,成为金融科技最原始的发端。例如,中国银行于1996年2月在互联网上建立了主页,首先在网上发布信息,随后于1997年搭建了"网上银行服务系统"。证券公司也逐渐开始推出基于台式PC机的具备在线查询和交易功能的客户端,提高了股票投资的便捷性。

(二) 金融科技2.0创新应用阶段

金融科技2.0是互联网,特别是移动互联网在金融行业创新应用的阶段,因此,一般将这一阶段称为互联网金融阶段。一方面互联网技术渗透到金融服务的各个环节,实现信息共享和业务撮合,并催生了大量的新应用和新业态,如移动支付、P2P网贷、股权众筹、金融垂直搜索引擎等;另一方面,传统金融机构也积极利用互联网技术和信息技术变革金融渠道,出现了互联网银行、互联网保险、互联网基金、互联网消费金融等新的业务模式。基于庞大的金融需求和移动互联网、智能手机的快速普及,中国互联网金融充分发挥了"后发优势"。以"BATJ"为代表的互联网科技公司快速崛起,市值已居世界前列,根据毕马威发布的2018年《全球金融科技100强》报告,来自中国的公司在前十名中占据四席,其中蚂蚁金服位列榜首,京东数科和百度(度小满金融)分列第二和第四位。中国的移动支付和条码支付已居全球领先地位,并开始对外向"一带一路"沿线国家输出金融科技基础设施,促进国际贸易融资,反哺国内实体经济发展;阿里巴巴与天弘基金推出的首只互联网基金也是世界领先;P2P网贷规模也曾居全球第一,在服务小微企业、民生普惠等实体经济方面发挥了重要价值。但是,互联网金融在井喷式发展的同时,因监管相对滞后,许多无牌机构以互联网金融的名义进入金融领域,导致金融风险累积。随着金融风险监管体系的完善,互联网金融也将告别"野蛮生长",进入技术驱动和规范发展的新阶段。

(三) 金融科技3.0融合升级阶段

随着人工智能、区块链、云计算、大数据和5G等前沿技术与金融业的深度融合,金融科技发展进入3.0阶段。新一代信息技术,特别是去中心化的分布式技术,正在形成融合生态,持续推动金融创新,深刻影响着金融的行业格局与运行规则。金融机构和互联网企业利用前沿技术,将各类金融业务进行场景化、智能化和定制化的革新和升级,显著提升了服务效率和质量,扩大了金融服务的覆盖面和可获得性,在赋能实体经济高质量发展方面发挥着日益重要的作用。科技对于金融的促进不再局限于渠道等浅层次方面,而是开启了"金融+科技"的深层次融合。这种融合主要有三条路径:一是传统金融机构与金融科技企业优势互补、强强联合,如建设银行与蚂蚁金服达成战略合作,共同推进金融科技前沿技术研发与应用。二是传统金融机构与科技企业共同出资设立新型金融机构,如中信银行与百度公司联合发起设立互联网智能银行——百信银行;中国人保联合易车公司、58集团等共同成立爱保科技公司,推动保险科技创新。三是金融机构设立金融科技子公司或金融科技平台,如浦发银行于2018年7月推出国内首家API Bank无界开放银行,嵌入多种生活与生产场景,实现金融服务跨界融合。截至2019年6月末,已有工商银行、民生银行等10家国内银行相继成立了金融科技子公司,助力银行数字化转型升级。

综上所述,可以用表9-3概括金融科技各发展阶段的典型特征、支撑技术、代表性业态或应用场景以及服务实体经济的主要成效。

表9-3 金融科技的发展阶段

发展阶段	典型特征	支撑技术	代表性业态或应用场景	服务实体经济的主要成效
金融科技1.0 起步探索阶段	金融电子化、IT金融	台式计算机、互联网	网上银行、办公自动化、证券交易PC客户端等	间接提高金融行业服务实体经济的效率
金融科技2.0 创新应用阶段	互联网金融、移动金融	"互联网+"、移动互联网、智能终端	移动支付、P2P网贷、众筹、互联网银行等	满足实体经济重点领域和薄弱环节的普惠金融需求
金融科技3.0 融合升级阶段	场景化金融、智慧金融	人工智能、区块链、云计算、大数据、5G	智能投顾、智慧网点、开放银行、区块链保险、量化自动交易等	推动金融供给侧结构性改革,全方位赋能实体经济高质量发展

四、金融科技发展前景展望

金融科技在发展到3.0场景化金融阶段后,随着5G等新技术的应用和监管体系的完善,其对金融业的颠覆性影响将进一步显现,同时发展的规范性和技术赋能属性将进一步增强。金融科技将成为金融行业的核心生产力和金融创新的核心驱动力,在服务实体经济高质量发展方面发挥更大的作用。

(一)5G商用将为金融科技产业新一轮发展带来重大机遇

2019年6月6日,工信部向中国电信、中国移动、中国联通、中国广电发放5G商用牌照,标志着我国5G商用进入"落地"阶段。5G是一场新的技术变革,与4G相比,5G具有超高速率、超低延时、超高密度等显著特征。5G将带来一个万物互联的新时代,在金融科技产业领域,5G作为重要的基础设施,将优化现有技术应用并辅助各项新兴技术落地。5G物联网与边缘计算的结合,将在海量设备与互联网之间建立"无缝连接",有望再造金融场景,重塑金融生态。以银行业为例,银行客户数量庞大,业务类型多样,网点分布范围广,有利于5G的集群化、大规模应用。一旦进入5G商用成熟期,银行服务实体经济和人民生活的能力将显著提升:网点有望完成智能化、轻型化、便捷化的深度转型,各类可穿戴设备将成为金融服务的新载体,AR/VR支付将成为移动支付的"升级版",物联网金融动产抵押将催生实体资产管理新业务。银行应抓住5G发展的重大机遇,与5G运营商开展深度合作,构建跨行业的融合创新生态,真正实现金融服务无处不在,无时不有。

(二)监管科技提升金融科技监管有效性,"监管沙盒"有望加速落地实施

金融科技的创新发展推动其应用范围和场景不断扩大,但也带来了信息安全风险、新技术应用风险、交叉传递风险和金融控股公司风险等新的风险隐患。而随着监管科技的应用以及"监管沙盒"等适应金融科技特点的监管模式的实施,有望实现风险防范和鼓励创新的平衡。面对金融科技背景下更加复杂多变的市场环境,监管部门有运用监管科技的充足动力。监管部门可以探索应用区块链、大数据等技术进一步提高监管的"穿透性"和透明度。通过收集和梳理金融科技机构的交易数据,可以清晰地甄别每一笔交易触发者和交易对手的信息;应用区块链的可追溯性和数据不可篡改等创新特征,可以实现对每笔交易资金来源和最终去向的全链条跟踪、监控,从而提升监管有效性。同时,中国人民银行制定的金融科技发展规划,将探索推动以"监管沙盒"为核心的金融科技监管试点。"监管沙盒"允许金融科技企业在真实的环境中实践其创新产品、业务流程及商业模式,而监管机构则可以根据创新模式在"沙盒"中的表现,对监管规则进行调整,使监管与时俱进,同时不会对消费者造成损害。"监管沙盒"的落地实施,有助于实现金融科技创新与有效管控风险的双赢局面。

知识链接9-3

探索金融科技创新监管模式——"监管沙盒"

金融科技监管最大的难题在于如何平衡金融创新与金融风险,做到既能够激发创新又能够控制风险。在这方面,英国金融行为监管局(FCA)提出的"监管沙盒"模式可以提供有益的借鉴。"沙盒"(Sandbox)一词源自计算机术语,本义是指通过限制程序的访问权限,为程序运行提供试验环境。在"沙盒"测试中,因为事先已预设好安全隔离措施,保证了真实系统和数据库的安全。英国率先将沙盒引入金融科技监管领域,于2016年5月推出了"监管沙盒"模式,允许金融科技企业在真实的环境中实践其创新产品、业务流程及商业模式,而监管机构则可以根据创新模式在"沙盒"中的表现,对监管规则进行调整,使监管与时俱进,同时不会对消费者造成损害。英国的实践,证明了"监管沙盒"有利于解决金融科技、金融监管和金融风险之间的平衡问题,实现金

融科技创新与有效管控风险的双赢局面。随着我国政府机构改革特别是国务院金融稳定发展委员会的设立，以及对金融科技创新业务监管经验的积累，已经初步具备了实施"监管沙盒"的基础条件。政府监管部门可以考虑采用"先行先试"的方法，逐步推进"监管沙盒"等柔性监管措施，实现鼓励创新与风险防控的平衡。

首先，需要明确监管职责，确立"监管沙盒"试点的工作机制。"监管沙盒"是金融科技高速发展背景之下新兴的监管手段，为金融创新产品的跨业和跨地区金融监管提供了新思路。

其次，要严格进入沙盒的实质创新标准。要甄别偏离实体经济需求、规避监管的"伪创新"；支持真正增强金融服务普惠性、服务实体经济的金融科技创新进入试点。

再次，建议从具体措施开始逐步实施，可以先吸收借鉴"监管沙盒"的限制性授权、监管豁免、免强制执行函等措施，就个别金融科技创新在个别地区先行试用，再逐步实现企业、消费者和监管者的良性互动，构建起完整的柔性监管体系。例如，我国第一个由政府主导的沙盒计划——"区块链金融沙盒"已于2017年5月23日开始在贵阳试点，能够为其他金融科技领域提供有益的经验。

最后，在满足准入标准的前提下，政府监管部门应当针对金融科技企业制定并明示参与沙盒测试的完整流程，并保持相对稳定，以推动"监管沙盒"试点有序开展。在试点过程中要特别注重防范风险外溢，要求参与测试的金融科技公司只能针对已经知情且同意被纳入测试的客户提供新产品或新服务，并且充分告知客户潜在的风险；要强化立法和政策保障，完善消费者权益保护机制。完整的"监管沙盒"模式流程如图9-2所示。

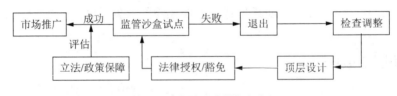

图9-2 "监管沙盒"模式流程

能力拓展9-2

在互联网搜索"监管沙盒"相关资料，结合知识链接9-3，分析"监管沙盒"的优点和局限性。

（三）金融科技的技术赋能属性增强，在服务实体经济高质量发展方面发挥更大作用

随着类脑人工智能、区块链智能合约、边缘计算等新兴技术的发展，科技对金融行

业甚至整个实体经济转型升级的赋能作用将被不断强化,类金融机构、传统金融机构和互联网金融企业紧跟时代步伐实现业务转型,纷纷通过和第三方金融科技公司合作,来助推产业链升级。金融科技公司科技手段的强化应用,将使金融科技的技术赋能属性进一步增强,不仅服务于金融行业,还服务于制造业等实体经济领域,促进"金融科技+智能制造"融合发展。例如,人工智能应用于制造业,能够作为新型生产要素与其他生产要素融合,推动制造业向智能化、数字化方向转型升级;区块链与供应链的融合,不仅有助于解决供应链上中小企业的融资难题,还将显著提升整条供应链的透明度和运行效率,服务实体经济实现高质量发展。

知识链接 9-4

金融科技学科拟解决的核心问题

2019年8月23日中国人民银行印发《金融科技(FinTech)发展规划(2019—2021年)》指出,金融科技的快速发展促使金融业务边界逐渐模糊,金融风险传导突破时空限制,给货币政策、金融市场稳定、金融监管等方面带来新的挑战。金融科技实践发展出现的问题就是金融科技学科需要解决的问题。

1. 金融科技理论方向

作为新兴学科领域,其理论体系还在探讨和发展演进之中。应该说,金融科技理论具有特殊性,因为它根植于科技发展和金融创新,需要两个领域的基础理论支撑。金融学的理论是否在科技快速发展改进金融模式、效率等方面发生变化,新型的金融科技形态,如数字加密货币由中央银行发行管理吗?带来货币理论变化了吗?货币政策与宏观调控是否要做出相应的调整。货币乘数还有效吗?数字加密货币到底是价值货币还是信用货币?为何称得上是数字金融资产?这些基础学术问题需要理论创新给出解释。金融科技领域的理论发展有很多可以探讨的方向。

2. 金融科技发展动力与创新机制

金融科技的发展动力、决定因素及其效应需要理论阐释。科技赋能金融发展,创新金融模式、金融机制、金融制度等方面有不少基础问题需要研究,需要理论发展与创新。金融科技是技术推动下的创新,与一般的金融创新有何差异?对应的金融规制或金融监管机制应该如何设计?金融科技本身发展存在怎样的风险?是否存在先天的扩散机制和效应?机制理论设计应该朝着哪个方向走?

3. 金融科技形态演进规律与趋势

金融科技未来发展趋势到底由哪些因素决定?金融科技形态随着科技本身的发展也在不断地演进,中间的规律值得总结,如金融科技形态与金融本身发展的关系,科技周期与金融科技创新周期关系、金融科技未来的趋势等。这些基础理论问题需要深入研究,进行理论化梳理。

任务二　金融科技的底层技术和赋能作用

一、金融科技的底层技术

金融科技的底层技术包括人工智能、区块链、云计算、大数据、边缘计算与5G等前沿技术,一般可以用"ABCDE"来概括,如表9-4所示。人工智能、区块链、云计算、大数据、边缘计算与5G等底层技术创新及其在金融场景中的应用,提升了金融服务质效,完善了风险防控机制,解决了普惠金融"痛点",成为驱动金融创新的重要技术支撑。本任务将带领大家全景式了解这些底层技术的基本概念、创新特征及其对金融行业的赋能作用。

表9-4　金融科技底层技术的创新特征与典型应用

底层技术	英文缩写	创新特征	金融科技典型应用
人工智能	A：Artificial Intelligence（AI）	机器学习、跨界融合、人机协同、群智开放、自主操控	智能投顾、智能风控、智能催收、智能客服
区块链	B：Blockchain	分布式与去中心化、非对称加密与可追溯性、共识信任、智能合约	区块链保险、区块链+供应链金融、区块链ABS
云计算	C：Cloud Computing	实时在线的按需服务、超大规模计算与存储能力、通用性与高可靠性	金融云、私有云、分布式计算
大数据	D：Big Data	4V：规模性（Volume）、高速性（Velocity）、多样性（Variety）、价值性（Value）	大数据征信、大数据风控、用户画像、精准营销
边缘计算与5G	E：Edge Computing	超高速率、超低时延、超高密度、边云协同、高安全性、低带宽占用	5G智慧银行、物联网金融、开放银行

（一）人工智能

人工智能是研究、开发用于模拟、延伸和扩展人的智能的理论、方法、技术及应用系统的一门新的技术科学。作为引领新一轮科技革命和产业变革的战略性前沿技术,人工智能具有机器学习、跨界融合、人机协同、群智开放、自主操控等创新特征,其与金融业的深度融合,全方位赋能金融科技创新,开启了智能金融新时代。

1. 机器学习

机器学习是人工智能的基础,可以使机器从数据中学习,不断改进回归等有监督算法和聚类等无监督算法,以提高完成特定任务的准确率,但毕竟与人类主动学习、独立思考的"智能"存在本质区别。为了使人工智能不仅"知其然",而且"知其所以然",受人脑结构和功能的启发,在机器学习的特征提取环节,引入了由分层的"感知器"构建的人工神经网络,提出了深度学习(deep learning)的概念。深度学习是机器学习的一个子范畴和新的研究领域,其动机在于模拟人脑神经元的工作过程,以更好地解释数据和发现规律。机器学习和深度学习在金融科技中具有重要的应用价值。智能投顾(robot advisor,RA)就是综合利用大数据、机器学习、深度学习以及其他人工智能相关底层技术形成的金融服务新模式。智能投顾机器人通过自主学习金融理论构建投资模型,能为投资者提供个性化的资产配置建议并实现自动量化交易。为使人工智能进一步模拟、实现人脑功能,深度学习正向类脑人工智能方向发展。类脑人工智能具备不断成熟的视觉、听觉、触觉以及记忆、运动、中枢和自主神经系统,能通过反射弧实现对世界的认知、判断、决策和反馈。

2. 跨界融合

人工智能无论在技术层面还是应用层面都体现出跨界融合的创新特征。首先,人工智能要模拟人脑这样一个高效率、低功耗的复杂"巨系统",必然需要计算机、脑科学、信息技术、通信工程、心理学、社会学等多学科的交叉融合和协同攻关,人工智能的发展不仅需要自然科学的突破,还需要社会科学的支撑。其次,从应用层面看,人工智能正由专用智能向通用智能发展。专用智能是解决某一特定任务的智能,着眼于某个细分领域的突破,如"阿尔法狗";而通用智能则是要在"应用层"上发展出适应各种复杂环境和应用场景的智慧和能力,从而大幅扩大人工智能的应用范围,降低部署成本,使"人工智能+"真正与各行各业跨界融合,满足人们对美好生活的需要。人工智能在金融科技领域的应用,也要实现从嵌入某种产品、某类业务的"专用智能"到适用各种金融业务场景,能够构建开放的金融科技生态系统的"通用智能"的转变。

能力拓展 9-3

"人工智能+金融科技"的典型应用场景

无论是专用智能还是通用智能,在金融领域均具有重要的应用价值。专用智能在金融科技领域的应用能部分代替人工完成机械操作,提高金融服务效率;而通用智能有望重塑金融商业模式,更好地满足各类场景的金融服务需求,赋能金融高质量发展,如表 9-5 所示。

表 9-5 "人工智能+金融科技"典型应用场景举例

人工智能+应用场景	典型应用举例
人工智能+金融投顾场景	理财咨询与规划;跨类别、跨地域资产配置;量化金融、交易执行与追踪
人工智能+金融客服场景	24小时客服机器人,实现智能对话和高效语音识别、自然语言处理,提高服务效率;金融机构网点分流引导式服务机器人
人工智能+金融支付场景	人脸、指纹、声纹、虹膜等生物识别支付;用户账户自动聚类与关联分析
人工智能+金融风控场景	授信审批、信用反欺诈、骗保反欺诈;异常交易和反洗钱监测;风险定价
人工智能+金融投研场景	上市公司研报、公告智能分析;智能财务模型搭建;投资报告自动生成
人工智能+金融营销场景	线上社交渠道基于用户画像的智能获客;线下活动基于知识图谱和专家系统的销售支持;销售报表自动生成与智能分析
人工智能+保险理赔场景	智能辅助拍摄,远程查勘、定损;智能审核、自动理赔;基于UBI的车险精准定价和快速赔付

你还能想到哪些"人工智能+金融科技"的典型场景吗?

3. 人机协同

从互联网到移动互联网,从个人计算机到智能手机,虽然操作方式不同,但是基本都依靠双手输入信息,机器通过输出设备给人提供相关信息或回答特定问题。人工智能带来的则是真正意义上的人机协同革命,真正解放了人类的双手,让语音交互、图像识别、自然语言处理、跨媒体识别等成为新的传递媒介。人工智能以对话为主要的交互方式,大幅降低了使用门槛,提高了用户友好度,使用户获取服务更加简单便捷。因此,人机协同是人工智能发展的创新特征和突破点,通过引入人类的认知模型和对话体系,能够实现人、机和环境系统三要素的相互作用,即物理性和生物性相结合,使人工智能可以服务更广泛的人群。例如,在金融科技领域,基于有效的人机协同交互系统研发的线上虚拟机器人和线下实体机器人,已在产品营销、客户服务、大堂引导等应用场景中"落地",显著提升了金融服务效率。人机协同还有广阔的发展空间,在实现人机交互的基础上,进一步研究"脑机交流"及相关的伦理问题,有助于使人工智能真正拓展人类"智慧"。

4. 群智开放

群智开放概念源于对自然界群居性生物通过互相协作,作出宏观智能行为这一生物现象的观察。群智开放是人工智能的2.0版,具有分布式控制、自进化、自组织性等特点。在严格遵守伦理的基础上,以互联网组织结构和移动通信为桥梁,吸引、聚集参与者,以各种自主协同方式参与系统决策任务,而不仅仅是人类通过指令、程序使机器解决特定的问题。

5. 自主操控

自主操控是强调自主化和智能化的一种人工智能系统,但是不排斥人类参与。通过机器的计算、存储等特有优势替代人类重复性劳动,在执行主观性较强的任务时,重视人机协同在其中发挥的作用。借助深度学习中的类脑人工智能原理,构建自主智能系统,对算法模型进行大数据驱动的迭代优化,使模型对数据的理解更为深刻,并可利用智能技术自主处理信息。发展自主可控的人工智能与金融科技新技术,有利于赋能金融行业高质量发展。

(二) 区块链

习近平总书记在中共中央政治局第十八次集体学习时强调,区块链技术的集成应用在新的技术革新和产业变革中起着重要作用,要积极推进区块链和经济社会融合发展。区块链具有分布式、去中心化、非对称加密、可追溯性、共识信任机制、智能合约等创新特征,其在金融科技领域的应用能完全改变交易流程和记录保存方式,重塑可信的金融交易体系。

1. 分布式与去中心化

区块链是指通过分布式账本方式集体维护一个可靠、可信数据库的技术方案,其最核心的特征就是"去中心化"。区块链技术基于P2P(peer-to-peer,点对点)对等网络,没有中心化的物理节点与管理机构,各节点地位平等,网络交易信息分布式存储在各节点上,并按统一的共识信任机制和规则运行,部分节点损坏不会影响整体运作。区块链的"去中心化"特征能够实现对"分布式账本"的集体监督维护,每个节点在参与记录的同时也验证其他节点记录结果的正确性,在数字金融资产交易、网络互助保险、电商供应链、跨境支付等金融科技场景中具有广阔的应用前景,能够显著提升金融交易信息的真实性、完整性和安全性。

2. 非对称加密与可追溯性

区块链运用非对称加密算法来保障区块链网络上匿名交易的安全性和数据不会被恶意篡改。与对称加密不同,非对称加密使用PKI公、私钥体系对数据进行签名认证,私钥只有本人才有,而公钥是全网公开的,用以验证交易对手的身份,在整个交易过程中不存在密钥的传输,因此杜绝了黑客截获的可能。由于区块链分布式网络中的各节点均可获得一份完整数据库的拷贝,并且运用了PKI数字签名认证机制,因此别人的交易数据只能用"公钥"来验证,而无法修改。而要修改自身交易数据,则不仅需要同时控制总数51%以上的节点,并且计算机的算力要支持其篡改区块的速度快于区块链系统的更新速度,这很难实现。同时,区块链采用带时间戳的存储结构,已达成交易的区块加上时间戳连接在一起形成区块链,使其拥有可追溯性和可验证性。凡涉及信息流和资金流的追溯、监控和存证需求的各类金融科技业务都可能用到区块链技术。

3. 共识信任

区块链技术的一大创新就是通过引入分布式的算法和节点间的算力竞争来保证数据的一致性和共识的安全性，从而不需要一个交易双方共同信赖的中心化机构来记录和确认交易，真正实现了免担保的"机器信任"。区块链常见的算法共识机制包括工作量证明、权益证明、授权股份证明和拜占庭协议等。区块链系统运用"哈希函数"计算符合难度系数的"哈希值"（Hash Values）来竞争"记账权"并达成共识，同时将上一区块的"哈希值"写入"区块头"以实现可追溯性。共识信任机制在金融科技领域具有重要的应用价值，通过使区块链网络中的各节点遵循简单规则，以异步交互自组织的方式达成共识，近乎完美地整合了货币发行、无欺诈转账、交易验证、分布式存储、资金溯源等功能，有助于赋能银行、保险、互联网金融等各类业态创新金融产品，降低交易成本，服务实体经济高质量发展。

4. 智能合约

由程序员维塔利克·布特林（Vitalik Buterin）创建的以太坊是区块链 2.0 阶段的代表，其最突出的特征是引入了可编程的智能合约机制。智能合约通过"点对点"对等网络把交易合同以代码的形式部署到区块链上，最新达成的合约集合会形成区块扩散到全网，并在约定条件下自动执行。智能合约大大拓展了区块链技术在金融科技领域的应用场景，为实现互联网保险的自动理赔、供应链金融交易的自助履行、加密数字货币的无欺诈转账、基于区块链的数字资产证券化（ABS）创新等提供了可能。

（三）云计算

云计算是指 IT 基础设施的新型交互与分布式使用模式，即通过网络以按需、易扩展的方式获得所需的硬件、平台和软件等资源，具有实时在线、按需服务、超大规模计算和存储能力、通用性、高可靠性等创新特征。作为推动信息技术能力实现按需供给的技术手段，云计算与金融领域的深度结合，有助于促进信息技术和金融数据资源的充分利用，是金融科技创新的重要支撑技术之一。

1. 实时在线的按需服务

云计算请求的资源分布式存储于"云"端，当用户使用云计算时，无需知道资源运行所在的具体位置，只需一台笔记本或者智能手机作为终端，就可以获得实时在线、按需提供的服务。云计算用户可按照自己的需求来获取服务器算力、网络存储空间等资源，而不必与服务提供商直接接触。在金融科技领域，云计算能够按需提供 7×24 小时不间断的金融服务。位于全球的各领域专家能连接到任何分支机构，作为顾问回答关于产品和服务的问题。这种全方位的 IT 支持能显著提高金融企业各分支机构的客户服务能力。

2. 超大规模计算与存储能力

云计算使大量的服务器和个人计算机连接起来,并行运行,形成一个具有支持各类应用的超大规模计算能力的分布式网络。同时,云计算还为数据存储和管理提供了海量空间,能够根据业务需求自动配置资源、快速部署应用,降低了用户端的使用门槛。中小金融机构无需承担高昂的设备购置和系统维护费用,通过租用第三方云服务,也可以享用高效的云计算和云存储能力,降低运营成本,提高金融服务效率。

3. 通用性与高可靠性

云计算并不局限于某种特定的计算方式,而是可以在云端支持下衍生出千变万化的应用,具有通用性。在云计算模式中,所有数据和应用保存在云端并可在不同设备间共享,用户本身不需要了解云内部的细节,只需使用终端设备连接互联网,经授权就可以访问和使用云端的数据。云计算还具有多副本容错、计算节点同构可互换等功能,以保障系统运行的可靠性。在金融科技领域,可以发挥云计算的资源整合、分布式存储和信息安全优势,搭建安全可控的金融云服务平台,更好地满足瞬时高并发、多频次、大流量的互联网金融交易需要。

(四)大数据

大数据通常是指数据量大到超过传统数据处理工具的处理能力,需要使用新的处理方法和机制以提高处理效率的海量数据。大数据的创新特征可以用"4V"来概括,即规模性(volume)、高速性(velocity)、多样性(variety)和价值性(value)。金融行业在大数据应用方面具有天然的优势,一方面金融机构在业务开展过程中,已经积累了大量有价值的数据;另一方面,金融机构有能力和动力采用最新的大数据技术去挖掘和分析这些数据中的有效信息和商业价值,赋能金融服务提质增效。

1. 规模性

随着信息技术的高速发展,数据呈现爆发式增长。大数据中的数据量不再以 GB 为单位来计量,而是以 TB、PB、EB 甚至 ZB 为计量单位。根据国际数据公司(IDC)发布的报告,到 2025 年,全球的数据使用量预计达到 163 ZB,是 2016 年全球数据使用量的 10 倍。5G 时代,全球数据量将以每两年翻一番的速度增长。面对每天不断涌现的大规模数据,更需要研发新的数据处理平台和处理技术,来存储、传输、统计、分析和处理这些错综复杂的实时数据。

能力拓展 9-4

银行的数据规模

我们常用的 U 盘、移动硬盘的容量是以 GB 为单位来衡量的,如 256 GB。比 GB

更大的衡量数据规模的单位还有 TB、PB、EB 等,其中 1 TB＝1 024 GB,约等于一个固态硬盘的容量大小,能存放一个不间断的监控摄像头录像(200 MB/个)长达半年左右;1 PB＝1 024 TB,容量相当大,应用于大数据存储设备,如服务器等;而 1 EB＝1 024 PB,目前还没有单个存储器达到这个容量。金融行业是典型的"数据密集型"行业,主要银行机构及银联在线的数据规模如表 9-6 所示。你能根据表中的数据,估算出工商银行积累的数据大概是交通银行的多少倍吗?

表 9-6　主要银行机构及银联在线的数据规模

银行机构	数据规模
工商银行	企业级数据仓库存储量超过 350 TB,积累的数据 4.5 PB
农业银行	每年产生的结构化和非结构化数据分别突破 100 TB 和 1 PB
交通银行	每日约处理 600 GB 数据,存量数据超过 70 TB
招商银行	"一卡通"累计发卡量超过 6 400 万张,信用卡发卡量超过 4 300 万张
民生银行	总账户数达 2 673 万个,每日交易量约为 1 700 万笔
邮政储蓄银行	全国 3 万家机构,300 个文件处理中心,6 PB 数据量
银联在线支付	发卡量 40 亿张,每天有近 600 亿次交易,每秒 50 万次记录,存储量 350 TB

资料来源:陈涤,《互联网金融》,上海交通大学出版社,2017 年版,第 235 页。

2. 高速性

高速性是大数据区别于传统数据挖掘最显著的特征。大数据是实时更新的高频数据,要求进行实时分析,而不是传统模式的批量、分批次分析,数据的处理与丢弃几乎无时延。金融业务的开展会积累大量数据,金融市场的数据更是瞬息万变,这既蕴含着巨大的商业价值,也对金融机构的数据处理速度和处理能力构成了挑战。

3. 多样性

多样性主要体现在数据来源多、数据种类多和数据之间关联性强等方面。从数据来源看,既包括传统的统计数据、日志文件、位置信息等,也包括互联网爬虫数据、物联网传感器数据、动态可视化数据等。从数据种类看,除了结构化数据,还包括半结构化数据和非结构化数据。以金融大数据为例,既有结构化的交易数据,又有半结构化的金融产品数据以及非结构化的"软信息"。此外,金融大数据之间往往具有很强的关联性,需要从全局视角进行总体分析和态势感知,才能得出全面的结论。

4. 价值性

大数据的价值是建立在海量数据基础上的,因此单位数据的价值密度是比较低的。金融机构需要运用大数据挖掘和处理技术,对组织形式多样、结构各异、无统一标准的大数据进行价值提纯,从"海量"数据中排除干扰,挖掘出有商业价值的信息,为生产经营服务。

(五) 边缘计算与5G

边缘计算是5G时代的关键技术,是推动4G移动互联网向5G物联网转变,实现万物互联、万物互通的具体网络技术形式。与4G相比,5G有三大显著特征:一是超高速率,5G的峰值传输速率高达20 Gbps,是4G的20倍;二是超低时延,5G的端到端时延达到毫秒级,最低为1 ms,能够在500 km/h的速度下保证用户体验;三是超高密度,5G网络在每平方公里范围内能够承载100万台物联网设备。虽然云计算拥有强大的处理能力,但如何将5G时代海量终端设备产生的数据安全快速地传送到云中心则是业内一大难题。而边缘计算能将云计算平台从核心网网元迁移到无线接入网靠近终端的边缘,同时配套移动接入网搭建贴近用户和终端的处理平台,提供IT或者云的能力,以减少业务的多级传递,降低核心网传输的负担。在5G商用时代,边缘计算与云计算共同推动物联网的发展,"边云协同"将充分提升计算能力。云计算具有相对整体性和远程控制计算的特点,可以聚焦非实时、长周期的大数据分析;而边缘计算更靠近终端用户,具有高速率、低时延、高安全性、轻量级等特点,可以保障海量设备接入,有效降低与核心云间的带宽占用,对时效性要求高的金融科技、智能驾驶等场景而言,边缘计算可为用户提供更好的服务,同时保障用户安全。

知识链接 9-5

5G时代的算力需求

5G时代的算力需求将受到云管端三大层面的影响,如图9-3所示。

传输管道:5G无线通信系统需要支持比4G更大的带宽,以及大型的天线阵列,以实现更高的载波频率。未来5G的连接状态会更加复杂多变,一个基站可以覆盖百万级用户量,这一量级对硬件系统的要求会大幅提高。

用户端:5G时代,用户终端将突破4G时代的手机端,全面拓展至物联网端,包括消费类产品、基础类产品、通用类产品、特定场景产品,带来大量连接与计算需求。

"边云协同"平台:在5G时代,云计算平台将面临海量设备接入、海量数据、带宽不够和功耗过高等高难度挑战,边缘计算将与云计算互相协同,云计算聚焦非实时、长周期数据的大数据分析;边缘计算则更靠近执行单元,能够快速响应传感器接受

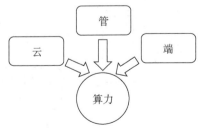

图9-3 5G算力需求受到三大层面的影响

的实时边缘大数据,对于时延要求高的业务而言,边缘计算可为客户提供更好的服务。

二、金融科技的赋能作用

人工智能、区块链、云计算、大数据、边缘计算与 5G 等金融科技底层技术的创新特征,能够有效契合各类金融业态和场景的需求,在风险防控、产品创新、运营管理、基础设施等方面发挥重要的赋能作用,全方位助力金融行业提质增效。

(一)智能风控与智能催收系统

人工智能在前台能够帮助金融机构实现智能营销,降低获客成本,并运用智能投顾和智能客服机器人提高服务效率;在中台有助于构建智能风控系统,提高风险识别、预警和防控的精准度,解决金融行业发展中的"痛点";在后台能够提供智能投研和智能催收等运营支持,发挥人机协同效应。以某金融科技企业的智能风控和催收系统为例,该系统通过深度学习构建客户评价模型和优化信贷流程,提高甄别、防范和化解金融风险的能力,确保资金流向优质小微企业等实体经济领域;通过机器学习和人机协同,对系统所有出入资金进行审计评估,防控操作风险和欺诈风险,实现智能化风控。该系统还通过跨界融合大数据、语音识别及自然语言处理、情绪识别、云计算等相关技术搭建了智能催收平台,如图 9-4 所示。

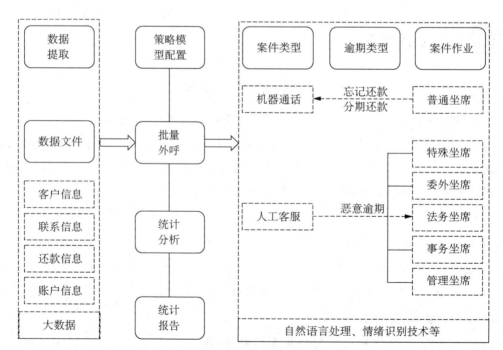

图 9-4 基于人工智能技术的智能催收系统

首先，建立在金融数据挖掘和风险管理模型基础上，可实现人工智能客服的批量外呼；其次，基于语音识别和自然语言处理技术，人工智能可识别不同类型的逾期借款人，并提供差异化解决方案。对于资金紧张的借款人，人工智能可识别出借款人的还款意愿较强，但还款能力出现偏差，进而提供分期还款等解决方案；而对于恶意逾期的借款人，人工智能可以根据情绪识别技术等判断此类借款人的还款意愿较差，会转接人工专员深度催收，如申请法务介入等。整个智能催收系统还可以分布式地架构在云计算平台上，并提供丰富的统计分析和风险预警功能。

（二）区块链保险科技产品

区块链的去中心化、非对称加密、数字签名、时间戳、可追溯性、共识信任、智能合约等特征，有助于保险科技产品创新，更好地满足实体经济高质量发展过程中的各类风险保障需求。以众安科技旗下的"安链云"产品为例，该保险科技产品基于区块链和人工智能等技术提供云服务。首先，"安链云"具有电子保单存储功能，并通过区块链的去中心化存储，保障电子保单的安全性，拓宽了保单的应用范围。在投保人发生保险事故后，区块链的智能合约机制还能够自动理赔，使保险服务更便捷和高效，如图9-5所示。

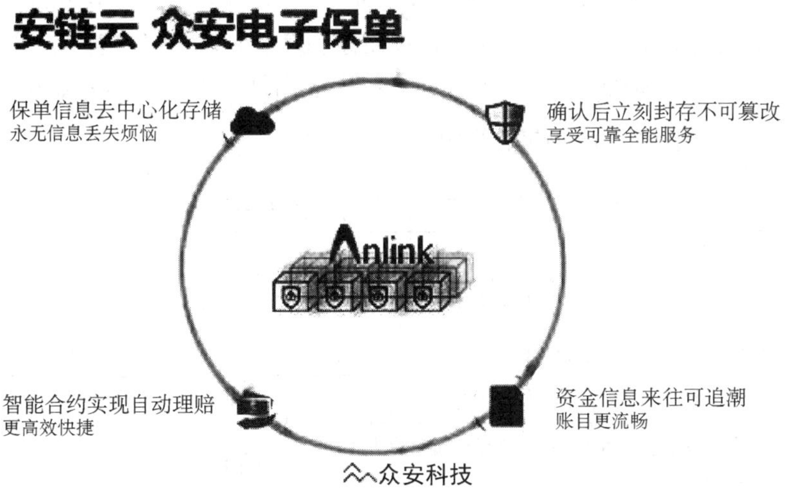

图 9-5　众安科技"安链云"电子保单存储系统

其次，"安链云"在普惠金融和健康生态领域还针对性地推出了保险科技系列产品。其中，Ti系列产品是以区块链为基础的钛空舱（数据分布式存储）、钛阳（数字身份证）、防伪追踪溯源（智能防伪）、钛合约（电子签约）等；X系列数据智能产品为客户提供精细化风险管理、模型搭建、智能营销及流量分析服务；S系列产品针对保险业务中的产品设计、前端销售、客户运营到定损理赔等多个场景中的"痛点"提供保险科技解决方案，如表9-7所示。

表9-7　保险业务痛点与区块链保险科技解决方案

业务场景	主要痛点	区块链创新特征	保险科技解决方案
产品设计	保险标的唯一性问题、风险定价困难	去中心化、时间戳	打破时空限制，设计风险标的更加细化和动态定价的场景化、定制化保险产品
前端销售	无法精准匹配用户保险消费需求	分布式、共识信任、区块链＋大数据	构建保险消费者用户画像，在机器信任基础上实现"点对点"精准营销
客户运营	数据可被篡改，信息安全和运营风险	分布式、数字签名、非对称加密、可追溯	构建电子保单分布式存储系统，全流程数据"上链"，实现防篡改和可追溯，保障运营安全
定损理赔	手续多、理赔难	智能合约、共识信任	通过在产品中引入可编程的智能合约和共识机制，实现自动触发定损理赔，显著提升理赔效率

(三) 大数据征信

作为金融科技的底层支撑技术之一，大数据正与金融业务呈现快速融合的趋势，在营销获客、风险防控、数字征信、运营管理等各类业务场景中"落地"，助力金融行业数字化转型。以大数据征信为例，大数据技术不但为我国征信体系建设提供了更加丰富有效的数据资源，也在很大程度上改变了传统征信业务对数据采集、加工和分析的方式。大数据征信应用大数据技术重新设计征信评价模型和算法，通过多维度的信用考察，形成信用评价，在银行授信审批、小微企业金融服务、金融科技平台大数据风控等场景具有重要的应用价值。大数据征信与传统征信的主要区别如表9-8所示。

表9-8　大数据征信与传统征信的主要区别

比较项目	大数据征信	传统征信
代表机构	ZestFinance、百行征信、芝麻信用	FICO、央行征信
服务人群	主要服务于缺乏或无信贷记录的"长尾人群"	主要服务于传统银行信贷客户
数据种类	结构化数据＋大量非结构化数据	以结构化数据为主
数据来源	征信报告、互联网行为大数据、电商交易数据、社交数据	信贷数据、征信报告
理论基础	机器学习、深度学习、数据挖掘	逻辑回归、标准化评分
变量个数	多达数千到上万个	15—30(变量库400—1 000)

针对频次高、金额小的小微企业贷款，银行可以利用大数据征信及其辅助手段，从海量数据中挖掘信贷相关的关键信息，并据此开发专用于小微企业的信贷模型，实现为更多小微企业提供普惠金融服务的目的。构建大数据征信风控模型的一般流程为：采集获取数据→清洗整理数据→建模加工数据→信用评估应用。

 知识链接 9-6

网商银行"网商贷"信用贷款大数据征信模型

网商银行的"网商贷"信用贷款大数据征信模型由五大维度构成,分别是基本情况、信用记录、阿里贷款数据、电商交易数据和网店运营状况,五项合计满分为100分,如图9-6所示。

以基本情况维度为例,该项包括年龄3分、婚姻状况4分、文化程度4分、职业3分,合计占14分。每一个小项均有具体的评分细则,称为"粒度",如职业为公务员或事业单位、大中型国有企业人员得3分,普通企业人员得2分,自由工作者得1分,如图9-7所示。

图 9-6 大数据征信模型的主要维度

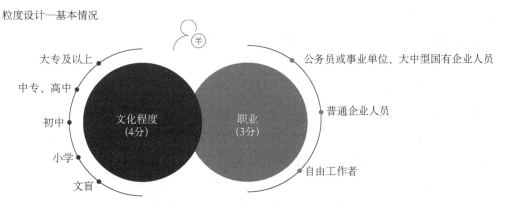

图 9-7 大数据征信模型的"粒度"设计

根据以上大数据征信风控模型的评分结果,可将贷款申请客户分为五类,并确定相应的信贷政策,如表9-9所示。

表 9-9 大数据征信模型评分与网贷融资客户分类

评分	分类	政策
90 分以上	A 类客户	可在 20 万元范围内予以支持,利率下浮 50%
81—90 分	B 类客户	可在 20 万元范围内予以支持,利率下浮 30%
71—80 分	C 类客户	可在 15 万元以下额度满足其需求

(续表)

评分	分类	政策
61—70 分	D 类客户	可适度支持类客户
51—60 分	E 类客户	可介入,增加独立第三方担保,从严控制申请额度
50 分以下	F 类客户	易违约不宜介入客户

(四) 金融云综合服务平台

以云计算和云服务为基础,结合大数据、人工智能、区块链等技术,可以打造金融云综合服务平台,为金融创新服务实体经济提供"科技利器"。例如,某金融科技龙头企业与大连市政府合作开发的"大连金融云"项目,搭建了国内首个地方政府与市场化企业合作的金融科技产业新模式。金融科技企业基于自身金融大数据、云计算服务平台、区块链生态、三方电子存证等优势,帮助地方政府完善金融科技基础设施,并通过金融云的形式提供给地方中小金融机构和企业级用户,使他们能以较低的人力和时间成本,无需再行开发就拥有建模、上链、反欺诈等能力,从而更好地为其自身客户,特别是民营小微客户提供服务。

苏州的上市券商东吴证券也自主建成投产了两朵"私有云",能够容纳 1 500 余台虚拟服务器同时运行,并在此基础上于 2019 年上线了"A5 新一代交易系统",实现了全业务场景下的高并发、低时延,单笔订单委托响应速度达到毫秒级以内,打破了我国证券业依赖进口商业中间件与数据库产品的局面,实现了核心技术的全面国产化与自主可控。

(五) 5G 赋能智慧银行建设

5G 会塑造一个万物互联的新时代,在金融科技产业领域,5G 作为重要的基础设施,能优化现有的人工智能、云计算、大数据、物联网等技术应用并辅助各项新兴技术落地。5G 物联网与边缘计算的结合,能在海量设备与互联网之间建立"无缝连接",再造金融场景,重塑金融科技生态。以银行业为例,随着 5G 逐渐进入商用成熟期,可以全方位赋能商业银行的智能化、轻型化和便捷化转型:各类可穿戴设备和智能机器人将成为金融服务的新载体,AR/VR 支付将成为移动支付的"升级版",物联网金融动产抵押将催生实体资产管理新业务,基于 5G 等技术的开放银行平台助力金融服务无缝嵌入贸易、采购、教育、医疗、出行、政务等企业生产和民生消费场景。2019 年 3 月,建设银行与中国移动举行了 5G 联合创新协作签约典礼,双方提出通过金融领域和通信领域的领先优势共建智慧银行 2.0,在骨干网技能演进、无人网点建设、机房无人机巡检、钞箱运输路径监控等方面展开协作。2019 年 11 月,工商银行推出了智慧银行生态系统 ECOS,构建了开放融合的跨界生态,开启了"智慧+"创新新模式,打造一系列同行业领先的云服务和区块链金融科技平台,实现智慧服务、智慧产品、智慧风控和智慧运营。

能力拓展 9-5　5G 和人工智能在银行网点智能化转型中的应用

请通过互联网查阅资料,有条件的同学可以实地走访应用 5G 和人工智能技术的智慧银行网点,如交通银行的"无人银行"网点、工商银行的全功能 5G 智慧网点等,如图 9-8 所示,体验 5G 和人工智能技术在银行网点智能化转型中的具体应用,并探讨上述金融科技的应用将如何改变银行业态?

图 9-8　工商银行苏州工业园区全功能 5G 智慧网点实景

任务三　金融科技服务实体经济高质量发展

一、金融科技服务实体经济的作用机制

实体经济(Real Economy)是以实际资本运行为基础的社会物质产品、精神产品和服务的生产、交换、分配和消费活动,是国民经济的主体。服务实体经济和人民生活是金融的出发点和落脚点,金融科技在应用前沿技术推动金融创新的同时,也应遵循金融的基本原则,植根于满足实体经济日益变化的交易需求和投融资需求,赋能实体经济的高质量发展。在辨析金融科技、科技金融与互联网金融相关概念内在联系的基础上,有必要回到金融发展与实体经济良性互动的本源,进一步揭示金融科技服务实体经济高质量发展的作用机制,指引金融科技创新的方向,如图 9-9 所示。

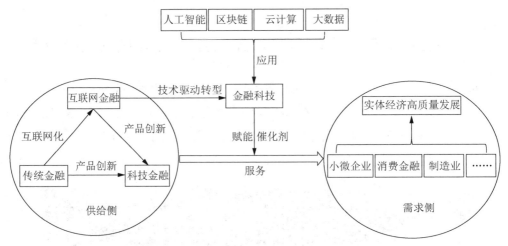

图 9-9 金融科技服务实体经济的作用机制

(一) 金融科技创新要应用底层技术深化金融供给侧改革

人工智能、区块链、云计算和大数据是金融科技的底层支撑技术。金融科技创新通过将底层技术全面应用到传统金融和互联网金融的产品创新、流程优化和数字化转型中,不断推出新的产品、新的服务和新的商业模式,深化金融供给侧结构性改革,增强金融服务实体经济和人民生活的能力。人工智能是引领金融科技发展的战略性前沿技术,其与金融业的深度融合,催生了智能投顾、智能风控、自动理赔等新的业务场景和服务供给。大数据具有"4V"特征,即规模性(Volume)、高速性(Velocity)、多样性(Variety)和价值性(Value)。数据是金融业的"核心资产",基于大数据技术能够深度挖掘和分析客户的金融需求、风险偏好和行为特征,形成精准的"用户画像",为开发"千人千面"的定制化、智能化金融产品提供数据基础;大数据的深度应用还有助于创新风控技术,优化运营管理,驱动金融机构数字化转型。云计算和区块链是重要的分布式技术创新,在互联网金融和传统金融中均具有广阔的应用前景。云计算打破了主机架构模式,实现了系统分层和分布式架构,有助于打造全业务链条在"云端"的闭环,创造新的商业模式和金融服务提供方式;区块链的开源、开放特征,使其能与其他新技术深度融合,综合应用于供应链金融、互联网保险、资产管理、跨境支付等各类业务中,提高产品的技术含量,助力金融供给侧改革,契合实体经济发展中的新金融需求。

(二) 金融科技创新是提升金融服务实体经济效率的"催化剂"

金融科技创新通过充分发挥科技的驱动和赋能作用,能够显著提升金融服务实体经济的效率,是金融供给侧服务实体经济需求侧的"催化剂"。首先,金融科技创新通过开发大数据征信系统、智能风控模型和定制化融资产品,能够解决信息不对称问题,为小微企业、民营企业、科技型企业等较难在传统金融体系中获得支持的新兴企业提供新的融资渠道，提升了金融服务的效率，助力培育经济发展新动能。其次，金融科技创新能够降低服务成本，面向低收入群体提供可负担的普惠金融服务，满足实体经济中的"长尾"需求，使构建低成本、广覆盖，同时具有商业可持续性的数字普惠金融体系成为可能。此外，金融科技还可以运用人工智能等技术建立行为模型，分析消费者的信用状况和消费行为，扩大互联网消费金融覆盖面，满足居民合理消费融资需求，服务人民生活，通过扩大社会消费推动实体经济内生增长。

（三）金融科技创新要着眼于满足实体经济高质量发展中的各类金融需求

金融科技创新的根本目标，是要增强金融服务实体经济能力，满足实体经济发展中的各类金融服务需求。各类金融机构要探索通过金融科技创新改进小微企业、民营企业、消费金融、先进制造业、"三农"、精准扶贫等需求侧重点领域和薄弱环节的金融服务，提升服务效率，降低交易成本，赋能实体经济的高质量发展。网络银行可以将金融科技成果应用于客户画像、生物识别、智能风控等方面，以开发更契合实体经济需求的公司金融和消费金融产品。保险机构可以通过与金融科技公司合作加强精细化管理，开发智能化、个性化的保险产品，更好地满足实体经济风险保障需求。网贷与众筹平台可以探索利用大数据、区块链等技术发展数字普惠金融和供应链金融，缓解民营企业和小微企业融资难、融资贵等问题，推动创新创业高质量发展。综合金融服务平台可以提供"互联网＋"一站式综合金融服务，解决信息不对称问题，提高资源配置效率。

二、金融科技助力培育经济发展新动能

新动能来源于技术与应用的创新，同时离不开实体经济、科技创新、现代金融、人力资源协同发展的产业体系支撑。作为金融与科技深度融合的产物，金融科技能够提高金融资源配置的效率和质量，从而契合培育经济发展新动能过程中实体经济重点领域与薄弱环节的金融需求，支持新兴企业成长和传统产业数字化转型，助力实体经济的高质量发展。

（一）金融科技提高投资效率助力新兴企业成长

促进储蓄向投资转化是金融体系的基本功能之一。金融科技的发展能够推动金融行业供给侧结构性改革，促进金融深化和金融创新，提高储蓄投资转化效率。随着人工智能、区块链、大数据等底层技术的发展和在金融领域的应用，金融科技创造了智慧银行、保险科技、P2P网络借贷、众筹融资、移动支付、综合金融服务平台等新金融业态，通过金融产品创新和商业模式创新，为民营创业企业、科技型创新企业、"双创"主体等较难在传统金融体系中获得支持的新兴企业提供了新的融资渠道，推动了储蓄投资转化。而对于信息披露缺失、融资困难、发展受限的企业，金融科技可以充分利用大数据、区块链等技术，进行相关的信息收集、追溯和存证，进一步评估企业市场价值和行业发展前景，进而甄别企业的可持续性，选择具有投资价值的企业给予资金支持，这

就提高了投资效率,有助于促进优质新兴企业的成长。近年来,全球科技创新的一个突出特征是"科技创新始于技术,成于资本"。金融科技的发展能够创造新的投融资模式,降低交易成本,促进创新资本的形成。金融科技行业融资的增加,进一步推动了网络借贷和数字普惠金融的发展,提高了金融资源配置效率,从而能够为具有成长潜力的优质新兴企业带来新增投资,促进新企业的发展壮大,为实体经济高质量发展提供新动力。

(二)金融科技前沿技术的应用推动传统产业数字化转型

数字经济的发展正有力助推供给侧结构性改革,2018年我国数字经济规模达31.3万亿元,同比增长20.9%,占GDP的比重达34.8%,成为经济发展的新动能。人工智能、区块链、大数据、云计算等金融科技前沿技术,不仅可以服务金融业,在结合实体产业既有的知识和规律之后,还可以实现数字科技与实体经济的紧密连接,助推传统产业的数字化转型,服务实体经济的高质量发展。

首先,人工智能技术的应用有助于促进传统产业从劳动密集型向技术驱动型转型,提高发展质效。2018年10月31日,习近平总书记在中共中央政治局集体学习会上强调要"加强人工智能和产业发展融合,为高质量发展提供新动能"。人工智能应用于传统产业,能够作为新型生产要素与实体经济其他生产要素相融合,助推传统产业的数字化转型,实现"金融科技+智能制造"的目标,在生产过程中创造出更大的价值。虽然人工智能的投入在短期内会增加固定成本,但是随着传统产业生产效率的提升和单位产品价值的增加,产品的边际成本会逐渐下降,从而实现产品边际收益的提升和产业生命周期的迭代。因此,人工智能将带动传统企业改造与升级,持续推动创新,进而提高全要素生产率。具体而言,在工业领域,人工智能正推动工业4.0时代加速到来;在农业领域,人工智能带来生产全流程的智能化提升。人工智能将渗透至各行各业,并逐步成为引领经济发展和产业转型升级的新引擎。

其次,大数据、云计算等金融科技的应用,也有助于传统企业吸收新技术,加快自身的数字化转型步伐,实现数字科技革命。传统企业积极运用数字科技手段,科学管理企业生产销售的各个环节,将各业务环节与大数据分析、分布式云计算链接、融合,能够实现线上线下一体化、生产销售一体化、人类智慧和机器学习一体化,提高生产效率,降低经营成本,优化业务流程,防控经营风险,从而为企业信息化转型和实体经济高质量发展奠定基础。

最后,区块链作为一项颠覆性技术,正推动"信息互联网"向"价值互联网"的跃迁,引领新一轮科技革命和产业变革。充分利用区块链的去中心化、数据不可篡改、可追溯性、集体监督维护、智能合约、共识信任机制以及开放性等创新特征,加快区块链应用落地能有效助推金融科技与数字经济的发展,为实体经济"降成本""提效率""解痛点",促进传统产业向产业链中高端迈进,重构创新版图,实现效率变革,进一步培育经济增长的新动能。

三、金融科技助力普惠金融满足实体经济"长尾需求"

新时代支撑实体经济高质量发展所需要的金融服务需求,除了培育经济发展新动能所引领的新金融服务需求外,还包括实体经济发展中尚未充分满足的"长尾需求",即普惠金融需求。联合国于2005年首次提出了普惠金融的概念,旨在解决全球性的金融排斥现象,立足机会平等要求和商业可持续原则,以可负担的成本,为有金融服务需求的社会各阶层和群体提供适当、有效的金融服务。根据国务院《推进普惠金融发展规划(2016—2020年)》,普惠金融的重点服务对象包括小微企业(含涉农小微企业)、农户、贫困人口、"双创"主体、校园学生和其他低收入群体等。数字普惠金融引领,是普惠金融可持续发展的重要出路。金融科技通过应用区块链、人工智能、大数据、云计算等前沿技术,创新业务流程和商业模式,能够推动数字普惠金融发展,更好地服务于"金融排斥"群体,满足其"长尾需求",从而助力实体经济的高质量发展。尚未充分满足的实体经济"长尾"金融需求主要包括民营企业和小微企业的融资需求、低收入群体的金融服务需求以及长尾消费需求等。金融科技创新满足实体经济"长尾需求"的作用机制如图9-10所示。

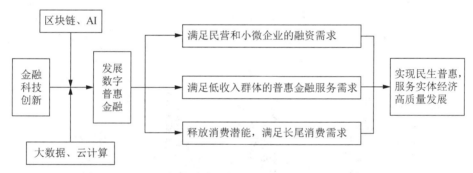

图9-10　金融科技创新满足实体经济"长尾需求"

(一)金融科技创新有助于缓解民营和小微企业的融资难题

传统金融在服务实体经济过程中存在薄弱环节,导致民营企业和小微企业融资难、融资贵等问题长期存在。近年来,在"大众创业、万众创新"的背景下,国家高度重视民营企业和小微企业融资问题,出台了大量正向激励政策,但是银行等传统金融机构对民营和小微企业的贷款满足率仍较低,如2017年仅为30%—40%。民营和小微企业贷款一般单笔数额较小,成本相对较高,单笔利润较低,使得金融机构的单笔效益甚微。因此,传统银行对民营和小微企业存在"惜贷"现象。民营和小微企业融资难根源在于金融供给的成本和收益不匹配,而互联网金融和金融科技创新能够缓解信息不对称,降低服务成本,提高小微金融服务的可获得性、成本可负担性及供需可匹配性,从而助力破解融资难、融资贵和融资慢问题,达到高效服务实体经济的目的。以金融科技创新业态P2P网贷为例,网贷平台的出现挑战了银行等传统金融机构在信贷市场的垄断地位，借贷双方可以直接在平台撮合成交，降低交易成本，提高交易效率，为民营和小微企业融资提供了一条新途径。网贷平台可以通过"大数据获客"扩大金融服务覆盖面，发展数字普惠金融，有效服务民营和小微企业；可以运用智能风控、智能催收、知识图谱等人工智能技术降低运营成本，防控信用风险，从而有助于在客观上降低民营和小微企业的整体融资成本，服务创新创业和实体经济的高质量发展。此外，股权众筹等金融科技创新业态的发展，还有助于建立健全多层次、多元化且功能齐全的资本市场，形成层次分明的融资成本结构，提高民营和小微企业直接融资特别是股权融资比重，降低杠杆率，从而降低社会经济风险，促进实体经济健康发展。

能力拓展 9-6

金融科技技术在服务小微企业融资中的应用

为了解各项金融科技在服务小微企业融资中的应用效果，某研究性课程课题组对某金融科技平台服务的 84 家样本小微企业进行了问卷调查，调查结果如图 9-11 所示。请根据图 9-11，结合所学知识，比较各项金融科技在服务小微企业融资中的应用效果，并从总体上分析金融科技创新是否有助于解决小微企业融资难、融资贵和融资慢的"痛点"。

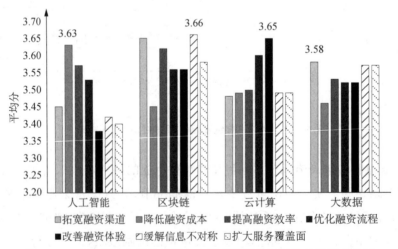

图 9-11 金融科技底层技术服务小微金融的各项赋能效果调查结果

注：图中的平均分根据被调查的 84 家样本小微企业对人工智能、区块链、云计算、大数据等金融科技的各项赋能效果按照 5 分制打分后计算（1.几乎无效；2.略有效果；3.有一定效果；4.有较大效果；5.效果非常显著），某项效果的平均分等于该项得分之和/参与打分的小微企业家数。

根据图 9-11 展示的问卷数据调查结果，你得出了什么结论？

（二）金融科技创新有助于满足低收入群体的普惠金融服务需求

有关研究表明，普惠金融指数与贫困率负相关，与人类发展指数正相关，即金融普惠程度越高，越有利于经济的高质量发展。发展普惠金融，能够为农民、城镇低收入群体、贫困人群等提供价格合理、安全便捷的金融服务。金融科技创新是实现数字普惠金融目标的重要途径。

首先，金融科技的创新发展可以让更多的人群，尤其是贫困人口以低成本、高效率的方式获得金融服务，在解决低收入群体融资约束困境的同时，也使他们获得与经济一起成长的机会。例如，低收入群体可以借助数字普惠金融，为小本经营获得融资，有机会通过自主创业实现脱贫；在数字普惠金融的帮助下，基础教育上的投资也会得到提升，低收入群体有望通过教育获得更多收入增长的机会，从而促进社会公平和助力实体经济均衡发展。

其次，根据边际消费倾向递减规律，穷人比富人拥有更高的边际消费倾向，因而解决低收入群体的融资约束不仅能带来供给侧的增长，也会对需求侧产生边际贡献。数字普惠金融使金融产品与服务逐渐场景化，线上的金融服务不断拓展创新，将提供更加丰富的金融产品；线下场景也将借助线上金融服务平台，降低成本与消费门槛，拓宽服务人群，助推社会消费需求的升级和消费能力的提升。而消费能力的提升将直接作用于实体经济，助力各行各业的经济增长。

最后，数字普惠金融也为银行信用评估提供帮助，减少经济犯罪的可能。随着基于数据共享的开放银行的发展，已有超过半数的银行与金融科技公司通过 API 接口在客户画像、反欺诈、风险控制等领域展开合作。数字普惠金融通过大数据、云计算等手段更好地了解用户状况，减少逆向选择带来的风险，从而降低不良贷款的可能。数字普惠金融带来的包容性增长，还有助于减少偷窃、抢劫等财产犯罪，从而改善经济发展的环境，最终实现民生普惠。

（三）金融科技创新通过满足长尾消费需求推动实体经济内生增长

随着新时代我国经济由投资、出口拉动为主转向消费驱动为主，扩大内需成为经济高质量发展的新动力。运用金融科技技术发展数字普惠金融，可以提供成本较低的智能化金融服务，使居民的消费潜能得以释放，大规模的长尾消费需求得到匹配，从而推动实体经济的内生增长。

首先，移动支付、聚合支付等金融科技工具的使用，使支付不再受时间、地点、场景等限制，大幅降低了交易成本，刺激了消费潜能的释放。例如，支付宝、微信支付在微观上增加了人们的消费次数，宏观上推动了电子商务的发展和社会消费总额的增长，从而助力实体经济高质量发展。

其次，运用大数据技术可以对各主体网上行为和痕迹留下的结构化和非结构化数据进行深入挖掘和分析，形成"用户画像"并提取有效信息，实现精准营销，引导居民合理消费,助力实体经济。

再次,金融科技公司还可以运用人工智能等技术建立行为模型,分析消费者的消费行为和信用状况,完善征信体系和风控机制,扩大互联网消费金融覆盖面,满足居民合理的消费融资需求,从而通过扩大社会消费推动实体经济增长。

最后,区块链等金融科技前沿技术在服务消费升级,满足消费需求等方面也有重要的应用价值。如金融科技龙头企业蚂蚁金服已经搭建了自主研发的金融级区块链平台,还将区块链成功应用到了"双11"购物节中,天猫商城上大量海外和国内商品都可以应用区块链技术实现产品溯源,相当于给每个产品贴上了原产地和产品信息标签。区块链的可追溯性、数据不可篡改、智能合约等创新特征能够有效契合消费升级过程中对产品质量和金融服务的新需求,保障消费金融的健康发展,赋能实体经济。

 项目小结

本项目将传统金融学原理与金融科技前沿技术相结合,带领大家走进金融科技新天地,分三个任务全面介绍了金融科技的起源、概念、发展和前景;结合实例概括了人工智能、区块链、云计算、大数据和5G等底层技术的创新特征,并在此基础上探索这些技术对金融行业的赋能作用;最后,从金融科技创新如何推动供给侧结构性改革、培育经济发展新动能和满足实体经济"长尾需求"等视角,探讨了金融科技如何服务实体经济高质量发展,使大家能够从宏观层面把握金融科技创新的根本方向,为后续深入学习金融科技前沿技术与应用打下基础。本项目的核心知识点如下。

1. 金融科技概念的提出

金融的演进一直伴随着科学发展和技术进步。金融科技是技术驱动的金融创新,这些金融创新可能会产生新的商业模式、技术应用、业务流程或创新产品,从而对金融市场、金融机构或金融服务的供给侧产生重大影响。随着金融与科技的深度融合和创新发展,金融科技的内涵也日益丰富,并呈现出高创新性、轻资产性、重体验性和强相关性等特征。

2. 金融科技与科技金融不同

金融科技通过科技创新服务金融行业,提升金融整体效率和服务实体经济能力;而科技金融通过金融创新服务科技行业,满足科技创新创业的金融服务需求。

3. 金融科技和互联网金融

互联网金融是指传统金融机构与互联网企业利用互联网技术和信息通信技术实现资金融通、支付、投资和信息中介服务的新型金融业务模式,包括基础业态、整合业态、创新业态和支持业态。而金融科技是互联网金融在监管环境变化和技术驱动下迭代升级的产物。与互联网金融相比,金融科技在技术手段上实现了突破,以大数据、云

计算、人工智能、区块链等技术引领创新。金融科技在业务范畴上也实现了拓展,不再局限于借贷与支付领域,还向大数据征信、智能投顾、区块链保险、监管科技等金融业务和监管领域渗透。

4. 金融科技的发展历程

金融科技的发展历程就是金融与科技不断融合,通过技术赋能使金融服务实体经济能力不断增强的过程。以主要支撑技术和典型应用场景为划分依据,金融科技发展大致经历了起步探索、创新应用和融合升级三个阶段,并具有良好的发展前景。

5. 金融科技的底层技术

金融科技的底层技术包括人工智能、区块链、云计算、大数据、边缘计算与5G等前沿技术,一般可以用"ABCDE"来概括。金融科技的底层技术对金融行业具有重要的赋能作用。

人工智能是研究、开发用于模拟、延伸和扩展人的智能的理论、方法、技术及应用系统的一门新的技术科学。作为引领新一轮科技革命和产业变革的战略性前沿技术,人工智能具有机器学习、跨界融合、人机协同、群智开放、自主操控等创新特征。

区块链是指通过分布式账本方式集体维护一个可靠、可信数据库的技术方案,具有分布式、去中心化、非对称加密、可追溯性、共识信任机制、智能合约等创新特征,其在金融科技领域的应用能完全改变交易流程和记录保存方式,重塑可信的金融交易体系。

云计算是指IT基础设施的新型交付与分布式使用模式,即通过网络以按需、易扩展的方式获得所需的硬件、平台和软件等资源,具有实时在线、按需服务、超大规模计算和存储能力、通用性、高可靠性等创新特征。

大数据通常是指数据量大到超过传统数据处理工具的处理能力,需要使用新的处理方法和机制以提高处理效率的海量数据。大数据的创新特征可以用"4V"来概括,即规模性(Volume)、高速性(Velocity)、多样性(Variety)和价值性(Value)。

边缘计算是5G时代的关键技术,是推动4G移动互联网向5G物联网转变,实现万物互联、万物互通的具体网络技术形式。边缘计算靠近终端用户,具有高速率、低时延、高安全性、轻量级等特点,可以保障海量设备接入,有效降低与核心云间的带宽占用,对时效性要求高的金融科技、智能驾驶等场景而言,边缘计算可为用户提供更好的服务,同时保障用户安全。

6. 金融科技服务实体经济高质量发展

服务实体经济高质量发展是金融科技创新的出发点和落脚点。金融科技创新要应用底层技术深化金融供给侧改革,满足实体经济高质量发展中的各类金融需求,特别是"长尾需求",提高金融服务实体经济的效率和效果。

知识自测

一、单项选择题

(一)阅读下列材料,回答第1—3题。

2015年6月22日,银监会发布《关于促进民营银行发展的指导意见》,我国民营银行试点正式开闸,首批五家试点民营银行就包括了微众和网商两家互联网银行。由此可见,互联网银行是在民营银行试点的背景下成立的。2017年1月3号,随着梅州客商银行获批筹建,民营银行获批筹建总数达17家,其中许多民营银行定位为互联网银行,详见表9-10。

表9-10 我国主要互联网银行

银行	获批时间	定位
深圳微众银行	2014.7.25	互联网银行
上海华瑞银行	2014.9.26	服务小微大众、服务科技创新、服务自贸改革
浙江网商银行	2014.9.26	互联网银行
四川新网银行	2016.6.13	互联网银行
福建华通银行	2016.11.28	以线上为主,线下为辅的互联网银行
中关村银行	2016.12.21	科技银行、互联网银行
江苏苏宁银行	2016.12.21	线上线下融合和全产业链融合的互联网银行
吉林亿联银行	2016.12.27	生活服务网站银行

1. 由上表可知,我国第一家纯线上的民营互联网银行是(　　)。

A. 网商银行　　　B. 新网银行　　　C. 华通银行　　　D. 微众银行

2. 下列说法不正确的一项是(　　)。

A. 华瑞银行总行位于上海自贸区

B. 中关村银行重点服务科技型创业企业,主要开展金融科技业务

C. 苏宁银行受江苏银监局监管

D. 发展互联网银行有利于实现普惠金融目标

3. 2016年,微众网络银行运用一项新技术开发了一套应用系统,用于该行与合作银行联合发放的"微粒贷"产品的结算与清算,实现了国内银行业首笔实时清算,交易过程和清算过程同步完成。那么,这项新技术是(　　)。

A. 云计算技术　　　　　　　　　B. 人工智能AI技术

C. 大数据技术　　　　　　　　　D. 区块链技术

(二)区块链、人工智能、云计算和大数据是金融科技的底层支撑技术,在赋能金

融行业提质增效方面发挥了重要作用,请回答第4—6题。

4. 除了( )外,我国均专门出台了全国性的支持政策,以推动金融科技底层技术的研发投入和创新应用。

　　A. 人工智能　　B. 区块链　　C. 云计算　　D. 大数据

5. 下列哪一项不属于大数据的创新特征?( )

　　A. 规模性　　B. 高速性　　C. 高价值密度　　D. 多样性

6. 试推断以下文字描述的是哪一项金融科技技术?当一个分布式中的个体都按照同一个简单而有效的规则做出行为反应时,它就像深海中外形变幻莫测而又内在强大有力的鱼群,微小的单元集合能够组合演化成一个巨型的"智能生物"。( )

　　A. 人工智能　　B. 区块链　　C. 云计算　　D. 大数据

(三)金融科技的发展推动了金融创新,增强了金融服务实体经济能力,请回答第7—10题。

7. 互联网金融从以传统金融业务互联网化为主的1.0版升级为以( )为核心的2.0版,从而能够提供更为普惠的金融服务。

　　A. 区块链　　B. 人工智能　　C. 大数据　　D. 金融科技

8. 下列哪一项属于金融科技发展历程中"融合创新"阶段的代表性业态?( )

　　A. P2P网贷　　B. 股权众筹　　C. 开放银行　　D. 办公自动化

9. 下列各项中不属于金融科技范畴的是( )。

　　A. 大数据征信　　B. 智能投顾
　　C. 阿里金融云　　D. 投贷联动

10. 下列哪一项不属于金融科技满足实体经济"长尾需求"?( )

　　A. 满足政府融资平台需求　　B. 满足小微企业融资需求
　　C. 满足低收入群体普惠金融需求　　D. 满足长尾消费需求

二、判断题

1. 金融科技是技术驱动的金融创新,旨在运用现代科技成果改造或创新金融产品、经营模式、业务流程等,推动金融发展提质增效。( )

2. 科技众筹既属于互联网金融的创新业态,又属于金融科技的典型应用。( )

3. 在金融科技领域,云计算能够按需提供7×24小时不间断的金融服务。( )

4. 大数据征信的数据来源,以结构化数据为主。( )

5. 金融科技创新是提升金融服务实体经济效率的"催化剂"。( )

三、综合训练题

1. 仔细分析图9-12,结合所学知识,说明人工智能、区块链、大数据和云计算的创新特征如何为金融行业提供解决方案?各金融细分行业又可以为金融科技创新提供哪些应用场景?

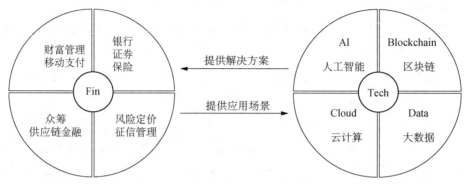

图 9-12　金融业态与金融科技的关系

2. 金融科技(FinTech)是指由技术驱动的金融创新,这些金融创新可能会产生新的商业模式、技术应用、业务流程或创新产品,从而对金融市场、金融机构或金融服务的供给侧产生重大影响。金融科技创新是新时代推动金融供给侧结构性改革,服务实体经济高质量发展的核心驱动力。为了深入探讨金融科技赋能实体经济的作用机理和实现路径,教师开设了研究性课程,通过"任务驱动"教学法,带领学生一起来探索。

(1) 为了剖析金融科技、互联网金融与实体经济高质量发展之间的关系,师生仔细分析了图 9-9。请根据图 9-9"金融科技服务实体经济的作用机制",结合所学知识,指出金融科技主要应用的底层技术有哪些?这些技术为什么能使金融科技创新成为金融服务实体经济的"催化剂"?

(2) 传统金融在服务实体经济过程中存在薄弱环节,导致小微企业、民营企业融资难、融资贵问题长期存在。试分析金融科技创新为什么有助于改进小微企业金融服务?

(3) 人工智能技术在商业银行金融业务中的应用,有助于推动银行网点向智能化方向转型,更好地服务实体经济的高质量发展。银行网点的各项金融业务均可以嵌入多种人工智能技术,具体如图 9-13 所示。请根据图 9-13,结合所学知识,从"机器学习""生物特征识别技术""语音语义识别处理技术""知识图谱技术"中选择一种你感兴趣的人工智能技术,具体分析其在银行网点金融业务中的应用场景和主要作用。

(4) 金融科技、互联网金融和科技金融是在理论和实践中易混淆的三个基本概念,厘清三者在内涵和外延等方面的差异,对于探讨金融供给侧结构性改革和研究金融科技赋能实体经济高质量发展具有重要意义。请你结合所学知识和本任务引导,具体分析金融科技、互联网金融、科技金融的联系和区别。

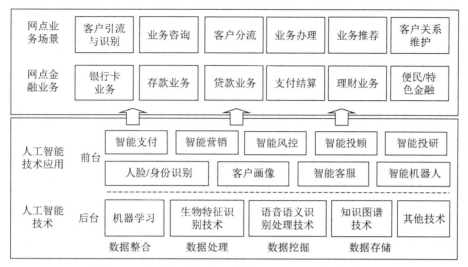

图 9-13　银行网点金融业务人工智能技术的应用逻辑

3. 阅读以下案例,试回答案例后的讨论题。

案例:"爱保科技"赋能保险业高质量发展

(1) 公司简介。爱保科技(北京)有限公司(简称"爱保科技")是一家创新型保险科技企业,成立于 2017 年 12 月 28 日,由人保金融服务有限公司联合易车公司、58 集团、美国 Solera 集团共同发起成立,获首轮 2 亿元融资。"爱保科技"坚持以"保险+科技+服务"为核心理念,以语义识别、人工智能、大数据、知识图谱等前沿技术为支撑,持续赋能保险业高质量发展,深耕智慧车险、智慧健康等垂直领域和场景,用爱保障亿万家庭,致力于实现"成为全球最懂保险的科技公司"的美好愿景。2018 年,"爱保科技"入选毕马威"2018 中国领先金融科技企业 50 强榜单",其金融科技创新能力、商业模式得到了业界的广泛认可。

(2) 底层技术应用。"爱保科技"致力于将保险科技底层技术创造性地应用到保险营销、风控、理赔等关键环节和业务场景,持续对保险全流程数字化赋能。

首先,在营销环节,基于人工智能、大数据等技术,结合 LBS(基于位置服务)、UBI(车联网)应用,推出了"千人千面"的智能保顾服务,为保险消费者提供场景化、个性化、定制化保险产品和保障方案。一方面,通过语义识别算法智能分解市面上所有的保险条款,并以知识图谱形式储存,形成完备的产品库;另一方面,通过深度学习神经网络模型,基于海量的客户数据标签形成客户画像并精确映射到产品标签,计算出客户面临的风险值,再由产品打包算法找出产品库中覆盖全部风险的最优保险产品,实现精准营销。

其次,在风控和理赔环节,基于大数据平台,前置风险防控,利用面部活体、地图位置、物联网等技术，实现智能风控与反欺诈，降低风控成本；将大数据挖掘理论、图像识别和深度学习技术，应用于理赔、查勘、定损环节，通过图像识别判定损伤程度，与海量历史数据进行交叉验证，智能计算理赔金额；建立定价模型与损益模型，根据风险程度实现差异化定价，助力保险公司降损减赔。"爱保科技"还致力于探索自动理赔应用，以智慧车险为例，只需拍照上传行驶证和车辆受损照片，小额理赔案件人工智能都可以自动解决，上传照片即可锁定损失并智能搜索比对上亿历史赔案照片库，通过智能识别与多维度算法，实现全车型车辆外观件损伤的精准定价；配套后台本地化的工时配件价格及人保遍布全国的维修网络支撑，实现车险小额赔案从报案到赔付的全流程自动化处理，降低理赔成本，提升运营效率，打造用户极致体验。

(3) 产品与场景创新。"爱保科技"深耕垂直场景，以科技赋能保险，以客户为中心进行商业模式变革和创新，为家庭提供全流程、全生命周期的保险解决方案，打造面向B端的智能化风险管理平台和面向C端的智能化保险推荐平台，推出了基于智慧车险、智慧健康、房屋租赁、教育培训、医疗意外等多样化业务场景的创新产品与服务。

针对智慧车险业务场景，在承保端，面向B端客户推出了智能出单、智能外呼机器人、智能客服等工具，极大提高了保险公司销售、出单、核保等环节的效率；在理赔端，推出了智能理赔工具包，将传统九步理赔流程简化为三步；在服务端，推出了车主惠APP，助力企业客户实现客户服务的在线化与精细化。

针对智慧健康业务场景，在服务端，通过链接视频医生、专家预约、在线挂号、健康管理等服务，为家庭成员提供便捷的健康服务；在产品端，面向C端客户联合保险公司推出定制产品，更好地匹配特定客户对健康保险的需求，推动保险回归风险保障本源。

针对房屋租赁业务场景，基于"科技+保险+服务"模式，运用科技手段，将长租和短租市场主体的风险、痛点与保险产品相结合，同时整合行业服务供应商，为长短租产业链提供专业的风险管理服务，为长短租市场主体赋能解痛，助力行业健康发展。

针对驾考培训业务场景，为驾考行业，包括实体驾校、互联网驾考平台等提供互联网定制化保险保障产品及服务，帮助驾校转嫁风险，提升驾校市场竞争力，帮助学员减少补考重学损失，提升用户体验。产品涵盖驾考补考、重学、意外伤害身故/残疾等多项保障内容，可实现分地域、分时间、分产品、分驾校多维度大数据风控与智能反欺诈支持，同时实现快速理赔。

资料来源：根据对爱保科技公司调研获取的一手资料以及爱保科技官方网站(http://www.aibao.com)相关内容编写。

讨论题：

(1) 爱保科技公司应用了哪些金融科技的底层技术？这些技术是如何与具体业

务场景结合的?

（2）爱宝科技公司在赋能保险业高质量发展方面发挥了哪些作用？

（3）如果您正在设计一款互联网保险产品，打算参加中国保险学会主办的大学生保险创新创意大赛，那么您觉得有哪些方面可以寻求与爱保科技这样的保险科技企业合作，以提高产品的创新性和可行性？

参 考 文 献

1. 卜小玲、朱静:《金融学基础》(第二版),清华大学出版社,2018年。
2. 颜军梅:《金融学》,武汉大学出版社,2018年。
3. 章迪诚、陈英:《金融学教程》,浙江大学出版社,2018年。
4. 胡靖、潘勤华、李月娥:《新编货币金融学》,复旦大学出版社,2018年。
5. 蒋玉洁:《货币金融学》,中国轻工业出版社,2018年。
6. 黄达、张杰:《金融学》(第四版),中国人民大学出版社,2017年。
7. 唐友清:《金融学基础》,中国人民大学出版社,2017年。
8. 周建松:《金融学基础》(第二版),中国人民大学出版社,2017年。
9. 胡光华:《金融学》,格致出版社,2017年。
10. 游丽:《金融学》,北京理工大学出版社,2017年。
11. 沈丽、丁述军、张晶:《金融学》,山东人民出版社,2017年。
12. 翟建华、李军燕:《金融学概论》(第四版),东北财经大学出版社,2015年。
13. 钱晔:《货币银行学》(第四版),东北财经大学出版社,2014年。
14. 张芳:《金融学》,对外经济贸易大学出版社,2014年。
15. 李小丽、丛禹月:《金融学》,天津大学出版社,2014年。
16. 盖锐:《金融学概论》(第二版),高等教育出版社,2013年。
17. 丁辉关、郭晓晶、樊西峰:《金融学》(第二版),清华大学出版社,2011年。
18. 周雷:《互联网金融理论与应用》(微课版 第2版),人民邮电出版社,2019年。
19. 郭富春、陶再平:《互联网金融概论》(第二版),中国金融出版社,2018年。
20. 朱建明、高胜、段美娇等:《区块链技术与应用》,机械工业出版社,2018年。
21. 高泽金、郑兴:《个人理财实务》(第二版),东北财经大学出版社,2018年。
22. 陈湉:《互联网金融》,上海交通大学出版社,2017年。
23. 中国互联网金融协会:《中国互联网金融年报2018》,中国金融出版社,2018年。
24. 中国互联网金融协会:《中国互联网金融年报2019》,中国金融出版社,2019年。
25. 郭福春:《人工智能概论》,高等教育出版社,2019年。

26. 顾晓敏、梁力军、孙璐等：《金融科技概论》，立信会计出版社，2019年。

27. 赵聪、李方犁等：《新时代金融理论发展趋势研究》，《全国流通经济》，2019年第32期。

28. 吴静：《论信用的本质、类型以及信用制度的历史嬗变》，《重庆文理学院学报》（自然科学版），2007年第5期。

29. 石新中：《论信用概念的历史演进》，《北京大学学报》（哲学社会科学版），2007年第6期。

30. 郭濂：《国际三大信用评级机构的比较研究》，《中南财经政法大学学报》，2015年第1期。

31. 赵萍：《诚实信用原则的历史变迁综述》，《法制与社会》，2016年第4期。

32. 肖小和：《中国票据市场四十周年回顾与展望》，《金融与经济》，2018年第11期。

33. 韩慧丽、刘心明、周震等：《等额本息和等额本金个人按揭还款方式比较研究》，《甘肃金融》2019年第7期。

34. 袁海伟、朱玉建、毛晓英：《民间高息借贷的风险及预防》，《东南大学学报》（哲学社会科学版），2014年第S1期。

35. 巴曙松、邵阳楠、廖慧：《名义负利率及其影响》，《中国金融》，2016年第10期。

36. 王宇哲：《负利率时代：政策创新与宏观风险》，《国际经济评论》，2016年第4期。

37. 钟伟、郝博韬：《负利率时代：能走多远？离中国有多远？》，《国际金融》，2016年第11期。

38. 欧阳辉、叶冬艳：《存贷款都是负利率　这个世界怎么了》，《第一财经日报》，2019年9月3日。

39. 王广宇：《负利率的未来：巨债、通胀与增长的平衡》，《第一财经日报》，2019年12月19日。

40. 娄飞鹏：《名义负利率大行其道，救急不治本》，《证券时报》，2019年10月15日。

41. 陈炳才：《低（负）利率政策的趋势与影响》，《武汉金融》，2020年第1期。

42. 张瑜、高拓：《负利率：现在、过去与未来》，《中国外汇》，2019年第21期。

43. 陈东海：《要重视全球新利率周期对于经济的影响作用》，《证券时报》，2018年4月4日。

44. 陈丽丽：《LPR新锚已定，利率并轨可期》，《金融市场研究》，2019年第11期。

45. 宗军、王琼：《新LPR机制下利率调整"三部曲"》，《中国证券报》，2019年9月3日。

46. 周文渊：《LPR改革是走向利率市场化的重要一步》，《21世纪经济报道》，2019年8月20日。

47. 齐延艳：《个人住房按揭贷款还款方式的比较研究》，《会计师》，2011年第1期。

48. 余翔、姚远：《2019年国债期货市场运行报告》，《债券》，2020年第3期。

49. 焦振华：《国际黄金市场发展趋势概述》，《当代经济》，2014年第7期。

50. 毛振华：《中国债市发展70年》，《中国金融》，2019年第13期。

51. 陆振翔：《国际商品期货市场大宗交易发展现状介绍》，《期货与金融衍生品》，2019年第107期。

52. 侯成琪、罗青天、吴桐：《PPI和CPI：持续背离与货币政策的选择》，《世界经济》，2018年第7期。

53. 黄秀海、滕清秀：《CPI相关问题的国际比较与分析》，《中国物价》，2016年第7期。

54. 朱国艳：《我国PPI编制的特点及国际比较》，《价格理论与实践》，2014年第8期。

55. 刘康、李佳：《近代西方金融均衡理论：进展与评述》，《上海商学院学报》，2008年第6期。

56. 黄开祥、周雯雯、傅睿：《商业银行理财产品与互联网金融产品收益率、稳定性对比分析——以商业银行与余额宝、理财通为例》，《当代经济》，2017年第26期。

57. 文先明、苏孟婷、王姣：《第三方互联网支付对我国广义货币流通的影响》，《经济数学》，2019年第2期。

58. 刘绍保：《对我国货币层次划分及货币统计的重新认识》，《上海金融》，2012年第6期。

59. 刘茜：《我国货币统计口径的最新调整研究》，《金融与经济》，2019年第5期。

60. 周莉萍：《货币供给内生性原因：国内外研究述评》，《金融评论》，2013年第5期。

61. 何德旭、余晶晶：《怎样管好货币供给总闸门》，《金融评论》，2018年第4期。

62. 周建成：《我国货币需求函数研究》，《长沙大学学报》，2012年第2期。

63. 王少国、卢永真、胡正：《货币供求理论的嬗变与发展》，《财经科学》，2012年第12期。

64. Claudio Borio, Magdalena Erdem, Andrew Filardo, et al.：《论通货紧缩的成本：历史回顾》，《国际金融研究》，2015年第8期。

65. 魏加宁、杨坤：《日本的泡沫经济与通货紧缩》，《开放导报》，2016年第4期。

66. 陈志恒：《失去的10年：日本经济的长期低迷及其成因》，《现代日本经济》，2007年第1期。

67. 易宪容：《"安倍经济学"效果及影响的理论分析》，《国际金融研究》，2013年第6期。

68. 高健、宾建成：《委内瑞拉通货膨胀的根源及启示》，《中国市场》，2017年第16期。

69. 习近平：《把区块链作为核心技术自主创新重要突破口》，《人民日报》，2019年10月25日。

70. 周雷、邱勋：《基于任务驱动的高职互联网金融项目化教材建设研究》，《中国职业技术教育》,2018 年第 11 期。

71. 周雷、刘睿、金吉鸿:《综合金融服务体系服务实体经济高质量发展研究:以苏州市小微企业数字征信实验区为例》,《征信》,2019 年第 12 期。

72. 周雷、周铃、毛丹玲:《金融科技助力实体经济高质量发展的作用机理研究》,《浙江金融》,2019 年第 8 期。

73. 周雷、邱勋、王艳梅等:《新时代保险科技赋能保险业高质量发展研究》,《西南金融》,2020 年第 2 期。

74. 周雷、陈音、张璇等:《金融科技底层技术创新及其对金融行业的赋能作用》,《金融教育研究》,2020 年第 1 期。

75. 周雷、许一青、沈琳:《新常态下我国互联网保险有效监管体系研究》,《财经理论研究》,2018 年第 1 期。

图书在版编目(CIP)数据

金融学基础与应用/向群主编. —上海：复旦大学出版社，2021.8
(复旦卓越.金融学系列)
ISBN 978-7-309-15497-9

Ⅰ.①金… Ⅱ.①向… Ⅲ.①金融学-高等职业教育-教材 Ⅳ.①F830

中国版本图书馆 CIP 数据核字(2021)第 122826 号

金融学基础与应用
JinRongXue JiChu Yu YingYong
向　群　主编
责任编辑/方毅超

复旦大学出版社有限公司出版发行
上海市国权路 579 号　邮编：200433
网址：fupnet@fudanpress.com　http://www.fudanpress.com
门市零售：86-21-65102580　团体订购：86-21-65104505
出版部电话：86-21-65642845
上海四维数字图文有限公司

开本 787×1092　1/16　印张 21.25　字数 517 千
2021 年 8 月第 1 版第 1 次印刷

ISBN 978-7-309-15497-9/F・2776
定价：48.00 元

如有印装质量问题，请向复旦大学出版社有限公司出版部调换。
版权所有　侵权必究